LEXIKON DER SYMBOLE

LEXIKON DER SYMBOLE

Udo Becker

Mit über 900 Abbildungen

KOMET

Die Initialen stammen aus dem
Totentanz-Zyklus von Hans Holbein d.J.

Lizenzausgabe für KOMET Verlag GmbH, Köln
www.komet-verlag.de

Gesamtherstellung:
KOMET Verlag GmbH, Köln

ISBN 3-89836-219-1

Vorwort

Hört, liest oder sieht man das Wort *Symbol,* so baut sich mit Sicherheit eine Assoziationskette auf, deren Bestandteile gewiß nicht im Bereich des Alltäglichen angesiedelt sind: Allegorie, Attribut, Metapher, Gleichnis, Emblem, Archetypus, Heilszeichen, Hieroglyphen, Elementarzeichen – jeder einzelne Begriff kann einem elitären multidisziplinären Forschungsgebiet angehören. Vielleicht begründet dies auch den Reiz und das Interesse vieler Menschen an der Beschäftigung mit den meist altüberlieferten Symbolen, um sich in einer – wie man sagt – zunehmend orientierungslos gewordenen Zeit wieder auf die Wurzeln zu besinnen. Folgt man dabei dem Strom der Überlieferungen bis zu den Ursprüngen, wird mit jedem Schritt deutlicher, wie vielfältig, verschlungen, widersprüchlich und oft unentwirrbar die Symbolaussagen werden können.

Wie ist das zu erkären? Dem Wort *Symbol* liegt das griechische Verb *symballein,* das „zusammenwerfen" oder „zusammenfügen" bedeutet, zugrunde; das dazugehörige Substantiv heißt *symbolon.* Dieses Wort „Symbolon" findet man zum ersten Mal auf einer altägyptischen Bleimarke, wie sie in der Antike als eine Art Ausweismarke aus unterschiedlichen Materialien – *tesserae* im Lateinischen – verwendet wurden. Ursprünglich galt die *tessera* als Symbolon, erst später verdichtete sich der Begriff auf das Zeichen, auf den Bildhinweis der *tesserae.*
Gleichzeitig aber wurde das Verb *symballein* in Redewendungen benutzt, die ein Zusammentragen, ein Verbergen oder Verhüllen umschrieben. Das zum Symbol gewordene Zeichen verschlüsselte also, tarnte den offenen Sinn des Dargestellten oder einer Aussage: Der nicht eingeweihte Betrachter konnte die so verschlüsselte Aussage nicht mehr verstehen.
Daneben bedeutete *Symbolum* aber auch das in wenigen Grundaussagen zusammengefaßte Glaubensgut einer Religionsgemeinschaft, dem stets etwas Geheimnisvolles, ein *Arcanum,* anhaftete.
Neben den Symbolen unterscheidet man noch die ähnlichen *Attribute, Allegorien, Embleme* und *Siglen,* wobei die Unterscheidung oft schwierig und schwer zu fassen ist. Das Symbol aber – und diese Eigenschaft gehört zu seinem Wesen – kann und wird für sich genommen immer eine in sich geschlossene Aussage geben: Das ist der Unterschied zur Allegorie, zum Attribut, zur Metapher, und es ist nicht leicht, in jedem Fall die Unterschiede zwischen ihnen klar zu umreißen.

Bei der unüberschaubaren Anzahl von Symbolen oder symbolhaften Zeichen ist eine Auswahl immer eine *persönliche* Auswahl, die bewußt oder unbewußt vom Bearbeiter vorgenommen wird. Eine absolute Vollständigkeit kann und wird es nicht geben, zudem es auch eine örtliche und zeitliche Komponente – mit oft jahrhundertlanger Veränderung, auch über Kontinente hinweg – zu beachten gilt: Die Wanderung von Symbolen und ihren Bedeutungsinhalten ist eines der auf- und

anregendsten Forschungsgebiete der modernen interdisziplinären Wissenschaften geworden.
Was für die textlichen (verbalen) Aussagen gilt, trifft natürlich in besonderem Maße für die visuelle Präsentation zu. Die moderne Zeichentheorie hat so viele neue Einsichten und Aspekte erbracht, daß sie die Symbolforschung zunehmend auf gesicherten Boden stellt. In diesem Sinne markieren in diesem Lexikon archaische Symbole – z.B. prähistorische Felszeichnungen – sowie auch die zahlreichen Beispiele aus dem 19. Jahrhundert, wie man sie unschwer in der Ausschmückung damaliger Kirchenbauten oder sakraler Kunstwerke erkennen kann, den weitgespannten Bogen der Geschichte des Symbols (manch bildliche Darstellung unseres Lexikons stammt aus dem „für christliche Künstler bestimmten ‚Symbol-Musterbuch' " von A. Schmid, Freiburg ^{2}1909).

In unserer Zeit der Überflutung mit optischen Reizen ist die Gefahr groß, daß die uns Menschen eigene Fähigkeit des bildhaften Denkens weiter verkümmert. Die Beschäftigung mit Symbolen kann uns helfen, Mittel und Wege zu finden, *hinter* die Dinge zu sehen und visuelle und verbale Manifestationen der so wunderbar vielfältigen und vielschichtigen Welt miteinander zu verknüpfen.

Freiburg, im August 1992 *Udo Becker*

A und O ↗Alpha und Omega.

Aaronstab ↗Aronstab.

Abendmahl, in der christl. Kunst Darstellung seit dem 5. Jh.; Vorformen: antike Mahlszenen (↗Festessen) mit eucharist. Symbolbezug. Grundtypen A. als feierl. liturg. Spendung v. Brot u. Wein u. als histor. Begebenheit nach dem bibl. Bericht.

***Abendmahlssymbol.** Nachzeichnung einer Darstellung in der Lucina-Katakombe („Musterbuch" von Schmid)*

Abendstern, wie der ↗Morgenstern Bz. für den hellen Planeten Venus, jedoch im Ggs. zum Morgenstern auf die abendl. Position der Venus bezogen; Künder der hereinbrechenden Nacht, daher im Christentum gelegentl. Symbol des ersten gefallenen Engels Luzifer.

Abgrund. Das Grund- u. Bodenlose symbolisiert Zustände, die (noch) nicht Gestalt gewonnen haben oder vom Standpunkt des durchschnittlichen Bewußtseins aus unvorstellbar sind: also sowohl die im Dunklen liegenden Ursprünge der Welt wie deren Ende; die Unbestimmtheit der früheren Kindheit u. die Auflösung der Person im Tod; aber auch das Einswerden mit dem Absoluten in der unio mystica. Bei C. G. Jung erscheint das Symbol des Abgrundes in Verbindung mit dem Archetyp (↗Archetypen) der liebenden u. zugleich schrecklichen Mutter sowie mit den Kräften des Unbewußten.

Abracadabra, *Abrakadabra,* bereits aus spätgriech. Schriften bekanntes Beschwörungswort, wahrscheinlich mit ↗Abraxas zusammenhängend. Es wurde als Amulettaufschrift, vor allem im ↗Schwindeschema benutzt, um Krankheiten zum „schwinden" zu bringen.

Abraham, der biblische Patriarch, wurde oft aufgefaßt als Symbolfigur eines neuen Menschengeschlechts; er repräsentiert den von Gott erwählten Menschen, der mit erfüllten Verheißungen gesegnet ist (Reichtum, Nachkommenschaft), er gilt außerdem als Urbild eines unbedingten, gehorsamen Glaubens u. fragloser Opferbereitschaft. Die „Opferung" seines Sohnes Isaak wurde verschiedentl. als das symbolische

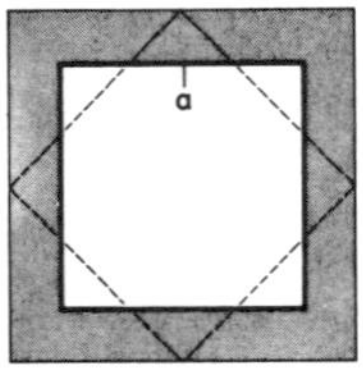

1

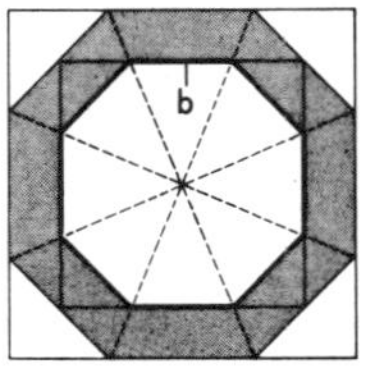

2

Vorausbild der Passion Christi gedeutet. – Die Darstellungen v. *Abrahams Schoß* sind ein Symbol für die Geborgenheit der Gläubigen in Gott; A., der dem NT als bevorrechtet im Paradies gilt, trägt, in einem Tuch versammelt, eine Gruppe von Erwählten auf dem Schoß; auch Lazarus im Schoße A.s begegnet gelegentl. (mit Bezug auf das Gleichnis vom armen Lazarus).

Abrahams Schoß ↗Abraham.

Abrakadabra ↗Abracadabra.

Abraxas, *Abrasax*, mag. Zauberwort, in der griech. Gnosis Name des Jahresgottes; das Wort setzt sich wahrscheinl. aus den Anfangsbuchstaben hebr. Gottesnamen zusammen. Die 7 Buchstaben des Namens haben den Zahlenwert 365 (a = 1, b = 2, r = 100, x = 60, s = 200). Das Wort findet sich als mag. Zeichen u. Totalitäts-Symbol (u. a. wohl auch mit Bezug auf die Zahl ↗Sieben) in hellenist. Zauberpapyri, auch auf antiken u. ma. Amulettsteinen, meist in Verbindung mit einem menschl. Rumpf mit Hahnenkopf, menschl. Armen u. Schlangenbeinen. Neuerdings wird A. als ein altjüdisches Gottessymbol erklärt, der eigentl. Name ist *Iao*.

Acedia (Trägheit), weibl. Personifikation einer der 7 Todsünden, reitet auf einem Esel; Symbole u. a.: Vogel Strauß mit dem Kopf im Sand.

Achat *m*, seit dem Altertum hochgeschätzter Schmuckstein; galt als Heilmittel u. Aphrodisiacum sowie als Schutz, u. a. gg. Unwetter, Schlangenbisse u. den bösen Blick. – Der ↗Physiologus berichtet, Perlenfischer fänden ↗Perlen, indem sie einen Achat an einer Schnur ins Wasser senken, der Achat sucht die Perle u. bleibt über ihr stehen, so daß die Fischer sie leicht finden; deswegen wird der A. mit Johannes verglichen, denn er hat uns die geistl. Perle gezeigt mit seinen Worten: „Siehe, das ist Gottes Lamm …"

Achse ↗Weltachse.

Acht ↗S. 9

Achtort, ein regelmäßiges Achteck (Ort = Ecke); in der Baukunst der Gotik vielfach zur Grundrißbildung v. Türmen u. Pfeilern verwendetes Proportionssystem; zugleich symbol. Hinweis auf Universalitätsanspruch u. Vollkommenheit.

Acker, als gepflügter A. (↗Pflug) Symbol des weibl. Schoßes, als ungepflügter A. gelegentl. Symbol für die Jungfräulichkeit Marias.

Adam, repräsentiert im bibl. Schöpfungsbericht den ersten Menschen, d. h. den Menschen überhaupt. In der Kunst relativ selten ohne ↗Eva (↗Adam u. Eva) darge-

Abraham: *„Opferung" Isaaks (Elsäss. Miniatur, 12. Jh.)*
Abraham: *A.s Schoß; Miniatur des 12. Jh.*
Abraxas: *Abraxasgemme*
Achtort: *Grundrißkonstruktion eines gotischen Turms mit Hilfe des A. -1: Die Mittelschiffsbreite (a) liegt dem Innenmaß des quadratischen Sockelgeschosses zugrunde. 2: Einzeichnung eines Achtecks (b) in das innere Quadrat*
Adam und Eva: *Eva reicht Adam den Apfel; Reims, Kathedrale, 13. Jh.*
Adam und Eva: *Vertreibung aus dem Paradies mit dem Flammenschwert; aus Speculum Humanae Salvationis, niederländisches Blockbuch*

Acht

8

Die erste Kubikzahl: $2^3 = 2 \times 2 \times 2 = 8$, nach Aristoteles u. Pythagoras ist die Vollkommenheit einer Zahl in ihrer 3. Potenz erreicht, ähnlich wie $3^3 = 3 \times 3 \times 3 = 27$. Nach frühchristl. Auffassung spiegelt sich diese Vollkommenheit im Oktagon des Taufbeckens bzw. der Taufkirche (Baptisterium) als Ausdruck des Weiblichen, des Schoßes der Kirche u. ist Symbol der Auferstehung Christi. 8 ist auch die Zahl des Elementes Erde 2 x 2 x 2, wie auch 3 x 3 x 3 = 27 die Zahl des Elementes Feuer ist. Die Beschneidung findet am 8. Tag nach der Geburt statt. – Eine wichtige Rolle spielt die 8 im Hinduismus u. Buddhismus, sie ist häufig die Anzahl der Speichen des buddhist. Rad-Symbols (↗Rad), 8 Blätter hat oft die symbol. Lotosblüte (↗Lotos), 8 Pfade führen zur geistigen Vollkommenheit; der hinduist. Gott Vishnu hat 8 Arme, die in Zshg. mit den 8 Wächtern des Raumes gesehen werden müssen usw. – In Japan gilt die 8 außerdem als Zahl der im Grunde nicht meß- u. zählbaren Größe.

18

Als Produkt aus 3 (Feuer) x 3 (Feuer) x 2 (Erde) = 18 ist diese Symbolzahl die Zahl des Elementes Luft. Möglicherweise ist 18 auch als astronomische Symbolzahl aufzufassen, da sie die Periodendauer (in Jahren) darstellt, in der sich Sonnen- u. Mondfinsternisse in gleicher Reihenfolge wiederholen.

28

Eine vollkommene Zahl, weil die Summe ihrer Teiler 1+2+4+7+14 = 28 ist; außerdem ist 28 *die* Mondzahl, weil alle 4 Phasen in 28 Tagen durchlaufen werden. 4 x 7 = 28 spielt im Mithraskult eine Rolle u. überall dort, wo die 7 schon ausgezeichnet ist. In der islam. Tradition soll es *vor* Mohammed schon 28 Propheten gegeben haben.

stellt. Nach der Legende war die Schädelstätte Golgotha der Ort des Begräbnisses A.s, repräsentiert durch den auf Kreuzigungsdarstellungen häufig zu findenden Schädel A.s (gelegentl. auch mit der Rippe, aus der Eva hervorging, oder mit dem ganzen Skelett) unter dem Kreuz: Symbolischer Hinweis auf Christus als den neuen Adam. – In der Alchimie steht A. mehrfach für die materia prima. – Bei C. G. Jung symbolisiert A. den „kosm. Menschen", die urspr. Gesamtheit aller psych. Kräfte; erscheint im Traum u. a. in Gestalt des alten, weisen Mannes.

Adam u. Eva, verkörpern nach dem bibl. Schöpfungsbericht das erste, d. h. typ., Menschenpaar. Häufigste Darstellung: die Versuchung durch die ↗Schlange im Paradies, oft zusammen mit dem ersten Auftreten v. Scham u. der Vertreibung aus dem Paradies. Man findet A. u. E. auch zu beiden Seiten des Kreuzes Christi dargestellt, alle Menschen repräsentierend, die, Christus folgend, Erlösung finden werden. Nicht selten begegnen symbolische Kennzeichen bei A. u. E.: ein ↗Lamm zu Evas Füßen verweist auf Christus, einen ihrer Nachkommen. Schafe, Ähren u. Werkzeuge weisen auf die Arbeit, die jenseits des Paradieses von Adam und Eva geleistet werden muß.

Aderlaßmännchen ↗Tierkreis.

Adler, als Symbol-Tier sehr weit verbreitet, meist mit der ↗Sonne u. dem ↗Himmel, gelegentl. auch mit dem ↗Blitz u. dem ↗Donner in Zshg. gebracht. Symbolprägend waren vor allem seine Kraft u. Ausdauer u. sein dem Himmel zustrebender Flug. In mehreren indian. Kulturen wird der A. als sonnen- u. himmelverwandt dem chthonischen ↗Jaguar gegenübergestellt. Seine Federn wurden als Symbole der Sonnenstrahlen zu kult. Schmuck verwendet. – Der A. gilt als „König" der Vögel u. war bereits im Altertum ein Königs- u. Götter-Symbol. In der griech.-röm. Antike war er Begleiter u. Symbol-Tier des Zeus (Jupiter). In der röm. Kunst verkörpert oder trägt ein auffahrender A. die Seele des Herrschers, die nach Verbrennen der Leiche zu den Göttern aufsteigt. Die röm. Legionen hatten den A. als Feldzeichen. – In der Bibel begegnet der A. als Sinnbild für Gottes Allmacht oder auch für die Stärke des Glaubens. – Der ↗Physiologus schreibt dem A. die gleichen legendären Eigenschaften wie dem ↗Phönix zu, daher ist er im MA auch ein Symbol für Neugeburt u. Taufe (deswegen gelegentl. als Schmuck an Taufsteinen) sowie gelegentl. Symbol Christi bes. im Zshg. als Schlangenbesiegender u. (auch wegen seines Fluges) Symbol für dessen Himmelfahrt. Die Mystiker verglichen den auffliegenden A. verschiedentl. mit dem Gebet. Da der A. angebl. (nach

Adam und Eva: *Adam und Eva. Holzschnitt aus G. Zainer: Speculum Humanae Salvationis (illustrierte Ausgabe von 1476). Thema der Bestrafung der Stammeltern: „Als Adam grub und Eva spann ..."*
Adler *als Symbol des Geistes; aus: Hermaphroditisches Sonn- und Mondskind, 1752.*
Adler: *Adlerfibel. Mantelschließe. Bronze mit Steinen (abgefallen). 5./6. Jh. n. Chr.*
Adler: *Adler und Fisch als Symbole der Taufe („Musterbuch" von Schmid); Motiv auf dem Fußboden des Baptisteriums zu Capua.*

Aristoteles) beim Aufsteigen direkt in die Sonne blickt, galt er auch als Symbol der Kontemplation u. spirituellen Erkenntnis. Mit Bezug darauf wie auf seinen Höhenflug ist er auch Attribut des Evangelisten Johannes (↗Evangelistensymbole). – Unter den sieben Todsünden symbolisiert der A. den Hochmut, unter den vier Kardinaltugenden die Gerechtigkeit. – C. G. Jung sieht im A. ein väterl. Symbol. – Der A. war in Fortführung der röm. Tradition dt. Reichsadler, heute ist er dt. Bundesadler; als Zeichen der Souveränität steht er auch in vielen anderen Staatswappen.

Adlerpult, gottesdienstl. Lesepult in Form eines Adlers (meist Bronze oder Holz) mit ausgebreiteten Flügeln; wohl im Anschluß an das Evangelistensymbol des Johannes.

Adonia, die zu Ehren des ↗Adonis veranstalteten privaten Trauerfeste, die im Orient u. in Griechenland zu verschiedenen Zeiten gefeiert wurden. Wichtige Teile des Kultes waren das Scheinbegräbnis des Gottes u. die ↗Adonisgärtchen.

Adonis, in der griech. Mythologie Symbolgestalt eines schönen, v. Aphrodite geliebten Jünglings, der auf der Jagd ums Leben kam. Aphrodite bat Persephone, daß A. 6 Monate des Jahres auf der Erde leben dürfe. – A. ist wohl ein aus dem Orient, viell. aus Phönikien (Adon = phönik. „Herr") stammender Fruchtbarkeitsgott, der die ständig neuerstehende u. wieder verdorrende Vegetation repräsentierte. Die ihm zu Ehren veranstalteten ↗Adonia erfreuten sich großer Beliebtheit.

Adonisgärtchen, die mit schnell wachsenden u. schnell verdorrenden Pflanzen u. Blumen besetzten Töpfe, Krüge u. Körbe zum Adonisfest. – ↗Adonia.

Adorant *m* [lat.], Anbetender zu Füßen Christi od. der Madonna. ↗Orant.

Adventskranz ↗Kranz.

Adyton *s, Abaton s* [beides gr. = Unbetretbares], ein für alle oder bestimmte Menschen überhaupt oder zu bestimmten Zeiten unzugängl. hl. Ort, bes. das Allerheiligste eines Tempels.

Affe, verbreitetes Symboltier, vor allem wegen seiner Beweglichkeit, Intelligenz, aber auch Hinterlist u. Geilheit sowie wegen seines Nachahmungstriebs u. seines streitbaren Geizes. – Im Fernen Osten häufig Symbol der Weisheit; berühmt wurden die 3 A.n v. „Heiligen Stall" in Nikko, v. denen der eine sich die Augen, der andere die Ohren u. der dritte den Mund zuhält; heute oft populär als ein Sinnbild weisheitsvollen (u. damit auch glückl.) Lebens, bes. des Umganges mit den Menschen, ge-

deutet: nichts sehen, nichts hören u. nichts reden; sie spielten urspr. allerdings eine Rolle als Boten, die den Göttern über die Menschen berichten sollten u. daher als eine Art Abwehrzauber stumm, taub u. blind dargestellt wurden. – Der *Mantelpavian* wurde in Ägypten als göttl. Wesen verehrt, er war – vor allem groß, weiß, hockend, mit erigiertem Phallus u. häufig mit der Mondscheibe auf dem Kopf – die Verkörperung des Mondgottes Thot, des Schutzpatrons der Gelehrten u. Schreiber, der auch oft als Götterbote u. Seelenführer auftritt. In der jenseitigen Welt empfingen die Seele aber nicht nur gute, sondern auch dämon. A.n, die sie z. B. mit Fangnetzen bedrohten. – In Indien sind A.n bis heute oft heilig u. unantastbar. – In der christl. Kunst u. Literatur wird der A. meist negativ gesehen; er symbolisiert – häufig mit einem ↗Spiegel in der Hand – den durch seine Laster zum Tier herabgesunkenen Menschen (äußere Ähnlichkeit zw. Mensch u. A.), bes. die Todsünden Geiz, Wollust u. Eitelkeit. Mit einer Kette gefesselt, stellt er meist den überwundenen Satan dar. – Die psychoanalyt. Traumdeutung sieht im A.n häufig ein Symbol der Unverschämtheit, des inneren Aufruhrs oder auch, wegen seiner Menschenähnlichkeit, die animal. Karikatur der Persönlichkeit. – Der A. ist das 9. Zeichen des chines. ↗Tierkreises, er entspricht dem ↗Schützen.

Agave, *Aloë*. Die in der Bibel erwähnte *Aloë* ist ein hoher Baum, aus dessen Holz ein sehr wertvolles, bitteres u. duftendes Öl gewonnen wurde; häufig wurde dies zus. mit der ↗Myrrhe verwendet; die Aloë u. ihr Öl galten als Symbol für Buße u. Enthaltsamkeit; sie steht, da sie bei der Grablegung Christi (zum Einbalsamieren Christi verwendetes Öl!) erwähnt wird, auch in sinnbildl. Zshg. mit Christi Tod. Die oft sehr langlebige *Agave* (auch *100jährige Aloë*) treibt nur einmal einen hohen, mit zahlreichen Blüten besetzten Schaft u. stirbt dann ab; sie galt im MA als Symbol der jungfräul. Mutterschaft Marias.

Ägide ↗Aigis.

Ägis ↗Aigis.

AGLA, aus den Anfangsbuchstaben von Psalm 89,53 („Jahwe sei gepriesen in Ewigkeit! Amen, so sei es") gebildetes hebräisches Geheimzeichen; möglicherweise hat die Ähnlichkeit des Wortklanges eine Verbindung zur Pflanze ↗Akelei beigetragen.

Ägypten, nach dem AT das Land der Knechtschaft des Volkes Israel u. Land des Götzendienstes; daher sinnbildl. negatives Pendant zum „Land der Verheißung". – Vielfach als Symbol für das Uralt-Geheimnisvolle angesehen, z. B. der Bau der Pyra-

Affe: *Pavian aus einer Unterweltsszene; Grab des Tutanchamun, 18. Dyn.*
Affe: *Kapitell der Kirche Saint-Jouin-de-Marnes*
Ähre: *Ausschnitt aus einem Kalksteinrelief (mesopotam., 3. Jt. v. Chr.)*
Ähre: *„Christus, der Gottmensch (A–Ω), bietet uns (Vögeln) in der heiligen Hostie, welche seinen Leib (Ähren) und sein Blut (Trauben) enthält, die Früchte seines Kreuzestodes (Kreuz)" („Musterbuch" von Schmid)*

---

miden als in Zahlen verschlüsseltes Weltgeheimnis, Begründung der Astronomie, Astrologie u. Alchimie. Die moderne Forschung zeigte, daß vieles davon im Hellenismus als verlorenes Wissen „glorifiziert" u. mystifiziert wurde.

Ägyptische Plagen, nach Ex 7–12 die 10 Heimsuchungen, die Gott über den Pharao schickte, damit er die Israeliten freigebe: blutrotes Nilwasser, Frösche, Mücken, Stechfliegen, Viehseuche, Geschwüre, Hagel, Heuschrecken, Finsternis, Tod der Erstgeburt.

Ahasver, die Symbolfigur des „Ewigen Juden", der nach der Legende ruhelos auf der Erde bis zum Jüngsten Tag wandern muß; der Legende nach soll A. Jesus beim Verhör vor Kaiphas geschlagen oder beim Kreuztragen geschmäht haben. ↗Fliegender Holländer.

Ahnen, *Vorfahren,* alle Personen, von denen jemand abstammt.

Ahnenfigur, *Ahnenbild, Geisterfigur,* bildl. oder figürl. Darstellung eines Verstorbenen. ↗Totempfahl.

Ahnenpfahl ↗Totempfahl.

Ähre, schon in den frühen Hochkulturen Symbol der fruchtbarkeits- u. lebenspendenden vegetabil. Natur. – In der christl. Kunst wurde die Ä. zum eucharist. Sinnbild des Leibes Christi (Brot) im Abendmahl. ↗Sieben Arten.

Ährenkleidmaria, in der Mariensymbolik die bibl. Darstellung der Maria im mit ↗Ähren besetzten Kleid (auch Maria im Weizenfeld stehend als Variante), seit dem 14. Jh. in deutschen Frauenklöstern in Anlehnung an Hl 7,2 aufgekommen.

Aigis *w, Ägis,* Schutzwaffe des Zeus, ein v. Hephaistos geschmiedeter Schild; trägt in der Mitte das Haupt der Gorgo (↗Gorgoneion); aufgrund etymolog. Fehldeutungen galt sie in nachhomer. Erzählungen als mit der Haut der ↗Ziege Amaltheia überzogen; wurde v. Zeus u. a. der Athena geliehen. Sie war ein Sinnbild des Schutzes der Götter, daher noch heute die sprachl. Wendung „unter jemandes *Ägide* stehen". – Die Deutung der A. als Symbol des Gewitters u. der Gewitterwolke ist umstritten.

Akanthus *m,* distelähnl. Pflanze wärmerer Länder. Die buchtig gezähnten Blätter v. 2 Arten des A. im Mittelmeergebiet gaben das Vorbild für ein Blattornament, bes. am korinth. Kapitell; auch als Geschlinge zur Flächenfüllung verwendet. Die symbol. Bedeutung des A. bezieht sich wahr-

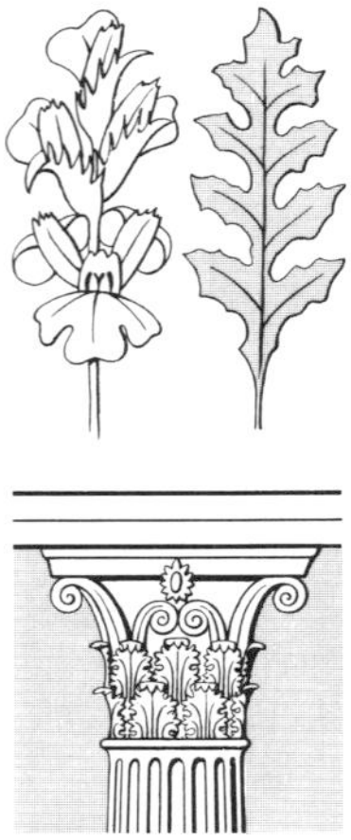

Akanthus: *oben Blüte und Blatt, unten A. an einem Kapitell*
Akelei *als Einzelblüte*

scheinl. auf seine Stacheln; er zeigt an, daß eine schwierige Aufgabe vollendet gelöst wurde.

Akazie, häufig mit der *Robinie* oder der *Mimose* gleichgesetzter Baum. Das Holz der Echten A. ist sehr dauerhaft, daher galt sie als Symbol der Unveränderlichkeit. Vor allem bei den Freimaurern ist sie ein Symbol für Reinheit, Unsterblichkeit u. Einweihung.

Akelei, Heil- u. Windkraut (blausäurehaltig!), Angehörige einer Pflanzengattung der nördl. gemäßigten Zone; urspr. der german. Muttergöttin Frija geweiht, in der christl. Kunst Symbol des Hl. Geistes (sieben Blüten bedeuten die sieben Gaben des Hl. Geistes), drei Blüten sind ein Symbol der Dreifaltigkeit, gelegentl. auch reines Christus- bzw. Marien-Symbol, oft in Krippenszenen dargestellt. ↗AGLA.

Aktaion, ein bedeutender Jäger; er wurde v. dem Kentauren Cheiron erzogen u. in der Jagd unterrichtet. Als A. Artemis nackt im Bade sah, verwandelte ihn die Göttin in einen Hirsch, der v. seinen eigenen Hunden, die ihn nicht erkannten, zerrissen wurde; Symbolgestalt als Warnung für den Menschen, sich der Grenze zu den Sphären der Götter nicht ehrfurchtslos u. neugierig zu nähern.

Alant *m*, Korbblüter; Helena soll ihn bei ihrer Entführung durch Paris in Händen gehalten haben (daher der lat. Name *Inula Helenium*); das Kraut ↗Moly, das Hermes dem Odysseus brachte, damit er seine Gefährten vom Zauber der Circe befreie, wurde gelegentl. als A. (zumeist allerdings als die Schwarze Nieswurz) gedeutet. – Im Christentum begegnet der A. selten als Symbol-Pflanze; er bedeutet „Erlösung“.

Alchimie *w*, die wohl hauptsächl. in Ägypten entstandene u. im MA bis in die frühe Neuzeit in Blüte stehende theoret. u. experimentelle Auseinandersetzung mit chem. Stoffen. Die A. war ein Höhepunkt des Symbol-Denkens und stellte eine enge Durchdringung früher naturwissenschaftl., religiöser u. psycholog. Vorstellungen dar; sie stand außerden in engem Zshg. mit der Astrologie u. der Medizin ihrer Zeit (↗Mikrokosmos–Makrokosmos). Die alchimist. Praktiken zielten vor allem auf eine Veredelung der Stoffe u. eine myst. Vereinigung v. Mikro- u. Makrokosmos sowie – damit verbunden – auf eine Läuterung der Seele. – Als ↗Elemente galten den Alchimisten außer den 4 der griech. Naturphilosophie (↗Feuer, ↗Wasser, ↗Luft u. ↗Erde) die „philosophischen Elemente“ ↗Salz, ↗Schwefel u. Quecksilber (↗Mercurius).

Alchimistisches Werk ↗S. 15

Alchimistisches Werk

Das *Alchimistische Werk*, das *Opus*, besteht aus dem „praktischen Teil“, der *Operatio*, und dem „theoretischen Teil“, der *Amplificatio*. Das Alchimistische Werk wird in 12 Epochen unterteilt, deren 12 „Arbeiten“ den Tierkreiszeichen zugeordnet werden und so den Kreisfluß der Zeit widerspiegeln. Urtümlicher als diese 12er-Teilung ist die 7er-Teilung mit den Operationen Caltination, Sublimation, Solution, Putrefaction, Distillation, Congelation und Tinctura. Die sieben Planetenmetalle begleiten von außen das Werk, das Phönix im Berginnern vollenden läßt (rechts Abbildung aus St. Michelspacher, Cabala ..., Augsburg 1615).

Das Alchimistische Werk, der Berg der Adepten mit dem Tempel der Weisen in seinem Innern. Auf dem Berg, der vom Tierkreis als Zeitsymbol umrahmt ist, stehen die personifizierten Planeten. Die vier Elemente in den Ecken weisen auf die Ganzheit des „Werkes“ hin. Nur der linke Adept, der dem Hasen nachschaut, weiß, „in welches Loch der Hase saust“; der andere Adept tappt mit der Binde seiner Dummheit vor den Augen vergebens vor den sieben Stufen, die ihn zur Vollendung seiner Kunst in das Innere des Berges führen könnten, wo die „chymische Hochzeit“ stattfindet.

Alexander der Große, Symbolfigur des kühnen Heerführers u. Herrschers, König v. Mazedonien, Begründer des Weltreichs (336–323), das bei seinem Tod aufgeteilt wird; vgl. 1 Makk 1,1 ff., in Dan 8,5 ff. unter der Deckbezeichnung *„Ziegenbock"* auftretend, in Dan 11,3 f. als *„Kraftvoller König"*; besuchte das Heiligtum des Zeus Ammon (Jupiter Ammon) bei Memphis, daher wohl das Horn-Attribut (Ammonshörner) auf Münzbildnissen u. in vielen legendären Dichtungen.

Alkohol, *Feuerwasser*, symbolisiert die Vereinigung der gegensätzlichen Elemente ↗Feuer u. ↗Wasser, damit auch Symbol für Lebenskraft.

Allegorie *w* [gr.], die bewußte Umsetzung eines begriffl. Zusammenhangs in eine bildl. Darstellung mit festgelegten Bedeutungen der einzelnen Bildmotive; bes. als *Personifikation* (anders im *Symbol*), z. B. Darstellung des Streits zw. Tugenden u. Lastern; ersetzt in der griech. Kunst des 3.–2. Jh. v. Chr. die alte Mythologie; im MA herrscht die *theol.* (dogmat. u. moral.) u. die *polit. A.* (Tugenden der Staatsordnung) vor; in Renaissance u. Barock z. T. überschwengl. A., oft mit mytholog. Motiven, für das ganze rel. u. profane Leben.

Aloë ↗Agave.

Alpenveilchen, wegen der blutroten Färbung des Innern der Blüte (Mariens vor Schmerz blutendes Herz) eine Marienblume, basierend auf der Weissagung des Simeon bei Lk 2,35.

Alpha, der erste Buchstabe des griech. Alphabets u. erster Buchstabe des Wortes arché = Anfang; symbolisiert in der Bibel sowie in der christl. Kunst u. Literatur den Uranfang. ↗Alpha u. Omega, ↗Omega, ↗Taw.

Alphabet ↗Buchstaben.

Alpha u. Omega, A u. Ω, Anfangs- u. Endbuchstabe des griech. Alphabets, die alle anderen Buchstaben „einschließen"; damit Symbol für das Umfassende, die Totalität, für Gott u. insbesondere Christus, als den Ersten u. Letzten (häufiges Begleitmotiv zum ↗Christusmonogramm, u. a. auf Grabsteinen, Sarkophagen, Münzen u. Ringen) u. zum apokalypt. Christusbild. ↗Alpha, ↗Omega, ↗Taw.

Alraune *w*, Bz. für die Wurzel der *Mandragora* bzw. *Mandragola*, eines Nachtschattengewächses, das dem Volksglauben nach unter Galgen aus dem Sperma der Gehenkten wuchs (daher wurde die Wurzel häufig *Galgenmännlein* genannt). Der Wurzelstock hat eine rübenartige, häufig verzweigte Form u. erinnert oft an die Gestalt

Alexander der Große: Münzbildnis Alexanders d. Gr., mit Ammonshörnern
Alpha und Omega: A u. Ω mit Christusmonogramm
Alpha und Omega: Das Buch des Lebens mit eingeschriebenem A und Ω aus dem „Musterbuch" von Schmid
Alraune: A. aus „Hortus sanitatis", deutsch 1485
Altar: Schlachtung des Kalbes auf dem Opferaltar; nach einer Miniatur im Evangeliar aus Auersbach, 12. Jh.

eines Menschen. Die A. wurde seit altersher vielseitig verwendet als Heil- u. Zaubermittel sowie als Aphrodisiacum u. Einschläferungsmittel vor Operationen. Verschiedentl., z. B. in Ägypten u. bei den Hebräern, galt sie daher im Hinblick auf die letztgenannte Wirkung als mag. wirksames Liebes- u. Fruchtbarkeits-Symbol. Im Hl 7,4 wie in Gn 30,14 ff. ist mit Liebestrank bzw. Liebespflanze die Mandragora gemeint, der hebräische Name Duda bedeutet nämlich Liebespflanze. – Im ma. Volksglauben sagte man der A. die Fähigkeit nach, Glück, Fruchtbarkeit u. Reichtum zu bringen; seither wird in diesem Sinne mehrfach, z. B. in sprichwörtl. Redensarten, auf sie Bezug genommen. ↗Alant, ↗Ginseng, ↗Moly.

Altar, erhöhte Stätte (altus) innerhalb des Kultzentrums, die in fast allen Regionen dem Opfer u. anderen sakralen Handlungen dient. Die Erhöhung versinnbildlicht die Erhebung der Opfergaben zu den Göttern oder zu Gott; gelegentl. wurde der A. auch verstanden als spirituelles Zentrum der Welt u. steht im engen Zshg mit dem Symbolgehalt des ↗Berges u. des ↗Baumes. – Im Christentum versinnbildlicht er den heiligen Tisch des Mahles mit Christus oder den Leib Christi selbst (das weiße Altartuch symbolisiert dann das Leichentuch). Seit dem 4. Jh. wird der A. auch als Ort des Schutzes u. der Zuflucht verstanden: Selbst die größten Verbrecher durften nicht in der Kirche u. vor allem nicht am A. ergriffen werden.

Altar ↗S. 18

Amazonen, krieger., v. einer Königin geleitetes Frauenvolk der griech. Sage, angebl. aus dem Nordosten Kleinasiens, mit dem verschiedene Helden gekämpft haben sollen (u. a. Herakles, Theseus u. Achilleus). Die A. verkehrten nur einmal im Jahr mit Männern, denen sie grundsätzl. feindl. gegenüberstanden, zogen aber ledigl. die Mädchen auf. Die rechte Brust wurde ihnen ausgebrannt oder abgeschnitten, damit sie beim Bogenspannen nicht hinderl. war. Von daher erklärten sich die Griechen auch den Namen A. als „Brustlose". – Der Begriff A. wird in der heutigen Zeit als Symbol (bzw. Synonym) für sportl. sehr aktive u. „emanzipierte" Frauen benutzt.

Amboß, häufig als weibl. Pendant zum symbolisch als aktiv u. männl. empfundenen ↗Hammer gedeutet. – Gelegentl. erscheint der A. auch als Attribut der Kardinaltugend Tapferkeit (Fortitudo).

Ambrosia *w*, in der Antike häufig zusammen mit Nektar erwähnte Götterspeise, verleiht Unsterblichkeit. – In der christl. Lit. werden das Wort Gottes u. die Eucharistie verschiedentl. symbol. als A. bezeichnet.

Altar

1

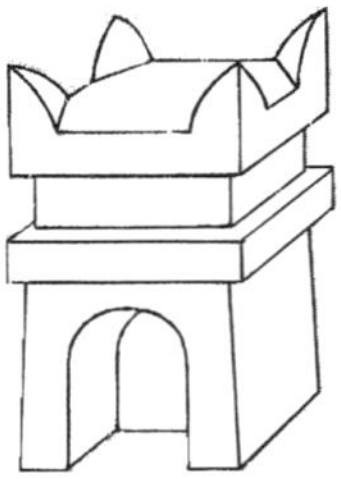

2

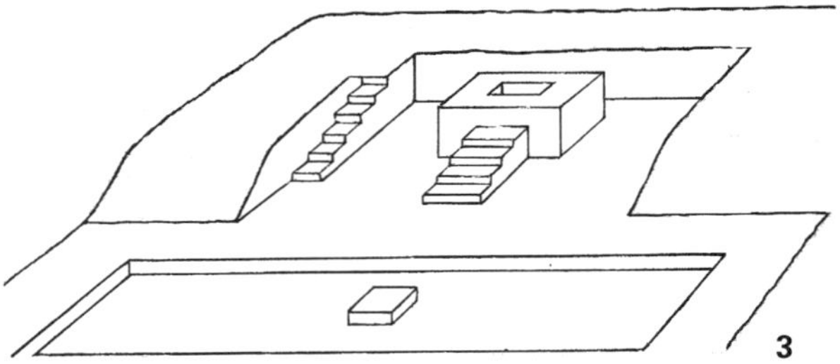

3

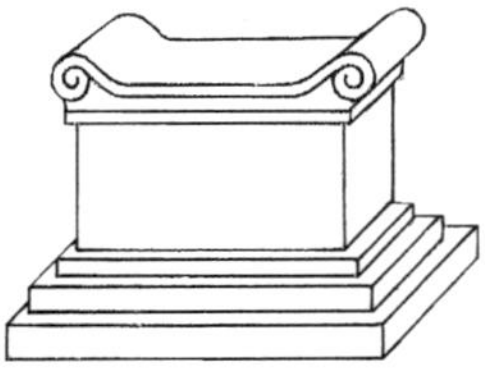

4

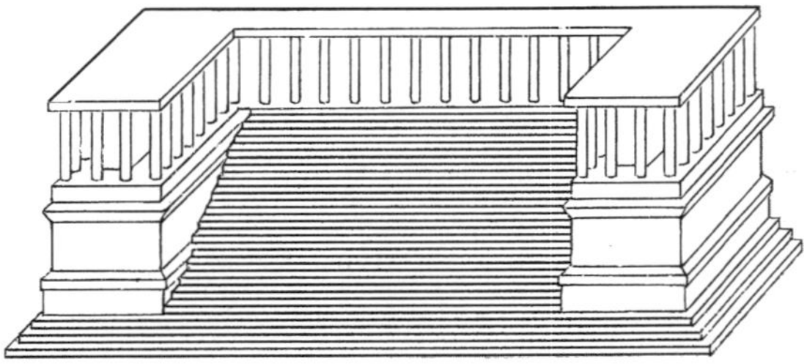

5

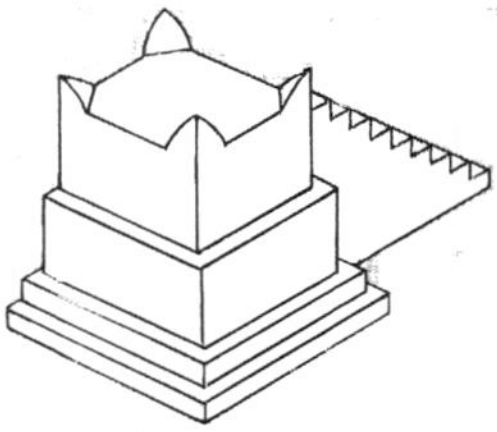

6

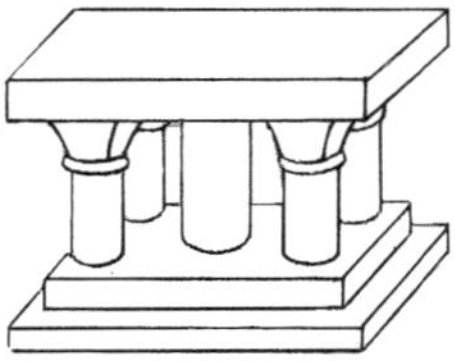

7

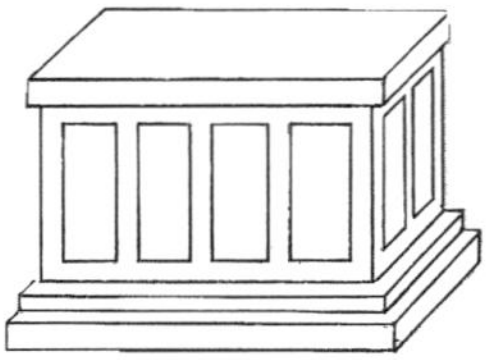

8

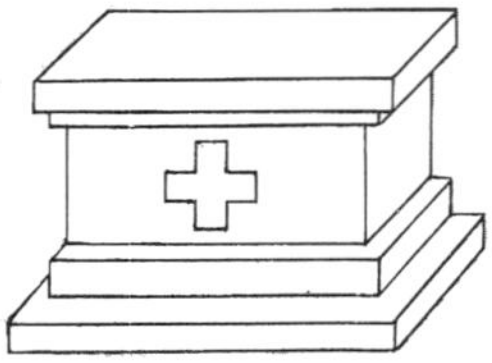

9

10

11

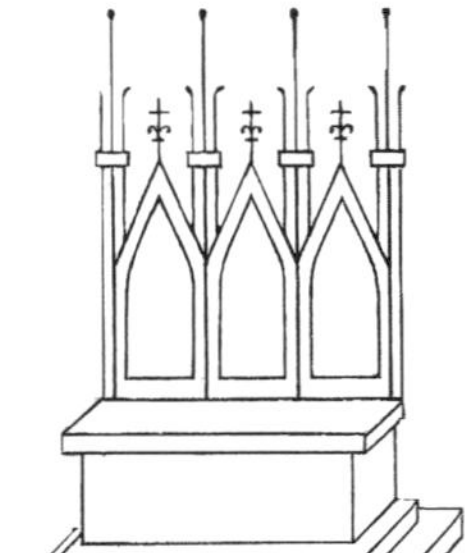

12

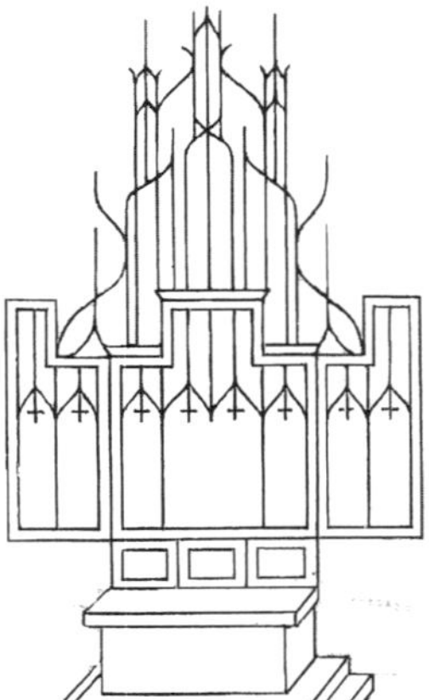

13

14

1. Ägyptischer Altar (um 2400 v. Chr.); 2. Hörneraltar aus Israel (9. Jh. v. Chr.); 3. Stufenaltar aus Jordanien (4. Jh. v. Chr.); 4. Griechischer Volutenaltar (Ende 3. Jh.); 5. Zeusaltar aus Pergamon (zwischen 180 u. 160 v. Chr.); 6. Jüdischer Brandopferaltar (7. Jh. v. Chr.); 7. Fünfstütziger Tischaltar (romanisch, 12. Jh.); 8. Kastenaltar; 9. Blockaltar; 10. Sarkophagaltar (barock, 18. Jh.); 11. Ciboriumaltar; 12. Retabelaltar (gotisch, 13. Jh.); 13. Flügelaltar (spätgotisch, 16. Jh.); 14. Kanzelaltar (barock, 18. Jh.).

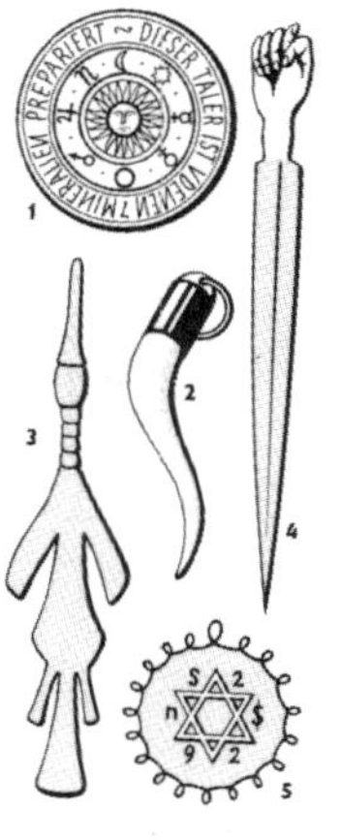

Amsel: Eine A. als schwarzer Vogel am Kopf eines „Poeten oder Magier", Sinnbild für die Einflüsterungen des Teufels. Detail aus der Darstellung der Sieben Freien Künste des Hortus Deliciarum der Herrad von Landsberg
***Amulett:* 1** *Astrologisches Krankheits.-A.* **2** *Abwehr-A. aus Büffelhorn gegen „Bösen Blick".* **3** *Vogel-A. der Tungusen (Sibirien).* **4** *Feigen-A. (Neid- oder Verschreifeige), vor allem in südl. Ländern gebräuchlich.* **5** *Medaillon-A. mit Drudenfuß*

Ameise, wie die ↗Biene Symbol für Fleiß u. organisiertes Gemeinschaftsleben, wegen ihrer ausgiebig angelegten Wintervorräte auch Symbol der weisen Voraussicht, so in Ib 31,40 oder Spr. 6,6–8 u. 30,25. – Im ↗Physiologus wird auf diese Eigenschaften hingewiesen: „Fliehe nun auch du, Mensch, die tierische Nahrung u. nimm das Getreide, das zum Aufbewahren weggelegt wird." – In Indien wegen ihrer rastlosen Geschäftigkeit Symbol der Nichtigkeit aller Handlungen des ird. Lebens. – Bei afrikan. Völkern steht der *A.nhaufen* verschiedentl. in Zshg. mit kosmogon. Vorstellungen; gelegentl. wird er auch mit der weibl. Fruchtbarkeit in Verbindung gebracht, die er Frauen, die sich auf ihn setzen, angebl. verleiht.

Ameisenhaufen ↗Ameise.

Ameisenlöwe, ein Mischwesen (Vorderteil vom Löwen, Hinterteil von der Ameise), das der ↗Physiologus aus Ijob 4,11 entwickelt u. als Deutung sagt, daß jeder Zweifler unbeständig ist in allen seinen Wegen; weil er mit gespaltenem u. sündigem Herzen auf zweierlei Wegen geht.

Amen, im jüd. Synagogen-Gottesdienst, im NT, in allen christl. Liturgien u. im Islam liturg. Akklamations- u. Bekräftigungsformel. In der Apokalypse wird Christus symbolisch „das Amen" genannt. – Als ein Wort der Kraft kann es in Zshg. gebracht werden mit der Meditationssilbe ↗Om. ↗Neunundneunzig.

Amethyst *m,* beliebter Schmuckstein (↗Edelsteine), galt in der Antike als Mittel gegen Gift u. Trunkenheit (amethysios = nicht trunken). – In der christl. Symbolsprache Sinnbild der Demut, da er die Farbe des bescheidenen Veilchens trägt sowie symbol. Hinweise auf die Passion Christi (↗Violett), daher auch seine beliebte Verwendung als Material für Rosenkränze. Der A. galt außerdem als einer der Grundsteine des himml. Jerusalem (↗Jerusalem, himmlisches).

Amsel, ähnl. wie der ↗Rabe, aber hier zusätzl. mit der Gabe des verführerischen Gesanges, Symbol der Versuchungen des Teufels.

Amulett *s,* zumeist am Körper getragener kleiner Gegenstand, dient den Menschen im mag. Weltbild als Abwehrzauber (gg. Geister, den bösen Blick, Unglück, Krankheit) u. als Glücksbringer, wobei wahrscheinl. oft die Seltenheit oder die spezif. Form des Gegenstandes symbolisch als Ausdruck des Herbeizwingens besonderer Schicksalsmächte empfunden wurde. Vorherrschende A.typen sind: das ↗Horn,

Kriechtiere, Spinnen, Kleeblätter (↗Klee), obszöne ↗Feige, (Halb-)Edelsteine, Namen oder Buchstaben, auffällige Naturformen (↗Alraune), aber auch Heiligenbilder (↗Enkolpion) usw. Das Tragen v. Schmuck hängt wahrscheinl. urspr. mit dem Gebrauch v. A.en zusammen – A.e waren bereits in vorgeschichtl. Zeit übl., verbreitet waren sie bes. im Alten Orient u. in China; in Ägypten wurden die Mumien mit A.en vor dem „Tod" geschützt. – Das A.wesen lebt teilweise bis heute fort. ↗Abracadabra, ↗Abraxas, ↗Pentagramm, ↗Sator-Arepo-Formel.

Analogieprinzip, auf der Grundlage der Induktion u. der Annahme, daß unter gleichen Voraussetzungen sich immer die gleichen Folgen zeigen, beruhendes Prinzip u. log. Methode des Okkultismus; das A. ist kein strenger Beweis. Goethe sagte zum A.: „… müssen im Naturbetrachten immer eins wie alles achten: nichts ist drinnen, nichts ist draußen: denn was innen, das ist draußen." ↗Mikrokosmos–Makrokosmos.

Analogiezauber, mag.-imitative Handlungen, die im zu Beschwörenden eine entsprechende (analoge) Wirkung hervorbringen sollen, z. B. ↗Bildzauber.

Anastasis *w*, das Auferstehungsbild der byzantin. Kunst (bes. seit dem 11. Jh.); stellt *nicht* die Auferstehung, sondern den Höllen-*Abstieg* dar: Christus in der Vorhölle über dem in der Hölle gefesselten Satan, Adam u. Eva u. andere Personen des AT zu sich emporziehend.

Anastasiskreuz, symbol. Darstellung v. Tod (Kreuz ohne Corpus mit ↗Christusmonogramm) u. Auferstehung Christi (schlafende Wächter, Siegeskreuz) in der Sarkophagkunst.

Androgyn. Individuum, das die ideengeschichtl. bedingte Vorstellung v. der körperl.-seel. Mischung männl. u. weibl. Wesenszüge trägt, Mann u. Frau zeigen in körperlicher u. seelischer Hinsicht Eigenschaften u. Seelenempfindungen des anderen Geschlechts. Der A.e ist zu unterscheiden vom ↗Hermaphrodit, der eine somatische Doppelgeschlechtlichkeit darstellt; beide Begriffe werden aber oft fälschlich synonym verwendet.

Anemone, in der Antike Symbol für Krankheit u. Tod, für das Vergängliche allgemein, da sie nicht von langer Dauer ist (anemos bedeutet auf griechisch „Wind"). Blume des Adonis, der von Venus in eine purpurrote A. verwandelt wurde. – In der christl. Symbolsprache bedeuten A.n das vergossene Blut von Heiligen (neben Rosen u. Margariten).

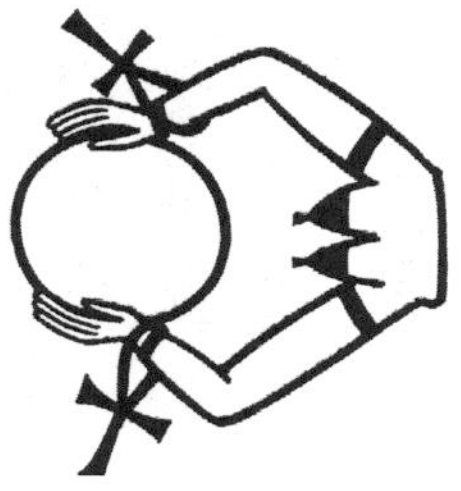

Amulett: Tiki, Stammvater der Menschen
Anastasiskreuz: A. von einem Sarkophag, 4. Jh.
Anker: Anker in Verbindung mit Kreuz und Christusmonogramm („Musterbuch" von Schmid)
Anker: Anker mit Fischen (den Gläubigen) nach einer Katakomben-Darstellung („Musterbuch" von Schmid)
Ankh: Verehrung des falkenköpfigen Horus mit der Sonnenscheibe u. dem A.-Zeichen auf den Knien; aus dem Papyrus v. Ani
Ankh: die Göttin Nut, mit einem A.-Zeichen an jedem Handgelenk, trägt die Sonne; Malerei aus dem Grab Nr. 2 Khabeket; 20. Dyn.

Animalismus *m* [v. lat. *animal* = Tier], religionsartige Verehrung der Tiere als Schutzgeister, Ahnen u. ä., bes. in Jägerkulturen. ↗Totemismus.

Animatismus *m* [lat.], ↗Animismus.

Animismus (v. lat. *anima* = Seele), **1)** der Glaube an die Beseeltheit der Naturdinge, v. dem der *Animatismus*, der Glaube an die Allbelebung der Dinge, manchmal als seine Vorstufe unterschieden wird. Zum A. wird manchmal auch der *Geisterglaube* gerechnet. **2)** *Okkultismus*: eine Richtung, die außergewöhnl. seel. Kräfte des Mediums, nicht aber Einwirkung v. „Geistern" (etwa der Verstorbenen) gelten läßt.

Angelica ↗Engelwurz.

Anker, Attribut verschiedener Meeresgottheiten. – Da der A. bei Sturm den einzigen Halt des Schiffes bedeutet, ist er ein Symbol der Hoffnung, vor allem in der christl. Symbolsprache (häufig auf Grabdenkmälern u. Sarkophagen), u. ein Sinnbild der Beständigkeit u. Treue. Als heimliches Kreuzsymbol *(Ankerkreuz)* wurde er im frühen Christentum durch Einführung einer Querstange verwendet.

Ankh, ägypt. *Schleifenkreuz*, symbolisiert die Befruchtung der Erde durch die Sonne sowie das Leben. Sehr häufig in der ägypt. Kunst, oft in der Hand v. Göttern u. Königen. Bei der Darstellung v. Bestattungsritualen wird es oft oben, an der Seite der Schleife, gehalten (einen Schlüssel symbolisierend, der das Totenreich aufschließt?). – Die christl. Ägypter (Kopten) übernahmen das Zeichen als Symbol für die lebenspendende Kraft des Kreuzes Christi.

Antoniuskreuz, *ägypt. Kreuz,* ↗Kreuz in Form eines griech. T (gr. Tau, daher auch *Taukreuz* genannt).

Antholops, möglicherweise eine Antilope, die im ↗Physiologus mit 2 großen Hörnern als Sinnbild für AT u. NT steht.

Anthropomorphisation, der Prozeß, menschl. Formen u. Verhaltensweisen für die Beschreibung außermenschl. Wesen zu verwenden; Beispiele: die Quelle wird zur Nymphe, die Gewitterwolke zum donnernden Zeus. Die A. spielt auch eine große Rolle bei symbol-bildenden Vorgängen.

Apfel, altes Fruchtbarkeits-Symbol, vor allem der rote A. auch weitverbreitetes Liebes-Symbol. Wegen seiner Kugelgestalt verstand man ihn verschiedentl. als Sinnbild der Ewigkeit. – Der A. begegnet auch mehrfach, z. B. in der kelt. Tradition, als Symbol spirituellen Wissens. – Die goldenen Äpfel der Hesperiden galten als Sinnbilder der Unsterblichkeit, die Äpfel der Iduna schenk-

ten den Asen ewige Jugend. – Die Kugelgestalt des A.s wird u.a. in der christl. Symbolik auch als Sinnbild der Erde verstanden, seine schöne Farbe u. Süßigkeit entsprechend als Symbol der Verlockungen dieser Welt; der A. ist daher auch häufig Sinnbild des ersten Sündenfalles (an Stelle einer ↗Feige oder einer ↗Quitte). Ein A. in der Hand Christi symbolisiert mit Bezug darauf die Erlösung v. der durch den Sündenfall entstandenen Erbsünde, Äpfel am ↗*Weihnachtsbaum* die durch Christus erwirkte Rückkehr der Menschheit ins Paradies. In demselben Sinne muß auch der A. als Attribut Marias, der neuen Eva, verstanden werden (↗Granatapfel). – Der *Reichsapfel*, das Sinnbild der Erdkugel, ist ein Symbol der Weltherrschaft: in der Antike verschiedentl. mit der Darstellung der Siegesgöttin Nike, bei christl. Herrschern meist mit dem Kreuz bekrönt. – Der A. hat Symbolbedeutung erlangt, weil er zu den ältesten Sammelfrüchten des Menschen gehört.

Apokalypse *w*, letztes kanon. u. einziges prophet. Buch des NT, geschrieben vom hl. Johannes auf Patmos; enthält 7 Sendschreiben an christl. Gemeinden in Kleinasien u. Gesichte über die unmittelbar erwartete Endzeit, die z.T. schwer deutbar sind u. herankommende Schrecken, die Herrschaft des Antichrist u. seine Überwindung schildern.

Apophis ↗Schlange.

Apostelattribute. In der christl. Kunst werden seit dem 13. Jh. die Apostel durch ihre Heiligenattribute unterschieden.

Aquarius, das Sternbild ↗Wassermann.

Arbeit, wichtiger Symbol-Begriff in der Freimaurerei, bedeutet zunächst jede freimaurer. Versammlung zu jedem freimaurerl. Zweck; im engeren Sinne die *A.tafel*, die Lehrtafel, der sog. Teppich, das Reißbrett u. das Zeichenbrett.

Arbor philosophica, *Arbor Dianae, Baum der Philosophen, Silberbaum*, bäumchen- und zweigförmige Kristallisationserscheinung aus einer mit Quecksilber versetzten Silbernitratlösung; galt den Alchimisten als Symbol u. Beweis für die „pflanzenhaft sprossende Natur" der Metalle. – Der Begriff bezeichnet außerdem die meist zwölf „alchimist. Operationen" (Calcinatio, Solutio, Elementorum separatio, Coniunctio, Putrefactio, Coagulatio, Cibatio, Sublimatio, Fermentatio, Exaltatio, Augmentatio, Proiectio), deren Zusammenhang untereinander häufig bildhaft anschaul. in Form eines verzweigten Baumes dargestellt wurde.

Arcanum, das Geheime, Geheimnisvolle oder das Abgeschlossene; der Begriff

Arche: Die A. Noahs; nach einer Darstellung aus: Queen Mary's Psalter, 14. Jh.
Arche: Die Arche Noahs in Form eines Kastens, entsprechend einem antiken Mythos („Musterbuch" von Schmid)
Arm: Tanzender Schiwa mit vier A.en; Bronze; um 1400
Arm: A. Gottes mit Lamm (Christus) u. Taube (Hl. Geist); Dreifaltigkeitssymbol, nach Graphik von R. Seewald

wurde wohl aus der antiken Mysteriensprache für die geheimen, nicht auszusprechenden Inhalte der Geheimlehren gebraucht. In der Alchimie waren die Arcana diejenigen geheimen Präparate v. besonderer Wirkung, die strengstens geheimzuhalten waren (↗Stein der Weisen). Paracelsus verstand unter A. die verborgenen Kräfte der Natur.

Arche, in der Bibel die *A. Noah,* das ↗Schiff (↗Kiste), mit dem Noah, seine Familie u. die ausgewählten Tiere der Sintflut entgingen. Die A. Noah wird als Vorbild der Errettung durch die Taufe gesehen. Sie ist auch ein Symbol der Kirche, außerdem symbolisiert sie die Gesamtheit des heiligen Wissens, das nicht zugrunde gehen kann. – C. G. Jung spricht von der A. als einem Symbol des mütterlichen Schoßes. – *A. des Bundes* heißt die Bundeslade der Israeliten; auch die Gottesmutter wird, als Vermittlerin des Heils, so genannt.

Archetypen [Mz., gr.], *Urtypen,* nach der spätantiken Philosophie in der geistigen Welt existierende Urbilder oder Ideen. – C. G. Jung verwendete den Begriff zur Bz. v. menschheitl.-allg. Symbol-Figuren u. -Bildern, die sowohl in Träumen wie in Mythen, Märchen usw. begegnen können (kollektives Unbewußtes) u. den Menschen die Einsicht in stets wiederkehrende Grundstrukturen der Individualentwicklung auf bildhafte Weise nahebringen.

Archetypisierung, Steigerung eines hist. Ereignisses ins Heroisch-Mythische, so z. B. die angenommene Geburt der german. Heldensage aus dem Heroenkult; Sigfrids Drachenkampf als Symbol für die Schlacht im Teutoburger Wald mit einer besonderen ↗Hirsch-Symbolik.

Ariadnefaden ↗Faden.

Aries, das Sternbild ↗Widder.

Arm, Symbol der Kraft, der Macht; der ausgestreckte A. ist auch häufig Symbol der richterl. Gewalt. – Verschiedene ind. Gottheiten besitzen mehr als zwei A.e zum Ausdruck ihrer Allmacht. – In der christl. Liturgie z. B. bedeuten erhobene Arme die Öffnung der Seele u. das Bitten um Gnade. Der A. (oder die ↗Hand), der aus dem Himmel ins Bild greift, ist in der christl. Malerei des MA ein Symbol Gottes. – Erhobene Arme als Geste bei Unterlegenen bedeuten die Aufgabe jeglicher Verteidigung.

Arma Christi, *Leidenswerkzeuge Christi,* ↗Passionswerkzeuge.

Armenbibel, lat. *Biblia pauperum,* christl. Belehrungs- u. Erbauungsbuch mit Bil-

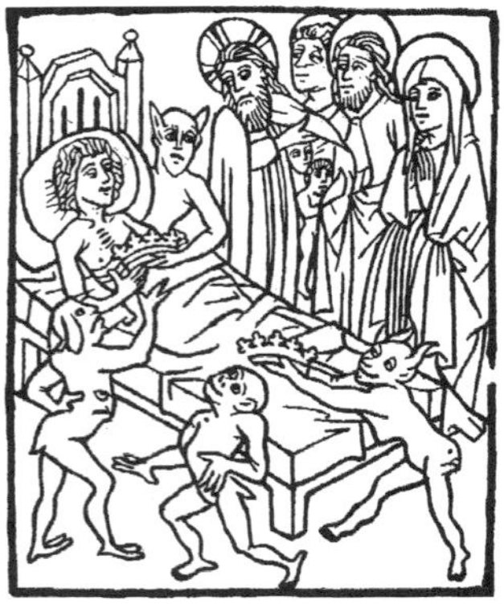

dern aus dem NT, denen „Vorbilder" aus dem AT u. den Propheten entspr. der frühchristl. ↗Typologie gegenübergestellt sind; diente bes. den armen Klerikern. Zwischen 1300 u. 1500 wohl v. Bayern aus weit verbreitet in Handschriften, Blockbüchern u. Wiegendrucken.

Arnika, *Bergwohlverleih, Johannisblume,* Korbblüter mit gelben, würzig duftenden Blüten, bereits bei den Germanen Heilpflanze. Urspr. der german. Muttergöttin Frija, später der Maria geweiht; galt auch als Schutz gg. Blitz, Hexen u. Zauberer.

Aronstab, Pflanze mit kolbenförmigem Blütenstand u. weißl., lilienähnl. Hochblatt; im MA Marienattribut. Da die Pflanze außerdem auf den grünenden Stab Aarons verweist, steht sie, wie dieser, auch in Zusammenhang mit der Auferstehungssymbolik.

Ars moriendi [lat. = Kunst des Sterbens], Sterbebüchlein, spät-ma. Lit.-Gattung zur Vorbereitung auf die Sterbestunde. Älteste illustrierte Ausg. ein niederländ. Blockbuch um 1430/40: Bilderfolge über das Ringen v. Hölle u. Himmel um die Seele des Sterbenden u. dessen seligen Tod; bekannt auch eine Kupferstichfolge des Meisters E. S.

Artes liberales ↗Künste.

Asche. Die Symbol-Bedeutung der A. hängt zusammen mit ihrer Staubähnlichkeit u. mit der Tatsache, daß sie der kalte u. gleichsam gereinigte Verbrennungsrückstand nach Erlöschen des Feuers ist; sie gilt daher in vielen Kulturen als Symbol des Todes, der Vergänglichkeit, der Reue u. Buße, aber auch der Läuterung u. Auferstehung. – Das Haupt mit A. zu bestreuen oder sich darin zu wälzen galt bei Griechen, Ägyptern, Juden, Arabern u. – gelegentlich auch noch heute – bei primitiven Stämmen als Ausdruck der Trauer. – Die ind. Yogis bedecken zum Zeichen ihres Weltverzichts ihren Körper mit A. – Die heilige A. verbrannter Opfertiere galt u. a. im Judentum als reinigend. – Das Christentum kennt die Verwendung v. A. mit Bezug auf die Buß- u. Reinigungssymbolik bei kult. Handlungen, u. a. am Aschermittwoch u. bei der Kirchenweihe.

Askese *w* [gr. *askesis* = Übung, Beschäftigung], *Aszese,* als Enthaltung, Peinigung u. ä. ist in verschiedener Form u. Betonung allen Religionen bekannt. *Magische A.* erstrebt mag. Kraft zur Erreichung eines profanen Zieles, *religiöse A.* myst. Einigung mit der Gottheit durch kult. Mitsterben (z. B. bei der ↗Initiation). Vielfach sind mag. u. rel.-kult. A. vermischt, so auch bei den dualist. Systemen (des Zoroastrismus, Gnostizismus, Neuplatonismus u. a., ↗Dualismus), wo A. der Loslösung vom

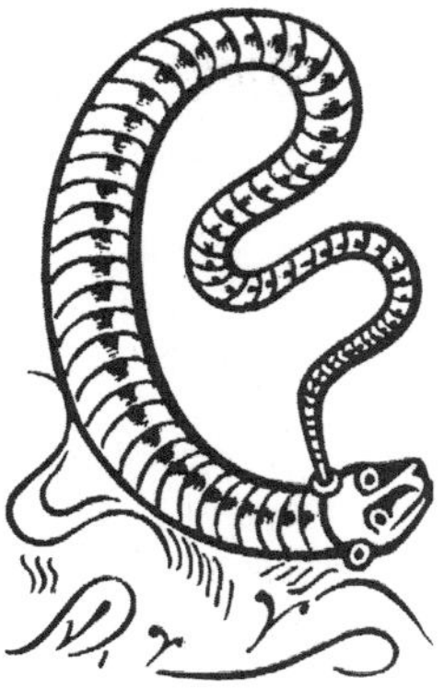

Armenbibel: *Seite aus einer niederländischen Armenbibel*
Ars moriendi: *Holzschnitt (wahrscheinlich Ulm, um 1470)*
Äskulapstab: *Stab mit heiliger Schlange als Wahrzeichen des Asklepios*
Aspis: *Darstellung nach einer englischen Miniatur*

(bösen) Leiblichen u. der Vergeistigung dient. Dem AT war diese A. fremd.

Äskulapstab, v. einer ↗Schlange umwundener Stab, Attribut des Asklepios, des antiken Gottes der Heilkunst; Symbol des Arztberufes und, verbunden mit einer Schale, Zeichen der Apotheken. Die Schlange, die sich jährl. häutet, erscheint in diesem Zshg. als Symbol der Lebenserneuerung; zugleich versinnbildlicht sie die heilbringende Verwendung ihres Giftes. ↗Kerykeion.

Asphodelus *m, Asphodelos,* im Mittelmeergebiet heimisches Liliengewächs mit weißen Blütenrispen u. fleischiger, zuckerhaltiger Wurzel. Bei Griechen u. Römern Totenpflanze (daher dem Hades u. der Persephone heilig); die Wurzeln galten als Speise der Verstorbenen, die man sich gelegentlich (Homer) auch auf A.wiesen wandelnd vorstellte. Außerdem galt der A. als Abwehrmittel gg. böse Geister. – Das MA brachte den A. mit dem Planeten Saturn in Verbindung.

Aspis *w,* ↗Schlange oder ↗Drache (gelegentl. auch Vierfüßer), in der Bauplastik u. Buchkunst des MA oft mit ↗Basilisk, ↗Löwe u. ↗Drache dargestellt; erscheint verschiedentl. mit einem Ohr am Boden, das andere mit dem Schwanz zustopfend. Symbol des Bösen u. der Verstocktheit.

Astkreuz. Wie das ↗Baumkreuz wächst es *aus* dem Baum der Erkenntnis, Christus *im* Baum der Erkenntnis.

Astralmythologie *w* [gr.], *Sternmythologie,* Gesamtheit der Mythen, in denen Sterne, insbes. als Gottheiten oder Götter mit astralem Aspekt, eine Rolle spielen; ist umfassender als der Astralkult, da nur ein Teil der Sternmythen rel. Charakter hat; in Agrar- u. bes. in Hochkulturen (Babylonien, Ägypten, Mexiko u. a.) um Sonne, Mond, Planeten u. einzelne Sterngruppen ausgebildet. Eine reine Astralreligion gab es nirgends.

Astralkult, *Sternkult, Sterndienst, Astrolatrie,* die religiöse Verehrung v. Sonne, Mond u. bestimmten Sternen.

Astraltänze, in vielen Kulturen verbreitete Kult-Tänze, die die Bewegungen der Gestirne versinnbildlichen; meist Ausdruck der Beschwörung kosm. Mächte; im Mittelalter gelegentl. auch in christl. Kirchen, oft i. Zshg. mit ↗Labyrinthen. ↗Trojaburgen.

Astrologie, beschäftigt sich mit dem in den Gestirnen wirkenden geistigen Sinn, setzt also – wenn heute auch weitgehend unbekannt – die Existenz v. *Astralgeistern* voraus, womit man die Ansicht vertrat, daß sich immaterielle u. materielle Wesen

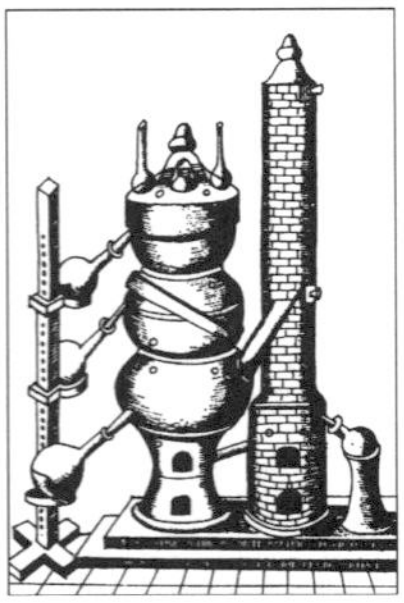

Atem: Der Schöpfer-Gott haucht Adam den Odem des Lebens ein; nach einem Mosaik, Kathedrale v. Monreale; 12. Jh.
Athanor: einer der wichtigsten Gegenstände in einem alchimist. Labor (nach H. Barlet, 1653)

in den Himmelskörpern vereinigen. Grundvoraussetzungen der A. sind einerseits die Überzeugung, daß die Zeit nicht gleich, sondern qualitativ verschieden ist (daraus folgt die Notwendigkeit für die Schaffung einer Kalenderwissenschaft u. den dazu notwendigen Beobachtungen v. Zyklen v. Gestirnsumläufen, Auf- u. Untergangsregeln v. Gestirnen usw.), und andererseits die Überzeugung, daß eine qualitative Verwandtschaft zw. Dingen verschiedener Kategorien existiert; im ↗Mikrokosmos-Makrokosmos-Denken werden alle ird. Dinge auf komplizierte Weise zu den himml. Zeit-Zeichen in Beziehung gesetzt. – A. und Alchimie sind eng miteinander verwandt u. benutzen z. T. wechselweise ihre Begriffs- u. Symbolsysteme. ↗Elemente, ↗Entsprechungen, ↗Signaturenlehre, ↗Tierkreis.

Astrologie ↗S. 27

Atem, Symbol für kosm., belebende Kräfte, verschiedentl. auch für den Geist, bes. den schaffenden Geist am Urbeginn der Welt. So findet sich z. B. im Taoismus die Vorstellung v. neun verschiedenen uranfängl. A.strömen, deren allmähl. Zusammenfließen erst den phys. Raum, die Voraussetzung für alles Seiende, schuf. – In Indien spielt die Auffassung v. einem alles durchdringenden, die verschiedenen Seinsebenen verbindenden A. eine große Rolle. Der *Atman*, das individuelle, geistig-ewige Selbst, das sich am Endziel der geistigen Entwicklung mit Brahma, dem göttl. Selbst, vereinigt, wurde urspr. als A. gedacht; darüber hinaus entfaltet sich die psychophys. Gesamtheit des Menschen in fünf verschiedenen A.strömen, die in engem Zshg. mit der *Kundalinischlange* (↗Schlange) stehen. – In der Genesis erweckt Gott den v. ihm erschaffenen Menschen durch seinen A., der hier den Schöpfergeist symbolisiert, zum Leben.

Athanor *m*, alchimist. Ofen, in dem sich die phys., myst. u. moral. Verwandlungen vollziehen; wurde verschiedentl. mit der ↗Gebärmutter oder auch mit dem Weltenei (↗Ei) verglichen.

Atlantis, nach Platon sagenhaftes Reich im Atlant. Ozean, vom Meere verschlungen. Im übertragenen Sinne Symbol des verlorenen Paradieses u. des Goldenen Zeitalters.

Atman ↗Atem.

Attribut *s* [lat. = das Zugeteilte], Erkennungszeichen dargestellter Personen. Hauptarten: *ständisches A.*, z. B. Herrscherinsignien; *hist.* oder *legendäres A.*, z. B. bei Heiligen; *myth. A.*, z. B. Adler als Göttervögel; *allegor. A.*, z. B. Waage der Gerechtigkeit.

Astrologie

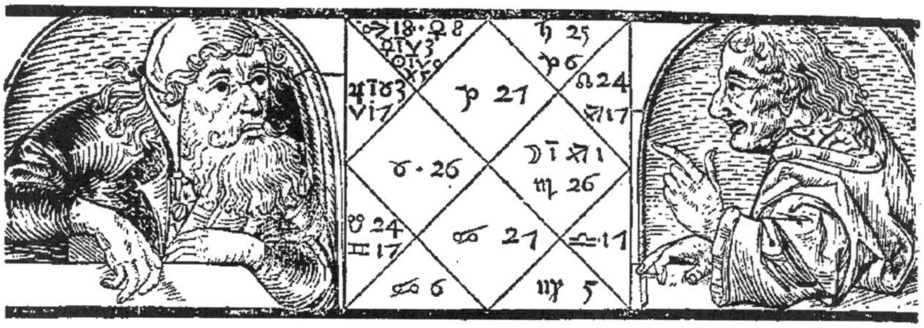

Horoskop in der in der Renaissance üblichen Form mit seinen Deutern

Das Planetensystem in seiner astrologischen Ausgestaltung. Im Zentrum das Zuordnungssystem Planeten – Wochentage mit den Aspekten und den Tierkreiszeichen, umgeben von den sieben Planeten mit ihren Häusern und vereinfachten Darstellungen der Planetenkinder und Merksprüchen zum Aderlassen, also zur Iatromathematik. Holzschnitt vom Ende des 15. Jh. (1480–1490).

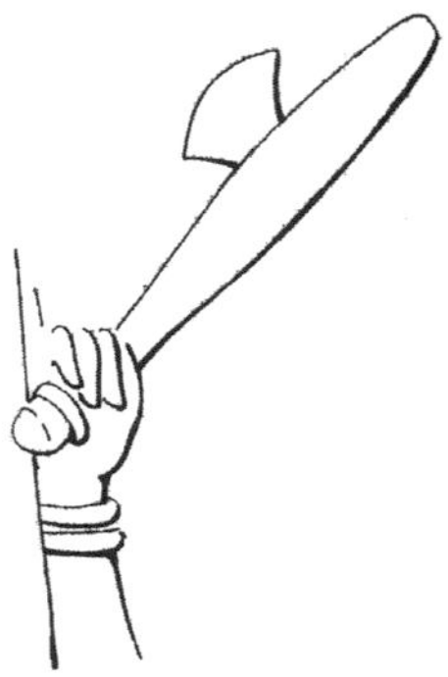

Auffahrt, Darstellung einer zum Himmel auffahrenden Figur; häufig mit ausgebreiteten oder erhobenen Armen. Symbolisiert entweder die Seele nach dem Tod (↗Adler) oder eine Einweihung, eine geistige Berufung, eine Vereinigung mit Gott.

Auge, steht als Hauptorgan der sinnl. Wahrnehmung in engem symbolischem Zshg. mit dem ↗Licht, der ↗Sonne, dem Geist. Es ist Sinnbild der geistigen Schau, aber auch – als „Spiegel" der Seele – Instrument des seel.-geistigen Ausdrucks. Das rechte A. wurde verschiedentl. mit der Aktivität, der Zukunft u. der Sonne, das linke mit der Passivität, der Vergangenheit u. dem Mond in Verbindung gebracht. – Der Buddhismus kennt das *Dritte A.* als Symbol der inneren Schau. – Im Altertum begegnet das A. häufig als Symbol der Sonnengottheit.
Ein in Ägypten weitverbreitetes ↗Amulett war das sog. *Udjat-Auge*, das Falken-A. des Himmelsgottes Horus, das auf einem krummstabähnl. Zepter aufruht; das A. symbolisiert weite Sicht u. Allwissenheit, das Zepter Herrschergewalt, das gesamte Amulett sollte Unverletzbarkeit u. ewige Fruchtbarkeit verleihen.
In der Bibel erscheint das A. als Symbol der Allwissenheit, Wachsamkeit u. behütenden Allgegenwart Gottes. In der christl. Kunst bedeutet ein v. Sonnenstrahlen umgebenes A. Gott, ein A. in der Hand Gottes die schaffende göttl. Weisheit, ein A. im Dreieck Gottvater in der Dreifaltigkeit (eine Schöpfung des Barock!). A.n auf Flügeln der Seraphim u. Cherubim deuten auf deren durchdringende Erkenntnisfähigkeit. – Darstellungen des A.s wurde seit altersher auch häufig eine apotropäische Wirkung beigemessen. ↗Miribota.

Augenbinde, Symbol für das „Nichtsehen". *Positiv:* A. der ↗Justitia, die ohne Ansehen der Person richtet. *Negativ:* die A. der ↗Fortuna, die wahllos ihre Gaben verteilt (gelegentl. auch durch ausgekratzte Augen ersetzt); die A. der Synagoge, die, im Ggs. zur ↗Kirche, geistig blind bleibt.

Aum ↗Om.

Aureole *w*, vor allem in der christl. Kunst ein die ganze Gestalt umgebender, das göttl. Licht symbolisierender, heller Schein oder Strahlenkranz; im Ggs. zum Nimbus (↗Heiligenschein) in der christl. Kunst vor allem Christus u. Maria vorbehalten; in mandelförmiger Gestalt ↗Mandorla.

Avaritia (Geiz), weibl. Personifikation einer der 7 Todsünden, reitet u. a. auf einer Kröte, einem Dachs oder einem Wolf.

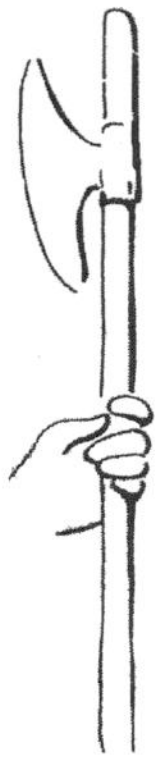

Auffahrt: Himmelfahrt Christi
Auffahrt: Himmelfahrt Christi; H. L. Schaeufelein; Holzschnitt (Ausschnitt; zu beachten die Fußspuren!)
Aureole: Auferstehung Christi (Ausschnitt aus einem Wandgemälde), A. da Firenze, 1366
Axt: Die Axt als Attribut (Symbol) Schiwas: Pallava, 7. Jh. n. Chr.; Calukya, 6. Jh. n. Chr.
Axt: spätminoisches Doppelaxtsymbol aus Gold mit Kultschleife

Axt, *Beil,* Symbol des Krieges, der Zerstörung, aber auch der Arbeit, ähnl. wie der ↗Hammer. – Als Instrument der Schlachtung v. Opfertieren auch Kult-Symbol, außerdem Macht-Symbol u. Würdezeichen (bes. als *Doppelaxt*). – Verschiedentl. in symbol. Verbindung zum ↗Blitz gedeutet. – In der Bibel begegnet die A., die bereits an die Wurzel der Bäume gelegt ist, als Symbol des Jüngsten Gerichts. – Eine A. auf der Spitze einer Pyramide oder eines auf die Spitze gestellten Kubus erscheint in der Freimaurerei verschiedentl. auf älteren Dokumenten; vermutl. handelt es sich um ein Initiations-Symbol, das auf den mutigen Akt der Freilegung des verborgenen Geheimnisses verweist. Die Axt steht in ihrem Symbolgehalt der ↗Keule nahe.

Auge: das ägypt. Udjat-Auge; Fayence der Spätzeit

Auge: Kopf und Hand der tibetischen Göttin Tara; Standbild im Kloster Traschilhümpo

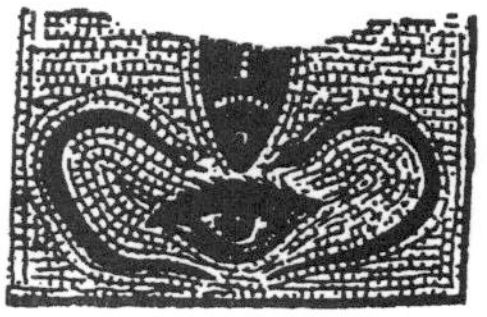

Auge: A. zur Abwehr des Bösen Blickes; Eingangsmosaik einer röm. Villa

Auge: Das Auge als Dreifaltigkeitssymbol („Musterbuch" v. Schmid)

Baal, 1) umgangssprachl. „Besitzer", „Ehemann"; im Sinn v. „Herr" auch Anrede Gottes; bis zur frühen Königszeit als Anrede Jahwes möglich. **2)** Name eines *kanaanit. Gottes* der Fruchtbarkeit. Ein Epos aus dem syr. Ugarit (14. Jh. v. Chr.) zeigt B. als Gewittergott, Sieger über „Meer" oder „Strom"; durch Mot (= Tod) besiegt, wird er v. seiner Schwester Anat zum Leben gebracht. Anat feiert mit ihm hl. Hochzeit u. gebiert einen Stier – Vorbild der hl. Prostitution. Einen Gott mit Namen oder Titel B. bezeugen bereits 2500 v. Chr. Personennamen aus dem nordsyr. Ebla. – In der späten Königszeit bekämpften Propheten (z. B. Elija oder Hosea) den Synkretismus, der Jahwe als Fruchtbarkeitsgott B. verehrt.

Bad: *Verbindung von Sol und Luna im B.; aus Mylius, Philosophia reformata; 1622*

Babylon (die Etymologie: babylon. Babilu = „die Gottespforte" ist unsicher bzw. umstritten, in der Bibel jedoch mit dem Begriff „Verwirrung" in Verbindung gebracht), Stadt am Euphrat. Nebukadnezar II. nahm den Juden ihre nationale Selbständigkeit u. führte einen großen Teil von ihnen in die *Babylonische Gefangenschaft*; von daher die negative Bedeutung B.s aus jüdischer Sicht; B. als Antithese zum himmlischen Jerusalem. In der Offenbarung ist B. der Sitz aller antichristlichen Mächte, ein Ort des gottlosen Lebens, des Luxus (die „Hängenden Gärten der Semiramis") u. der Hurerei („Sündenbabel", ein im heutigen Wortgebrauch noch üblicher Begriff). Johannes beschreibt die Vision der „Hure B.", ein in Scharlach u. Purpur gekleidetes Weib, das einen goldenen Becher voller Unrat in der Hand hält, B. ist hier jedoch – aus neutestamentlicher Sicht – der Deckname für die dem Christentum feindliche Macht Rom, der Bezug auf Rom wird auch durch die „sieben Hügel" deutlich.

Backofen ↗Ofen.

Bad, *positiv*: Ort der Reinigung, Erneuerung u. Wiedergeburt sowie – in der Alchimie – Ort myst. Vereinigungen; *negativ*: vor allem als warmes B. Zeichen der Verweichlichung, des Luxus u. Ort der unkeuschen Sinnenlust. In vielen Kulturen

Babel

Babel ist der hebräische Name für Babylon und gilt seit Gen 11,1-9 als Symbol der hochmütigen maßlosen Menschheit, der es mit dem Turmbau gleichwohl nicht gelingt, sich über die von Gott gesetzten Grenzen zu erheben; die von Gott für diesen Frevel verhängte Strafe der Sprachverwirrung und das daraus resultierende Scheitern des Turmbaus finden ihre positive Entsprechung im NT in der Ausgießung des Hl. Geistes zu Pfingsten und dem daraus resultierenden Sprachwunder. Der Tradition nach, die sich bis ins Mittelalter hielt, wurden bei der Sprachverwirrung 72 Sprachen geschaffen; die Tatsache, daß es gerade 72 Sprachen waren, hat in der Diskussion über die Zahl der Sprachen aller Völker der Welt eine wichtige Rolle gespielt.

Vorbild des Turms von Babylon war ein Hochtempel vom Typ der Ziqqurats; oben eine Darstellung einer Ziqqurat auf einem Rollsiegel aus Assur. Darunter die beiden häufigsten Szenen aus dem Turmbau-Bericht: unten der Bau des Turms durch die noch mit einer Zunge redenden Bauleute in einer Darstellung aus dem Hortus Deliciarum der Herrad von Landsberg (12. Jahrhundert) und der Einsturz des Turms (nach einer Radierung von C. Anthonisz. 1547). Die häufig, besonders in mittelalterlichen Darstellungen, zu findenden „Konstruktionen" des Turms mit einer schnekkenförmig ansteigenden Rampe geht nicht auf Ziqqurat-Darstellungen zurück, sondern stellt wohl den Moschee-Turm von Samarra dar.

Lit.: E. Unger, Babylon. Die heilige Stadt (neu herausgegeben von B. Hrouda) 1990; A. Borst, Der Turmbau von Babel, 1958.

 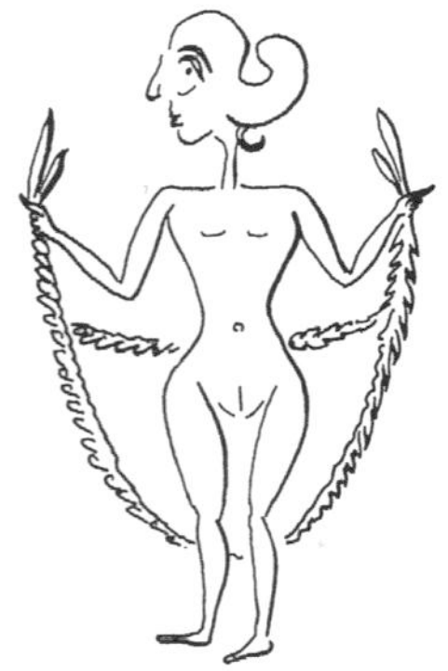  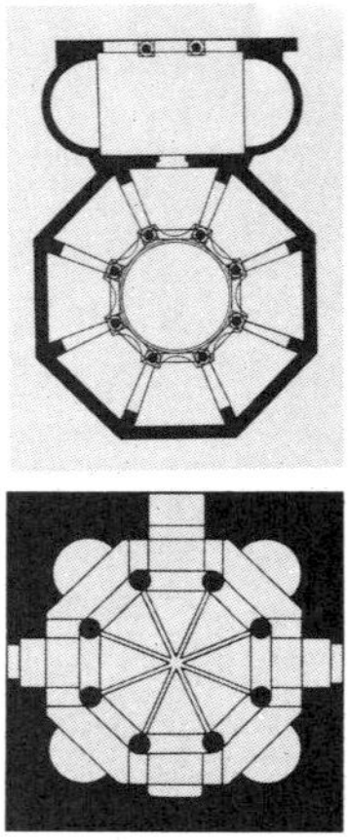

steht das B. in enger Verbindung mit dem Kultus, namentl. unter dem Gesichtspunkt der Abwaschung aller Sünden (↗Taufe). In der Antike wurden selbst Götterstatuen zeremoniell gebadet zum Zeichen der Erneuerung der Beziehung zw. Göttern u. Menschen, z. B. Hera u. Aphrodite. – Die Psychoanalyse versteht das B. auch als Ausdruck eines unbewußten Versuches, in den Uterus zurückzukehren. ↗Hand- und Fußwaschung.

Baldachin, ursprüngl. ein tragbares Schutz- u. Ehrendach (aus kostbaren Seidenstoffen aus Bagdad, italienisch Baldacco, daher der Name), bezeichnet ein gebauter B. als „Himmel" über Thronen, Altären, Gräbern, Taufbecken usw. die Heiligkeit des Ortes. Der Begriff wird auch für die Baldachine über mittelalterlichen Statuen verwendet; man kann sie in ihrem architektonischen Aufbau einer Kirche oder Stadt als Sinnbilder des Himmlischen Jerusalem ansehen: dorthin sind die darunter stehenden Heiligen entrückt.

Baldrian *m, Katzenkraut, Hexenkraut,* bereits im Altertum bekannt als Heilpflanze. Aus dem ind. Nardenbaldrian wurde das berühmte *Nardenöl* hergestellt, mit dem z. B. Jesus in Bethanien gesalbt wurde; mit Bezug darauf erscheint die Pflanze verschiedentl. – auch exponiert im Vordergrund – auf Tafelbildern des MA. – Der ma. Volksglauben verwendete B. zum „Ausräuchern" des Teufels u. Vertreiben v. Hexen.

Bambus *m,* in Ostasien glückbringende Pflanze; häufig als Gegenstand einer meditativ verstandenen Malerei dargestellt; die Knoten, die einzelnen Abschnitte u. der gerade Wuchs des B. symbolisieren im Buddhismus u. Taoismus den Weg u. die einzelnen Stufen der geistigen Entwicklung.

Bananenbaum, Riesenstaude mit weichem Scheinstamm u. oft vom Winde zerfetzten Blättern. Von Buddha als Symbol der Hinfälligkeit alles Irdischen gesehen; in der chines. Malerei mehrfach dargestellt: ein Weiser, unter einem Bananenbaum über die Nichtigkeit der Welt meditierend.

Bänder, häufig Symbol herrscherl. oder richterl. Gewalt; sie bezeichnen die Macht, zu binden u. zu lösen. In anderen Zusammenhängen können sie aber auch Sinnbild freiwillig eingegangener Bindungen sein.

Baptisterium *s* [gr.-lat.], urspr. antikes Badebassin, später als Taufbecken oder als Taufgebäude, meist Johannes dem Täufer geweiht; seit dem 3. Jh. als selbständiger Bau bei oder als Nebenbau v. Bischofs- oder Hauptkirchen err.; Zentralbau, auch durch Nischen, Umgänge oder Neben-

Babylon: die Hure B. auf dem apokalypt. Tier; nach Dürer (Apokalypse)
Babylon: Babylonische „entschleierte" Göttin, vielleicht „Hure von Babylon" (Syrisches Siegel, 17.-16. Jh. v. Chr.)
Baldachin: Überkrönung einer got. Statue; Vorhalle im Freiburger Münster
Baptisterium: oben: Grundriß des B. in Riez (SO-Frankreich, 6. Jh.); unten: Grundriß des B. in S. Giovanni in Laterano, Rom
Bär: die kelt. Göttin Artio mit ihrem Symbol-Tier
Bär: der schwarze B. als Reittier eines gehörnten dämon. Wesens; nach einer Darstellung in: Jean Wier, Pseudomonarchia daemonum

räume bereichert, in symbol. Anknüpfung an antike Thermenbauten oder Mausoleen. In der Mitte meist das Taufbecken, später der Taufstein (im Verlauf des MA meist in die Kirche selbst gestellt). Taufbecken u. Taufgebäude wurden oft in Achteckform ausgeführt als Symbol für das neue Leben nach der Taufe. ↗Acht.

Bär, spielt bereits, wie Felsenbilder u. Knochenfunde beweisen, in prähist. Zeit eine wichtige kult. Rolle. Vor allem bei den Völkern des Nordens als menschenähnl., mächtiges Wesen verehrt; galt verschiedentl. als Mittler zw. ↗Himmel u. ↗Erde sowie bei vielen Völkern als Ahnvater der Menschen. ↗Bärenkult – Nach nordeurop. Überlieferung war nicht der ↗Löwe, sondern der B. Herr der Tiere. Bei den Kelten stand der B. den Kriegern u. dem Kriegshandwerk nahe. In Sibirien u. Alaska wurde er mit dem ↗Mond in Verbindung gebracht, weil auch er, als ein Tier, das Winterschlaf hält, regelmäßig „kommt u. geht". – Mit Bezug auf seinen Winterschlaf ist er auch gelegentl. in der ma. Kunst ein Symbol für Alter u. Tod des Menschen. – In China galt der B. als männl., dem Prinzip Yang (↗Yin und Yang) nahestehendes Tier. – Die Alchimisten sahen im B. ein Sinnbild der Dunkelheit u. des Geheimnisses der Urmaterie. – In der griech. Mythologie ist der B. Begleiter oder Inkarnation der Artemis. – In der christl. Symbolik erscheint er zumeist als gefährl. Tier, das gelegentl. den Teufel repräsentiert; zuweilen ist er auch ein Sinnbild der Todsünde Völlerei u. des Lasters allgemein. Manchmal begegnet allerdings eine *Bärin* als Symbol der Jungfrauengeburt, da sie angebl. ihren Jungen erst durch Belecken die Gestalt gibt. – C. G. Jung sieht im B. ein Sinnbild für die gefährl. Aspekte des Unterbewußtseins.

Bärenfett, ein Heilssymbol, weil B. als Mittel der Wiederbelebung nutzen soll.

Bärenkult, Gesamtheit v. Zeremonien, Ritualen u. Tabuvorschriften, die die Jagd, die Tötung u. den Verzehr des Bären begleiten. Knochen u. Schädel des Bären werden bestattet, damit er wiederauferstehen kann. Dem Zeremoniell liegt der Wille zur Versöhnung mit dem toten Bären zugrunde aus Angst u. Furcht vor der Rache seiner Seele. Der B. ist unter den Jägervölkern Nordasiens u. Nordamerikas bekannt.

Barke ↗Kahn.

Bart, Symbol für Männlichkeit u. Kraft, ein langer B. ist oft ein Symbol für Weisheit. Götter, Herrscher u. Helden wurden meistens bärtig vorgestellt (Indra, Zeus, Hephaistos, Poseidon, der Gott der Juden u. der Christen). Selbst weibl. ägypt. Herrscher wurden mit einem B. als Symbol ih-

Basilisk: *Gravierung am Schrein der hl. Elisabeth in Marburg*
Baubo

rer Macht ausgestattet. Bes. Zwerge haben in der Sage einen langen, vom Alter grauen B. In der Antike trugen Philosophen u. Rhetoren zum Zeichen ihrer Würde einen Bart. Christus wird dagegen bis zum 6. Jh. meistens bartlos, d. h. als Jüngling, dargestellt. – Als schwere Beleidigung galt in manchen Kulturen das Abschneiden des B.es bei einem Feind; als Zeichen der Trauer schnitt man sich dagegen verschiedentl. selber den B. ab.

Bart: *1 Zeus (griech. Plastik, Marmor)*
2 Chons (ägypt. Plastik, Granit)

Basilisk *m*, Fabeltier, das angebl. aus einem mißgebildeten Hühner- oder einem Hahnenei v. Schlangen, Kröten oder durch den Mist ausgebrütet wird; in der Symbolik des späten Altertums als Schlange (↗Aspis), im MA als phantast. Mischwesen (Hahn mit Schlangenschwanz, Zwitterwesen zw. Hahn u. Kröte u. ähnl.) beschrieben; v. tödl. Macht durch Hauch oder Blick. Sinnbild für Tod, Teufel, den Antichrist oder die Sünde; oft dargestellt unter den Füßen des siegreichen Christus.

Baubo, urspr. Symbol der weibl. Fruchtbarkeit (in Kleinasien); später als Personifikation einer obszönen Geste als Abwehrzauber im alten Griechenland aufgefaßt. Dämonin oder Halbgöttin, kopflos oder mit dem Kopf auf den Beinen dargestellt.

Bauch, Symbol mütterl. Wärme u. mütterl. Schutzes (↗Gebärmutter) aber auch grausamen Verschlingens. – Die Betonung des B.es als Sitzes des Magens ist auch ein symbolischer Hinweis auf Gefräßigkeit u. materialist. Lebenseinstellung. – In der bildenden Kunst des Buddhismus, vor allem in Japan, symbolisiert ein nackter dicker B. bei männl. Figuren (z. B. Glücksgöttern) Freundlichkeit, Ruhe u. Wohlergehen.

Bauchgesichtler, Typus der ↗Mischwesen, kopflos oder mit einem zweiten Gesicht auf dem Bauch dargestellt; sowohl im indischen Kulturkreis als auch auf spätantiken Gemmen u. in mittelalterl. Naturbüchern vorhanden.

Baum, eines der bedeutungsreichsten u. weitestverbreiteten Symbole; wurde als machtvolle Repräsentation des Pflanzenreiches oft kult. als Sinnbild göttl. Wesenheiten oder Aufenthaltsort numinoser

Baum

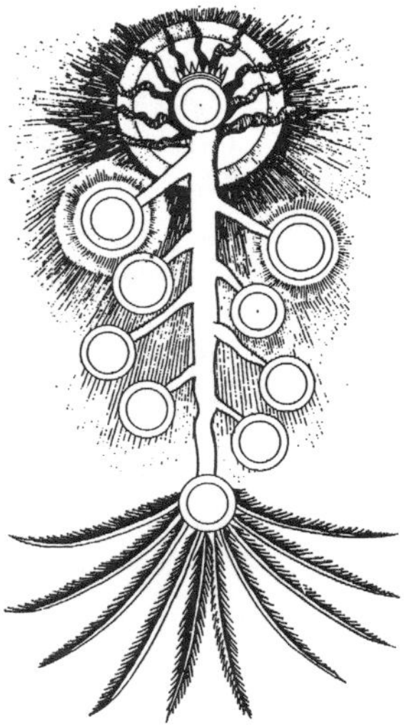

Links: Sakraler Baum (Mesopotamien, 1500 v. Chr.); Mitte: Der „umgekehrte" Baum spielt in vielen Kulturen eine wichtige Rolle, so daß er z. B. neben einem Altar stehen kann; er wird auch in rituellen Pflanzungen mit den Wurzeln symbolisch in den Himmel ragend gepflanzt. Darstellung nach R. Fludd (1619); Rechts: Opferbaum mit gehenkten Männern; Darstellung nach einem Gewebe aus dem Oseberg-Fund

Der Baum ist eines der bedeutungsreichsten Symbole: er kann den Aufstieg symbolisieren, aber er kann auch eine Wächterfunktion übernehmen, eine heilige Stätte repräsentieren, als Lebens- und Opferbaum, als kosmischer Baum und als umgekehrt wachsender Baum bildet er eine Verbindung zwischen Himmel und Erde, zwischen Makrokosmos und Mikrokosmos: weltweit und zu allen Zeiten ist ein Baumkult, also die religiöse Verehrung heiliger Bäume als Verkörperung mythischer Lebensbäume und der Lebenskraft der Vegetation selbst, aber auch als Sitz und Symbol von Gottheiten und Geistern, zu beobachten.

Links: Baum (Palme) als Symbol des himmlischen Paradieses; nach einem Mosaikbild in SS. Cosma e Damiano, Rom („Musterbuch" von Schmid); Mitte: Schlange am Baum der Erkenntnis; Ausschnitt aus einer mittelalterlichen Buchmalerei; Rechts: Baum des Todes („Musterbuch" von Schmid)

Mächte verehrt. Der *Laubbaum* mit seinem jährl. sich erneuernden Blattkleid ist vor allem ein Symbol der den Tod stets aufs neue besiegenden Wiedergeburt des Lebens, der immergrüne *Nadelbaum* ein Sinnbild der Unsterblichkeit. Die Gestalt des B.es mit seinen der Erde verhafteten Wurzeln, seinem kräftigen, senkrecht aufsteigenden Stamm u. der oft scheinbar dem Himmel zustrebenden Krone ließen ihn häufig zu einem Symbol für die Verbindung der kosm. Bereiche des Unterirdisch-Chthonischen, des Lebens auf der Erde u. des Himmels werden. Diese Aspekte spielen auch bei der Vorstellung v. *Weltenbaum* eine Rolle, der entweder als Träger der Welt oder – häufiger – als Verkörperung der ↗Weltachse gesehen wurde (z. B. in der nord. Mythologie die immergrüne Weltesche Yggdrasil); Blätter u. Zweige solcher Weltenbäume sind häufig bewohnt v. myth. Tieren, v. den Seelen der Verstorbenen oder Ungeborenen (oft in Gestalt v. ↗Vögeln) oder auch v. den auf- u. absteigenden Gestirnen Sonne u. Mond; wahrscheinl. mit symbolischem Bezug auf den ↗Tierkreis begegnen auch in manchen myth. Vorstellungen, z. B. in Indien u. China, zwölf Sonnenvögel, die das Gezweig des Weltenbaumes bewohnen; Vögel, die in der Krone des Weltenbaumes leben, können außerdem Symbole für höhere geistige Seins- u. Entwicklungsstufen sein. – Weit verbreitet sind anthropomorphe Deutungen des B.es (der aufrecht steht wie der Mensch u. wie dieser wächst u. vergeht) so erscheint er z. B. bei verschiedenen Volksstämmen, etwa in Zentralasien, Japan, Korea, Australien, als myth. Ahne der Menschen. Eine weitere sinnbildl. Identifikation des B.es mit dem Menschen ist die in mehreren Gebieten Indiens verbreitete, auf Stärkung der Fruchtbarkeit abzielende Sitte, die Braut vor der Hochzeit mit einem B. zu vermählen; auch symbolische Hochzeiten zw. zwei Bäumen, deren Lebenskraft auf ein bestimmtes Menschenpaar übergehen soll, gehören in diesen Zshg. – Der fruchttragende, Schatten u. Schutz gewährende B. wird bei vielen Völkern als weibl. bzw. mütterl. Symbol verstanden, der aufrechte Stamm allerdings ist in der Regel ein Phallus-Symbol. – Verbreitet ist auch die Verbindung des B.es mit dem ↗Feuer, was wahrscheinl. mit der dem B. zugeschriebenen Lebenskraft zusammenhängt: das Feuer gilt als in dem Holz bestimmter Bäume verborgen, woraus es durch Reibung hervorgeholt werden muß. – Die ind. Tradition kennt die Vorstellung v. einem *umgekehrt* gewachsenen B., dessen Wurzel im Himmel verankert u. dessen Zweige unter der Erde ausgebreitet sind, möglicherweise u. a. ein Symbol für die lebenspendende Kraft der Sonne im phys. u. des spirituellen ↗Lichts im geistigen Bereich (↗Höhe, ↗Tiefe). Die Bhagavad Gita deu-

Bauchgesichtler: *Calukya, 6. Jh. n. Chr.*
Baum: *Reigentanz um ein Baumidol, Tonmodell aus Cypern, um 1000 v. Chr.*
Baum: *Lebensbäume, auf einem ägypt. Glasgefäß (einem der ältesten der Welt); 1500 v. Chr.*
Baum: *B. der Erkenntnis mit Adam u. Eva u. Schlange; nach einer Darstellung im Cod. Vigilanus seu Albeldensis*
Baumkreuz: *die personifizierte Kirche mit dem grünenden Kreuz; Buchmalerei, um 1180*

tet den umgekehrten B. auch als Symbol für die Entfaltung alles Seienden aus einem Urgrund: die Wurzeln repräsentieren das Prinzip aller Erscheinungen, die Zweige die konkrete u. detailreiche Verwirklichung dieses Prinzips. Der umgekehrte B. taucht auch noch in anderen Zusammenhängen auf, so in der Kabbala als Lebensbaum oder im Islam als B. des Glücks. In Dantes „Göttlicher Komödie" (Purgatorio, 22. Gesang) heißt es vom Baum der Erkenntnis, der von oben nach unten wächst, daß es unmöglich sei, ihn zu besteigen und daß aus seinem Geäst eine Stimme ertönt, die Beispiele der Mäßigung aufzählt. – In der Bibel erscheint der B. vor allem in der doppelten Gestalt als B. des Lebens u. als B. der Erkenntnis v. Gut u. Böse. Der *B. des Lebens* symbolisiert die uranfängl. Paradiesesfülle u. ist zugleich ein Symbol für die erhoffte Erfüllung der Endzeit; der B. der Erkenntnis symbolisiert mit seinen verlockenden Früchten den Reiz, den göttl. Geboten zuwiderzuhandeln. Die christl. Kunst u. Literatur stellen häufig eine enge symbolische Beziehung zw. den Paradies-Bäumen u. dem Kreuz Christi her, der „uns das Paradies zurückgegeben hat" (↗Baumkreuz) u. der der „wahre Lebensbaum" ist. – Die Psychoanalyse sieht im B. ein wichtiges Symbol, das oft in sinnbildl. Bezug zur Mutter, zur seel.-geistigen Entfaltung oder auch zu Absterben u. Neugeburt gedeutet wird. – ↗Apfel, ↗Arbor philosophica, ↗Baumkreuz, ↗Birnbaum, ↗Eiche, ↗Esche, ↗Feigenbaum, ↗Lebensbaum, ↗Linde, ↗Olivenbaum, ↗Pfirsichbaum, ↗Pflaumenbaum, ↗Weihnachtsbaum, ↗Zeder, ↗Zypresse.

Baumkreuz, bes. in Dtl. u. It. anzutreffende Form des Kreuzes Christi mit Blättern, Blüten u. Früchten als Symbol der Todesüberwindung (↗Lebensbaum). – Gelegentl. weist ein Blätter u. Früchte tragender Baum mit dem Gekreuzigten auch zurück auf den paradies. Baum der Erkenntnis. Belegt seit dem 5. Jahrhundert. ↗Astkreuz.

Bausymbolik, sinnbildl. Bedeutung eines Bauwerks oder seiner Teile, vielfach erst nachträgl. hineingelegt (z. B. durch kult. Gebrauch, aber auch durch theoret. Deutung); spielte schon in der altoriental. Baukunst eine bedeutende Rolle (z. B. Grabkuppel als mütterl. Erdhülle), bestimmte aber auch wesentl. den ma. christl. Kirchenbau (z. B. die byzantin. Kuppelkirche als Abbild des Kosmos, die basilikale Form als ↗Schiff usw.). Eine sekundäre B. ergibt sich aus der Errichtung einzelner Bauteile für bestimmte Funktionen, z. B. des ↗Baptisterium.

Becher, als Gefäß, das beim Trinken v. Hand zu Hand gereicht wird, Symbol der Freundschaft u. Verbundenheit. – In der

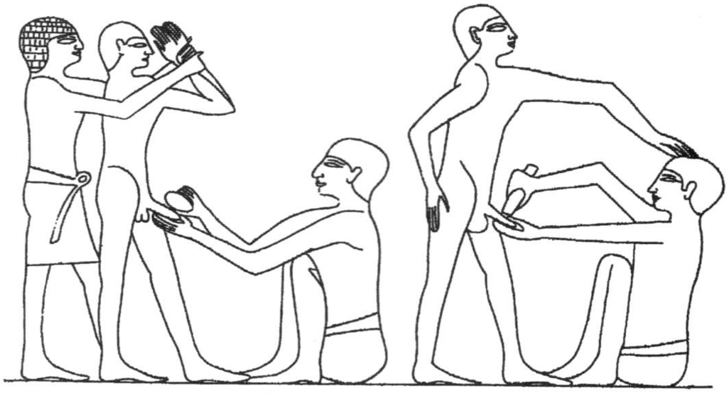

Bibel ambivalentes Symbol: als *Zornesbecher* Sinnbild des göttl. Strafgerichts, als B. des Segens u. der Freude Symbol der Gottesnähe.

Beelzebub ↗Fliege.

Beifuß, Gattung der Korbblüter. Verschiedene B.arten wurden als Brautpflanzen verstanden u. daher auch in Verbindung mit Maria, der himmlischen Braut, gebracht. ↗Wermut.

Beil ↗Axt.

Benediktenwurzel ↗Nelkenwurz.

Bernstein, schon in der Antike als beliebtes Material zur Herstellung v. Amuletten, Schmuck u. Arzneimitteln benutztes fossiles Baumharz aus Nadelbäumen.

Bes, zwergähnl. altägypt. Schutzgeist mit einer *Fratze* als Gesicht, meist mit herausgestreckter Zunge; sollte vor bösen Einflüssen schützen, Frohsinn bringen; Symbol der sexuellen Potenz; vergleichbar den ↗Neidköpfen.

Beschneidung, *allg.*: alte, bis heute bei vielen Völkern verbreitete Sitte, die männl. Vorhaut ab- *(Circumcisio = Rund-B.)* oder einzuschneiden *(Incisio = Einschnitt)*; seltener durch Aufschlitzen der Harnröhre *(Subincisio)* u. B. v. Mädchen, z. B. Entfernung der Clitoris *(Klitoridektomie)*, manchmal in Verbindung mit Entfernung der kleinen Schamlippen. Bei der *Infibulation* v. Mädchen werden daneben noch Teile der großen Schamlippen entfernt u. die Geschlechtsteile zugenäht. Bei der Infibulation v. Jungen wird die Vorhaut zugenäht. Die B. wird bei den meisten Naturvölkern z. Z. der Pubertät im Zshg. mit der ↗Initiation vorgenommen, bei Hirtenvölkern im Kindesalter (wohl als Erstlingsopfer). Sie war den meisten Semiten (nicht den Babyloniern) u. den Ägyptern bekannt, fehlt aber z. B. bei den Indogermanen. Bei den Juden gilt die B. als Symbol mit Gott, wird zurückgeführt auf Abraham (Gen 17,9–14) u. am 8. Tag nach der Geburt des Knaben vollzogen.

Besen, nicht nur profanes, sondern auch kult. Gerät, verschiedentl. verwendet zur symbolischen Reinigung des Tempels. – Im negativen Sinne: Instrument, auf dem die Hexen reitend vorgestellt werden (phall. Symbol? oder Symbol für die Mächte, die der B. nicht vertreiben konnte u. die sich nun seiner bemächtigen?).

Bestiarium, meist auf der Grundlage des ↗Physiologus beruhender Typ späterer Tierbücher, die die Zahl der realen u. erdachten Tiere um ein Vielfaches vermehren.

Bes
Beschneidung: Beschneidungsszene; Wandzeichnung aus einem ägyptischem Grab
Besen: die nachgeahmte Hexenfahrt auf dem B., aus: The History of Mother Shipton; Holzschnitt 18. Jh.

Beter ↗Orant.

Bett, Symbol der Regeneration im Schlaf, Ort der ehel. Gemeinschaft, der Geburt u. des Todes, in der Antike aber einst der Ort, wo man speist u. Besuche empfängt.

Biber, im ↗Physiologus ein Symboltier, das den Menschen auffordert, alles Unreine abzuwerfen u. so die Bedrohung durch den Teufel abzuwehren; Grundlage ist die Fabel, der B. beiße sich bei der Verfolgung nur die dem Jäger als Medizin wertvoll erscheinenden Hoden ab, so daß er so verstümmelt als Jagdbeute uninteressant wird.

Biblia pauperum, die ↗Armenbibel.

Biene, Symbol-Tier mit Bezug auf verschiedene Eigenschaften, vor allem: Fleiß, Organisation des B.nvolkes, Reinheit, da sie das Unreine meidet u. vom „Duft" der Blumen lebt. – In Chaldäa u. dem kaiserl. Fkr. herrscherliches Symbol (man hielt die B.nkönigin lange Zeit für einen König); vermutl. entwickelte sich die Bourbonenlilie aus dem Bienen-Symbol. – In Ägypten brachte man die B. in Verbindung mit der Sonne u. sah in ihr ein Symbol der Seele. – In Ägypten brachte man die B. in Verbindung mit der Sonne u. sah in ihr ein Symbol der Seele. – In Griechenland galt sie als priesterliches Tier (die Priesterinnen von Eleusis und Ephesus hießen, wohl auch mit Bezug auf die „Jungfräulichkeit" der Arbeitsbienen, B.n). Die B., die im Winter zu sterben scheint u. im Frühjahr wiederkommt, begegnet auch verschiedentl. als ein Symbol für Tod u. Auferstehung (Demeter – Persephone, Christus). Ihre unermüdl. Arbeit ließ sie im Christentum weiterhin zu einem Symbol der Hoffnung werden. Für Bernhard von Clairvaux war sie ein Symbol für den Heiligen Geist. Die Verbindung v. ↗Honig u. Stachel war ein weiterer Ansatzpunkt, die B. zum Christus-Symbol werden zu lassen: der Honig repräsentiert dabei Christi Milde u. Mitleid, der Stachel Christus, den Weltenrichter. – Da die B.n nach antiker Überlieferung ihre Brut nicht selbst hervorbringen, sondern aus Blüten sammeln, galten sie im MA auch als Symbol der Unbefleckten Empfängnis. – Schließl. verstand man die B. verschiedentl. auch als Symbol für honigsüße Beredtsamkeit, Intelligenz u. Poesie.

Bienenkorb, in der christl. Kunst des MA Symbol für Maria, die in sich „alle Süße", d. h. Jesus, barg. ↗Biene.

Bilderstreit, Auseinandersetzung um die Berechtigung der ↗Bilderverehrung, bes. in *Byzanz* im 8. u. 9. Jh.; führte bis zur Reformation mehrmals zum *Bildersturm*. Eine besondere Rolle spielte in Byzanz das Problem der anikonischen Ornamentik.

Berg

Mit dem Begriff Berg verbinden sich drei Hauptaspekte und symbolische Bedeutungen, die sich stets überlagern und bei denen jeder Aspekt mehr oder weniger deutlich in den andern beiden enthalten ist.
In fast allen Kulturen stellt der Berg eine Verbindung zwischen Erde und Himmel dar, zwischen Mikrokosmos und Makrokosmos; das gilt auch oder gerade sogar für die künstlich hergestellten „Berge“ wie die babylonischen Ziqqurats, die indischen Stupas, die ägyptischen oder altamerikanischen Pyramiden, die christlichen Kirchen und Kathedralen, die so oft Berge krönen oder ihnen ihr charakteristisches Aussehen verleihen.
Die Verbindung zwischen Himmel und Erde wird symbolhaft, ähnlich wie die ↗Leiter, aufgefaßt als Möglichkeit des geistigen Aufstieges und der damit mühsam zu erringenden Höherentwicklung: So ge-

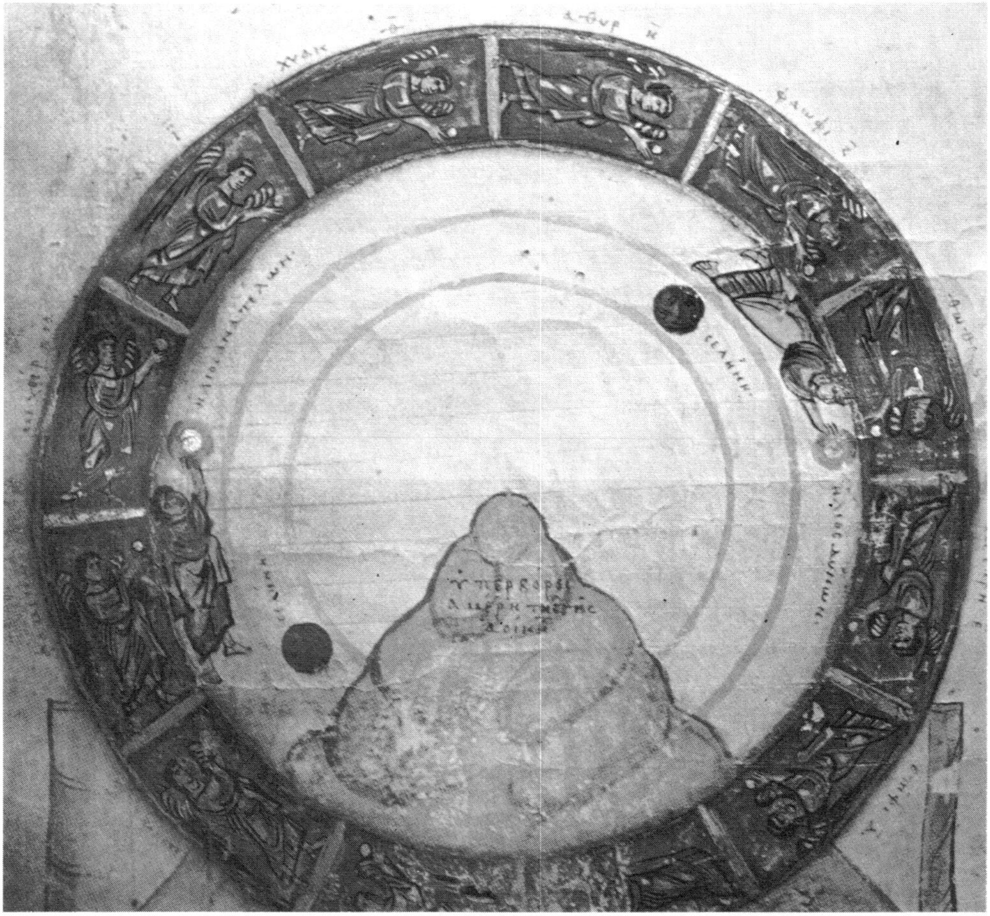

Die Erde als Berg im Zentrum der Welt, die vom Zodiakus umrandet ist

Mose erhält die Erntegesetze auf der Bergspitze; Holzschnitt von Holbein d. J.

sehen ist der Berg für den Irdischen der Weg zum Aufstieg, zur Gottesnähe, für die Nichtirdischen der Weg zu den Irdischen, wenn sie in das irdische Geschehen eingreifen wollen. Überall auf der Welt finden sich – oft von Wolken verhüllt oder ewigem Eis bedeckt – heilige Berge, die als Wohnsitze der Götter verstanden wurden und von wo geistig bedeutsame Ereignisse ihren Ausgang nahmen: die chinesischen

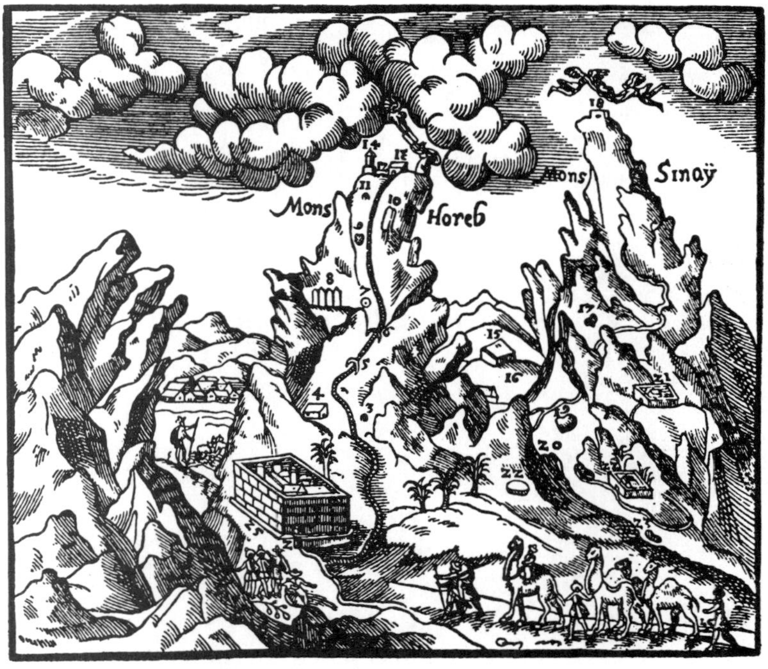

Auf dem Berg Horeb empfängt Mose die Gesetzestafeln, der „benachbarte" Berg Sinai wird Ruhestätte der Hl. Katharina. Holzschnitt zum Thema Pilgerkarawane zum Katharinenkloster von W. Waltersweyl

Kaiser opferten auf Berggipfeln, Moses, der „Mann vom Berg“, empfing die Gesetzestafeln auf dem Horeb, mesopotamische und aztekische Priester opferten auf der höchsten Plattform ihrer „Kunstberge“, den Ziqqurats oder Pyramiden; aber auch in den abendländischen Kaisersagen gibt es die symbolische Wunschvorstellung, sich den Helden oder Herrscher nicht als verstorben vorzustellen, sondern jederzeit zur Hilfe bereit nur „abwartend“ im Berginnern zu wissen („Bergentrückung“), das gilt z. B. für den König Artus oder Friedrich Barbarossa, um nur einige zu nennen. Als Symbol für den magischen Schlaf gilt der lange Bart, der durch den Tisch wächst …

In den kosmologischen Vorstellungen vieler Völker bildet der Heilige Berg das Zentrum dieser Welt, das Zentrum, das die absolute Wirklichkeit symbolisiert, das Abbild der Welt, den Ort des Übergangs. Dieses Zentrum der Welt (↗Nabel der Welt, *Omphalos*) wird in vielen Imagines mundi als pyramidenförmiger Berg oder Pfahl dargestellt: der vertikal ausgerichtete Berg kann symbolhaft als Weltachse aufgefaßt werden, ein Bild, das verstärkt werden kann durch die sinnfällig zu beobachtende Drehung des Sternhimmels um einen festen Punkt am Himmelsgewölbe. In dieser Vorstellung kann auch statt eines Berges ein Baum, der Weltenbaum, dessen Platz einnehmen.

Schließlich kann der Heilige Berg dem Tempel gleichgestellt werden, ja, auch die Weltachse kann auf komplizierte Weise mit dem Tempel assoziiert werden, wobei der Altar als Heiliger Stein aufgefaßt werden kann. Und schließlich können auch Höhlen mit der Berg-Symbolik verknüpft werden. Auch die bis in die Neuzeit herrschende Scheu vieler Menschen, die unberührten Gipfel der höchsten Gebirge zu betreten, hängt mit der Scheu zusammen, das Numinose zu betreten. Daß schließlich auch die Alchimisten das Berginnere als den Fundort des „Steins der Weisen“ in ihr System einbauen, versteht sich bei der vielschichtigen Symbolik der Berge von selbst.

Lit.: P. Huber, Heilige Berge, [2]1982, Zürich – Einsiedeln – Köln.

Der Holzschnitt zeigt nach Agricola die Suche nach Erzen im Berginnern; auffallend ist die Darstellung der Wünschelrutengänger

Biene: *zwei B.n mit Honigwabe; Schmuckanhänger, frühminoisch, um 2000 v. Chr.*
Bienenkorb: *Biene und Bienenkorb als christliches Symbol („Musterbuch“ von Schmid)*
Biene: *Hieroglyphen aus der königl. Titulatur, die Binse u. die Biene, König v. Ober- u. Unterägypten*

Bildersturm, *Ikonoklasmus,* die gewaltsame Entfernung u. Zerstörung v. Kirchenbildern u. ↗Symbolen im ↗Bilderstreit, bes. im Zeitalter der Reformation; dabei wurden oft wertvolle Kunstwerke vernichtet. Luther lehnte den B. ab, Zwingli u. Calvin waren fanat. Bilderstürmer.

Bilderverehrung, die rel. Verehrung v. Bildern oder v. ↗Symbolen einer Gottheit, übernatürl. Wesen oder als Heilige verehrter Menschen; in Natur- u. vielen Kulturreligionen verbreitet; im eig. *Bilderkult* (gr. *Ikonolatrie*) gilt das Bild als mit dem göttl. Wesen identisch oder soll es vergegenwärtigen, dabei wird das Bild selbst angebetet. Das AT (u. mit ihm das Judentum) lehnt jede B. als Götzendienst ab. – Die christl. Kirche gestattete schon früh eine gewisse B. Im ↗Bilderstreit stellte das 2. Konzil v. Nizäa 787 fest, daß dem Bild Christi u. der Heiligen Verehrung zukomme, da im Bild die Person selbst verehrt werde; Anbetung gebühre aber nur Gott. Gegen die Reformatoren bekräftigte das Konzil v. Trient 1564 diese Lehre. In den orth. Kirchen sind nur Ikonen gestattet.

Bilderwand, die ↗Ikonostase.

Bildprogramm, zusammenfassende Bz. für die verbindl. Vorschriften, *welche* u. in *welcher Anordnung* Symbole, Figuren usw. dargestellt werden müssen, um einen bestimmten Vorgang oder eine bestimmte Vorstellung zu veranschaulichen. B.e basieren auf dem Bildungsstand einer „Elite“ (im allg. die schriftkundigen Gelehrten u. Geistlichen), die mit dem B. diese Bildungsgüter durch bildl. Darstellung auch „Nichteingeweihten“ anschaulich machen. Ein B. ist immer abhängig v. dem Stand der Wissenschaften der entsprechenden Zeit. Wichtige Beispiele für B.e sind z. B. der Aufbau mancher ↗Fensterrosen oder die Fassadenprogramme mittelalterlicher Kathedralen oder Kirchen. ↗Imago Mundi

Bildzauber, ein Analogiezauber, der an einen so innigen Zshg. zw. einem Bild (oder Symbol) u. der darauf dargestellten Person glaubt, daß die Tat am Bild *(Defixion)* die Person selbst treffen soll, z. B. Tötung eines Feindes, indem man sein Bild durchbohrt.

Binde ↗Augenbinde, ↗Bänder.

Binden u. Lösen, bei mag. Praktiken sehr häufige sinnbildl. Handlung, die jeweils bestimmte Kräfte entweder durch Binden zu hemmen oder durch Lösen freizulassen intendiert. ↗Bänder, ↗Knoten.

Binse, grasartige, ausdauernde Pflanze; im Christentum Symbol der unermüdlichen Gottesliebe; im Zshg. mit der ↗Biene Teil der ägypt. königl. Titulatur.

Birke, vor allem in Rußland Symbol des Frühlings u. des jungen Mädchens.

Birnbaum, Kernobstgehölz mit rein weißer Blüte, die wegen ihrer Zartheit u. raschen Vergänglichkeit in China ein Trauer-Symbol ist. – Im MA galt der B. (wohl wegen der makellosen Weiße seiner Blüten) als Marien-Symbol. – Die *Birne* wird wegen ihrer unbestimmt an weibl. Formen erinnernden Gestalt in der psychoanalyt. Traumdeutung häufig sexuell interpretiert. – Im Volksglauben deuten viele Birnen auf reichen Kindersegen.

Blase, *Luftblase*, Symbol für nichtige, unrealist. Pläne u. Wünsche. In moral. u. religiösem Zusammenhang, vor allem im Buddhismus u. Taoismus, Symbol für die Eitelkeit u. Unbeständigkeit der Welt.

Blasebalg, steht in engem symbolischem Zshg. mit dem ↗Atem; spielt im Taoismus eine Rolle als Sinnbild für die Beziehungen zw. ↗Himmel u. ↗Erde, wobei die obere Platte den Himmel, die untere die Erde repräsentiert.

Blatt, allg. Symbol des Pflanzenreichs, verbreitet in der Ornamentik bäuerl. Kulturen. – In Ostasien Symbol für Glück u. Wohlstand, ein Zweig mit Blättern symbolisiert das Zusammenwirken einzelner an einem Ganzen. – Im Christentum symbolisiert ein *Dreiblatt* (↗Klee) die Dreifaltigkeit, ein *Vierblatt* das ↗Kreuz, die vier Evangelien oder die Kardinaltugenden, das *Siebenblatt* die Gaben des Heiligen Geistes. – Das *Feigenblatt* (↗Feigenbaum) symbolisiert als erste Kleidung Adams und Evas nach dem Sündenfall die Schamhaftigkeit.

Blau, Farbe des ↗Himmels, der Ferne, des ↗Wassers, zumeist als transparent, rein, immateriell u. kühl empfunden; Farbe des Göttlichen, der Wahrheit u., im Sinne des Festhaltens an der Wahrheit sowie mit Bezug auf das festgefügte Firmament des Himmels, Farbe der Treue. – Auch Farbe des Irrealen, Phantastischen (↗Blaue Blume), gelegentl. auch im negativen Sinne (z. B. „blau sein", d. h. aus Trunkenheit den Verstand verlieren). – Ägypt. Götter u. Könige tragen häufig blaue Bärte u. Perücken. – Die hinduist. Gottheiten Shiva u. Krishna werden meistens blau oder blau-weiß dargestellt. – Zeus u. Jahwe thronen über dem Azur. – In der christl. Tafelmalerei des MA wird der Kampf zw. ↗Himmel u. ↗Erde häufig durch die Opposition v. B. u. ↗Weiß gg. ↗Rot u. ↗Grün versinnbildlicht (z. B. Kampf Georgs mit dem Drachen). B. ist außerdem, als Reinheits-Symbol, die Farbe des Mantels der Maria. – Im Orient, speziell im Islam, gilt B. noch heute als Schutz vor dem bösen Blick.

Blindheit: *Blindenheilung Christi; Bernwardsäule, Hildesheim; um 1029*
Blitz: *blitzschleudernder Zeus; griech. Kleinplastik; Bronze, erstes Viertel des 5. Jh.*
Blitz: *Ausschnitt aus einer Darstellung der Apokalypse des Johannes; Holzschnitt v. M. Greyff, 1492*
Blume, *mexikan. Codex Magliabechiano*

Blaue Blume, Symbol der Dichtung in Novalis' Roman „Heinrich von Ofterdingen"; v. daher allg. Symbol der romant., ins Unendliche gerichteten Sehnsucht sowie der romant. Dichtung überhaupt.

Blei, wegen seines hohen spezif. Gewichtes Symbol der Schwere oder auch drükkender Last, in der Antike galt B. auch als zauberkräftig. In der Alchimie ist das B. mit dem *Saturn* ident., der oft als gebückter Greis mit einer ↗Sense, gelegentl. auch als grauer Zwerg dargestellt wird; er galt als kalt, feucht, krank u. melanchol. machend, positiv aber auch als der Philosophie, allg. dem systemat. Denken u. der Askese nahestehend. – In der christl. Symbolik bedeutet B. gelegentl. den mit Sünden belasteten Menschen. ↗Metalle.

Blindheit. Blinde Greise versinnbildlichen häufig die Weisheit, das innere Licht, die visionäre Schau; *Seher* (z. B. Teiresias) sind deshalb oft blind. B. kann zugleich (auch bei Sehern) die Götterstrafe für das unerlaubte Erblicken von etwas Göttlichem sein; in der Bibel auch (neben Wahnsinn) Strafe für Ungehorsam gegen Gott. – Die Blindenheilungen Christi werden gelegentlich als Handlungen verstanden, die die Erleuchtung in geistiger Finsternis versinnbildlichen, damit gelten sie zugleich auch als Symbol für die Erleuchtung durch die Taufe. – Die Synagoge wird meistens mit verbundenen Augen dargestellt, ein Sinnbild ihrer geistigen Blindheit oder Verblendung. ↗Augenbinde.

Blitz, gilt in vielen Kulturen als Symbol oder Ausdruck göttl. Kraft, die als schreckl. oder als schöpfer. in Erscheinung tritt. B. u. ↗Donner werden in den myth. Vorstellungen vieler Völker ursächl. auf den obersten Gott zurückgeführt (z. B. Jupiter bzw. Zeus, Indra). – In der Bibel häufig im Zshg. mit dem göttl. Zorngericht: der strafende Gott des Feuers, der B.e u. des Donners. – Der blitzeschleudernde Zeus der Antike kann sowohl als befruchtende, erleuchtende wie auch als strafende Gottheit erscheinen. – Bes. im Orient wird die Verbindung des B.es mit dem Gewitter-Regen u. damit sein symbolischer Zshg. mit der Fruchtbarkeit betont; er kann daher auch eindeutig phall. Bedeutung haben. – In einigen Gegenden Asiens u. Europas brachte man bis in die heutige Zeit dem B. Milch-Opfer zur Besänftigung.

Blond, hat als lichte Haarfarbe teil an der Symbolbedeutung des ↗Goldes. Die Griechen stellten sich daher ihre Götter gerne blond vor.

Blume, *Blüte,* Sinnbild des krönenden Abschlusses, des Wesentlichen. Symbol der vor allem weibl. Schönheit. Das empfangende Verhältnis zur ↗Sonne u. zum ↗Re-

gen macht die B. auch zu einem Sinnbild der passiven Hingabe u. der Demut; wegen der meist radialen Anordnung ihrer Blütenblätter kann sie andererseits aber auch als Zeichen für die Sonne begegnen. Da sie rasch verblüht ist, ist sie vielfach ein Symbol der Unbeständigkeit u. Vergänglichkeit. Gelegentl. werden B.n, ebenso wie die sie besuchenden ↗Schmetterlinge, symbolisch in Zshg. mit den Seelen Verstorbener gebracht. Nach Farben unterschieden, stehen *gelbe* B.n in symbolischem Zshg. mit der Sonne, *weiße* mit Tod oder Unschuld, *rote* mit dem ↗Blut u. *blaue* mit Traum u. Geheimnis (↗Blaue Blume). *Goldene* B.n begegnen verschiedentlich, z. B. im Taoismus, als Symbole höchsten geistigen Lebens. – In Japan entwickelte sich die Kunst des *B.nsteckens (Ikebana)* zu einer symbolischen Ausdruckskunst, die verschiedene Ausprägung in unterschiedl. Schulen fand; als Grundpositionen begegnen häufig: Himmel (oben), Mensch (Mittelpunkt), Erde (unten).

Blumenstrauß ↗Strauß.

Blut, gilt den meisten Völkern als etwas Geheimnisvolles. Der Mythos identifiziert das B. mit der Lebenskraft (↗Leber), dem ↗Feuer, der ↗Sonne u. bes. mit der Seele. Durch Menschen- u. Tieropfer sollen diese Kräfte frei werden. Vielfache Verwendung erfuhr das B. im *B.zauber*. – Die Griechen ließen B. in die Gräber der Verstorbenen fließen, um den Schatten im Jenseits Lebenskraft zu geben. – Bei verschiedenen Völkern tranken Seher B., um sich in Ekstase zu versetzen (↗Blutriten). – Im Kult der Kybele u. dem des Mithras wurden die Mysten mit dem als reinigend u. kraftspendend gedeuteten B. geopferter ↗Stiere (↗Opfer) getauft. – Andererseits ist jedoch auch die Vorstellung verbreitet, daß B. verunreinige; so sind vor allem bei Naturvölkern Frauen, die menstruieren oder ein Kind geboren haben, bestimmten Absonderungs- u. Reinigungsriten unterworfen. – Das Christentum sieht im B. Christi eine sühnende u. erlösende Kraft, so sind als Symbole die ↗Anemone, die ↗Erdbeere, der ↗Löwenzahn, das ↗Gänseblümchen u. die Traube (↗Wein) zu verstehen.

Blüte ↗Blume.

Blutriten [Mz., lat.], der Gebrauch menschl. Blutes (bes. v. Kindern u. Jungfrauen) bei Kult- u. Zauberhandlungen.

Blutsbrüderschaft, ein bes. bei Naturvölkern geübter Brauch mit Symbolcharakter, bei dem Männer durch Vermischen u. Trinken ihres Blutes sich auf Leben u. Tod miteinander verbinden. Der übergeordnete Begriff *Blutaberglaube* bildet vielfach das Hauptmotiv von Sagen und Dichtungen (z. B. Armer Heinrich oder die Hirlandasage).

Bock: B. als Hexenreittier; Ausschnitt aus einem Holzschnitt in: Praetorius, Blockes-Berges Verrichtung, Leipzig, 1669
Bogen: Bogenschütze, sumerisch, 3. Jt. v. Chr.
Brahma: Darstellung aus dem 5./6. Jh. n. Chr.
Brakteaten: Nordgerman. Brakteat in der Art eines Bukephalos mit Reiterkopf, v. dessen Stirn ein Hakenkreuz ausgeht

Bock, *Ziegenbock,* häufig als positive oder negative Verkörperung der männl. Sexualkräfte verstanden. – In Indien sonnenhaftes Tier, dem Gott des Feuers heilig. – Im antiken Griechenland dem Dionysos als Opfertier heilig u. Reittier der Aphrodite, des Dionysos u. des Pan. – In der Bibel Opfertier, das die Sünde des Volkes auf sich nimmt, in diesem Zshg. auch als *Sündenbock* stellvertretend in die Wüste verstoßen; aber auch stinkendes, unreines, dämon. Tier, Symbol der Verdammten im Jüngsten Gericht. – Das MA stellte sich den Teufel mit *B.shörnern* u. *B.sfuß* als Attributen vor. Der B. galt auch als obszönes Reittier der Hexen u. der personifizierten Wollust. – ↗Lamm, ↗Ziege.

Bodhibaum, der Feigenbaum, unter dem Buddha die Erleuchtung (= bodhi) empfing; Symbol Buddhas.

Bogen, neben der ↗Schleuder die älteste u. verbreitetste *Jagd- u. Kriegswaffe*; setzt sich aus dem B.stab u. einer stark gespannten Sehne zusammen u. dient bes. zum Schießen v. Pfeilen. Der B. ist schon in der Urzeit nachweisbar, wird heute noch bei vielen Naturvölkern gebraucht. ↗Pfeil und Bogen.

Bohnen, als Samen reichtragender Nutzpflanzen vor allem in Japan Glück u. Fruchtbarkeit verheißend, Abwehrmittel gg. böse Geister, Krankheit u. Blitz. ↗Saubohne.

Boot ↗Kahn, ↗Schiff.

Bootsmensch, schon in der frühdynast. Zeit Mesopotamiens vorkommendes ↗Mischwesen, dessen Körper ein Boot bildet.

Borretsch, *Gurkenkraut,* stand lange in dem Ruf, trübe Gedanken zu vertreiben. Da er rauh u. behaart, zugleich aber eine wohlschmeckende Würzpflanze ist, ist er ein Symbol für hohe Qualitäten, die sich hinter Unscheinbarkeit verbergen, insbesondere für die äußere Schlichtheit der Jungfrau Maria.

böser Blick, ein *Augenzauber,* dem der Glaube an die unheilvolle Wirkkraft des Auges bestimmter Personen (bes. Frauen, mißgestalteter Menschen) zugrunde liegt. Abwehrmittel sind Amulette, Verhüllungen, Schutzzeichen.

Brahma, *Brahman,* der vierköpfige Schöpfergott im Hinduismus, meist auf einer Lotusblüte sitzend dargestellt oder mit dem Schwan (Gans) als Symboltier u. Reittier. Attribute sind ein Buch u. Wassergefäß.

Brakteaten, ↗Heilszeichen, die als Anhänger getragen wurden; einseitig gestanzte Goldbleche, mit Herrscherfigur (Pferd, Bukephalos und Reiterkopf); es handelt sich um Nachbildungen antiker Münzen, oft mit glückbringenden Runeninschriften versehen.

Braun, die Farbe der Erde u. des Herbstes. Im Altertum u. im MA Trauerfarbe; im Volkslied u. der Lyrik seit dem späten MA hat B. auch erot. Bedeutung.

Brautschleier ↗Schleier.

Bronzenes Zeitalter ↗Zeitalter.

Brot, als eines der wichtigsten phys. Nahrungsmittel zugleich Symbol für spirituelle Nahrung. Zu den Opfern des AT gehörten die *Zwölf Schaubrote,* Sinnbilder für das B. des Lebens. Im NT ist Christus das „lebendige B., das v. Himmel herabgekommen ist". Durch die eucharist. Verwandlung erhält das B., neben dem ↗Wein, im Christentum seine heiligste Bedeutung. Auf frühchristl. Darstellungen sind vier kreuzförmig gekerbte B. ein Hinweis auf die Eucharistie. ↗Salz.

Brotschrank, in der Symbolik des MA Symbol für Maria, die Gottesmutter, die in sich das *Brot des Lebens* trug.

Brücke, Verbindungsglied zw. räuml. Getrenntem; in diesem Sinne weitverbreitetes Symbol der Verbindung u. Vermittlung. Bei vielen Völkern findet sich die Vorstellung v. einer ↗Himmel u. ↗Erde verbindenden B., oft in Gestalt des ↗Regenbogens; häufig ist sie der Weg, den die Seelen der Verstorbenen nach dem Tode zu gehen haben. Im Islam z. B. ist sie schmaler als ein Haar u. glatter als eine Schwertklinge, so daß die Verdammten in die Hölle abstürzen, während die Auserwählten rascher oder langsamer – je nach ihren Verdiensten – auf ihr ins Paradies gelangen.

Brunnen, steht symbolisch in Zshg. mit dem ↗Wasser, zugleich jedoch mit der Tiefe des Geheimnisses u. dem Zugang zu verborgenen Quellen. Das Herabsteigen in den B. (z. B. in Märchen) symbolisiert häufig den Zugang zu esoterischer Erkenntnis oder zum Bereich des Unbewußten. Das Eintauchen in das Wasser des B.s entspricht symbolisch oft dem Trinken eines besonderen Elixiers (↗Trank): es verleiht Unsterblichkeit, Jugend u. Gesundheit *(Jung-B.).* – In der Bibel begegnet der B. in sinnbildl. Zshg. mit *Reinigung, Segen* u. *Wasser des Lebens.* – Die quadrat. ummauerten B.n arab. Länder gelten verschiedentl. als Sinnbilder des Paradieses. – Die Lebensnotwendigkeit des Wassers und die rel.-kult. Bedeutung führte früh zu architekton.-künstler. Ausgestaltung. Die Tradition des Alten Orients (frühestes Zeugnis aus Mohendscho Daro, 3. Jt. v. Chr.) wurde in der griech.-röm. Stadtkultur fortgesetzt. B. zur (auch kult.) Reinigung finden sich im Atrium der frühchristl. Basilika wie im Vorhof der Moschee (neben prachtvollen B.anlagen in der islam. Kunst; z. B. in der Alhambra). B.typus in roman. Zeit war

Brunnen: *der Lebensbrunnen als fons mercurialis; aus: Rosarium philosophorum, 1550*
Buch: *Löwe mit Schrifttafel; Salzburg; 1. Drittel 13. Jh.*
Buch: *Johannes der Evangelist, dargestellt mit B.; Dom zu Meißen*
Buch: *Der jüd. Gesetzeslehrer Esdras, die hl. Bücher erneuernd. 7. Jh., Florenz, Bibl. Laurenziana*

bes. der *Schalen-B.*, während die Gotik den *Röhren-* oder *Stock-B.* mit säulenartigem Aufbau u. reichem plast. Schmuck entwickelte. Entspr. einer Anweisung in der Regula des hl. Benedikt entstanden in den ma. Klöstern *B.häuser* innerhalb der Kreuzgänge (z. B. Kloster-B. v. Sluter in der Chartreuse von Champmol). Die it. Renaissance schuf monumentale B.anlagen (z.B. *Neptun-B.* in Bologna) u. wirkte damit auch auf Dtl. (z.B. Augsburg). Nochmalige Steigerung der B.kunst im Barock mit figurenreichen Aufbauten, bei naturalist. B. oft mit phantast. Felsbildungen (u. a. B. Berninis, *Fontana di Trevi*, Rom; Donners *Flüsse-B.*, Wien). B. prägten in Verbindung mit Wasserspielen u. Kanälen die barocke Gartenarchitektur (z. B. in Versailles u. Schwetzingen).

Brustkreuz, *Pektorale,* ein meist goldenes Kreuz mit Reliquien, seit dem 13. Jh. v. Papst, Kardinälen, Bischöfen u. Äbten getragen; aus dem ↗Enkolpion entstanden.

Buch, Symbol der Weisheit, des Wissens, auch Sinnbild der Totalität des Universums (als aus vielen einzelnen Blättern u. Schriftzeichen zusammengefügte Einheit). Verschiedentl. begegnet auch die Vorstellung von einem *Liber Mundi* (B. der Welt), das die Gesamtheit aller Gesetze aufgezeichnet enthält, deren sich die göttl. Intelligenz bei Schaffung der Welt bediente. – Der Islam unterscheidet gelegentl. noch zw. einem makrokosm. u. mikrokosm. Aspekt dieser B.symbolik: dem Liber Mundi steht das B. jeder einzelnen Individualität in ihrer Gesamtheit gegenüber. – Die Vorstellung v. einem B., in dem die Geschicke der Menschen aufgezeichnet sind, geht bereits auf den oriental. Glauben an göttl. Schicksalstafeln zurück. – In der Bibel begegnet die Wendung *B. des Lebens* zur Bezeichnung der Gesamtheit aller Auserwählten. Das *B. mit den sieben Siegeln* der Offenbarung ist ein Symbol esoter. Geheimwissens. Das Essen eines B.es oder einer B.rolle bedeutet Aufnahme des göttl. Wortes in das Herz. – Ein geschlossenes B. deutet in der bildenden Kunst verschiedentl. auf noch nicht verwirklichte Möglichkeiten oder auf Geheimnisse, in der christl. Kunst auch auf die Jungfräulichkeit Marias, während ein aufgeschlagenes B. in Zshg. mit Maria auf die Erfüllung der atl. Verheißung deutet. – Als Attribut erscheint das B. u.a. bei Evangelisten, Aposteln u. Kirchenlehrern.

Buchsbaum, im Altertum dem Hades u. der Kybele heilig; noch heute Totenpflanze u. zugleich Symbol der Unsterblichkeit, da er stets grün bleibt. Als ledrige, harte Pflanze ist er auch ein Symbol der Ausdauer u. Standhaftigkeit, sein Holz wurde deshalb als Material für den symbolischen Hammer der Freimaurer verwendet.

Büchse ↗Dose.

Bundeslade: *Symbolische Darstellung aus Settimholz und Gold („Musterbuch" von Schmid)*
Butter: *Krishna-Kind mit Butterkugel spielend; Kleinplastik aus Bronze*

Buchstaben, in den meisten Kulturen mit bes. symbolischen Bedeutungen belegt; so unterscheidet der Islam z. B. zw. luftigen, feurigen, erdhaften u. wässerigen B., die außerdem alle als Materialisationen des göttlichen Wortes jeweils Träger besonderer Bedeutungen sind, u. a. mit Bezug auf Vergangenheit, Gegenwart u. Zukunft. – Die Kabbala kennt ein ganzes System mystischer Spekulationen, das vor allem mit der Form der einzelnen B. sowie mit bestimmten Zahlenwerten zusammenhängt. – Die sieben griech. Vokale (für E u. O je zwei B.) galten in der Antike als Symbole der sieben Himmelssphären u. der sieben in ihnen sich bewegenden Gestirne oder aber als Symbole des Geistes; die Konsonanten dagegen symbolisierten die Materie. Das *Alphabet* als Verbindung v. Vokalen u. Konsonanten, mithin v. „Geist" u. „Materie" u. als Gesamtheit aller sprachlichen Zeichen wurde als Symbol der Ganzheit u. Vollendung, auch des gesamten Kosmos, empfunden; es wurde daher auch apotropäisch verwendet. In diesem Sinne ist wohl auch seine gelegentliche Verwendung im frühen Christentum bis ins MA zu verstehen, so zeichnete man es z. B. bisweilen auf Gräber. ↗Alpha, ↗Alpha u. Omega, ↗Omega, ↗Taw.

Buddhistische Symbole. Als Symbole Buddhas erscheinen das Rad der Lehre, der Bodhibaum, der leere Thron, die Fußspuren. Darstellungen Buddhas selbst, stehend oder häufiger sitzend, entstanden erst seit dem 1. Jh. n. Chr. in der hellenist.-ind. Mischkultur der nordind. Landschaft Gandhara, danach in Mathura. Formal vollendet ist die plast. Buddhadarstellung in der Guptaperiode (4.–7. Jh.).

Büffel ↗Ochse.

Bundeslade, ein goldüberzogener Holzkasten in der Stiftshütte, in dem die Gesetzestafeln, das Gefäß mit Manna u. der Stab Aarons aufbewahrt werden; zwei goldene Cherubim stehen an der Seite; von hier aus sprach Gott mit Mose u. den Priestern; in der mittelalterl. Symbolik ist die B. ein Mariensymbol, weil Maria Christus, das Neue Gesetz, in sich trug. Die B. in ihrer kastenförmigen Herstellung hängt eng mit der Symbolik der ↗Kiste (= damit der ↗Arche Noah) zusammen.

Burg, als befestigter, oft auf einer Höhe liegender oder v. Wald umgebener Wohnort Symbol des Schutzes, der Sicherheit. In der Bibel u. im christl. Symboldenken Sinnbild der Zuflucht in Gott oder des Glaubens, der gg. die Dämonen schützt. Gelegentl. wird auch die Hölle als finstere, manchmal unterird. B. mit zahlreichen Verliesen u. Räumen dargestellt.

Butter, gilt vor allem in Indien als Träger kosm. Energien. ↗Milch, ↗Peitsche.

Caduceus ↗Kerykeion.

Cancer, das Sternbild ↗Krebs.

Capricornus, das Sternbild ↗Steinbock.

Caritas, Symbolgestalt der theolog. Tugend *Liebe*; Attribute sind das ↗Lamm, die ↗Fackel, das flammende ↗Herz u. Kinder u. Bettler (wegen der Nebenbedeutung der fürsorgenden Nächstenliebe).

Centaur ↗Zentaur.

Cernunnos, *Cernunnus,* kelt. Gott, der vor allem im nördl. u. östl. Teil Galliens verehrt wurde. Charakterist. für seine Darstellung ist ein Hirschgeweih, über dessen Bedeutung Unklarheit herrscht. Die berühmte Abb. auf dem Kessel v. Gundestrup zeigt ihn im Buddhasitz, in dem man ihn auch sonst findet; in der einen Hand hält er einen Ring, in der anderen den Kopf einer Schlange.

Cernunnos

Chamäleon *s,* gilt wegen des Vermögens, seine Farbe zu wechseln, als Symbol der Unbeständigkeit u. Falschheit. In Afrika sonnenhaftes, göttl. Tier.

Chamäleon

Chanukka-Leuchter, der beim Chanukka-Fest (Feier zur Erinnerung an die Wiedereinweihung des Tempels durch Judas Makkabäus nach der Entweihung durch die Seleukiden) verwendete Leuchter mit acht Armen bzw. Lichtern u. einem neunten, der nur zum Anzünden des Lichtes dient; bevorzugtes Objekt des jüd. Kunsthandwerks. ↗Menorah.

Chaos, u. a. in der Antike u. im biblischen Schöpfungsbericht (Tohu wa bohu) Sinnbild für den Zustand der Welt vor Entstehung alles Seienden; dem griech. Ch. entspricht das german. ↗Ginnungagap. – Nach altägyptischen Vorstellungen existierte das Ch. in Gestalt des Urozeans Nun vor Schaffung der Welt u. umgibt diese seither als ständige Kraft- u. Erneuerungsquelle. Bei den Alchimisten eine der Bezeichnungen für die „prima materia". – In der Psychoanalyse häufig Symbol der totalen Passivität. ↗Abgrund.

Charadrius, ein im ↗Physiologus erwähnter Vogel, wahrscheinl. handelt es sich um den *Regenpfeifer*; soll den Ausgang einer Krankheit anzeigen u. steigt im Flug auf, um die Genesung anzuzeigen; diese Eigenschaft wurde auf Christus übertragen: „... und er hob auf unsere Sünden u. trug unsere Krankheit u. wurde erhöht zum Kreuz ..."

Cherub *m* (Mz. Cherubim), halb tier-, halb menschenähnl. ↗Mischwesen der höheren geistigen Hierarchien, häufig in der bildl. Symbolsprache des Vorderen Orients. Im AT sind die Cherubim, wie die ↗Seraphim Jahwe begleitende Geistwesen, u. a. Wächter des Paradieses, Träger des göttl. Thrones u. Hüter der Bundeslade. In der christl. Kunst meist dargestellt mit vielen Flügeln u. bedeckt mit Augen: Sinnbild für Allgegenwart u. Allwissen der höheren geistigen Welten; häufig als ↗Tetramorph oder mit einem Kopf u. 4 oder 6 Flügeln; Attribut: ↗Rad oder Räder.

Chimäre *w*, feuerspeiendes ↗Mischwesen der griechischen Mythologie, häufig dargestellt mit Löwenkopf, Ziegenkörper u. Drachen- oder Schlangenschwanz; jeder der drei Teile kann auch in einen eigenen Kopf enden. Mischwesen, das zu verschiedenen symbolischen Deutungen Anlaß gab, die jedoch alle mit dem Bereich des Dunklen, Unkontrollierten, Triebhaften zusammenhängen. Getötet wurde die Ch. von Bellerophon, der auf dem Flügelroß ↗Pegasus ritt (Parallele zu Georg, dem Drachentöter). – Im heutigen Sprachgebrauch häufig Sinnbild für ein vages Phantasiegebilde.

Chrisam *s*, in der kathol. Kirche verwendetes Salböl, das in seiner Mischung aus Olivenöl u. Spezereien die Einheit der göttl.-menschlichen Doppelnatur Christi symbolisiert.

Christbaum, andere Bezeichnung für den ↗Weihnachtsbaum.

Christusmonogramm, *Chrismon*, in verschiedenen Formen aus den griechischen Anfangsbuchstaben des Namens Christus: X (Chi) u. P (Rho) oder – früher – aus den

Chaos: *Chaos der Elemente, aus: Roberto Fludd, Utriusque Cosmi Historia; Oppenheim, 1916*
Cherub: *Cherub vom Mauritius-Schrein aus St. Pantaleon, Köln (um 1170)*
Cherub: *Geflügelter Genius, Relief vom Palast Kyros' II.*
Chimäre: *etrusk. Bronze; 5. Jh. v. Chr.*

Anfangsbuchstaben von Jesus Christus (J u. X) gebildetes Zeichen, das symbolisch für Christus oder auch das Christentum generell verwendet wird (bereits seit Konstantin dem Gr.). Häufig wurden die beiden Buchstaben v. einem ↗Kreis umschlossen, so daß der Eindruck eines Rades (↗Rad) entstand, sie wurden so zugleich zum kosm. u. zum Sonnensymbol. Oft wurden noch die Buchstaben A u. Ω (↗Alpha u. Omega) hinzugefügt oder auch Sonne u. Mond, die auf die Kreuzigung (bei der sich die Sonne verdunkelte u. der Mond erschien) verweisen. ↗IHS, ↗Anastasiskreuz.

Chronos, das personifizierte Symbol der Zeit, meist als gleich dem Gott Kronos = Saturnus angesehen u. mit dessen Symbolen der Vergänglichkeit ↗Sense u. ↗Sanduhr dargestellt. ↗Saturn.

Chrysantheme, in China u. Japan Symbol für Glück u. langes Leben. Wegen der strahlenförmigen Anordnung ihrer Blütenblätter auch Sonnen-Symbol. Emblem des japanischen Kaiserhauses.

Colanuß ↗Kolanuß.

Coyote *m,* in Nordamerika lebender Präriewolf, gilt in einigen indianischen Kulturen als Ursache alles Bösen, namentlich des Winters u. des Todes.

Crocus ↗Krokus.

Crux gammata ↗Swastika.

Christusmonogramm: *drei verschiedene Formen*

Dachs, in Japan Symbol der List im positiven Sinne; der dickbäuchige D. gilt auch als Symbol der Selbstzufriedenheit. – In der christl. Kunst Reittier des personifizierten Geizes.

Dämonen [Mz., gr. *daimon*], urspr. Bz. für Götter, später Mittelwesen zw. Göttern u. Menschen, die menschl. Schicksale u. kosm. Vorgänge zum Guten u. Bösen beeinflussen können. Die griech. Philosophen hielten sie für den göttl. Teil oder als göttl. Stimme im Menschen (Daimonion). Die D. zeichnen sich durch unberechenbares, launenhaftes Wesen aus u. bemächtigen sich vielfach der seel. Kräfte der Menschen. Die Bibel beschreibt sie ausschließl. als böse Geister, abgefallene Engel, die eine Macht gg. die Gottesherrschaft darstellen (↗Teufel, ↗Lilit). – D. sind oft zentrale Gestalten späterer Sagenbildungen, sie erscheinen als übermenschl. Wesen: ↗Riesen (werden entdämonisiert, im Märchen oft dumm u. komisch), ↗Zwerge (bekommen menschl. Züge, kunstfertige Schmiede, vertreten oft höhere ethische Normen) u. als außermenschl. Wesen.

Dämon Pazuzu („Packer"), Bronze, 7. Jh.

Danielschnallen, burgund. Schnallen (Funde in der Westschweiz) vom Bildtypus „Daniel in der Löwengrube" als apotropäisches Zeichen (Abwehrzauber) mit der Bildformel „Figur zwischen wilden Tieren", die die Unverletzlichkeit des „Daniel" darstellen soll. Hier liegt eine Parallele vor zu vielfachen Bilddarstellungen seit den mesopotam. Bildzylindern zur Verherrlichung des Gilgamesch u. des „Herrn der Tiere". Daniel gilt dabei als Präfiguration Christi.

Daumen, der Finger, der der Hand durch seine Opponierbarkeit erst die volle Greiffähigkeit gibt, oft als männl. u. schöpfer. gedeutet u. daher auch als Phallus-Symbol verstanden. ↗Finger.

Davidstern, das ↗Hexagramm.

Deesis *w*, Darstellung des als Weltenrichter thronenden Christus zw. Maria u. Johannes d. T., die für die Seelen Fürbitte lei-

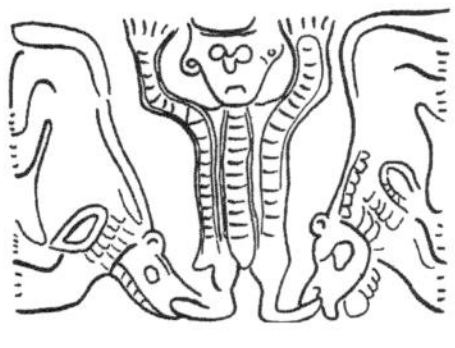

Danielschnallen: *Motiv der Danielschnallen von Daillens (Schweiz); gezeigt ist eine die Arme hochreckende Gestalt zw. zwei wilden Tieren; die Benennung nach „Daniel" rührt daher, daß der Bildtypus an „Daniel in der Löwengrube" erinnert*

Delphin: *Anker u. D.; Katakomben, 2. Jh.*

sten; häufig symbolisch abgekürzte Darstellung für das Weltgericht.

Deformation. Körperl. D. weist häufig auf besondere u. geheimnisvolle (gute oder schlechte) Fähigkeiten. ↗Einäugigkeit, ↗Einbeinigkeit, ↗Hinken.

Delphin. Als auffallend intelligentes, menschenfreundliches u. bewegliches Tier gab der D. für viele mit dem ↗Meer verbundene Völker Anlaß zu mythischen Deutungen. Der kretisch-mykenischen Kultur wie den Griechen u. Römern galt er als gottähnlich. In Griechenland war er vor allem dem Lichtgott Apollo, aber auch Dionysos (dem Schützer der Seefahrt), Aphrodite (die aus dem Meer geboren wurde) u. Poseidon (als dem Gott der Meere) heilig. Die französischen Thronfolger führten D.e im persönl. Wappen u. wurden deshalb als *Dauphins* tituliert. Außerdem galt der D. als Seelenführer, der die Seelen Verstorbener auf seinem Rükken sicher ins Reich der Toten führt. Unter diesem Aspekt wurde er auch als Symbol von der frühchristl. Kunst übernommen u. auf Christus, den Retter, bezogen.

Diadem ↗Krone.

Diamant, symbolisch zumeist als vollkommene Steigerung des ↗Kristalls empfunden, daher Sinnbild der absoluten Reinheit, Geistigkeit u. Unwandelbarkeit. In Indien gelegentl. auch Symbol der Unsterblichkeit; der Thron Buddhas besteht aus D. – Plato beschreibt die Achse der

Delphin: *verschiedene Delphindarstellungen auf antiken Münzen*

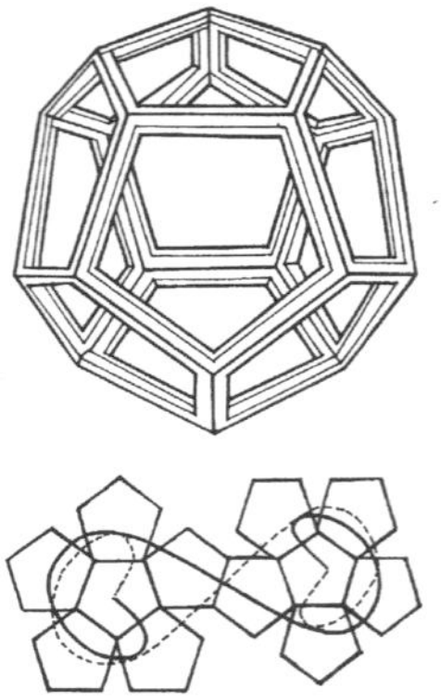

Welt als diamanten. – Der Volksglaube in Europa schrieb dem D. verschiedene zauberische Eigenschaften zu: er sollte Krankheiten heilen, Gifte unwirksam machen, wilde Tiere, Hexen u. Gespenster vertreiben, unsichtbar machen, Gunst bei Frauen verleihen. – In der Renaissance galt er vor allem als Symbol des Mutes u. der Charakterstärke. – Der ↗Physiologus sagt, der D. sei stärker als Eisen. „Adamant" wird er genannt, weil er alles bezwingt, u. das führt zur Deutung: „Auch mein Herr Jesus Christus richtet alle, ihn selbst aber kann keiner richten."

Distel, wie viele stachlige Pflanzen ein Symbol für Mühsal u. Schmerzen; in der christl. Kunst für die Leiden der Märtyrer u. Christi, damit zugleich auch Erlösungs-Symbol (wie der ↗Ginster). – Die die Feinde abweisenden Stacheln können auch ein Symbol für Schutz sein. – In China galt die D. als Symbol eines langen Lebens, möglicherweise weil sie, auch wenn sie abgeschnitten u. getrocknet ist, ihre Form behält.

Distelfink ↗Stieglitz.

Dodekaeder *m,* von zwölf ebenen Vielecken begrenzter Körper, symbolisch bedeutsam bes. der *Pentagondodekaeder*, der von zwölf regelmäßigen Fünfecken begrenzt wird; er partizipiert an der Symbolik der Zahl ↗Zwölf u. der Zahl ↗Fünf. Gilt als vollkommenster der fünf ↗Platonischen Körper u. ist daher ein Totalitäts-Symbol.

Dolmen *m* [breton. = Steintisch], Megalithgrab aus senkrecht aufgestellten Steinen mit Deckplatte; im Neolithikum bes. in der Bretagne. ↗Steinsetzungen.

Donner, wie der ↗Blitz in vielen Kulturen verstanden als Ausdruck u. Symbol der göttl. Macht, damit zugleich Attribut der obersten Gottheiten. – Für die Germanen entstand der D. durch den geschleuderten Hammer des Donar. – In der Bibel ist er die Stimme, vor allem die Zornesstimme Gottes. – Die Kelten deuteten den D. als Ausdruck einer kosm. Störung, die den Zorn der Elemente hervorrief; daneben sah man in ihm auch eine Strafe der Götter. – In Sibirien u. Nordamerika findet man die Vorstellung v. einem myth. Vogel, der den D. mit seinem Flügelschlag erzeugt; er begegnet u. a. als Wildgans oder Ente, als eiserner Vogel, als ↗Adler. – Für die Chinesen entstand der D. durch die Bewegungen eines himml. ↗Drachen. – Verschiedentl., z. B. in einigen indian. Kulturen, begegnet ein einbeiniger Donnergott (↗Einbeinigkeit). Häufig haben die D.götter ↗Schmiede als Gehilfen, die ihnen ↗Blitze, ↗Hammer, Keulen usw. schmieden.

Dodekaeder: *oben nach einer Zeichnung v. Leonardo da Vinci, unten zweidimensionale Abwicklung*
Dorn: *Schmerzensmann mit Dornenkrone; Ausschnitt aus dem Titelblatt der Großen Passion v. A. Dürer, 1511*
Dornauszieher *(wohl röm. Kopie nach griech. Original)*
Dornbusch, brennender: *Moses am brennenden Dornbusch; nach einem Glasgemälde aus der Stiftskirche zu Wimpfen im Tal, 1. Hälfte 14. Jh.*

Doppelaxt ↗Axt.

Dorn, *Stachel,* Symbol für Mühsal, Hindernisse u. Leiden. – Der D. der Agave war bei einigen Indianerstämmen ein Instrument der Selbstkasteiung: die Priester ritzten sich damit die Haut, um das austretende Blut den Göttern zu opfern. – In der christl. bildenden Kunst ist ein um einen Totenschädel gewundener D.zweig Symbol ewiger Verdammnis. – Die *D.enkrone Christi* ist zugleich Symbol der Schmerzen wie der Verspottung. Die Kranz-Tonsur der Mönche wurde u.a. auch symbolischer Bezug darauf. – Der *Dornbusch* in der Erzählung v. Isaaks Opferung galt gelegentl. als vorausweisendes Symbol auf Kreuz u. D.enkrone Christi. ↗Dornbusch, brennender.

Dornauszieher, antike Bronzeplastik eines sitzenden Knaben, der sich aus dem Fuß einen Dorn zieht; beliebtes Motiv bes. der griech.-röm. Kunst. In der christl. Kunst Symbol der Strafe für den, der vom „rechten Weg" abgewichen war; der D. hat deshalb die Bedeutung v. Krankheit u. Laster.

Dornbusch, brennender. Gott erschien Mose in einem Dornbusch, der brannte, jedoch nicht verbrannte: Symbol für die nicht zerstörer. Gewalt des geistigen ↗Feuers; in der christl. Kunst u. Literatur auch Symbol Marias, die Mutter wurde, aber Jungfrau blieb, d.h. „brannte", jedoch „unverletzt" blieb.

Dornenkrone ↗Dorn.

Dose, *Büchse, Kästchen,* verschiedentl. Symbol des Schutzes, des weibl. Schoßes oder Symbol für ein verborgenes Geheimnis. Verschlossene D.n u. Kästchen (häufig drei), die Gutes u. Schlechtes enthalten, tauchen zuweilen bei Entscheidungssituationen in Märchen auf als Symbole für Wahrheiten, die nicht vor aller Augen offenliegen.

Drache, *Drachen,* lat. Lehnwort, german. dafür „Wurm" (z.B. *Lindwurm*) u.ä., phantast. Ungeheuer, in den myth. Vorstellungen vieler Völker lebendes ↗Mischwesen häufig mit mehreren Köpfen. In vielen Religionen verkörpert er (vielfach der Schlange nahestehend) gottfeindl. Urmächte, die überwunden werden müssen. In Zshg. damit haben sich mehrere D.ntötermythen herausgebildet (Indra, Zeus, Apollo, Siegfried, Georg, ↗Drachenkämpfe). – Im AT verkörpert der D. (dem ↗Leviathan nahestehend) das Weiterwirken des vorweltl. Chaos, das die Schöpfung bedroht u. das besiegt werden muß. In der Apokalypse verfolgt der D. als Prinzip des Satans (Symbol des Teufels) die mit der Sonne bekleidete Frau, die das (Christus-)Kind gebiert; er wird v. dem Erzengel Michael

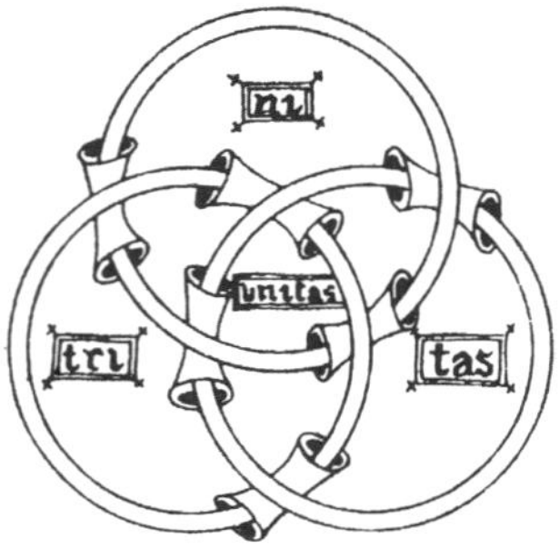

gestürzt. – In Sagen u. Märchen erscheint der D. häufig als Bewacher eines ↗Schatzes oder einer geraubten ↗Königstochter u. verkörpert somit die Schwierigkeiten, die vor Erreichen eines hohen Zieles überwunden werden müssen. – C. G. Jung sieht in den Drachenkämpfermythen den Ausdruck eines Kampfes zw. dem Ich u. regressiven Kräften des Unbewußten. – Im Hinduismus u. Taoismus gilt der D. als machtvolle geistige Wesenheit, die den Trank der Unsterblichkeit hervorbringen kann. In China u. Japan wird er als glückbringend u. als dämonenabwehrend verehrt. Er verleiht Fruchtbarkeit, weil er mit den Kräften des Wassers u. insofern mit dem Prinzip Yin (↗Yin u. Yang) in engem Zshg. steht; zugleich repräsentiert er aber vor allem die männl. aktiven Kräfte des Himmels u. damit das Prinzip Yang; als Demiurg bringt er die Wasser des Uranfanges oder das Weltenei aus sich hervor; sein Gegenspieler ist der ↗Tiger. Ein beliebtes Dekorationsmotiv ist der um die Wunschperle (↗Perle) spielende D. oder ein D.npaar. Als die gegensätzl. Prinzipien vermittelnde, machtvolle Wesenheit wurde der D. auch zum kaiserl. Symbol. – Der D. ist das 5. Zeichen des chines. ↗Tierkreises; es entspricht dem ↗Löwen.

Drachenkämpfe, Ungeheuerkämpfe, in verschiedenster Form nach einem festen Schema überliefert: Kampf eines Berittenen gegen Schlange mit Lanze oder Schwert, Kampf zweier Tiere, in den der Held eingreift, Kampf gegen Ungeheuer mit List, Fesselung des Ungeheuers.

Drei ↗S. 60

Dreiblatt ↗Blatt.

Dreieck, partizipiert weitgehend an der symbolischen Bedeutung der Zahl ↗Drei. Im Altertum wurde es verschiedentl. als Licht-Symbol verstanden. Mit der Spitze nach oben ist es bei vielen Völkern ein Symbol des Feuers u. der männl. Zeugungskraft, mit der Spitze nach unten ein Symbol des Wassers u. des weibl. Geschlechts. – Das gleichseitige D. wird oft als Zeichen für Gott oder für Harmonie verwendet. Im Christentum ist es Trinitäts-Symbol (vor allem seit dem 17. Jh. häufig in Verbindung mit Hand, Haupt, Auge oder dem hebr. Namen Gottes, Jahwe). – Im Volksbrauchtum, bei Magiern u. Zauberern ist das D. ein altes apotropäisches Zeichen. – Bei den Freimaurern spielt das D. eine wichtige Rolle, u. a. als Symbol für Stärke, Schönheit u. Weisheit Gottes, für den Grundstein des Freimaurer-Tempels, für die Reiche der Minerale, Pflanzen u. Tiere, für die drei Stufen der geistl. Entwicklung des Menschen (Separatio, Fermentatio u. Putrefactio), für richtiges Reden, Denken u. Handeln, für Geburt, Reife u. Tod usw.

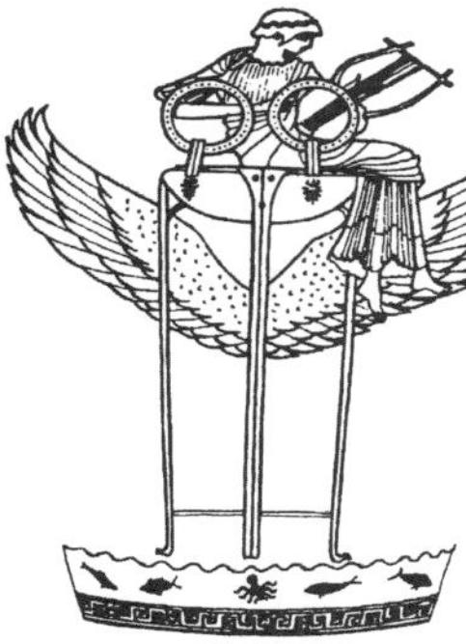

Drache: D. von einer Drachenweste; China; 17. Jh.
Drache: das apokalypt. Weib mit dem siebenköpfigen D.n; nach einer Buchmalerei des Konrad v. Scheyern
Dreifaltigkeit: Das Symbol der Dreifaltigkeit in Form von drei Kreisen. Chartres, 13. Jh.
Dreifuß: Apoll auf einem Dreifuß (Rom, Vatikanisches Museum, 5. Jh. v. Chr.)
Dreizack: D. als Attribut Neptuns

Dreifaltigkeit, *Trinität,* im Christentum die symbol. Darstellung des dreieinigen Gottes. ↗Gesichter.

Dreifuß, gr. *Tripus,* in der Antike dreifüßiges, oft kunstvoll gearbeitetes, bis mannshohes Gestell für ein Gefäß; in sakraler u. profaner Verwendung (u. a. als Siegerpreis, Weihegeschenk); älteste Beispiele aus Troja u. Mykene. Der berühmteste D. stand in Delphi als Sitz der orakelkündenden Pythia. In Mittel- u. Nordeuropa nachweisbar zu Beginn der La-Tène-Zeit als Import aus Etrurien.

Dreizack, Stange mit drei Zinken, in der Fischerei als Fanggerät verwendet. Attribut v. Meeresgottheiten, bes. Poseidons; wurde auch als Symbol für die Zähne v. Meeresungeheuern, für die Strahlen der Sonne oder für den Blitz verstanden. – In Indien ist der D. ein Attribut des Gottes Shiva u. symbolisiert die dreifache Zeit (Vergangenheit, Gegenwart u. Zukunft) oder die drei Grundstufen bzw. -qualitäten der empir. Welt (Werden, Sein, Vergehen).

Drittes Auge ↗Auge.

Drudenfuß, das ↗Pentagramm.

Dualismus *m* [v. lat. *dualis* = auf 2 gegensätzl. Dinge zielend], führt die Welt auf zwei urspr. letzte Prinzipien zurück; i. w. S. ist D. da gegeben, wo sich zwei höchste Wesen gegensätzl., entweder in polarer Ergänzung (Himmel und Erde; weibl. u. männl. Prinzip, z. B. Yin u. Yang in der chin. Religion) oder feindl. (Licht u. Finsternis; Gut u. Böse; Leben u. Tod), gegenüberstehen.

Dunkelheit, *Finsternis,* im Sinne des ↗Dualismus das komplementär-entgegengesetzte Symbol des ↗Lichtes.

Durga [Sanskrit = die schwer Zugängliche], in der ind. Mythologie Gattin des *Schiwa,* erscheint in ihrer grausigen Gestalt als *Kali,* bekämpft Dämonen, erhielt Menschenopfer; auch als nahrungspendende Mutter (Typ der Großen Mutter) verehrt.

Drei

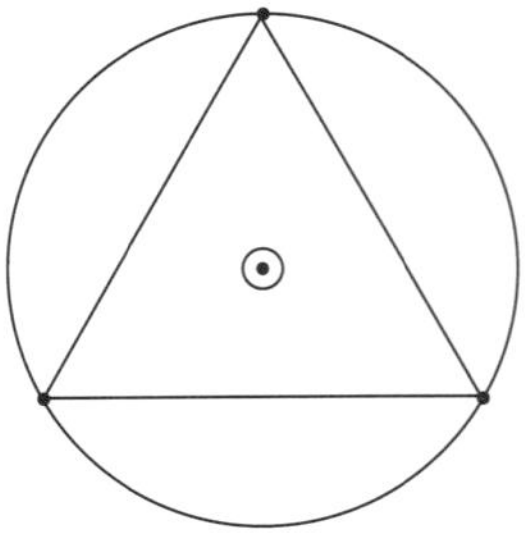

Das Zahlzeichen der Drei

Das Auge im Dreieck als Gottessymbol; Altarbekrönung

Fenster mit drei vereinigten Hasen; Dom zu Paderborn

3

Die Grundzahl des männl. Prinzips neben der 1 als der Zahl des Göttlichen u. der 2 als der des Weiblichen; das Element der 3 ist das Wasser, die zugeordnete geometrische Figur das Dreieck. Dreieck u. Wasser werden auch im alchimistisch-medizin. Zeichen miteinander verbunden. Die 3 spielt in allen Religionen eine unverkennbar maßgebende Rolle. Von besonderer Bedeutung anzusehen sind die zweite bzw. dritte Potenz von 3, also $3^2 = 3 \times 3 = 9$ bzw. $3^3 = 3 \times 3 \times 3 = 27$, die als „Verstärkung" der Symbolkraft der 3 angesehen werden. – Die 3 bildet die Grundlage zahlreicher Systeme u. Ordnungsgedanken; so kennt z. B. das Christentum die 3 Tugenden Glaube, Liebe, Hoffnung, die Alchimie die 3 Grundprinzipien ↗Schwefel, ↗Salz u. Quecksilber (↗Mercurius) usw. Göttl. Dreiheiten sind in vielen Religionen bekannt, so z. B. in Ägypten (Isis, Osiris, Horus), im Hinduismus (Brahma, Vishnu, Shiva) usw.; häufig stehen solche göttl. Dreigestirne auch in Zshg. mit ↗Himmel, ↗Erde u. mit der diese verbindenden ↗Luft. Das Christentum kennt demgegenüber den *dreieinigen* Gott, der anschaul. oft als Einheit dreier Personen vorgestellt wird *(Dreifaltigkeit, Trinität)*. – Als Zahl der Erfüllung eines in sich geschlossenen Ganzen begegnet die 3 häufig in Märchen als Anzahl zu bestehender Prüfungen, zu lösender Rätsel usw. – In der Philosophie spielt die Dreiheit oder der Dreischritt eine wichtige Rolle, z. B. als Prinzip der Vermittlung zw. Denken u. Sein oder – wie bei Hegel – als Prinzip des dialekt. Fortschritts (These, Antithese, Synthese). ↗Dreieck, ↗Dreizack.

13

Wird im christl. Verständnis aufgefaßt als Summe der 10 Gebote und der Trinität, also 13 = 10+3 oder als Summe des Pentateuch (AT) u. der Auferstehung (NT), also als Summe von 5+8 = 13. Im Volksglauben ist 13 eine Unglückszahl, die Tradition deutet sie als Jesus u. seine 12 Jünger, von denen einer der Verräter war, aber auch weil sie die Symbolzahl 12 z.B. die Tierkreiszeichen-Anzahl oder die Zahl der Apostel um 1 überschritt. Astrale Einflüsse scheinen auch im mesoamerikanischen Raum der 13 eine besondere Rolle zuzuschreiben: die 20 Tageszeichen des Monats werden mit den Zahlen 1–13 kombiniert, wodurch die 260 Tage (13 x 20) des Kalenders eindeutig bestimmt sind. – In bestimmten Zusammenhängen war die 13 allerdings, etwa in der Antike, ein Symbol für Kraft u. Erhabenheit, so wurde z.B. Zeus bisweilen beschrieben als dreizehnter im Kreise v. zwölf Hauptgöttern. – Auch im AT begegnet die 13 verschiedentl. als Heils-Zahl. – In einigen indian. Kulturen ist die 13 eine heilige Zahl.

30 Die Zahl der Vollkommenheit v. Gnade und Gesetz, weil sie das Produkt aus 5 x 6 = 30 ist; die Zahl 30 ist aber auch mit Ordnung u. Gerechtigkeit verknüpft: Moses u. Jesus begannen ihr öffentliches Leben mit 30 Jahren; im AT (Richt. 10,4) hat der Richter Jair 30 Söhne, die 30 junge Esel ritten u. 30 Städte besaßen.

33 Die Zahl der Vollendung: David lebte 33 Jahre, Jesus starb im 33. Lebensjahr, Dantes „Göttliche Komödie" ist aus 3 x 33 + 1 Gesängen aufgebaut. Der islamische Rosenkranz hat 33 Perlen, also 1/3 der schönsten Namen Allahs.
3 x 11 = 33 Götter sind Ausdruck der Vollkommenheit in der indischen Mythologie.

Nach einer Darstellung der Trinität aus Hrabanus Maurus, De origine rerum

Die Dreiheit als Einheit, die Vierheit auf der Zweiheit beruhend; aus: Valentinus, Duodecim

Ebenholz, partizipiert wegen seiner Farbe an der Symbolbedeutung des ↗Schwarzen. Der ↗Thron des Unterweltgottes Pluto bestand der Sage nach aus E.

Eber, in der Vorstellung der Kelten Symbol der Kampfeskraft, häufig auf Münzen abgebildet. Ein regelrechter Eberkult läßt sich nicht nachweisen. Im Ggs. zum ↗Schwein ein überwiegend positives Symbol, wenn auch gelegentl. als Symbol des Teufels (der den Weinberg des Herrn verwüstet, Ps 80,14) aufgefaßt.

Ecclesia *w* [lat.; v. gr. *ekklesia* = Versammlung], *Ekklesia*, Bz. für die Gemeinschaft der Christusgläubigen, die Kirche. – Schon in frühchristl. *Kunst* als Frauengestalt personifiziert (z. B. in S. Sabina, Rom), seit dem 9. Jh. bes. in dramat. Gegenüberstellung zur ↗Synagoge, meist unter einer Kreuzigung dargestellt, mit Krone, Kelch u. Siegesfahne, die Synagoge mit verbundenen Augen, sinkender Krone u. zerbrechender Lanze: Sinnbilder der Kirche u. des überwundenen Judentums, in verschiedenen symbol. Zusammenhängen; berühmt die got. Portalplastiken (Straßburg, Bamberg).

Echidna *w*, ↗Mischwesen der griech. Mythologie; ein Frauenkörper, dessen Unterleib in eine ↗Schlange übergeht; v. ihr

Ecclesia: *Ecclesia und Synagoge („Musterbuch" von Schmid)*

Efeu
***Eherne Schlange:** Eherne Schlange in einer Darstellung aus dem „Musterbuch" von Schmid*

stammen verschiedene andere Monstren ab; so ↗Zerberus, die ↗Chimäre, Skylla u. ↗Sphinx; verschiedentl. interpretiert als Symbol der psycho-phys., geistig-triebhaften Doppelnatur des Menschen. C. G. Jung deutete sie als Symbol der tabuisierten Inzestwünsche: die Mutter als schöne junge Frau, deren Unterleib Assoziation v. Schrecklichem evoziert.

Echo, nach indian. Vorstellung Attribut des als chthonische Gottheit gedeuteten ↗Jaguars, insofern mit Bergen, wilden Tieren u. Trommelzeichen in Verbindung gebracht. – In der griech. Mythologie eine Nymphe. – Allg. bei mehreren Völkern Symbol der Repression, der Passivität; häufig auch Sinnbild des Doppeldeutigen, des Schattens; gelegentl. mit dem Golem in Zshg. gebracht.

Edelsteine, als harte, haltbare, glänzende, polier- bzw. schleifbare seltene Mineralien, oft Symbole „irdischer Sterne", Sinnbilder des himml. Lichtes auf Erden oder der Wahrheit (daneben zahlreiche, je spezifische Bedeutungen: ↗Achat, ↗Amethyst, ↗Diamant, ↗Jade, ↗Jaspis, ↗Kristall, ↗Saphir, ↗Smaragd, ↗Türkis). Mit Bezug auf diesen Symbolgehalt wurden beispielsweise Königskronen, der Brustschild der Hohenpriester des AT, vor allem aber auch Vorstellungen utop. Gebäude u. Städte wie Märchen- u. Himmelsschlösser oder das himmlische Jerusalem (↗Jerusalem, himmlisches) mit zahlreichen E.n ausgestattet.

Efeu, wie die meisten immergrünen Pflanzen Sinnbild der Unsterblichkeit, in der etrusk. Kunst etwa Symbol der Zeugung u. Wiedergeburt (oft zus. mit dem ↗Panther). Die unverändert grüne Farbe u. der rankende, gleichsam sich „anschmiegende" Charakter dieser Pflanze ließen sie auch zu einem Symbol der Freundschaft u. Treue werden, weshalb sie beispielsweise im antiken Griechenland Brautpaaren bei der Hochzeit überreicht wurden. – Wegen des Bedürfnisses, sich anzulehnen, galt der E. verschiedentl. auch als weibl. Symbol. – Daneben war die kräftig grüne Pflanze in der Antike ein Symbol vegetativer Kräfte u. der Sinnlichkeit, weshalb sie im Dionysos- bzw. Bacchus-Kult eine bedeutende Rolle spielte, so waren beispielsweise Mänaden beziehungsweise Bacchanten, Satyrn u. Silene mit Efeu bekränzt u. die ↗Thyrsosstäbe mit Efeu geschmückt.

Ehe ↗Hochzeit.

Eherne Schlange, ein v. Moses auf Gottes Geheiß hin aufgerichtetes, heilwirkendes ↗Schlangen-Bild (Nm 21,4 ff.), später im Tempel aufgestellt (2 Kg 18,4); nach Jo 3,14 Symbol des Gekreuzigten.

Ehernes Meer, das Bronzebecken im Vorhof des Salomonischen Tempels, nach 1 Kg 7,23 ff., 2 Chr 4,2 ff.) diente es zur Reinigung der Priester, das Becken stand auf zwölf Rinder-Plastiken, die zu Symbolen der zwölf Stämme Israels wurden, später zu den zwölf Aposteln. Gelegentl. wird das eherne Meer in eine kosmische Symbolik nahegelegt (kosm. oder himml. Ozean als Sinnbild der „oberen" Wasser).

Ehrenpreis, *Veronica,* in den meisten Arten blau blühender Rachenblüter; der lat. Name geht möglicherweise auf das griech. Wort Berenike (Siegbringerin) zurück; man bildete daraus später das Wortspiel „vera unica medicina" u. bezog die Pflanze symbolisch auf Christus als die „wahre, einzige Medizin". – Da der E. angebl. den Blitz anzog, vermied man es, ihn ins Haus zu bringen.

Ei, als Keim des Lebens verbreitetes Fruchtbarkeits-Symbol. – In den myth. Vorstellungen sehr vieler Kulturen findet sich das *Weltenei,* das – als Sinnbild der Totalität aller schöpfer. Kräfte – am Uranfang da war, häufig auf den Urgewässern schwamm u. die gesamte Welt, die Elemente oder zunächst oft nur Himmel u. Erde aus sich entließ. – Auch myth. Menschengestalten, z. B. chin. Helden, wurden verschiedentl. als aus Eiern hervorbrechend vorgestellt. – Wegen seiner einfachen Form, wegen seiner oft weißen Farbe sowie wegen der Fülle der in ihm vorhandenen Möglichkeiten begegnet das E. auch mehrfach als Vollkommenheits-Symbol. – In der Alchimie spielte das *philosophische Ei* eine wichtige Rolle als Sinnbild der materia prima, aus der durch das *philosophische Feuer* der *↗Stein der Weisen* ausgebrütet wird. – Im einzelnen wurde der gelbe Dotter oft als Symbol des ↗Goldes, das Eiweiß als Symbol des ↗Silbers gedeutet. – Im Christentum gilt das E. als Auferstehungs-Symbol, weil Christus aus dem Grab hervorbrach wie das reife Küken aus dem E.; das *Osterei,* das bereits bei heidn. Frühlingsfesten eine Rolle als Fruchtbarkeits-Symbol gespielt hatte, erhielt so eine spezif. christl. Deutung.

Eibe, als immergrüner Baum u. wegen der Tatsache, daß sie sehr alt wird, Unsterblichkeits-Symbol. Da ihre Nadeln u. Samen giftig sind, galt sie auch als todbringend u. daher verschiedentl. zugleich als Todes- u. Auferstehungs-Symbol. – Im MA sah man in ihr auch ein Mittel gg. Verzauberung.

Eiche, bei vielen indogermanischen Völkern heiliger Baum. In Griechenland (bes. Dodona) war sie dem Zeus, bei den Römern dem Jupiter u. in Germanien dem Donar geweiht, vor allem wohl wegen ihrer majestätischen Gestalt u. wegen der Ei-

Ei: Das Weltenei, spiralig umwunden v. einer Schlange, die hier die Zeit symbolisiert; Darstellung in: J. Bryant, Analysis of Ancient Mythology, 1774
Ei: Merkur im philosophischen Ei; aus: Mutus liber, 1702
Eiche
Einäugigkeit: Blendung des einäugigen Polyphem; altgriech. Vasenbild, 6. Jh. v. Chr.

genschaft, ↗Blitze anzuziehen. Die Druiden scheinen vor dem Wahrsagen Eicheln zu sich genommen zu haben. Wegen ihres harten, dauerhaften Holzes ist sie seit der Antike ein Sinnbild für Kraft, Männlichkeit u. Beharrlichkeit; da ihr Holz in Antike u. MA als unverweslich galt, war sie auch ein Symbol der Unsterblichkeit. *Eichenhaine* gelten als Kultzentren. – Im 18. Jh. wurde die E. in Dtl. zum Symbol des Heldentums, seit Beginn des 19. Jh. gilt das Eichenlaub als Siegeslorbeer.

Eichhörnchen, in der german. Mythologie dem Feuer- u. dem Donnergott heilig, lebte in der Weltesche Yggdrasil (↗Baum). – Für das Symboldenken des christl. MA wegen seiner blitzschnellen Gewandtheit u. wegen seiner feuerroten Farbe Symbol des Teufels.

Eidechse, steht wegen ihrer Neigung zur ↗Sonne in enger Beziehung zur Licht- u. Sonnensymbolik. Sie erscheint häufig als Sinnbild der Seele, die das ↗Licht (der Erkenntnis, Gottes, des jenseitigen Lebens) sucht, u. begegnet in diesem Zshg. z. B. oft auf antiken Grabmälern u. Aschenurnen sowie auch in der christl. Kunst. Auch die Darstellungen Apollos als E.ntöter (Sauroktonos) gehen auf diese Bedeutung zurück: sie symbolisiert die Sehnsucht, durch die Hand des Lichtgottes zu sterben u. durch den Tod in das Licht des Jenseits zu gelangen. – Das MA stellte eine Verbindung zur Christus-Sehnsucht in Anknüpfung an folgende angebliche (z. B. im ↗Physiologus berichtete) Fähigkeit der E. her: im Alter erblindet, erlangt sie ihr Augenlicht dadurch wieder, daß sie durch eine nach Osten gelegene Mauerritze schlüpft u. unverwandt in die aufgehende Sonne blickt: ebenso soll der Mensch, dessen inneres Auge sich zu verfinstern droht, auf Christus als die Sonne der Gerechtigkeit hinblicken. – Die jährl. Häutung der E. ließ sie außerdem zu einem Symbol der Wiedererneuerung u. Auferstehung werden. – Negative symbolische Bedeutung hat die E. gelegentl. in heißen Ländern, wo ihr gehäuftes Auftreten mit Hitze- u. Dürreperioden zusammenhängt.

Einäugigkeit, wie die ↗Blindheit, das ↗Hinken oder der Buckel meist Zeichen einer gewissen Beschränkung, aber auch Ausdruck für Fähigkeiten besonderer Art, häufig für außergewöhnl., primitive Kraft (Polyphem, Zyklopen), jedoch auch für göttl. Wissen (Odin).

Einbeinigkeit, steht in den mytholog. Vorstellungen vieler Völker in Zshg. mit Wesenheiten (Gottheiten, Hexen, Zauberern, Tieren), die für den ↗Regen u. den ↗Donner verantwortl. sind. In China z. B. galt das Erscheinen eines einbeinigen Vogels als regenkündendes Vorzeichen; Tänze,

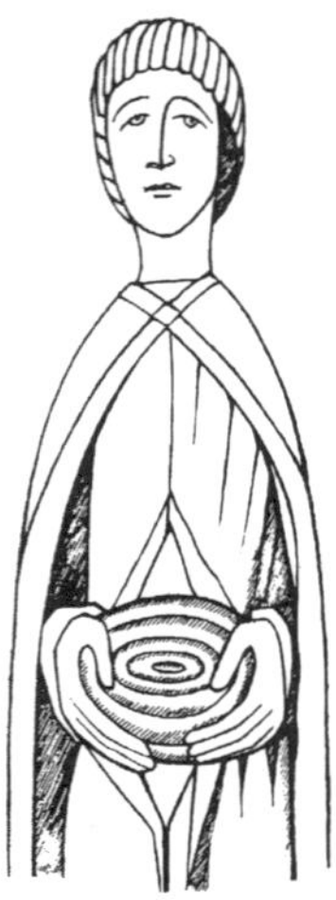

auf nur einem Bein ausgeführt, sollten Regen bringen.

Eingeweide, besaßen im Volksglauben verschiedener Kulturen bes. zukunftsbezogene Bedeutungen. Verbreitet war vor allem die Mantik v. E.n der Opfertiere. ↗Leber. E. waren das Symbol des hl. Mamas, bes. im Raum v. Venedig u. um Langres (Ostfrankreich).

Einhorn, bei vielen Völkern bekanntes, im christl. Abendland vor allem durch den ↗Physiologus volkstüml. gewordenes, häufig weißes Fabeltier in Ziegen-, Esel-, Rhinozeros-, Stier- oder (wie später vor allem) Pferdegestalt mit *einem* Horn. Dieses eine Horn kann zwar als phallisches Symbol gedeutet werden (vgl. den ↗Onager), da es jedoch der Stirn, dem „Sitz" des Geistes entspringt, ist es zugleich ein Symbol der Sublimation sexueller Kräfte u. konnte daher auch zum Sinnbild jungfräulicher Reinheit werden. – Das gerade u. spitz zulaufende (manchmal auch spiralig gewundene) Horn ist außerdem auch ein Symbol des Sonnenstrahls (↗Sonne). – Im Zoroastrismus galt das E. als Sinnbild der reinen Macht, durch die Ahriman besiegt wird. – In China sah man in ihm ein Symbol herrscherl. Tugenden. – Das Christentum kennt das E. als Symbol der Stärke u. Reinheit. Der Sage zufolge kann es nur durch eine reine Jungfrau gefangen u. gezähmt werden, in deren Schoß es sich flüchtet, wenn es gejagt wird. Verschiedentl. begegnen daher in der christlichen Kunst Mariendarstellungen mit dem Einhorn im Schoß, die auf die unbefleckte Empfängnis Marias *(Maria Immaculata)* hindeuten. Im Zshg. mit der allegorischen Darstellung der Verkündigung wird Maria im *Hortus conclusus* mit dem E. im Schoße abgebildet; im 16. Jh. wurde diese Darstellung in Kirchen verboten, weil sie zunehmend erotisch aufgefaßt wurde. – *E.pulver* (vom Horn) sollte angebl. Wunden heilen, auch dem Herz wurde Heilkraft zugeschrieben; mit Bezug darauf erscheint das E. verschiedentlich als Wahrzeichen von Apotheken.

Eins ↗S. 67

Einsiedler, *Eremit*, Symbolfigur des in völliger Einsamkeit lebenden Asketen, der sich so um Gotteinigung u. Vollkommenheit bemüht; neben dem Christentum auch im hellenist. Judentum u. im Buddhismus bekannt.

Eisen, weitverbreitetes Sinnbild für Kraft, Dauer, Unbeugsamkeit. Verschiedentl. auch, so z. B. in China, dem ↗Kupfer oder der Bronze als das unedlere dem edleren Metall gegenübergestellt. E. u. Kupfer partizipieren gelegentl. an der Opposition der

Eingeweide: Der hl. Mamas mit E.n in den Händen

Einhorn: 2 Darstellungen aus dem „Musterbuch" von Schmid: links: der Engel Gabriel treibt mit 3 Hunden (Glaube, Liebe, Hoffnung) das Einhorn in den Schoß der Jungfrau Maria (rechts)

Einhorn: Jungfrau mit Einhorn; aus: Defensorium Virginitatis

Eins

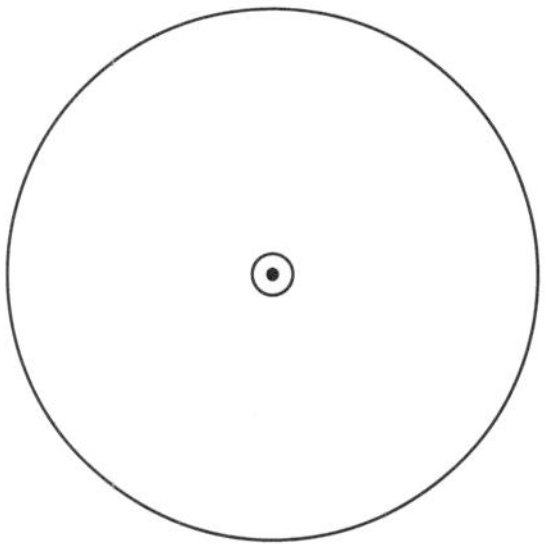

Das Zahlzeichen der Eins

Die hl. Ursula als Schutzpatronin

1 Symbol des noch undifferenzierten Uranfangs u. zugleich Sinnbild der Totalität, in die alle Dinge u. Wesen wiederum zurückstreben, als Einheit also zugleich Symbol Gottes; außerdem jedoch auch Symbol der Individualität. Gilt in der Zahlensymbolik ähnl. wie die 2 u. die 0 nicht als Zahl im eigentl. Sinn wie die Zahlen von 3 an.

11 Gelegentl. Zahl der Sünde u. Buße, da sie die 10 (z. B. die Zahl der 10 Gebote) überschreitet u. die ebenfalls heilige u. wichtige Zahl 12 (z. B. die Zahl der 12 Apostel) nicht erreicht; die erste „stumme" Zahl in der Reihe der „stummen" Primzahlen nach der 10 (z. B. 17, 19, 23 usw.). Vielleicht auch eine Tierkreiszahl, weil von den 12 Zeichen eines immer „hinter" der Sonne steht u. unsichtbar ist; gilt auch als Summe von (2 + 3) + (2 x 3) = 11 als Verbindungszahl zw. Himmel u. Erde. In der christlichen Symbolik schützt die hl. Ursula 11(-tausend) Jungfrauen mit ihrem Mantel.

21 Das Produkt der heiligen Zahlen 7 u. 3, also 7 x 3 = 21; im Weisheitsbuch des AT (Weish. 7, 22–23) werden 21 Eigenschaften zum Lobe der Weisheit aufgezählt.

Symbole ↗Wasser – ↗Feuer; Nord – Süd; ↗Schwarz – Rot; Yin – Yang (↗Yin u. Yang). Das E. wird aber nicht in allen Kulturkreisen u. nicht in jeder Hinsicht als minderwertig angesehen, so gilt vor allem das v. Himmel gefallene Meteoreisen häufig als himml. u. göttl. – E. u. eiserne Geräte gelten einerseits oft als Schutz gg. böse Geister, andererseits aber auch als deren Instrument. Mit ähnl. Vorstellungen hängt auch die Tatsache zusammen, daß eiserne Werkzeuge im AT beim Bau des Salomonischen Tempels u. von Altären untersagt waren: man fürchtete, das E. könne die im Altarstein anwesenden numinosen Kräfte vertreiben. Aus entspr. Gründen wurde der Gebrauch eiserner Instrumente beim Schlachten v. Opfertieren in verschiedenen Kulturen vermieden. – In der Alchimie entspricht dem E. *Mars*, der als männl., als Gestirn des Krieges u. Streites, als heiß u. trocken, als Blitz u. Gewitter, Wildheit u. Unbarmherzigkeit bewirkend beschrieben wird. ↗Metalle.

Eisernes Zeitalter ↗Zeitalter.

Eisvogel, fliegt häufig in Paaren, daher vor allem in China Symbol des ehelichen Glücks. – In der christl. Symbolsprache Sinnbild der Auferstehung, da der E. nach ma. Auffassung alljährlich sein gesamtes Federkleid erneuert.

Eldorado *s* [v. span. *el dorado* = der Vergoldete], sagenhaftes Goldland in den Anden des nördl. Südamerikas. Übertragen ein symbolischer Ort größter Fülle, größten Reichtums u. unermeßlichen Überflusses.

Elefant, in Asien Reittier der Herrscher, Symbol der Macht, der Weisheit, des Friedens u. des Glücks. Reittier des ind. Gottes Indra; Ganesha, der populäre Sohn des Gottes Schiwa, Beseitiger aller Hindernisse, wird mit einem E.nkopf dargestellt. In Indien u. Tibet begegnet der E. häufig als Träger des gesamten Universums; er erscheint daher in der Architektur oft als Karyatide. – Im *weißen E.en* verbindet sich die symbolische Bedeutung des E.en mit der symbolischen Bedeutung der Farbe ↗Weiß. Nach buddhist. Vorstellung ging der Bodhisattwa als weißer E. vor seiner Wiedergeburt als Buddha in den Schoß seiner Mutter, der Fürstin Maya, ein; der weiße E. wurde daher zum populären Symbol des Buddhismus. – Auch in Afrika wird der E. als Sinnbild der Kraft, des Glücks u. des langen Lebens verehrt; verschiedentl. begegnet man z. B. einem E.enkult, der auf eine Entschuldigung der Jäger gegenüber einem erlegten E.en hinausläuft. – Dem MA galt der E. als besonders keusch, da sich der männl. E. nach Aristoteles angebl. während der zweijährigen Tragzeit seines Weibchens enthaltsam ver-

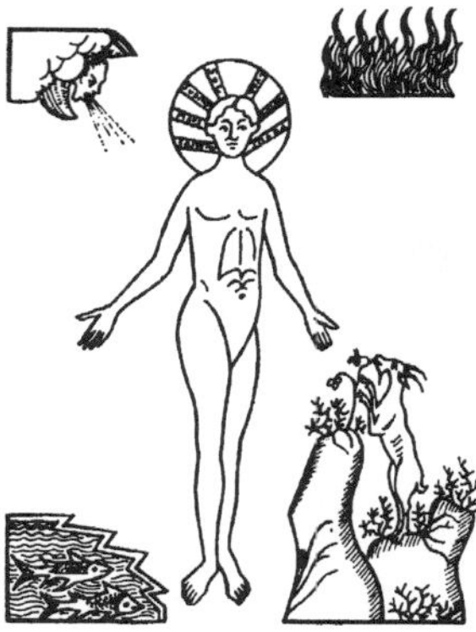

Elefant: Der Elefant als Symbol der Keuschheit („Musterbuch" von Schmid)
Elefant: der ind. Gott Ganesha; Skulptur, 12. Jh.
Elemente: Die vier Elemente Luft, Feuer, Wasser, Erde, die als Zeichen des Makrokosmos den Mikrokosmos Mensch umgeben bzw. die vom Schöpfergott geschaffen werden; elsässisch, 12. Jh.

hält; er wurde daher auch mit der Tugend der Besonnenheit u. des Maßes (Temperantia) in Verbindung gebracht. Der ↗Physiologus schmückt diese Ansicht mit der Ergänzung aus, daß der Geschlechtstrieb durch den Genuß von Teilen der Mandragora-Pflanze (↗Alraune) ausgelöst würde. – Der E. in Verbindung mit einem ↗Obelisken geht auf den Zshg. des E.en mit einem Weisheits- oder Lebensbaum zurück, wie er sich zuerst in der ind. Mythologie findet. – Der E. tritt auch als Symbol des ↗Elementes Erde auf. – Der E. als Träger eines ↗Obelisken taucht als Symbol im 14. Jh. in Italien auf u. ist eine Vermischung der Vorstellungen über den E.en des Physiologus u. der Bestiarien mit dem v. Indien über Persien u. Byzanz übermittelten Vergleich mit dem Weisheits- oder Lebensbaum: eine Verbindung zw. dem weisen, großmütigen, reinen u. frommen E.en u. dem Baum der Erkenntnis. Abb. S. 115

Elemente [Mz.], die Welt strukturierende Grundprinzipien; ihnen wurden häufig verschiedene Grundphänomene aus anderen Seinsbereichen zugeordnet. – Die chin. Lehre v. den E.n entstand bereits im zweiten vorchristl. Jahrtausend; sie umfaßt: Wasser, Feuer, Holz, Metall u. Erde; dem Wasser entsprach die Zahl 1, die Tiefe, der Winter u. der Norden; entspr. wurden einander zugeordnet: Feuer, 2, Höhe, Sommer, Süden; Holz, 3, Frühling, Osten; Metall, 4, Herbst, Westen; die Erde, der die Zahl 5 entspricht, ist das vermittelnde Element. – Die meisten anderen Kulturen unterscheiden, wie die Griechen (zuerst Empedokles), 4 Elemente: ↗Feuer, ↗Wasser, ↗Luft u. ↗Erde. Der seit Aristoteles verschiedentl. als „fünftes Element" aufgefaßte *Äther* entspricht als die hell strahlende Himmelsluft über der erdnahen Luftschicht zugleich dem Feuer u. der Luft. – Die *Temperamentenlehre* brachte die 4 Elemente mit den 4 Temperamenten in Verbindung: das Wasser mit dem Phlegmatiker, die Erde mit dem Melancholiker, das Feuer mit dem Choleriker, die Luft mit dem Sanguiniker. Auch die 4 Menschenalter, Körpersäfte u. Organe, die 4 Tages- u. (wie bereits in China) die 4 Jahreszeiten wurden verschiedentl. mit den 4 E.n in Zshg. gebracht. – C. G. Jung bezieht sich gelegentl. auf die alte Unterscheidung v. männl. aktiven Prinzipien: Feuer, Luft – u. weibl. passiven: Wasser, Erde. – Die Freimaurer brachten die 4 E. symbolisch in Verbindung zu geistigen Entwicklungsstufen: der Mensch wird aus der Erde geboren u. wird stufenweise gereinigt im Durchgang durch Luft, Wasser u. Feuer. – Die Renaissance personifizierte die E. gerne durch antike Götter: die Erde durch Kybele; das Wasser durch Neptun, die Luft durch Juno u. das Feuer durch Vulkan. – Die Alchimisten kannten neben den

Elemente

Im Mikrokosmos-Makrokosmos-Denken spielen die 4 Elemente eine ausschlaggebende Rolle, ermöglichen sie doch in der antiken Vorstellungswelt in ihren Kombinationen sowohl den Aufbau des Mikrokosmos Mensch als auch die Bildung des Makrokosmos Welt. Vielfältige Spekulationen, Analogien, Entsprechungen, symbolische Bilder, alchimistisches Gedankengut, zahlensymbolische Kombinationen verbinden sich mit der Elementenlehre, wie sie uns seit Thales von Milet und Empedokles aus der griechischen Antike überliefert sind.

Von besonderem Interesse ist das Diagramm der 4 Elemente, das sich als Wandfresko in der Krypta des Domes zu Anagni (südöstlich von Rom) befindet und die Beziehungen der Elemente untereinander nach Hippokrates darstellt; seine besondere Bedeutung erhält es vor allem dadurch, daß es klar dargestellte zahlensymbolische Spekulationen enthält, wobei es die 3. Potenzen der weiblichen 2 (also 2 x 2 x 2 = 8) und der männlichen 3 (also 3 x 3 x 3 = 27) jeweils den Elementen Erde bzw. Feuer zuordnet; Luft und Wasser erhalten ihre Zahlenwerte durch Multiplikation der 2. Potenzen von 2 (also 2 x 2 = 4) bzw. 3 (also 3 x 3 = 9) mit den Zahlen 3 bzw. 2, also 4 x 3 = 12 oder 9 x 2 = 18. Durch Kombinationen konnten alle zwischen den Elementen denkbaren Mischungen dargestellt werden.

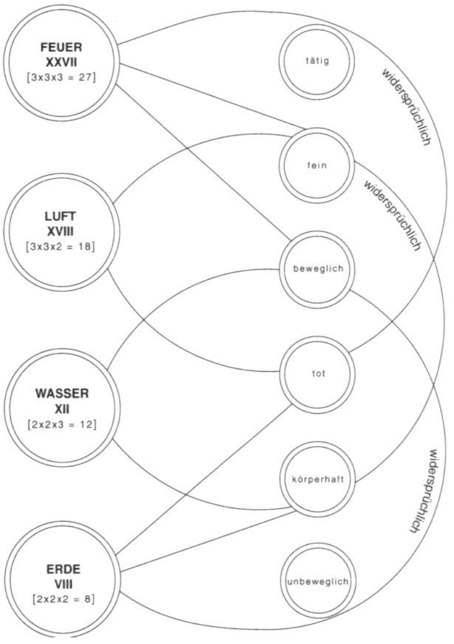

Schema der Elemente im Dom von Anagni

Die vier Elemente nach dem Musterbuch von Schmid

Der Mensch im Schnittpunkt der vier Elemente; nach einem Holzschnitt v. H. Weiditz in: Historia Naturalis v. C. Plinius Secundus, Frankfurt, 1582.

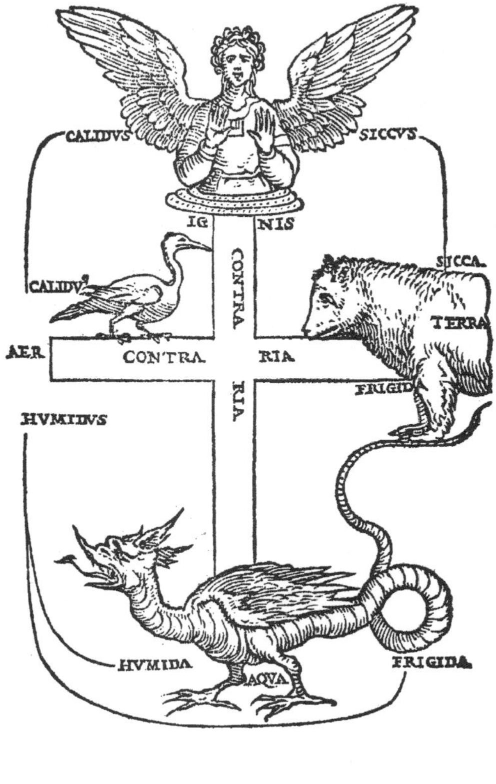

Die vier Elemente in alchimistischer Sicht. Auffällig ist die Verwandtschaft mit dem Schema aus dem Dom von Anagni. Die Gegensatzpaare sind in Form eines Kreuzes dargestellt; bemerkenswert ist auch die Tatsache, daß die Symbole selbst verschieden gewählt werden können, z. B. Elefant statt Bär. Deutlich sind die Verknüpfungen der Elemente zu erkennen, die oben abstrakt dargestellt sind.

4 E.n der griech. Naturphilosophen noch die sogen. „philosophischen“ E. ↗Salz, ↗Schwefel u. Quecksilber (↗Mercurius).

Elfenbein, wegen seiner weißen Farbe u. unveränderl. Glätte Symbol für Reinheit u. Beständigkeit. ↗Elfenbeinturm.

Elfenbeinturm, Symbol der hochmütigen, weltfernen oder ästhetisierenden Absonderung v. der Welt. – Im Christentum wird – in ganz anderem Sinne – Maria gelegentl. mit einem E. verglichen; er symbolisiert hier den Turm Davids, d. h. Maria als reines ↗Gefäß, das den Sproß aus Davids Geschlecht trug. ↗Elfenbein, ↗Turm.

Elixier ↗Trank.

Elster, bedeutet in der ma. Kunst, bes. in der Krippenkunst zus. mit der ↗Eule, häufig das Böse, Verfolgung oder frühen Tod.

Embryo, Symbol aller noch schlummernden Möglichkeiten, insofern der Symbolik des Eies (↗Ei) nahestehend. – Der *goldene E.* des Weda symbolisiert das Prinzip des Lebens, das v. den Urwassern getragen wird (deutliche Parallele zur geläufigen Vorstellung des Welteneis).

Engel, die Vorstellung v. einem himml. Hofstaat, einer Ratsversammlung des Gottes Israels, begegnet schon in älteren atl. Texten. Diesen himml. Wesen wird in spät- u. nachatl. apokalypt. Schriften eine wichtige Vermittlerrolle zw. den Weltreichen u. dem Gottesreich zugeschrieben: Gott wirkt u. erscheint durch E.; der endgültige Sieg des Gottesreiches wird durch E. angekündigt.

Engelfürsten, in spät- u. nachatl. Zeit werden verschiedene Rangstufen himmlischer Wesen in Gottes Umgebung unterschieden. An oberster Stelle stehen die E., die um Gottes Thron stehen, nach Offb 8,2.6; Tob 12,15 sind es sieben, nach anderen, außerbiblischen Texten auch vier *Thronengel*; dazu gehören Michael, Gabriel, Rafael. Ihr Auftreten auf Erden ist Zeichen für den baldigen Anbruch der Gottesherrschaft.

Engelfürst von Persien, die Vorstellung v. himml. Schutzgeistern für die Völker geht davon aus, daß die Götter, die die Völker verehren, nicht „Nichtse“ sind, sondern mächtige Wesen, die jedoch dem Gott Israels untergeben sind.

Engelwurz, *Angelica,* Doldenblüter der nördl. Hemisphäre; eine der ältesten Symbol-Pflanzen innerhalb des Christentums. In der Kunst Symbol der Dreifaltigkeit u. des Hl. Geistes, weil der Stengel zw. zwei sich gegenseitig umschließenden Häuten hervorwächst. Sie galt als Hauptheilmittel

Engelwurz
Ente: Symbol der Schwatzhaftigkeit aus dem „Musterbuch" von Schmid
Ente: Ausschnitt nach einem Wandbild im Grab des ägypt. Schreibers Harmhab
Erde: E. als prima materia, den Sohn der Philosophen nährend; aus: Mylius, Philosophia reformata, 1622

gg. die Pest; der Legende nach brachte ein Engel einem Mönch die Heilpflanze.

Enhydris, ein im ↗Physiologus erwähntes Tier, oft mit dem ↗Fischotter (?) gleichgesetzt, es wird gedeutet mit „der Person unseres Heilandes, der das Kleid der Erde angezogen u. zur Hölle gefahren ist, um Tod u. Teufel zu besiegen".

Enkolpion *s* [gr. = an der Brust getragen], im Alt. Kapsel als ↗Amulett, auch noch in christl. Zeit in Form u. a. eines Kreuzes, Ankers, Fisches, mit Reliquien, Bibelversen, dem Christusmonogramm u. ä. E. heißt auch das v. ostkirchl. Würdenträgern getragene Medaillonbild der Jungfrau Maria.

Ente. In Äypten waren E.n beliebte Opfertiere. – Im Fernen Osten gelten E.npaare, die meistens zusammen schwimmen, als Symbol des ehelichen Glücks (↗Eisvogel). Die E. findet sich nicht im ↗Physiologus, doch ist sie schon früh in christl. Darstellungen zu finden, wo sie wegen ihrer Schnatterhaftigkeit auf Kirchenportalen die Schwätzer, welche fernbleiben sollen, symbolisiert.

Entschleierung ↗Schleier.

Entsprechung, im Weltverständnis des ↗Mikrokosmos-Makrokosmos-Denkens eine nicht „an sich" gegebene Beziehung z. B. zwischen äußerlicher Gestalt u. verborgenen Möglichkeiten (Gestalt einer Blüte beispielsweise „entspricht" einer Wirkung als Heilmittel). Vorstellungen der E.en sind in vielen Kulturen zu finden, im Abendland bes. in der Renaissance als Erbe mesopotam.-ägypt.-hellenist. Tradition u. kam bes. über die Systeme der Astrologie in die Vorstellungswelt der Alchimie u. Symbolik.

Erdbeere, im MA nur in ihrer kleinfrüchtigen Form bekannt; wegen ihrer dreiteiligen Blätter Symbol der Dreieinigkeit, wegen ihres, bei allen Vorzügen, niederen Wuchses Sinnbild edler Demut u. Bescheidenheit. Die blutrote, nach unten geneigte Frucht wurde gelegentl. auch als Symbol für das vergossene Blut Christi oder der Märtyrer gedeutet, die fünfblättrige Blüte als Sinnbild der fünf Wunden Christi. – Die reife Frucht konnte auch auf die Reife einer jungen Frau zu Ehe u. Mutterschaft deuten; sie begegnet außerdem gelegentl. als Sinnbild der Weltlust.

Erde, im Ggs. zum ↗Himmel meist als weibl., passiv, dunkel gedeutet; erscheint in der Mythologie oft als weibl. Gottheit. Weltentstehungsmythen sehen den Anfang der Welt verschiedentl. als Zeugungsakt, bei dem die E. v. Himmel befruchtet wird; sie wird daher auch symbolisch mit der ↗Gebärmutter verglichen. – Die E. ist

jedoch nicht nur der Schoß, aus dem alles Leben hervorgeht, sondern auch das Grab, in das es zurückkehrt, ihr symbolischer Bedeutungsgehalt entspricht daher häufig der ambivalenten Gestalt der „Großen Mutter", die zugleich als lebenspendend u. als bedrohl. erlebt wird. Auf eine Verbindung des Todes- u. des Gebäraspektes der E. spielen gelegentl. auch die Initiationsriten (↗Initiation) zeitweilig übl. rituellen Bestattungen mit anschließender „Auferstehung" an. – In der Alchimie wird die E. oft durch das Zeichen 🜃 versinnbildlicht. – In der Astrologie wird sie verknüpft mit den Tierkreiszeichen (↗Tierkreis) Stier, Jungfrau u. Steinbock.

Erdteile ↗Mappa Mundi.

Eremit, ein ↗Einsiedler.

Erinyen [Mz.], *Erinnyen,* in der griech. Mythologie Rächerinnen, vor allem von Bluttaten (in Rom den *Furien* gleichgesetzt); in der Kunst als häßl. dargestellt, mit Flügeln, Schlangen in Haaren u. Händen sowie mit Fackeln u. Geißeln. – Häufig als Symbol-Figuren des quälenden schlechten Gewissens gedeutet. ↗Eumeniden.

Erleuchtung ↗Licht.

Ernte, Symbol der Erfüllung; in der christl. Kunst häufig symbolisch für das Jüngste Gericht.

Esche, spielt eine bedeutende Rolle in der nord. Mythologie, z. B. ist der immergrüne, unwandelbare Weltenbaum Yggdrasil eine E. (↗Weltachse). – Den Griechen galt die E., vor allem ihr Holz, als Symbol kraftvoller Festigkeit; gelegentl. schrieb man ihr auch die Fähigkeit zu, ↗Schlangen in die Flucht schlagen zu können.

Esel, ein Tier mit äußerst gegensätzl. Bedeutungen: in Ägypten galt der rote E. als eine gefährl. Wesenheit, der die Seele nach dem Tode begegnet. – In Indien erscheint der E. als Reittier unheilbringender Gottheiten. – Die Antike sah ihn einerseits als dummes, störrisches Tier, andererseits wurde er in Delphi als Opfer dargebracht; Dionysos u. seine Anhänger reiten auf E.n, die Römer brachten den E. mit dem Fruchtbarkeitsgott Priapus in Verbindung. – In der Bibel erscheint der E. einerseits manchmal als Sinnbild der Unkeuschheit, andererseits wird er aber in verschiedenen positiven Zusammenhängen erwähnt: so repräsentiert z. B. Bileams sprechende Eselin die Kreatur, die gelegentl. mehr vom Willen Gottes verstehen kann als der Mensch. E. u. Ochse an der Krippe beziehen sich möglicherweise auf die Erfüllung der Weissagung des Propheten Jesaja: „Der Ochse kennt seinen Herrn u. der E. die Krippe seines Herrn"; verschiedentl. findet man auch die Deutung des E.s als Sinnbildes der Heiden, des

Esel: *tiermenschl. Mischwesen mit Eselskopf, Symbol der Roheit u. Beschränktheit; aus: U. Aldrovandi, Monstrorum historiae, 1642*
Esel und Ochse: *Geburt Christi. Entsprechend der ikonographischen Tradition der Ostkirche ruht auf dieser Miniatur aus dem Hortus Deliciarum der Herrad von Landsberg (12. Jh.) Maria auf einem Bett, das Kind liegt in einer steinernen Krippe, daneben Esel und Ochse*
Etimasie: *Baptisterium, Ravenna, 5. Jh.*
Eucharistische Symbole: *Kelch u. Wein-Kanne; aus dem „Musterbuch" von Schmid*
Eule: *E. auf einer alten Athener Münze*

Ochsen als Sinnbildes des jüd. Volkes. Das Reittier beim Einzug Christi in Jerusalem ist einer Eselin Füllen, was zumeist als Symbol für Sanftheit u. Demut gedeutet wird (andererseits konnten aber Eselsfüllen u. vor allem weiße E. zu jener Zeit auch als ein Zeichen für Vornehmheit gelten). – Bes. in der roman. Kunst erscheinen E. häufig als Sinnbilder der Unzucht, Faulheit u. Dummheit. Messelesende E. beziehen sich oft auf das berühmte E.sfest des MA. ↗Onager, ↗Palmesel.

Eselsfeige ↗Sykomore.

Eßkastanie ↗Kastanie.

Etimasie *w,* symbolisches Motiv der Thronbereitung für Christi Wiederkehr: unter dem Kreuz der leere Thron mit Lamm, Taube, Buch des Lebens oder Buchrolle, Leidenswerkzeugen, Krone, Purpurmantel u. a.; in der orthodoxen Kirche über dem ↗Altar angebracht.

Eucharistische Symbole, die Eucharistie wurde urspr. als eine Form eines Dankgebetes gefeiert, in der kath. Kirche in der Feier der hl. Messe, in der ev. Kirche in der Abendmahlsfeier. Symbole der Eucharistie sind das ↗Brot, der ↗Wein, der Kelch (↗Schale) u. der ↗Fisch, mehr allegor. Charakter haben die ↗mystische Kelter u. die ↗mystische Mühle.

Eule, *Käuzchen,* als Nachtvogel, der das Licht der Sonne nicht ertragen kann, häufig als Symbol dem ↗Adler gegenübergestellt. – In Ägypten u. Indien war die E. Totenvogel; vom Altertum bis heute gilt sie selber u. ihr Ruf als unheiml. u. als unglück- u. todbringendes Vorzeichen. – In China spielte sie eine wichtige Rolle als schreckerregendes Tier, das mit dem Blitz (der die Nacht erhellt), mit der Trommel (die die Stille der Nacht durchdringt) u. allg. mit dem bis zur Zerstörung gesteigerten Überwiegen des Prinzips Yang (↗Yin und Yang) in Verbindung steht. – Da sie in der Dunkelheit sieht u. als ernst u. nachdenkl. galt, ist sie aber auch ein Symbol der die Dunkelheit des Nichtwissens durchdringenden Weisheit u. wurde so zum Attribut der griech. Göttin der Wissenschaften, Athena. – Die Bibel zählt sie zu den unreinen Tieren. – In der christl. Symbol-Sprache – so etwa im ↗Physiologus, der eigentl. nur vom Käuzchen spricht – erscheint sie negativ als Sinnbild der geistigen Finsternis, aber auch positiv als Symbol religiöser Erkenntnis oder auch Christi, als des Lichtes, das die Finsternis erhellt, aber auch als Hinweis auf seinen frühen Tod.

Eumeniden [Mz.], in der griech. Mythologie verzeihende Gottheiten, die oft als sinnbildl. Verkörperungen der göttl. Gnade gedeutet wurden. Sie sind mit den ↗Erin-

Eva

Eva, in den drei monotheistischen Weltreligionen die Stamm-Mutter des Menschengeschlechts, am 6. Schöpfungstag aus der Rippe Adams (↗Adam), diesem gleichwertig, von Gott geschaffen. Im christlichen Verständnis Mutter alles menschlichen Lebens, wobei der Aspekt des Gebärens zentral ist im Gegensatz etwa zu der Gestalt der Astarte-Ischtar-Venus in nichtmonotheistischen Religionen; eng verknüpft ist mit dem Erscheinungsfeld der Eva das Problem der Erbsünde (↗Adam und Eva): Eva wird als Gegentypus zu Maria als eine der Wurzeln der Erbsünde angesehen.

Im abendländischen Kulturraum und im übertragenen Sinne ist Eva in nahezu allen Kulturen das Symbol der Leben gebärenden *Urmutter* oder *Großen Mutter (Magna Mater)* und Gegenstand immerwährender Verehrung (Mutterkult, Matriarchat); Darstellungen z. B. in Statuetten in frühester prähistorischer Zeit (ca. ab 40 000 v. Chr.) als sog. „Venusstatuetten" (Venus von Willendorf, Venus von Malta, Venus von Macomar), wobei der Name „Venus" irreführend ist, da der Begriff der Magna Mater streng zu unterscheiden ist von dem Göttinnentyp der Astarte-Ischtar-Venus, die den erotischen Aspekt repräsentieren, der der Magna Mater fehlt.

Heute steht eher die sexuelle Betonung der Eva als Verführerin im Vordergrund („Evas Töchter") mit Betonung und zielgerichteter Einsetzung weiblicher Reize, besonders beim Typus der Kindfrau („Lolita"). Zwar hatte auch früher der sexuelle bzw. der Verführerinnen-Gesichtspunkt bestanden; der damit verbundene negative Aspekt tritt mit der heutigen Enttabuisierung jedoch weitgehend in den Hintergrund, ebenso gilt dies für den Mutter- bzw. Fruchtbarkeitsaspekt.

In diesem Zusammenhang muß auch ↗Lilit z. B. in der talmudischen Literatur erwähnt werden – wahrscheinlich babylonischen Ursprungs –, die, oft als Schlange dargestellt, in der doppelten Funktion der Verführung des Mannes, zum Teil gegen seinen Willen, etwa bei ↗Adam, und als Element der Gefährdung der Schwangeren und Neugeborenen auftritt.

Wichtig ist, daß das Phänomen „Eva", im Christentum überlagert von der Gestalt der Maria, sich aus diesem Umfeld befreit hat und ihre eigene „Nische" als weibliches Prinzip gefunden hat und im Rahmen der Emanzipationsbestrebungen im zunehmenden Maße die Gleichberechtigung der Frau (Eva) erreicht hat.

Vorderansicht der „Venus von Malta"

Marmoridol der Magna Mater

Relief der Ischtar

Lit.: W. Hofmann (Hrsg.), Eva und die Zukunft, München 1986.

Matthäus

Lukas

Markus

Johannes

Evangelistensymbole: *nach einer Miniatur (Ausschnitt); Pontificale v. Chartres, Anf. 13. Jh.*

yen identisch; umstritten ist, ob es sich bei dieser Zuordnung freundlicher Eigenschaften an die rächenden Göttinnen um einen Euphemismus oder um die Tatsache handelt, daß die Erinyen, wie andere chthon. Gottheiten, zugleich schreckl. u. wohltätig waren.

Evangelistensymbole, den Darstellungen der Evangelisten in der christl. Kunst beigeordnete Attribute, die auch stellvertretend für die Evangelisten erscheinen können. Der Engel oder ↗Mensch wird dem Matthäus, der ↗Löwe dem Markus, der ↗Stier dem Lukas u. der ↗Adler dem Johannes beigegeben; diese Zuordnung geht zurück auf eine in der Offenbarung des Johannes beschriebene Vision (↗Tetramorph). Die E. wurden urspr. meist in Zshg. mit Christus gedeutet: Christus wurde durch seine Geburt Mensch, er starb wie ein Opferstier, er erhob sich aus dem Grab wie ein Löwe u. stieg bei der Himmelfahrt auf in den Himmel wie ein Adler. Später wurde eine andere Deutung übl., die den (oft geflügelten) Menschen bei Matthäus auf den Stammbaum Jesu u. auf seine Geburt (mit deren Bericht das Matthäus-Evangelium beginnt) bezog; der Löwe des Markus wurde als Hinweis auf den Anfang des Markus-Evangeliums verstanden, der v. der Predigt des Johannes in der Wüste berichtet; der Stier (als Opfertier) des Lukas galt als Zeichen für den Beginn des Lukas-Evangeliums, das mit dem Opfer des Zacharias einsetzt, u. den Adler des Johannes verstand man als Symbol für den spirituellen Höhenflug des Johannes-Evangeliums.

Evangelistensymbole ↗S. 78

Exkremente [Mz.], galt vor allem bei Naturvölkern oft als wertvolle u. mit verschiedenen Kräften ausgestattete Substanz; verschiedentl. wurden sie symbolisch mit dem ↗Gold in Verbindung gebracht. – Bei einigen afrikan. Stämmen herrschte die Vorstellung, herumliegende Kothaufen seien v. Seelen bewohnt, die v. dort aus in den Körper der Frauen übergehen. – Die Hochschätzung der E. führte bei einigen Völkern zu rituellem *Kotessen*, durch das man sich vor allem die Kräfte des ausscheidenden Menschen oder Tieres einzuverleiben glaubte; mit diesen Vorstellungen hängt auch die bevorzugte Rolle zusammen, die E. bei der Heilmittelbereitung früher oft spielten. Weiterhin hängt mit der hohen Bewertung der E. auch die v. der Freudschen Psychoanalyse aufgedeckte frühkindl. Vorstellungswelt der analen Phase zusammen.

Evangelistensymbole

Die 4 Evangelisten, die Verfasser der 4 kanonischen Evangelien, werden seit konstantinischer Zeit dargestellt entweder als menschliche Figuren in der Tradition antiker Philosophen- oder Autorenbilder oder durch Evangelistensymbole. Diese Symbole werden seit dem 4. Jahrhundert meist als ↗Mischwesen oder als ↗Tetramorph dargestellt, wobei die 4er-Gruppe sicher eng verwandt ist mit antiken astral-kosmologischen Vorstellungen wie dem „festen Kreuz" der Astrologen, das aus den 4 Tierkreiszeichen Löwe, Stier, Skorpion und Wassermann gebildet wird, den 4 Himmelsrichtungen, den 4 Elementen, den 4 Winden oder den 4 Paradiesflüssen, wobei die letzteren schon früh als die 4 Evangelien selbst gedeutet wurden. Die 4 Evangelistensymbole wurden so durch ihren astral-kosmologischen Hintergrund zu Symbolen der Grundfesten des Himmels und des Weltgebäudes, wobei ursprünglich sicher alte Vorstellungen des Mikrokosmos-Makrokosmos-Denkens eine Rolle spielten. Besonders in der byzantinischen Kirche findet man auf Reliquienbehältern (Staurotheken) und Evangelienbüchern Gruppierungen, die das Kreuz als wahren Lebensbaum und die 4 Evangelistensymbole vereint mit den 4 Paradiesflüssen, die als Symbole der 4 Evangelien aufgefaßt werden, zeigen und so die 4 Begrenzungen der Welt oder als Zentrum der Welt, das Paradies, bilden.

Darstellung der Evangelistensymbole nach dem „Musterbuch" von Schmid. Aus dem Schnabel einer Taube (Heiliger Geist) nimmt eine Quelle, welche durch das Kreuz Christi gespeist wird, ihren Ursprung, wächst zu einem Strome heran, sammelt sich in einem Becken, teilt sich in vier Flüsse (Evangelien) und ergießt sich in den unten fließenden Jordan (Inschrift). Hirsche und Lämmer (Gläubige) löschen ihren Durst an diesem heiligen Wasser.

Markus mit dem Löwen; Mosaik, Ravenna

Evangelistensymbole nach dem „Musterbuch" von Schmid

Die Paradiesflüsse Pischon, Gihon, Tigris, Euphrat werden als Kardinaltugenden oder die vier Evangelien aufgefaßt.

Fabelwesen, ↗Mischwesen, die genauso real dargestellt werden wie wirkl. existierende Lebewesen, schon in den frühesten Kulturen vorkommend; typ. ist, daß viele F. bis in die Neuzeit an den Grenzen der bekannten Welt (heute in fremden Galaxien!) angesiedelt werden; i. e. S. meint man mit F. menschenähnliche Wesen mit extrem veränderten Körperteilen (↗Ungeheuer, ↗Monstrum). ↗S. 82

Fächer, in Babylonien, Indien, China, Persien, bei Griechen u. Römern u. in anderen Kulturen gebräuchlich; bes. als *Wedel* aus Palmblättern, Straußen- oder Pfauenfedern Symbol der Herrscherwürde. – Im Hinduismus gilt der F. u. a. als Symbol des rituellen Opfers, da man mit ihm das Opferfeuer anfacht. – Vor allem in China u. Japan brachte man die Bewegungen des F.s auch in Verbindung mit der Abwehr böser Geister.

***Fahne:** Das Osterlamm trägt das Stabkreuz mit der Fahne, welche anzeigt, daß Christus einen neuen lebendigen Weg in das Heiligtum bereitet hat (aus dem „Musterbuch" von Schmid)*

Fackel, als gleichsam konzentrierte, auf eine Einzelerscheinung reduzierte Form des Elements ↗Feuer symbolisch weitgehend gleichbedeutend mit diesem. Als Symbol der Reinigung u. Erleuchtung bei Initiationsriten gebräuchl. In der Antike ist die in der Hand eines Jünglings oder Genius nach unten gesenkte F. ein anschaul. Symbol des Todes als des Auslöschens v. Leben. – Bei ma. symbolischen Darstellungen der Todsünden symbolisiert die F. gelegentl. den Zorn. – Im Volksbrauchtum spielte die F. vor allem im Winter u. Frühling eine Rolle als Fruchtbarkeits-Symbol.

Faden, allg. Symbol der Verbindung, z. B. sprechen die Upanischaden v. einem F., der die diesseitige mit der jenseitigen Welt u. alle Wesen untereinander verbindet. Auch die Zeit u. das Leben werden vielfach mit einem F. verglichen (↗Moiren). *Der F. der Ariadne* ist im griech. Mythos ein Garnknäuel, das Ariadne, Tochter des Königs Minos, dem Theseus gab u. durch das dieser wieder aus dem ↗Labyrinth herausfand: sprichwörtl. Symbol für ein erkenntnisleitendes Prinzip.

Fahne, Symbol der Herrschaft sowie der National- oder Gruppenzugehörigkeit; im

Fackel: Horus-Auge, eine F. haltend; nach einem Wandbild in einem ägypt. Grab
Falke: Horus in Falkengestalt; ägypt. Wandbild in einem Grab

Krieg Symbol der militär. Ehre u. Treue, das notfalls unter Aufopferung des eigenen Lebens zu verteidigen war. Die *wehende F.* wird zudem oft empfunden als sinnbildl. Ausdruck des Aufbruchs, der zukunftsweisenden Kraft zur Veränderung. – In der Symbolik der christl. Kunst trägt Christus oder das Lamm die F. zum Zeichen der Auferstehung u. des Sieges über die Mächte der Finsternis.

Falke, allg. sonnenhaftes, männl., himml. Symbol; in Ägypten wegen seiner Kraft, Schönheit u. seines hohen Flugs göttl. Symboltier; u. a. heiliges Tier des Sonnengottes Re; der Gott Horus nimmt in der Regel die Gestalt eines F.n oder eines Menschen mit F.nkopf an, aber auch andere Gottheiten erscheinen in F.ngestalt. – Der F. war auch ein königl. Jagdtier u. Symbol höfischer Lebensart; als Stilisierung aus der Zeit der Wikingerherrschaft in Rußland 1918 im Staatswappen der Ukraine u. stilisiert bereits auf den ältesten Münzen Rußlands (Oleg-Münzen). – Der mit einer Haube verhüllte F. symbolisiert, vor allem in der Renaissance, die Hoffnung auf das die Dunkelheit erhellende Licht, etwa in Verbindung mit der Devise: Post tenebras spero lucem.

Farben, seit jeher Träger vielfältiger Symbol-Bedeutungen, die ihrerseits häufig durch die Grundunterscheidungen warm-kalt, hell-dunkel geprägt sind. ↗Blau, ↗Braun, ↗Gelb, ↗Grau, ↗Grün, ↗Rot, ↗Schwarz, ↗Weiß, ↗Violett.

Farbensymbolik w [gr.], **1)** Farben als Ausdruck u. Träger seel. Stimmungen, menschl. Eigenschaften, hierarch. Stellung u. ä.; schon in der Antike bekannt, auch bei Naturvölkern gebräuchl.; im Abendland bes. im MA verwendet. **2)** in der ma. *Kunst* Verwendung v. Rot als Gottesfarbe, Blau für Gott Sohn, daher auch Maria, Grün für den Hl. Geist, daher auch die Apostel u. Bischöfe, als Goldgrund Sym-

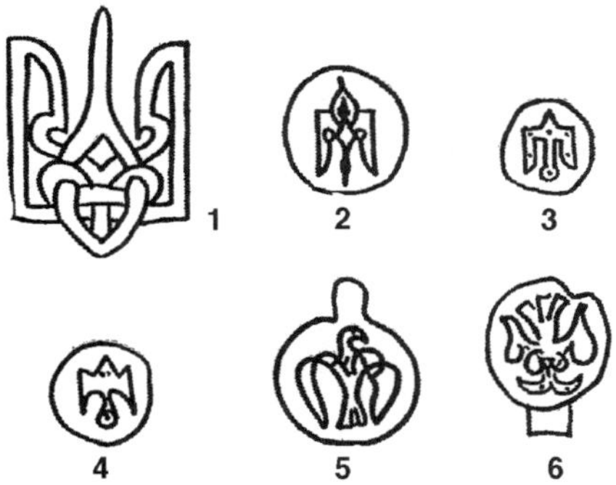

Falke: In bildl. Darstellung hat der Falke, stilisiert bzw. oft bis zum Ornament aufgelöst, in Rußland seit der Zeit der Wikingerherrschaft eine besondere Rolle gespielt. – Abb. 1: Staatswappen der Ukraine. Abb. 2, 3 u. 4: Oleg-Münzen mit Falkendarstellung. Anhänger aus dem frühen MA, in Kiew, der Waräger-Hauptstadt, gefunden, zeigen jeweils einen Falken (Abb. 5 u. 6)

Fabelwesen

Fabelwesen, eine erst seit dem 18. Jh. belegte Bezeichnung für überwiegend anthropomorphe Wesen, die oft mit *Monstren*, seltener mit Dämonen, gleichgesetzt, eine Gruppe der ↗Mischwesen. Typisch für die F. ist u.a. die Behauptung, sie würden in fernen Landen, am Rand der [bekannten] und fernen Lande leben, der Vergleich mit den modernen F. der Science-fiction-Filme, die auf fernen Himmelskörpern oder Galaxien leben, zwingt sich auf, ebenso wie der Vergleich zu dem sagenhaften Schneemenschen Yeti. Im Verständnis der Antike war ein Monstrum, ein *Homo monstrosus*, eine Mißgeburt, also ein Zeichen, das auf kommende Ereignisse hinweist (monstrare = zeigen), bes. die im MA dargestellten F. bzw. Mischwesen dürfen nicht als Monstren bezeichnet werden, besonders dann, wenn man sie in ihrem symbol.-religiösen Umfeld, z.B. in ↗Bildprogrammen, betrachtet.

Lit.: H. Schrade, Dämonen und Monstren, Regensburg 1962.

Links: Fabelwesen aus Schedels Weltchronik
Oben: Tafel „Merkwürdige Menschen" aus dem „Buch der Natur" von Konrad von Megenberg

bol göttl. u. himml. Herrlichkeit. **3)** *Volkskunde:* im allg. gilt Schwarz als die Farbe der Nacht, des Todes, der Trauer; Rot bedeutet Blut, Feuer, Leidenschaft; Weiß das Reine, das Licht u. die Freude; Gelb Neid u. Hoffart; Grün Natur, Zuversicht u. Hoffnung. Blau ist die Farbe der Treue, des Himmels u. damit der Unendlichkeit.

Fasan, in den mytholog. Vorstellungen vor allem Chinas durch seinen Gesang u. seinen Tanz Symbol kosm. Harmonie; Ruf u. Geräusch des Flügelschlagens wurden mit dem ↗Donner, daher mit dem Gewitter, dem ↗Regen u. dem Frühling in Verbindung gebracht. Der F. galt als dem Prinzip Yang (↗Yin und ↗Yang) verbunden. Im Wechsel der Jahreszeiten verwandelt sich der F. in die dem Prinzip Yin verbundene ↗Schlange u. umgekehrt. – Der *Goldfasan* stand für Antike u. MA dem Vogel ↗Phönix nahe.

Fasces [Mz., lat.], Rutenbündel, die im alten Rom als Zeichen u. Symbol der Staatsgewalt den hohen Beamten v. den Liktoren (Liktorenbündel) vorangetragen wurden; außerhalb der Stadt mit Beil.

Fastentuch, das ↗Hungertuch.

Federarbeiten, bei verschiedenen Naturvölkern Ozeaniens, Amerikas u. Afrikas aus ↗Federn gefertigte Gewänder (z. B. königl. Federmäntel auf Hawaii), Schmuck- u. kult. (u. a. Masken) Gegenstände. Die Federn wurden u. a. auf Stoff u. Leder aufgeklebt oder in Bast- u. Baumwollgewebe eingeknüpft.

Federn, bei vielen Naturvölkern u. a. wohl wegen ihres blattähnl. Aussehens Symbol der Vegetation, wegen ihrer wie mit Strahlen besetzten Form u. wegen ihres engen Bezugs zum Vogel (↗Vögel) zugleich dem himml. Bereich u. der Sonne symbolisch nahestehend. Der Feder-Kopfschmuck (zumeist aus F. des Prärieadlers) einiger Indianerstämme ist ein Macht-Symbol mit engem symbolischem Bezug zur Sonne. – Bei vielen Völkern dienten F. außerdem als Attribute sozialer Stellung (z. B. der Federbusch als Helmzier der ma. Ritter).

Fehdehandschuh ↗Handschuh.

Feige, obszöne Gebärde, ↗Finger.

Feigenbaum, bei vielen Vökern als heiliger ↗Baum verehrt, neben dem ↗Olivenbaum u. dem ↗Weinstock häufig Symbol für Fruchtbarkeit u. Überfluß (so auch Sinnbild der überschwengl. Vermehrung des Volkes Israel). In der Antike hatte er erotische Symbolbedeutung u. war dem Dionysos heilig. – Er begegnet bes. in Indien häufig als Symbol in religiösem Zshg., beispielsweise gilt ein vom Himmel herab-

Fasces
Feigenbaum: *symbolische Darstellung v. Buddhas Erleuchtung; Relief aus der Stupa v. Bharhut (Bodhibaum-Tempel)*
Felsbild: *Höhlenbild mit Jagdszenen aus der Höhle Los Caballos (Castellón, Spanien)*
Felsbild: *Beispiel aus der schwed. Landschaft Bohuslän*

wachsender F. als Sinnbild der Welt. Der *Bodhibaum* ist der F., unter dem Buddha die Erleuchtung (= bodhi) empfing, er gilt als Symbol der Erkenntnis. – Die Verfluchung eines unfruchtbaren F.s durch Jesus im NT wird gedeutet als Verurteilung des jüd. Volkes; ein vertrockneter F. symbolisiert daher in der christl. Kunst die Synagoge. Der ↗Physiologus vergleicht die erst durch Aufschlitzen u. Entfernen der Gallwespe genießbare Frucht mit Christus: „Wenn die Feige aufgeschnitten ist, wird sie am dritten Tage zur Speise. So ist auch unser Herr, dessen Seite aufgerissen wurde, am dritten Tage auferstanden von den Toten u. wurde Leben und Speise für alle."

Felsbilder, *Höhlenbilder,* Bz. für ortsfest an Felswänden angebrachte Malereien, Zeichnungen sowie ↗Felsenreliefs, i. e. S. für die alt- u. jungsteinzeitl. Felsmalereien u. Felszeichnungen (-ritzungen, -gravierungen) an Höhlenwänden bzw. -decken. F. sind, über die ganze Erde verbreitet, auch aus geschichtl. Zeit, vereinzelt noch v. Jägerkulturen der Ggw. bekannt. Die frühesten F. können auf die Zeit um 30 000 v. Chr. datiert werden. Die F. – heute allg. als bedeutende Zeugnisse früher Kunstübung gewertet – sind gekennzeichnet durch großen Ausdrucksreichtum, z. T. durch starken Naturalismus, andererseits durch Beschränkung der Motive (meist Tiere, seltener Menschen, auch Symbolzeichen). Ihre Bedeutung dürfte kaum im Bereich der Bildmagie (Jagdzauber), vielmehr im kult.-rel. Bereich zu suchen sein. Aus der jüngeren Altsteinzeit stammen die F. der Kalksteinhöhlen Süd-Fkr.s (z. B. Lascaux, Les Combarelles, Font-de-Gaume), am Nordabhang der Pyrenäen (z. B. Trois-Frères) u. NW-Spaniens (z. B. Altamira, El Castillo). Dargestellt sind Mammut, Bison, Wisent, Hirsch, Bär u. Wildpferd in meist schwarzer, roter u. brauner Zeichnung. In der Jungsteinzeit treten stark abstrahierte Menschendarstellungen auf (erhalten in Ostspanien u. der Sahara). Eine Sonderstellung nehmen die F. in Zentral- u. Südafrika ein (Kunst der Buschmänner) u. in Australien.

Felsen, Symbol der Festigkeit u. Unveränderlichkeit. In der Bibel Symbol der Stärke u. Treue des schützenden Gottes. Der wasserspendende F. in der Wüste gilt als symbolisches Vorausbild für Christus als den Spender des Lebenswassers. Auch Petrus (Beiname des Simon, v. griech. petros = Felsen) wird als Grundstein der Kirche mit einem F. verglichen. – In der chin. Landschaftsmalerei erscheint der F. als das Feste, dem Prinzip Yang (↗Yin und Yang) Entsprechende, häufig als Gegenpol zum unbeständigen permanent bewegten *Wasserfall,* der das Prinzip Yin verkörpert. – Der F., den nach dem griech. Mythos *Sisyphos* in der Unterwelt ständig auf einen

Berg wälzen mußte, v. dem er im letzten Augenblick immer wieder herunterrollte, ist ein Symbol für vergebl. Mühen, aber auch allg. für die nie endgültig befriedigten Wünsche des menschl. Lebens.

Felsenreliefs, Reliefdarstellungen an steilen, zuweilen kaum zugängl. Felswänden, bes. im 3. Jt. v. Chr.–7. Jh. n. Chr. im *Alten Orient* zur Verherrlichung der Taten der Herrscher (z. B. das F. von Kommagene) oder mit rel.-kult. Darstellungen; bedeutende F. u. a. in Yazilikaya, Behistun, Naqsch-i-Rustem u. bei Firusabad. – In *Europa* einzigartige F.: der „Reiter v. Mandara" in Bulgarien u. die Externsteine.

Felsentempel ↗Höhlentempel.

Fenchel, wurde gelegentl. wegen seiner angebl. augenstärkenden Kraft als Symbol für geistige Klarsicht verstanden. Da er angebl. bei Schlangen, die ihn fressen, die Häutung hervorruft, galt er auch als Sinnbild period. Erneuerung u. Verjüngung. Das MA sah im F. außerdem eine apotropäische Pflanze. Wegen seines Duftes u. kostbaren Öles wird er manchmal auch als Marienpflanze erwähnt.

Fenster, symbolisiert gelegentl. die Empfänglichkeit u. Offenheit für v. außen kommende Einflüsse. – Die farbigen *Glas-F.* got. Kirchen symbolisieren häufig die farbige Fülle des himml. Jerusalem. – In der darstellenden Kunst des MA bedeutet das F., das nicht selbst leuchtet, sondern das Sonnenlicht durchscheinen läßt, manchmal die Gottesmutter Maria, die rein u. demütig den Gottessohn trug.

Fensterrose ↗S. 88

Festessen, als *rituelles* F. in vielen Kulturen Symbol der Teilhabe an einer Gemeinschaft u. damit vielfach zugleich auch der Partizipation an einer spirituell ausgezeichneten Situation. ↗Abendmahl.

Festung, allg. Symbol des Schutzes, der Geborgenheit, oft auch Sinnbild der Zurückgezogenheit v. der Welt, der inneren Zwiesprache mit Gott oder sich selbst. ↗Burg.

Fetische [Mz.], vor allem in Westafrika gebräuchl. Gegenstände wie Holz- oder Lehmfiguren, aber auch Teile v. Tieren usw., die als mag. helfende u. schützende Kraftquellen verehrt wurden; verschiedentl. Gegenstand ritueller Handlungen, so wurden sie z. B. mit Nägeln beschlagen, die sinnbildl. Krankheiten auf den jeweiligen Fetisch übertragen sollten.

Fette, galten in verschiedenen Kulturen als Zeichen v. Wohlstand (daher auch als wertvolles Opfer an die Götter) oder als

Felsen: *Sisyphos mit dem Felsen; nach einem griech. Vasenbild*
Felsenrelief: *Nachzeichnung des Steinreliefs des Löwen v. Kommagene mit exakt beschrifteten Planetennamen; es handelt sich um das Monumentalhoroskop zur Krönung des Königs Antiochos I. von Kommagene (69–34 v. Chr.)*
Feuer: *Vermählung v. Wasser u. Feuer, die jeweils, zum Zeichen ihrer Wirkkraft, vier Hände haben; nach einer ind. Darstellung*

begabt mit den bes. Kräften der jeweiligen Tiere, aus denen sie gewonnen wurden. ↗Öle, ↗Butter.

Feuer, gilt bei vielen Völkern als heilig, reinigend, erneuernd; seine Zerstörungskraft wird oft als Mittel zur Neugeburt auf einer höheren Stufe gedeutet (↗Verbrennung, ↗Phönix). Verschiedentl. werden eigens F.gottheiten verehrt, so Agni in Indien oder Hestia in Griechenland; in China kannte man mehrere F.götter. – In der Bibel begegnen verschiedene Bilder, in denen Gott oder Göttliches durch das F. symbolisiert wird: die Apokalypse erwähnt u. a. ↗*F.räder* (↗Rad), Tiere, die F. speien usw.; im AT erscheint Gott z. B. als *F.säule* (↗Säule) oder in einem brennenden ↗Dornbusch. Häufig steht das F. in Verbindung mit der ↗Sonne, dem ↗Licht, dem ↗Blitz, der Farbe ↗Rot, dem ↗Blut, dem Herzen (↗Herz). Im Ggs. zum ↗Wasser, dem verschiedentl. der Ursprung aus der Erde zugeschrieben wird, gilt das F. oft als vom ↗Himmel kommend. Die Mythen mehrerer Völker sprechen v. einem *F.raub*, der häufig als Frevel gedeutet wird. Die griech. Naturphilosophie sah im F. entweder den Ursprung alles Seins oder auch häufig in engem Zshg. mit dem symbolischen Bedeutungskomplex der Destruktion, des Krieges, des Bösen, Teuflischen, der Hölle oder des göttlichen Zornes. Der Brand Sodoms u. Gomorrhas wurde im MA oft als Vorausbild des *Höllen-F.s* verstanden. – Die Erzeugung des F.s durch Reibung brachte man in vielen Kulturen in Verbindung mit der Sexualität; mehrfach wird bereits die *Entstehung* des F.s auf einen sexuellen Akt myth. Wesenheiten oder Tiere zurückgeführt. – Die apotropäische Wirkung des F.s spielt bei zahlreichen Völkern eine Rolle, so durfte z. B. das böse Geister vertreibende *Herd-F.* der Germanen nie ausgehen. – In der Alchimie wird das F. oft durch das Zeichen △ versinnbildlicht. – Die Astrologie verknüpft das F. mit den Tierkreiszeichen (↗Tierkreis) Widder, Löwe u. Schütze.

Feuerrad, Symbol für den ↗Blitz u. zus. mit dem ↗Donner Element des höchsten Himmelsgottes der Kelten. So wird noch aus dem 4. Jh. n. Chr. aus Agen von den Galliern berichtet, sie würden alljährl. (d. h. als Jahreszeitritual) ein flammendes ↗Rad aus dem Tempel heraus- u. wieder zurückrollen lassen. Der Brauch, Feuerräder dieser Art zu Tal rollen zu lassen (so im Markgräfler Land, in Trier u. in Luxemburg) wird auf die Verehrung des kelt. Hauptgottes zurückgeführt. ↗Feuer.

Feuersäule ↗Feuer, ↗Säule.

Feuerstein, bei vielen Naturvölkern wegen der beim Schlagen entstehenden Funken Symbol des ↗Blitzes; im ↗Physiolo-

Fensterrose

Eine besondere Form eines mittelalterlichen ↗Bildprogrammes bilden manche Fensterrosen (auch Rosenfenster) des hohen Mittelalters, z. B. die Rose der Kathedrale von Lausanne, wobei die Zahl 4, die Quadratzahl 2 x 2 als Vervollkommnung der mütterlichen 2, das bestimmende Konstruktionselement aus Quadrat und Kreis ist, dem sich Tag und Nacht, Sonne und Mond, Jahreszeiten und Monate, Paradiesflüsse und Mischwesen, Elemente und Tierkreiszeichen, Wahrsagetechniken und Winde unterwerfen müssen. Das Wissen und das Weltbild einer Zeit, niedergelegt in vielen Enzyklopädien der ausgehenden Antike und des beginnenden Mittelalters, sind so in einer dem Auge faßbaren Form zugänglich gemacht und vermittelt so frühchristliches Lehrgut mit den geometrischen Begriffsschemata illustrierter Handschriften und Enzyklopädien, insbesondere des Figurenrads des hohen Mittelalters (nach H. R. Hahnloser). Von Villard de Honnecourt (um 1225–1250), dem großen französischen Zeichner des 13. Jahrhunderts, stammt eine Darstellung (allerdings in einigen wichtigen Details verfremdet) der ungewöhnlichen Konstruktion dieser Rose – sonst findet man bei großen Rosen meist die Radkonstruktion wie beispielsweise in Chartres oder Straßburg – mit der wechselseitigen Durchdringung von Quadraten und Kreisen, wobei das Bestreben aufleuchtet, das Endliche mit dem Unendlichen durch die gegenseitige Durchdringung des Quadrates mit dem Kreis zu verbinden.

Lit.: Ellen J. Beer, Die Rose der Kathedrale von Lausanne, Bern 1952; Painton Cowen, Die Rosenfenster der gotischen Kathedralen, Freiburg – Basel – Wien 1972.

links: Der Aufriß der Rose nach Villard de Honnecourt
oben: Fensterrose: Idealbild einer gotischen Fensterrose

Die Schöpfung (inneres Quadrat)

I Annus = Jahresgott
II Sol = Sonne
III Dies = Tag
IV Luna = Mond
V Nox = Nacht

Die Zeit: Jahreszeiten und Monate
(Bogenteile am inneren Quadrat)
A Autumpnus = Herbst
A_1 September
A_2 Oktober
A_3 November

B Hyems = Winter
B_1 Dezember
B_2 Januar
B_3 Februar

C Ver = Frühling
C_1 März
C_2 April
C_3 Mai

D Estas = Sommer
D_1 Juni
D_2 Juli
D_3 August

Die 4 Haupt- und 4 Nebenwinde
(äußerer Kreis)

a	Euroauster	=	Südostwind
b	Subsolanus	=	Ostwind
c	Volturnus	=	Nordostwind
d	Septentrio	=	Nordwind
e	Corus	=	Nordwestwind
f	Zephirus	=	Westwind
g	Austrozephir	=	Südwestwind
h	Auster	=	Südwind

Das Paradies und die Grenzen der Welt
(äußeres Quadrat)

I Tigris = Paradiesfluß im Süden
Ia Oculos
Ib Cynomologie } Mischwesen

II Phison = Paradiesfluß im Norden
IIa Pingmei
IIb Satyri } Mischwesen

III Euphrat = Paradiesfluß im Westen
IIIa Sciapodes
IIIb Ceffi } Mischwesen

IV Geon = Paradiesfluß im Osten
IVa Aethiopes
IVb Gangrida } Mischwesen

Die Elemente, die Tierkreiszeichen
und die Wahrsagekünste
(Bogenteile am äußeren Quadrat)

1 Ignis = Feuer (Element)
1_1 Krebs
1_2 Löwe } Tierkreiszeichen
1_3 Jungfrau
1_4 Pyromancia = Feuerwahrsagen

2 Terra = Erde (Element)
2_1 Waage
2_2 Skorpion } Tierkreiszeichen
2_3 Schütze
2_4 Geomancia = Erdewahrsagen

3 Aqua = Wasser (Element)
3_1 Steinbock
3_2 Wassermann } Tierkreiszeichen
3_3 Fische
3_4 Hydromancia = Wasserwahrsagen

4 Aer = Luft (Element)
4_1 Widder
4_2 Stier } Tierkreiszeichen
4_3 Zwillinge
4_4 Aerimancia = Luftwahrsagen

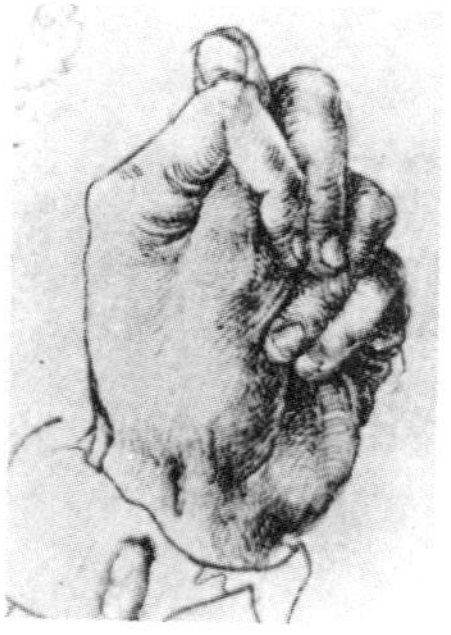

gus heißt es: „Denn sie sind von solcher Natur, männlich und weiblich ..., wenn sie einander sich sehr nähern, entzünden sie einander und alles, was gerade dazwischen ist ... So auch du fliehe die weibliche Gestalt ... damit die gesamte Tugend in dir verbrennt ...“ – In der Osternacht werden mit einem F. die Funken geschlagen, die das Feuer entzünden, mit dem das dreifache Licht der Osterkerze entzündet wird.

Feuerwasser ↗Alkohol.

Feuerwerk, ein die Symbolik v. Wasser, Licht, Feuer, Bauwerk u. Farbe vereinendes, ambivalentes pyrotechn. Spektakel, das die Vernichtungspotenz u. den Lustgewinn v. Salpeter, Schwefel u. Kohle (Schwarzpulver) seit dem 14. Jh. (erstes datierbares *Lust-F.* 1379 in Vicenza) zusammen mit Architektur, Gartenanlagen u. Musik *(F.smusik)* zunehmend zu einem repräsentativen „Gesamtkunstwerk“ entwickelt. Allegorisch-symbolhaft kombinierte Höhepunkte der F.skunst waren die Festkultur des Barocks, in der jüngsten Vergangenheit waren es die „Inszenierungen“ von A. Heller, die zu Recht den Namen *Feuerdrama* erhielten.

Fica-Geste, die obszöne Geste, bei der der Daumen zw. Mittel- u. Zeige-↗Finger bei geschlossener Hand durchgestreckt wird.

Fides, Symbolgestalt der theolog. Tugend *Glaube;* Attribute sind ↗Kreuz u. Kelch (↗Schale).

Finger, spielen bei verschiedenen afrikan. Stämmen eine sehr komplexe, mit vielfältigen Lebensbezügen u. Körperempfindungen zusammenhängende symbolische Rolle. – In der astrolog. Tradition wird der ↗Daumen der Venus, der Zeigefinger Jupiter, der Mittelfinger Saturn, der Ringfinger der Sonne u. der kleine F. Merkur zugeordnet. – Der *Ringfinger* hieß volkstümlich auch Herzfinger, weil man des Glaubens war, er sei durch eine besondere Ader oder einen Nerv direkt mit dem Herzen verbunden; hiermit hängt auch die Liebes- u. Treuesymbolik des Ringfingers bes. der linken Hand (Herzseite) zusammen. – *Finger-* u. *Handgebärden* waren zu allen Zeiten Hilfsmittel seel. u. geistigen Ausdrucks. Bes. reich sind sie in der ind. Kunst u. im ind. Tanz ausgeprägt. – In der Antike galt das Vorstrecken des Mittelfingers als Beschimpfung, das Verschränken der F. als Abwehrgeste. Die *Feige* (Fica-Geste) (das Durchstrecken des Daumens zw. Mittel- u. Zeigefinger bei geschlossener Hand) gilt in den Mittelmeerländern von alters her als Abwehrmittel gg. den bösen Blick, als grobe Beschimpfung wie auch als Sexual-Symbol. – In der abendländ. Kunst bedeutet ein auf den Mund gelegter F. Schweigen. Das Christkind mit

Fica-Geste
Fisch: Tierkreisbild Fische (nach einem mittelalterlichen Holzschnitt) und das moderne Tierkreiszeichensymbol
Fisch: zwei F.e mit Anker; Grabstele der Licinia

dem F. auf dem Mund oder der Zunge verweist dagegen auf den Logos als gesprochenes Wort. ↗Hand.

Fingerhandschuh ↗Handschuh.

Finsternis ↗Licht.

Fisch, steht symbolisch dem ↗Wasser, seinem Lebenselement, nahe; bei vielen Völkern ist er zugleich ein Symbol der Fruchtbarkeit u. ein Symbol des Todes. Als Lebens- u. Fruchtbarkeits-Symbol ist er ein weitverbreiteter ↗Talisman. – In Ägypten galten die meisten F.arten in je bestimmten Gegenden oder zu bestimmten Zeiten als heilig, oft aber zugleich als bedrohl. u. unheiml. – Der F. ist eines der ältesten Geheim-Symbole für Christus, zunächst wohl vor allem mit Bezug auf die Wassertaufe, später wurde auch die griech. Bz. für F. (ichthys) als Akrostichon der Wörter Jesous Christos Theou (H)Yios Soter (Jesus Christus, Sohn Gottes, Heiland) gedeutet. Auch die getauften Christen verstanden sich als F.e, die im Wasser der Taufe neu geboren werden. Als Verkörperung Christi kann der F. außerdem Sinnbild der geistigen Nahrung u., vor allem in Darstellungen mit dem ↗Brot, ein Symbol für die Eucharistie sein. – Die Fische oder *Pisces* sind das zwölfte und letzte Zeichen des Tierkreises, es entspricht dem dritten Wintermonat, die Sonne passiert das Zeichen zwischen dem 18. Februar und dem 20. März; die Venus ist in den Fischen erhöht, Jupiter (Neptun) hat hier sein Haus; Saturn, Jupiter und Mars sind seit der hellenistischen Astrologie die zugeordneten Dekane, Jupiter, Mond und Mars jene der indischen Astrologie. Die Fische sind ein Wasserzeichen, weiblich, negativ (passiv) und ein bewegliches Zeichen. Darstellung und Name geht auf babylonische Quellen zurück, insbesondere wird in diesen Texten auf ein Band zwischen den beiden Elementen hingewiesen.

Fischer ↗Netz.

Fischotter, lunares Symbol-Tier. In einigen indianischen Kulturen u. in Afrika spielt sein Fell bei Initiationsbräuchen eine Rolle. – In Europa begegnet er gelegentl. als Seelenführer.

Flamingo, steht in den Upanischaden mit der Symbolik des ↗Lichts in Zshg.

Flamme, symbolisch weitgehend ident. mit dem ↗Feuer, als dessen zeichenhaft komprimierte Form sie häufig erscheint, z.B. als Feuer des Heiligen Geistes bei Darstellungen des Pfingstwunders oder der Taufe Christi. Die „Feurigkeit" der Rede oder des Blickes, sowohl im Sinne der außerordentl. Kraft wie dem der zerstörenden Gewalt, wird gelegentl. durch

F.n veranschaulicht, die anstelle der Zunge erscheinen oder aus dem Auge hervorkommen. Auch Laster wie Gier, Neid oder Wollust werden, vor allem literarisch, verschiedentl. durch F.n symbolisiert.

Flammenschwert ↗Schwert.

Flammeum ↗Rot.

Flechtband, ein *Bandornament* in Flechtwerk-Musterung; seit dem 3. Jt. v. Chr. in Vorderasien, in Europa seit der älteren Eisenzeit; in der Antike als Bauornament, als Abschlußleiste v. Mosaiken; Blüte im frühen MA bes. in der Buchmalerei, auch in der Architektur, wahrscheinl. häufig Symbol für Wachstumsbewegungen.

Fledermaus, Symbol-Tier mit sehr verschiedenen Bedeutungen. Im Fernen Osten gilt sie als Glücks-Symbol wegen der Homophonie zwischen den Wörtern für F. u. für Glück (Fu). Da sie in Höhlen (↗Höhle), den vermeintlichen Eingängen ins Jenseits lebt, galt sie selber als unsterblich u. wurde auch zu einem Symbol der Unsterblichkeit. – Die erst nachts erwachende F. steht, wie der Vampir, außerdem in Zusammenhang mit sexueller Symbolik; Dämonen u. Geister, die nächtlich angeblich den Frauen beiwohnen, stellte man sich in Europa gelegentlich als Fledermäuse vor. – Ihre sichere Orientierung in der Dunkelheit machte die F., z. B. bei schwarzafrikan. Völkern, zum Symbol der Intelligenz; als Nachttier gilt sie in anderem Zusammenhang jedoch als Feind des Lichts (↗Licht). Als Tier, das mit dem Kopf nach unten schläft, kann sie aber auch als Feind der natürlichen Ordnung erscheinen. – Die Bibel zählt die F. zu den unreinen Tieren. – Im MA galt sie als bösartiges Tier, das z. B. schlafenden Kindern das Blut aussaugt; der Teufel wurde häufig mit F.flügeln dargestellt. – Als Nachttier ist die F. auch ein Emblem der Melancholie. – F.flügel weisen verschiedentl. auf den Tod. – Da die F. im Schutze der Dämmerung fliegt, ist sie, vor allem in der dt. bildenden Kunst, auch ein Sinnbild des Neides, der sich nicht offen zeigt. – In der Alchimie spielte die F. als Zwitterwesen zw. Vogel u. Säugetier eine Rolle als Symbol für ambivalente Phänomene, zum Beispiel für den Hermaphroditen (↗Hermaphrodit).

Fliege, galt im Fernen Osten als Symbol der immateriellen, rastlos schweifenden Seele. – Zumeist wurde sie jedoch mit Krankheit, Tod u. Teufel in Verbindung gebracht; verbreitet war die Vorstellung, daß Krankheitsdämonen den Menschen in Fliegengestalt bedrohen. Der in der Bibel erwähnte oberste Teufel *Beelzebub* (v. hebr. Ba'al-Zebub = Herr der Fliegen), der oft als F. dargestellt wird, ist eine Pervertierung

Flechtband *v. einem romanischen Kapitell*
Fledermaus: *der hl. Antonius, v. Teufeln mit Fledermausflügeln versucht u. in die Lüfte gehoben; nach M. Schongauer (Ausschnitt)*
Fliege: *Beelzebub; nach: Collin de Plancy, Dictionnaire infernal, 1845*
Flöte: *Flötenspieler mit einer Doppelflöte; etrusk., 5. Jh. v. Chr.*
Fluß: *die vier Paradiesflüsse; nach einer elsäss. Miniatur, 12. Jh.*

der urspr. kanaanäischen Gottheit Balzebul; er spielt im Volksglauben vor allem bei Zaubersprüchen eine Rolle. – In der pers. Mythologie schleicht sich das Widersacherprinzip Ahriman als F. in die Welt.

Fliegender Holländer, Symbol des ewig ruhelosen Menschen auf dem Meer, verknüpft mit den Erzählungen eines Unglück ankündigenden Auftauchens eines Geisterschiffes. ↗Ahasver.

Flöte, als Attribut häufig in Zshg. mit dem Leben der Hirten. – Der Ton der F. wird verschiedentl. als Stimme v. Engeln, myth. oder verzauberten Wesen gedeutet. – Der Klang der Rohrflöten, die bei den Tänzen der Derwische gespielt werden, symbolisiert den Ruf der v. Gott getrennten Seele, die wieder in himml. Bereiche zurückkehren will.

Flügel ↗Vögel.

Fluß, wegen seiner Bedeutung für die Fruchtbarkeit häufig als Gottheit, z. B. bei Griechen u. Römern als jeweils lokaler männlicher Gott, verehrt. – Allg. in enger symbolischer Verbindung mit dem ↗Wasser. Wegen des Fließens Symbol für Zeit u. Vergänglichkeit, aber auch für ständige Erneuerung. – Der Zusammenfluß aller Flüsse ins Meer gilt als Symbol der Vereinigung v. Individualität u. Absolutem, z. B. in Buddhismus u. Hinduismus als Symbol des Aufgehens im Nirwana. – Der v. den Bergen herabkommende F. wurde beispielsweise im Judentum als Symbol himml. Gnade gedeutet. Die Vorstellung v. vier *Paradiesflüssen* begegnet im Judentum u. Christentum, aber auch in Indien; in der christl. Kunst entspringen sie häufig einem Hügel, auf dem Christus oder das Gotteslamm stehen u. symbolisieren die vier Evangelien.

Fluten, symbolisieren den gewaltigen, oft verschlingenden oder gleichmütig alles unter sich begrabenden Aspekt des ↗Wassers, insofern auch Symbol für gefährliche Leidenschaften. Das Sichstürzen in die F. symbolisiert oft auch den mutigen Aufbruch ins Ungewisse; in der Bibel Sinnbild für Untergang u. Tod. ↗Wellen.

Fortitudo *w*, Personifikation der *Tapferkeit*, einer der vier Kardinaltugenden; häufig dargestellt mit den Attributen ↗Keule, ↗Schwert, Schild, Siegesfahne, ↗Löwe.

Fortuna *w*, röm. Schicksals-, später nur Glücks-Göttin; mit der griech. *Tyche* identifiziert; begegnet häufig in der bildenden Kunst der Renaissance; als Personifikation des zufälligen u. schwankenden Glücks oft auf einem ↗Rad oder einer Kugel stehend dargestellt; ein häufiges Attribut ist auch das Füllhorn (↗Horn).

Fratze ↗Bes, ↗Gorgoneion, ↗Neidköpfe.

Frau [von ahd. *frouwa* = Herrin], der erwachsene weibl. Mensch, dem Mann zugeordnet wie der Mann ihr. Sie hat in verschiedenen Zeiten u. Völkern je nach den sittlichen, religiösen u. kulturellen Anschauungen eine wechselnde Stellung eingenommen. Seitdem in der Neuzeit die Familie u. die familiengebundene Wirtschaftsform (Landwirtschaft, Handwerk) als urspr. Wirkungsbereich der F. zurücktraten, ist auch ihre gesellschaftl. Stellung u. Aufgabe, bes. seit dem 19. Jh. (Frauenbewegung), ständig gewachsen. – Im Judentum gilt die F. als Symbolgestalt für Israel, Jerusalem oder „Zion", auch in der Weiterführung des Begriffs v. Frau zu Tochter u. Braut.

Fraueneis, *Unserer lieben Frauen Eis,* das Marien-↗Glas.

Frauenmantel, *Sinau,* im Volksmund häufig „Unserer lieben Frau Nachtmantel" genannt wegen der Form der Blätter; Marienpflanze.

Frauenschuh, eine wegen ihrer Blütenform so genannte Orchideengattung; wurde gelegentl. auch als „Kriemhilds Helm" bezeichnet; wird in vielen Legenden mit der Jungfrau Maria in Zshg. gebracht.

Frau Welt, allegor. (symbol.) Darstellung des Bösen in der Welt, wobei die „Welt" als Betrügerin u. Verführerin gilt (↗Fürst der Welt). Die figürliche Darstellung zeigt überwiegend eine prächtige Vorderseite, die ekelerregende Rückseite ist v. Ungeziefer u. anderem Getier zerfressen und geht in Verwesung über.

Freimaurerei, ein in der Aufklärung entstandener geheimer Männerbund, der keine eigene Religion vertritt, aber in seiner eindringl. Bau-, Werk- u. Lichtsymbolik kultähnl. Formen entwickelte u. den „Weltbund des Lichts" erstrebt zur Ausübung der „Königl. Kunst", d.h. der sachgerechten „Steinmetzarbeit" am eigenen Ich u. der Aufbauarbeit am „Menschheitstempel". Die sehr vielgestaltige Symbolik wurde weitgehend im Rückgriff auf alte Handwerksbräuche der Steinmetze entwickelt (↗Arbeit). Der Ort der Zusammenkünfte heißt *Loge,* ebenso die örtl. Vereinigung der zusammenarbeitenden Freimaurer selbst. In den letzten Jahren wurden manche Logen auch für Frauen geöffnet bzw. Frauenlogen gegründet.

Fremdling, Symbol für den heimatlosen, vorläufigen Zustand des Menschen auf der Erde in allen Religionen, die eine jenseitige Welt als die wahre Heimat des Menschen sehen. ↗Pilger.

Frauenschuh
Freimaurerei: *Zeichen der Johannisloge zur Beständigkeit*
Frucht: *Grabmalerei v. Früchten in dem altägypt. Grab des Nakht (15. Jh. v. Chr.)*

Friedenspfeife, *Kalumet,* Rauchpfeife der nordamerikan. Indianer, die bei Friedensschlüssen, Verträgen u. zum Zeichen der Freundschaft reihum geraucht wurde; sie wird meistens als eine Art Urbild eines menschl. Wesens empfunden, dessen Kraft u. Unsterblichkeit sie symbolisiert; verschiedentl. galt sie – vor allem mit Bezug auf ihren ↗*Rauch* – als Sinnbild der Verbindung des Menschen mit der Natur sowie mit dem Himmel.

Frisur ↗Haar.

Frosch, wird meist in engem Zshg. mit dem ↗Wasser, vor allem dem ↗Regen gedeutet; gilt häufig als mondhaftes Tier u. ist in China an das Prinzip Yin (↗Yin und Yang) gebunden. Analog zu dem Wechsel ↗Fasan – ↗Schlange bestand in China auch die Vorstellung v. jahreszeitl. wechselndem Vorherrschen des F.s oder der ↗Wachtel. – In Japan galt der F. als glückverheißend. – In Indien kannte man die Vorstellung v. einem großen F., der die Welt stützt; zugleich sah man in ihm ein Symbol des dunklen, materieverhafteten Lebens oder – im positiven Sinne – der fruchtbaren Mutter Erde. In Altmesopotamien war der F. ein Symbol der Fruchtbarkeit. – Der Bibel gilt der F. als unreines Tier. – In Ägypten kannte man eine froschköpfige Göttin, die bei Geburten half u. langes Leben u. Unsterblichkeit verlieh; vor allem war der F. aber ein Auferstehungs-Symbol, was wahrscheinl. sowohl mit dem Gestaltwechsel in seiner Entwicklung wie mit der Annahme zusammenhängt, der F. entstehe alljährl. im Frühling aus dem Nilschlamm. – Den Kirchenvätern galt der F. als Symbol des Teufels oder (wegen des ständigen Lärms) des Häretikers. – Der ↗Physiologus unterscheidet den Land- u. Wasser-F.; die rechten Gemeindemitglieder gleichen dem Land-F., denn sie halten die Glut der Versuchung aus, die Weltleute gleichen dem Wasser-F., denn sie tauchen wieder in Ausschweifung u. Unzucht ein, wenn sie eine auch nur geringe Hitze der Versuchung u. Begierde berührt. – Der ma. Volksglaube sah im F. ein Hexentier u. verwendete *F.knöchelchen* für Liebeszauber.

Frucht, Symbol der Reife, der abgeschlossenen Entwicklung. Mehrere u. verschiedene Früchte symbolisieren häufig Fülle, Fruchtbarkeit u. Wohlstand. – Die verbotene F. des Paradieses – in der Bibel nicht genau beschrieben – ist je nach der Landschaft der jeweiligen Kunstdarstellungen ein Apfel, Trauben, Kirschen, Feigen usw.; sie symbolisiert die Verlockung zur Sünde.

Fruchtbarkeitsbräuche, magische Handlungen, die das Wachstum u. Gedeihen v. Kulturpflanzen, Tieren u. auch der Menschen fördern sollen; sind bei den meisten Naturvölkern verbreitet u. beruhen auf

Fruchtbarkeitsbräuche: Venusstatuetten (sog. Venus von Willendorf) dienten wohl dem Fruchtbarkeitskult
Fuchs: Äsop lauscht den Worten des F.es; von einer Schale im Vatikan; um 450 v. Chr.

dem Glauben an die Macht v. Geistwesen (Ahnen, Vegetationsdämonen). Sie äußern sich in *Fruchtbarkeitskulten* (Menschen-, Tier- oder Speiseopfern, kult. Tänzen) u. *Fruchtbarkeitszauber* (Beschwörungen u. Abwehrzauber). Auf die F. gehen viele volkskundl. Bräuche zurück, z. B. Ernte- u. Fastnachtsbräuche.

Frühchristliche Kunst, *Altchristl. Kunst,* im Dienste des Christentums zw. der 1. Hälfte 2. Jh. bis 6./7. Jh. entstanden, bes. in Nordafrika, Ägypten, Syrien, Mesopotamien, Armenien, Kleinasien (Antiochia), It. (Rom, Mailand, Ravenna), Griechenland (Thessalonike, Philippi) u. Spanien. Zunächst ganz v. antik-hellenist. Formen bestimmt, im 4. Jh. bes. im christl. O in die Byzantin. Kunst übergehend. Fresken mit bibl. Szenen bes. in Dura Europos erhalten; früheste Zeugnisse in Rom in den Katakomben u. an Sarkophagen mit jüd.-christl. Themen u. christl. Umdeutung antik-heidn. Motive (Orpheus, Guter Hirte), Darstellungen v. Taufe, himml. Mahl u. Jonas-Szenen, seit dem 4. Jh. auch des thronenden Christus mit Heiligen u. Martyrern. Ferner Ikonenmalerei sowie figürl. u. dekorative Mosaikarbeiten auf Fußböden, in Kuppeln u. Apsiden. Reliefs an Sarkophagen zunächst figürl., ähnl. Themen wie in der Malerei; seit Mitte 5. Jh. mehr schemat. Symboldarstellungen. – Die Deutung der Symbole der f. K. sind oft sehr schwierig u. Gegenstand kontroverser Diskussionen.

Fuchs, spielte im jap. u. chin. Mythos eine bedeutende Rolle als zauberkundiges, weises, dämonisches, teils gutes, teils böses Tier, das über zahlreiche, vor allem menschl. Metamorphosen seiner Gestalt verfügt. – In einigen indian. Kulturen ist der F. ein Symbol der Geilheit. – In Europa gilt er häufig als Sinnbild der Schlauheit u. Hinterlist. In der ma. Kunst erscheint er als Symbol des Teufels, der Lüge, Ungerechtigkeit, Maßlosigkeit, Habsucht u. Wollust. Der ↗Physiologus vergleicht deshalb Herodes mit dem F.; der F. ist vergleichbar allen anderen feuerfarbenen „Satanstieren", wie Eichhörnchen u. Hirschkäfer.

Füllhorn, Attribut (Symbol) der Fortuna oder der Personifikation des Herbstes, ein Sinnbild für die Überfülle des Glücks u. für reiche Ernte; das F. galt ursprüngl. als ↗Horn der ↗Ziege Amaltheia oder des Flußgottes Acheloos, das Herakles ihm im Kampf abgebrochen hatte.

Funken, Lichtpartikel, die nach antiker u. mittelalterl. Vorstellung Symbole der hochschwebenden Materie sind, im Sinne von unten/oben, die v. Materie in Geist übergehen. Mit einem ↗Feuerstein wer-

Fünf

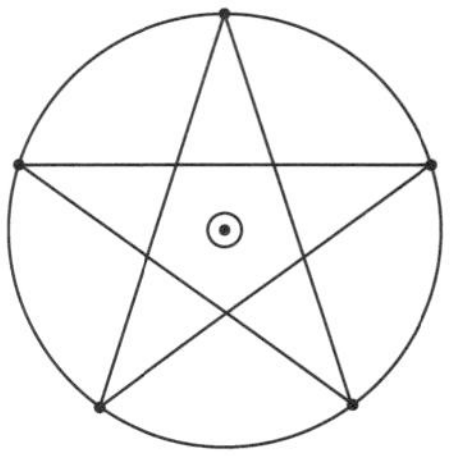

Das Zahlzeichen der Fünf

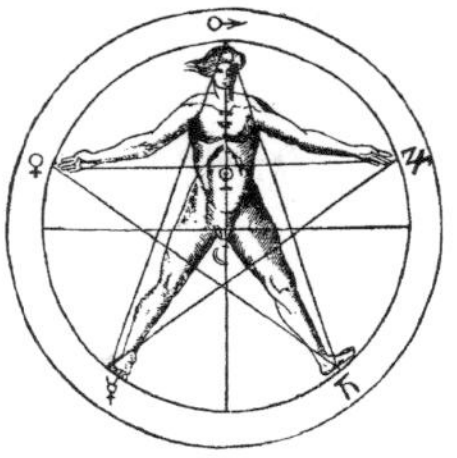

Das Pentagramm („Fünfwinkelzeichen") nach Agrippa von Nettesheim

5 Nach Pythagoras die vollkommene Zahl des Mikrokosmos Mensch; das Geheimzeichen ist das Pentagramm, auch als Fünfwinkelzeichen bekannt. Die 5 als Summe der 2 (weibl. Element) +3 (männl. Element), also 2+3 = 5 spielte u. spielt in vielen Kulturen eine wichtige Rolle. Den Pythagoreern galt sie, als Vereinigung v. ↗Zwei u. ↗Drei, als Symbol der Hochzeit u. der Synthese. Sie ist die Zahl der 5 Finger an einer Hand (u. kann diese bedeuten), die Zahl der 5 Sinne, der 5 Wunden Christi, der 5 Säulen der Frömmigkeit im Islam usw. Eine besondere Rolle spielte die 5 in China als Symbol des Mittelpunkts (↗Mitte); die Chinesen kannten außerdem 5 Farben, 5 Gerüche, 5 Töne, 5 Planeten, 5 Metalle usw.; die 5 ist zudem die Zahl der harmon. Verbindung v. ↗Yin und Yang. – Im Hinduismus ist die 5 u. a. die Zahl des Lebensprinzips; den Gott Shiva stellte man sich zeitweilig mit 5 Gesichtern vor (das fünfte, nach oben weisende, wurde mit der ↗Weltachse identifiziert u. in der Regel nicht dargestellt); außerdem verehrte man ihn gelegentl. auch in Gestalt v. 5 Linga-Darstellungen (↗Linga). – Die Alchimisten suchten mit der *Quintessenz* (das fünfte Wesen, d. h. das zu den vier Elementen hinzukommende fünfte Element) den lebenerzeugenden u. -bewahrenden Spiritus; möglicherweise hängt die verschiedentl. anzutreffende Fünfzahl in der Ornamentik der christl. Kirchen des MA u. a. mit derartigen Überlegungen zusammen.

15 Eine arithmet.-mystische Zahl, weil sie als die Summe von 1 + 2 + 3 + 4 + 5 = 15 ist, zugleich aber auch Produkt der beiden heiligen Zahlen 3 u. 5, also 3 x 5 = 15.

25 Besonders symbolträchtige Zahl als die zweite Potenz von 5, also 5^2 = 5 x 5 = 25, dadurch die Vervollkommnung der 5 Sinne aufzeigend; auch als Summe der heiligen ungeraden Zahlen unter 10 als bedeutungsvoll interpretiert: 1+3+5+7+9 = 25.

50 Faßt man die 50 als Produkt der 10 (Gebote) x 5 (Sinne) = 50 auf, so spielt sie eine Rolle im Zusammenhang mit Reue u. Vergebung und führt so auf den 50. Psalm, der eine Sündenklage enthält. Die 50 ist im Dezimalsystem eine unbestimmte Rundzahl: 50 Nereiden (bei Hesiod) sind eine unübersehbare Zahl, an der Tafelrunde in der Gralssage sitzen 50 oder 150 (also 3 x 50) Ritter. Im alten Rom brauchte ein Mann von mindestens 50 Jahren keinen Kriegsdienst mehr zu leisten.

55 Eine geringe Rolle spielende Zahl, aufgefaßt als Summe aller Zahlen von 1 bis 10: 1+2+3+4+5+6+7+8+9+10 = 55; weil sie als Summe 28+12+10+5 = 55 dargestellt werden kann, konnte sie für vielerlei Zahlenspekulationen benutzt werden.

Hand- und Fußwaschung: *Fußwaschung; nach einem Bild von Duccio di Buoninsegna im Dom von Siena*

den die F. geschlagen, die zum Entzünden der Osterkerze (Osterlicht) dienen.

Furien ↗Erinyen.

Fürst der Welt, allegor. (symbol.) Darstellung des Bösen in der Welt, wobei die „Welt" als Betrügerin u. Verführerin gilt (analog ↗Frau Welt).

Fuß, der mit der ↗Erde am engsten verbundene Körperteil bei Tier u. Mensch; steht als Organ der Fortbewegung, des „Ausschreitens" in symbolisch relevanter Verbindung mit dem Willen; so verstand man z. B. in Volksbrauch u. Recht *den F. auf etwas stellen* als Zeichen der Besitznahme. Bes. in der Antike war es üblich, auf den besiegten Feind den F. zu stellen zum Zeichen der totalen Unterwerfung. – Schon bei den Römern galt das Aufstehen oder Betreten mit dem rechten F. als glückbringend, mit dem linken F. dagegen als unglückverheißend. – Entblößte Füße sind häufig ein Zeichen der Demut (z. B. bei Betreten einer Moschee oder eines Heiligtums); bei Mönchsorden sind sie Ausdruck der bewußten Armut. – Dämon. Wesen werden häufig mit Tierfüßen dargestellt, so der Teufel mit einem Bocks- oder Pferde-F., ↗Zwerge oder weibl. Dämonen mit Gänse- oder Entenfüßen. – Der *F.kuß* (gegenüber Höhergestellten) war – vor allem mit Bezug auf die „Niedrigkeit" des F.es – Symbol tiefster Unterwerfung. – Die *F.waschung* – im Orient ein Akt der Gastfreundschaft – ist, wenn sie durch einen Höhergestellten ausgeführt wird, ein Symbol der Demut u. Liebe; als Gründonnerstagsbrauch ist sie in der kath. Kirche übl. als symbolischer Nachvollzug der F.waschung Jesu an den Jüngern. – In psychoanalyt. Sicht wird dem F. oft eine phallische Bedeutung beigemessen, wobei die Schuhe symbol. für die Vulva stehen. In diesem Zshg. können nackte Füße auch eine wichtige Rolle in Fruchtbarkeits-(Reife-)Ritualen spielen.

Fußabdrücke, die F. verehrungswürdiger Menschen werden in vielen Kulturen gezeigt bzw. verehrt. F. Christi wurden bes. im Zshg. mit der ↗Auffahrt bildl. dargestellt.

Fußstuhl, auch *Schemel,* schon in Mesopotamien Attribut der höchsten Gottheiten; der F. selbst kann auch als Symbol der Herrschaft selbst dienen, so z. B. Ps 110,1: „Und ich lege diese (d. h. Davids) Feinde dir als Schemel zu Füßen", oder bei Mt 5,35: „... bei der Erde, denn sie ist der Schemel seiner Füße ...". Auch der Regenbogen wird als der „F. des Herrn" aufgefaßt.

Fußwaschung, wie die ↗Handwaschung ein Zeichen ritueller Reinigung vor heiligen Handlungen.

Gabelkreuz, *Schächerkreuz,* ↗Kreuz.

Gagat *m, Jett,* eine polierfähige, sehr dichte ↗Kohle, als ↗Amulett weitverbreitetes Mittel gg. schädl. Einflüsse, z. B. gg. den bösen Blick, Gifte, Krankheiten, Unwetter. – Schon zur Keltenzeit, im MA u. in der Neuzeit wegen seiner tiefschwarzen (↗Schwarz) Farbe Trauer-Symbol u. daher häufig für Trauerschmuck verwendet.

Galgenmännlein ↗Alraune.

Ganggrab, in der Jungsteinzeit Megalithgrab mit schmalem Zugang, der mit Steinen bedeckt war; viele Ganggräber waren offensichtl. himmelskundl. geortet u. gelegentl. mit einem Lochstein *(Seelenloch)* verschlossen.

Gans, spielt in der ägypt. Mythologie eine wichtige Rolle als *Urgans,* die das Weltenei entweder legt oder – nach anderen Versionen – aus ihm hervorgeht. Wildgänse galten in Ägypten, wie in China, außerdem als Mittler zw. ↗Himmel u. ↗Erde. – In Griechenland war die G. der Aphrodite heilig, in Rom war sie der Juno geweiht; sie galt als Symbol der Liebe, der Fruchtbarkeit, der ehel. Treue, aber auch der Wachsamkeit; so sollen auch die Gänse auf dem Kapitol dieses bei der Zerstörung Roms 387 v. Chr. durch ihre Wachsamkeit gerettet haben. – In Rußland, Zentralasien u. Sibirien ist „G." eine gebräuchl. Bz. für die geliebte Frau. – Für die Kelten stand die G. dem ↗Schwan symbolisch nahe u. galt wie dieser als Botin aus der geistigen Welt.

Gänseblümchen, *Maßliebchen, Bellis,* Korbblüter der gemäßigten Zone. Urspr. der german. Muttergöttin Frija geweiht, in der ma. Kunst häufiges Marienattribut; es symbolisiert das ewige Leben u. Erlösung, aber auch, wie die ↗Margarite, Tränen u. Blutstropfen.

Gänsefingerkraut, soll dem, der die Wurzel der Pflanze bei sich trägt, Zuneigung, Beredtsamkeit, Klugheit u. Verstand verleihen. Galt als Symbol der Mutterliebe u. damit Marias, weil die Blätter sich bei Regen so über der Blüte zusammenlegen, daß sie ein schützendes Dach bilden.

Gans: *die ägypt. Urgans; Darstellung v. einem Papyrus*

Garbe, Symbol der Ernte u. Fülle. Bei Ernteriten wurden häufig der ersten oder letzten gebundenen G. bes. Kräfte zugeschrieben, die sich negativ auswirken, sofern nicht gewisse Regeln eingehalten werden, z. B. die G. verschenkt oder auf das Land des Nachbarn geworfen wird. – Als Zusammenfügung vieler Einzelelemente entspricht die G. symbolisch dem ↗Strauß.

Garten, Symbol des ird. u. himml. Paradieses, Symbol der kosm. Ordnung. – In der Bibel ist im Ggs. zur Hl. *Stadt* (↗Jerusalem, himmlisches), die die Endzeit symbolisiert, der G. ein Bild des sündenfreien Urzustandes des Menschen. Das Hohe Lied vergleicht den G. mit der Geliebten. – Im G. der *Hesperiden* der griech. Mythologie wuchs der Baum mit den goldenen Äpfeln, der zumeist als Sinnbild des Lebensbaums gedeutet wird. – In seiner Abgeschlossenheit, als Refugium gegenüber der Welt, steht der G. symbolisch der Oase u. der ↗Insel nahe. – Der ummauerte G., der nur durch eine schmale Pforte betreten werden kann, symbolisiert auch die Schwierigkeiten u. Hindernisse, die vor Erreichen einer höheren seelischen Entwicklungsstufe überwunden werden müssen. – In ähnlichem Sinne symbolisiert der umfriedete G. auch vom männlichen Standpunkt aus die intimen Bereiche des weiblichen Körpers.

Garuda, das Reittier (ein ↗Mischwesen) des ↗Wischnu u. der ↗Lakschmi.

Gärung, bei vielen, z. B. afrikan. u. indian., Völkern Sinnbild des die Materie durchdringenden Geistes u. überschäumender Imaginationskraft. Vergorenen Getränken schrieb man deshalb u. wegen ihrer Wirkung die Kraft zu, esoter. Wissen vermitteln zu können; sie wurden daher häufig bei rituellen Handlungen verwendet. – Da der Vorgang der G. dem des Verfaulens nahesteht, können vergorene Nahrungsmittel gelegentl. auch in Zshg. mit der Symbolik der ↗Exkremente stehen. – In der Alchimie versinnbildlicht die G. die „Reifung" u. Verwandlung organ. Substanz u. wurde daher auch in Verbindung mit dem Übergang vom Zustand des Todes in den des Lebens gesehen. – ↗Sauerteig.

Gazelle, Symbol der Schnelligkeit; z. B. in Indien mit der Luft u. dem Wind in Verbindung gebracht. – In der semit. Welt, namentl. wegen ihrer Augen, Inbegriff der Schönheit. – Da man ihr einen besonderen Scharfblick nachsagte, galt sie im Christentum gelegentl. als Symbol der durchdringenden geistigen Erkenntnis. – In der bildenden Kunst begegnet die G. häufig als Opfer, das v. wilden, reißenden Tieren verfolgt oder getötet wird: Symbol der Vernichtung des Edlen, Wehrlosen durch wilde Brutalität; psychoanalyt. Deutungen

Garten: Brunnen in ummauertem Garten, Symbol der Beständigkeit u. Wahrheit auch unter schwierigen Umständen; aus Boschius, Symbolographia, 1702
Garuda
***Gefäß:** die Jungfrau als Gefäß des göttl. Kindes; venezianischer Rosario della gloriosa vergine Maria, 1524*

sehen in diesen Darstellungen auch ein Sinnbild selbstzerstörerischer, dem Unterbewußtsein entstammender Tendenzen.

Gebärmutter, *Schoß*, Symbol für Fruchtbarkeit, aber auch für bergenden Schutz sowie schließl. allg. für geheimnisvolle, verborgene Kräfte. Die *alchimist. Öfen*, in denen sich phys., myst. u. moral. bedeutsame Verwandlungen vollzogen, wurden häufig mit der G. verglichen. ↗Initiation, ↗Yoni.

Gebärstein ↗Geier.

Gebetsschnur, in vielen Religionen übliche, mit Perlen oder Knoten versehene Schnur oder Kette, deren einzelne Elemente verschiedene geistige Tatsachen, Attribute, Gebetsformen oder Namen v. Heiligen, Erleuchteten u. Göttern usw. symbolisieren. – Die im Buddhismus gebräuchl. G. hat 108 Perlen u. entspricht den verschiedenen Entwicklungsstufen der Welt. – Der Islam kennt eine G. mit 99 Perlen, die die 99 Namen Allahs symbolisieren. – Der *Rosenkranz* der kath. Kirche ist die sinnl. Veranschaulichung einer Aneinanderreihung v. Gebeten. ↗Rosenkranz.

Gefäß, Sinnbild des Empfangens u. Aufnehmens, damit häufig Symbol für den weibl. Schoß; das Christentum vergleicht Maria, die den Hl. Geist in sich aufnahm, gerne mit einem G. – Das G., besonders das aus *Lehm*, ist außerdem ein Symbol für den Leib, der als G. der Seele gedeutet wird. – Das NT vergleicht den gläubigen Menschen mit einem G. der Gnade. – Manchen Völkern galt das Umgießen einer Flüssigkeit v. einem G. in ein anderes als Symbol der Reinkarnation der Seele. ↗Becher, ↗Schale.

Geier, in mehreren indian. Kulturen Symbol-Tier, das mit der reinigenden u. Lebenskraft verleihenden Gewalt des ↗Feuers u. der ↗Sonne zusammenhängt; bei den Mayas auch Todes-Symbol. – Da er Aas frißt u. damit in Lebenskraft verwandelt, gilt der G. in Afrika verschiedentl. als Wesen, das das Geheimnis der wahren Verwandlung wertloser Materie zu ↗Gold kennt. – In Ägypten war der G. ein Schützer der Pharaonen; die ägypt. Königinnen tragen häufig die schützende *Geierhaube*, eine Kopftracht in Form eines G.s, dessen Flügel seitl. den Kopf bedecken, während der G.kopf über die Stirn vorspringt. – Die Antike sah im G. einen durch seinen Flug schicksalskündenden Vogel; er war dem Apollo geweiht. – Da nach alter Naturauffassung die Eier des G.weibchens v. Ostwind befruchtet werden, ist er in der christl. Symbolik ein Sinnbild der Jungfräulichkeit Marias. Im ↗Physiologus wird

mehr über den *Gebärstein* gesprochen als über den G. selbst; dieser Gebärstein „ist wahrhaftig der des Heiligen Geistes ..., er ist ohne menschlichen Samen aus einer Jungfrau entstanden."

Gelb, sehr helle, der Symbolbedeutung des ↗Golds, des ↗Lichts u. der ↗Sonne nahestehende Farbe; wie das Gold verschiedentl. Symbol der Ewigkeit u. der Verklärung. – Als Farbe des Herbstes begegnet das G. auch gelegentl. als Farbe der Reife. – In China wurde es dem ↗Schwarz gegenübergestellt, zugleich aber, als dessen Komplement, eng mit ihm verbunden, entsprechend den vielfältigen Beziehungen der beiden Prinzipien Yang (Gelb) u. Yin (Schwarz); ↗Yin u. Yang. So entsteht etwa das Gelb aus dem Schwarz wie die Erde aus den Urgewässern. Da G. das Zentrum des Universums bezeichnet, ist es auch die Farbe des Kaisers. – Verschiedentl. wird auch eine deutl. Scheidung zw. verschiedenen Nuancen des G. getroffen, z. B. goldgelb = gut, licht; schwefelgelb = böse, teuflisch. Im Islam bezeichnet das Goldgelb Weisheit u. guten Rat, das blasse G. Verrat u. Täuschung. – Im MA überwiegen negative Deutungen: G. als Farbe des Neides (wie auch im alten Ägypten) oder als Schandfarbe der Kleidung v. Juden, Ketzern u. Dirnen. Positiv begegnet es auf ma. Tafelbildern vor allem als Ersatz für Gold.

Geld, bereits als solches Symbol für wirtschaftl. Güter im weitesten Sinne. – Als gleichsam abstrakte Form aller ird. Güter wird das G. unter moral. Gesichtspunkt, wie das ↗Gold, auch als Sinnbild des Weltverhaftetseins oder auch des Geizes gedeutet. – Als geprägte *Münze* (wie das ↗Siegel) im Christentum gelegentl. Symbol der gläubigen Seele, die das Bild Gottes in sich trägt (wie die Münze etwa das des Kaisers). – Unter psychoanalyt. Aspekt steht das G. in engem Zshg. mit den ↗Exkrementen.

Gemini, das Sternbild ↗Zwillinge.

Genius cucullatus, eine in weiten Teilen der v. den Kelten besiedelten Gebieten verbreitete bildl. Darstellung, die ein Kind im Mantel mit Kapuze zeigt. Neben anderen Deutungsmöglichkeiten, die in den Bereich v. Fruchtbarkeit u. Tod fallen, legt sich hier bes. der Gedanke an den kelt. Wiedergeburtsglauben nahe, nach dem der Tote in einem Kind auf die Welt zurückkehrt.

Gerechtigkeit, die Kardinaltugend ↗Iustitia.

Gesetzestafeln, Symbol des Alten Bundes, auf denen die Zehn Gebote geschrieben sind.

Geier: *G. als Schützer der ägypt. Könige*
Geld: *Geldscheißer von Goslar*
Gesicht: *Gesichtsurnen aus dem Kreis Lauenburg, Pommern; frühe Eisenzeit*

Gesichter, ein Kopf mit zwei Gesichtern ↗Janus, mit drei Gesichtern eine Trinitätsdarstellung ↗Dreifaltigkeit, mit vier Gesichtern ↗Brahma.

Gewand ↗Kleidung.

Gewandsaum, *Saum,* bes. im Nahen Osten symbolisch bedeutsam; das Küssen oder Berühren des G.s galt als Geste der Ehrerbietung oder Unterwerfung. – Das Abschneiden des G.s war dagegen bei einigen Völkern eine entehrende Strafe oder zumindest der symbolische Ausdruck der Verfügungsgewalt über eine Person (gelegentl. in Verbindung mit dem symbolisch sinnverwandten Abschneiden der ↗Haare).

Gewebe ↗Weben.

Gewitter ↗Unwetter.

Gewölbe ↗Kuppel.

Ginnungagap, in der german. Schöpfungsgeschichte das am Anfang stehende gähnende Nichts, aus dem die Welt entstand; dem griech. ↗Chaos vergleichbar.

Ginseng *m,* gilt in China, wie die ↗Alraune, u.a. wegen der menschenähnl. Gestalt ihrer Wurzel, als mit besonderen, vor allem lebensverlängernden Kräften begabt. Da man ihr auch eine Stärkung der Manneskraft zuschrieb, brachte man sie mit dem Prinzip Yang (↗Yin und Yang) in Verbindung.

Ginster, strauchartiger Schmetterlingsblüter mit gelben oder weißen Blüten. Der stacheltragende G. ist ein Sinnbild für die Sünde des Menschen, derentwegen dieser seinen Acker voller Dornen u. Disteln bestellen muß; außerdem ist er ein Symbol für das stellvertretende Leiden Christi (verschiedentl. unter den Marterwerkzeugen dargestellt), damit zugleich aber auch ein Erlösungs-Symbol (wie die ↗Distel).

Glas, wegen seiner Transparenz wie der ↗Kristall Symbol des ↗Lichts. Auf ma. Bildern ist G., das alle Dinge durchscheinen läßt, ohne selbst Schaden zu nehmen, auch ein Symbol der Unbefleckten Empfängnis. – *Marien-G., Fraueneis,* ist eisartig oder glasartig aussehender, in dünnen Blättern spaltbarer Gips; wurde im MA zum „Aufputzen" v. Heiligenbildern benutzt, begrenzt auch als G.ersatz.

Glasfenster ↗Fenster.

Glöckchen, nach Ex 28,33 ff. an dem Obergewand der Priester abwechselnd mit einem Granatapfel anzubringende goldene G., die bei dem Gang des Priesters zum Heiligtum erklingen müssen.

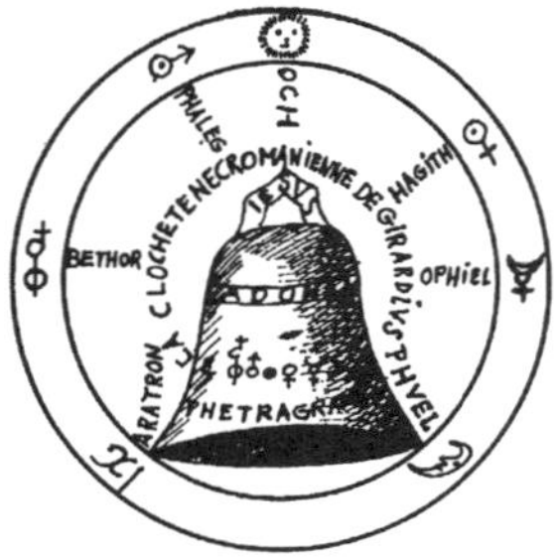

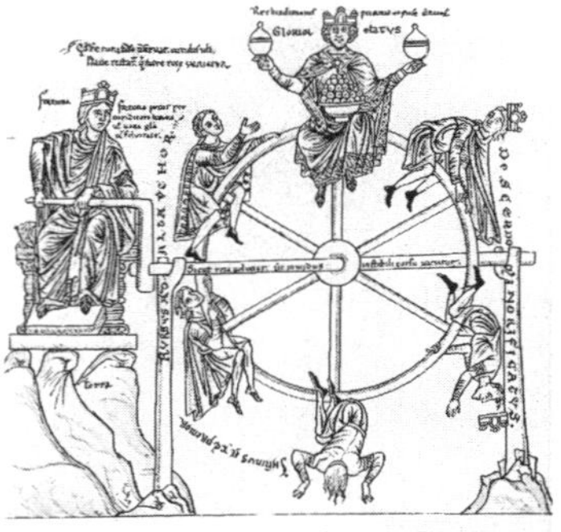

Glocke, häufig Symbol der Verbindung zw. Himmel u. Erde; ruft zum Gebet; erinnert an den Gehorsam gegenüber göttlichen Gesetzen. Der Klang der G. symbolisiert häufig (z. B. in China) die kosm. Harmonien. Im Islam wie im Christentum gilt der Glockenklang als Widerhall der göttlichen Allmacht, als „Stimme Gottes", deren Vernehmen die Seele über die Grenzen des Irdischen hinausführt. – Weit verbreitet ist die Vorstellung von der Unheil abwehrenden Funktion der G. Im späten MA spielten *mag. G.n* eine gewisse Rolle als Mittel zur Beschwörung v. guten Geistern (weiße Magie) der planetar. Region.

Glorie, Gloriole, ↗Heiligenschein.

Glucke ↗Henne.

Glücksrad, spezielle Form des Radsymbols (↗Rad), betont den Aspekt des Flüchtigen, des ständigen Wechsels. Die Antike kannte die Darstellung eines nackten Jünglings auf zwei geflügelten Rädern, der nicht nur das flüchtige Glück, sondern auch den günstigen Augenblick, den Kairos, symbolisiert. Auch die Glücks- u. Schicksalsgöttin Tyche bzw. ↗Fortuna steht auf einem Rad. – In der Kunst des MA begegnet häufig das G. im engeren Sinne: ein, oft v. Fortuna angetriebenes Rad, an das sich Menschen oder allegor. Figuren anklammern; es symbolisiert den Wechsel des Glücks, die stetige Veränderung alles Seienden, gelegentl. auch das Jüngste Gericht. Abb. S. 118

Gog und Magog, Symbolfiguren der Feinde Israels (Ez 38 f.); der Krieg v. Gog u. Magog als Krieg gg. Gott bzw. sein Volk ist der endzeitl. Entscheidungskrieg, der dem Kommen des Messias unmittelbar vorausgeht (Apk 20,8).

Gold, gilt seit je als edelstes der Metalle; es ist dehnbar, polierfähig, glänzend, weitgehend hitze- u. säurebeständig u. daher ein Sinnbild der Unveränderlichkeit, der Ewigkeit, der Vollkommenheit. U. a. wegen seiner Farbe wurde es fast überall mit der ↗Sonne oder dem ↗Feuer identifiziert. Deshalb ist es auch häufig ein Symbol der – vor allem esoter. – Erkenntnis. In der Symbolik des Christentums ist das G. weiterhin ein Symbol für die höchste der Tugenden, die Liebe. – Der *Goldgrund* auf Tafelbildern des MA ist stets ein Symbol des himml. Lichtes. – Verbreitet ist die Vorstellung vom G. als dem intimsten u. heiligsten Geheimnis der Erde. – Die G.macherei der Alchimisten, die mit der Suche nach dem ↗Stein der Weisen zusammenhing, muß urspr. in enger Beziehung zum Streben nach Läuterung der Seele (die durch das G. symbolisiert wird) gesehen werden. – Negativ bewertet wird das G. verschiedentl. unter moral. Gesichtspunkt als

Glocke: *magische G. als Mittel zur Beschwörung v. Geistern*
Glücksrad: *Miniatur aus dem Hortus Deliciarum der Herrad von Landsberg, Ende 12. Jh.*
Glücksrad: *Darstellung nach Petrarca, Von der Artzney beyder Glück, 1532*
Goldenes Kalb: *Der Tanz ums Goldene Kalb; Holzschnitt aus S. Brant: Narrenschiff, 1494*

Inbegriff aller ird. Güter (Synonym für ↗Geld) u. damit als Symbol für Weltverhaftetsein oder für Geiz. ↗Exkremente.

Goldenes Kalb, ein der Sage nach v. Aaron am Sinai hergestelltes Kalb-(oder Stier-)Idol, das v. den Israeliten umtanzt wurde, während Mose die Gesetzestafeln empfing; Symbol für die ständige Versuchung des Volkes Israel, dem Baal-Kult zu verfallen. – Der *Tanz um das G. K.* ist heute ein Symbol für das übertriebene Streben nach materiellen Gütern.

Goldenes Vlies, in der griech. Mythologie das v. einem ↗Drachen bewachte u. v. Jason u. den übrigen Argonauten nach Überwindung zahlreicher Schwierigkeiten geraubte goldene Widderfell. C. G. Jung sieht im G. V. ein Symbol für Ziele, die – entgegen dem Urteil des bloßen Denkens – in der Individualentwicklung dennoch erreicht werden.

Goldenes Zeitalter ↗Zeitalter.

Goldfasan ↗Fasan.

Goldregenpfeifer, *Regenpfeifer,* der ↗Charadrius des ↗Physiologus.

Golem *m* [hebr.], das „Gestaltlose", unbeseelte Materie. In der *jüd. (kabbalist.) Mystik* geheimnisvoller, künstl. erschaffener Mensch *(Homunculus)*; G.legende des Rabbi Löw v. Prag (1580).

Gong, altes chines.-ind. Schlaginstrument, meist eine frei aufgehängte Bronzescheibe von bis zu 1 m Durchmesser, mit einem Klöppel angeschlagen; schon seit dem 1. Jt. v. Chr. als Kult- u. Signalinstrument verwendet.

Gordischer Knoten ↗Knoten.

Gorgoneion *s,* Kopf der Gorgo (↗Gorgonen) von fratzenhaft schreckl. Aussehen mit maulartigem Mund, der die Zähne bleckt u. aus dem die Zunge heraushängt, oft auch bärtig; als Sinnbild schreckenerregender göttl. Kräfte u. zugleich als apotropäisches Zeichen an Tempeln angebracht; auch die ↗Aigis trug in der Mitte ein G.

Gorgonen [Mz.], gräßl. Ungeheuer der griech. Mythologie: drei Schwestern, Euryale, Sthenno u. Medusa, bei deren Anblick jeder zu Stein erstarren muß; mit ↗Schlangen in den Haaren oder am Gürtel, häufig geflügelt dargestellt. Oft gedeutet als symbolische Verkörperung der schreckl. Aspekte des Numinosen. Der Singular, *Gorgo,* bezeichnet in der Regel die sterbl. der drei Schwestern, Medusa, der Perseus das Haupt abschlug. Sie wird in

späterer Zeit auch oft als jugendl. u. schön dargestellt. ↗Gorgoneion.

Götterstatue, *Götzenbild,* ↗Idol.

Grab, als *Hügelgrab* möglicherweise symbolische Anspielung auf heilige Berge (↗Berg); zahlreiche Grabmäler (auch Urnen, sog. *Hausurnen*) beziehen sich in ihrer Form symbolisch (oder wie bei den Pyramiden ganz realist. verstanden) auf die Vorstellung v. einer Wohnstätte (Haus, Tempel usw.) für den Verstorbenen. – Psychoanalyt. wird das G. als Ort des Todes, aber auch als Stätte der Ruhe, des Behütetseins u. der erhofften Wiedergeburt verschiedentl. mit dem liebevollen u. zugleich schreckl. Doppelaspekt der Großen Mutter in Verbindung gebracht.

Grabstein ↗Stein.

Gral *m,* in der ma. Dichtung heiliger Gegenstand; in Frankreich meist Gefäß, das eine Hostie aufbewahrt, Abendmahlsschale oder Schale, in der Joseph v. Arimathia das Blut Christi auffing; in der dt. Fassung des Parzival v. Wolfram v. Eschenbach ist der G. ein ↗Stein mit wunderbaren Kräften, der Nahrung spendet u. ewige Jugend verleiht. Sinnbild höchsten himml. u. ird. Glückes, auch des himml. Jerusalem (↗Jerusalem, himmlisches). Nur dem reinen Menschen erreichbar, insofern auch Symbol der höchsten Stufe spiritueller Entwicklung nach Bestehen geistiger Abenteuer.

Granatapfel, wie andere Früchte mit zahlreichen Kernen (↗Kürbis, ↗Orange, ↗Tomate, ↗Zedrat-Zitronenbaum) Fruchtbarkeits-Symbol, weshalb er beispielsweise in Griechenland Demeter, Aphrodite u. Hera geweiht war. Im alten Rom trugen jungverheiratete Frauen, mit Bezug auf diese Symbol-Bedeutung, Kränze aus Zweigen des G.baumes. In Indien galt der Saft des G.s als Heilmittel gg. Unfruchtbarkeit. – Das Öffnen des G.s wird gelegentl. auch in symbolischer Beziehung zur Defloration gesehen. – Wegen der leuchtendroten Farbe seines Fruchtfleisches war der G. auch ein Symbol für die Liebe, für Blut u. damit zugleich für Leben u. Tod. – Bei den Phönikern stand der G. in enger Beziehung zur ↗Sonne u. bedeutete Leben, Macht u. Wiedererneuerung. – Im Judentum war der G. ein Symbol für die Gesetzestreue gegenüber der Thora. – Im MA wurden Duft u. Vielzahl der Kerne des G.s als Symbol der Schönheit u. der zahlreichen Tugenden Mariens gedeutet. Die kugelige Form, die Vielzahl der Kerne u. der Wohlgeruch galten aber auch als Sinnbild der Vollkommenheit, der unendl. Zahl der Eigenschaften u. der Güte Gottes. Die Vielzahl der Kerne, in einem Gehäuse vereinigt, konnte außerdem auch als Symbol der Kirche auf-

Gorgonen: *Gorgo auf einer griech. Amphora (500/490 v. Chr.)*
Gorgonen: *Gorgo als Amphorenschmuck (attisch, 7. Jh.)*
Grab: *verschiedene Typen v. Hausurnen*
Granatapfel: *Farbholzschnitt, Zehnbambushalle*
Greif: *Darstellung auf einem seidenen Schweißtuch (Kathedrale v. Sens)*

gefaßt werden. Den roten Saft des G.s brachte man mit dem Blut der Märtyrer in Verbindung. Der G., dessen Schale hart u. ungenießbar ist, der jedoch im Innern süßen Saft birgt, wurde schließl. auch zeitweilig als Symbol des vollkommenen Christen, insbesondere des Priesters, gedeutet.

Gras ↗Heu.

Grau, besteht zu gleichen Anteilen aus ↗Schwarz u. ↗Weiß, daher Farbe der Vermittlung, der ausgleichenden Gerechtigkeit; auch Farbe v. Zwischenreichen, z. B. im Volksglauben Farbe umgehender Toter u. Geister. Im Christentum Farbe der Auferstehung der Toten, Farbe des Mantels, den Christus als Weltenrichter trägt.

Grazien (lat. = die Anmutigen), in der röm. Mythologie Göttinnen der Anmut; Symbolfiguren für die jugendl. Anmut u. Schönheit des Weibes, wie andere myth.-symbol. Gestalten in dreifacher Gestalt auftretend.

Greif *m*, Fabeltier des Altertums mit Adlerkopf (↗Adler), Löwenleib (↗Löwe) u. Flügeln (↗Mischwesen); sonnenhaftes Symboltier. – Bei den Griechen dem Apollo u. der Artemis heilig, symbolisiert Kraft u. (wegen seines durchdringenden Blickes) Wachsamkeit. – Da er als Adler dem Himmel, als Löwe der Erde angehört, war er im MA Symbol der göttl.-menschl. Doppelnatur Christi; als sonnenhaftes Tier auch Symbol der Auferstehung.

Grille, bei den Chinesen Symbol für Tod u. Auferstehung, da sie ihre Eier in die Erde legt u. nach einer Larvenphase v. dort als fertiges Tier an die Oberfläche kommt. – In China wie auch z. B. in den mittelmeer. Kulturen gilt die gerne im Haus u. am ↗Herd lebende G. *(Heimchen)* außerdem als Glücksbringer.

Grün, Farbe des Pflanzenreichs, vor allem des sprossenden Frühlings, Farbe des Wassers, des Lebens, der Frische, Farbe der Vermittlung zw. dem ↗Rot des Höllenfeuers u. dem ↗Blau des Himmels. Häufig ist G. der Gegenspieler, gelegentl. aber (als Farbe des Lebens) auch der Stellvertreter des Rots. Als Farbe der alljährl. Erneuerung in der Natur ist G. außerdem Farbe der Hoffnung, des langen Lebens u. der Unsterblichkeit. – In China steht das G. weiterhin in symbolischem Zshg. mit Blitz u. Donner, mit dem ↗Holz u. mit dem Prinzip Yin (↗Yin und Yang). – Im Islam ist G. die Farbe des materiellen u. spirituellen Heils, die Farbe der Weisheit u. der Propheten. – Die mytholog. Vorstellungen vieler Völker kennen enge Beziehungen u. Verwandlungen zw. Rot u. G. In

Afrika z. B. gilt das G., das das Weibl. repräsentiert, verschiedentl. als aus dem männl. Rot hervorgegangen. Die Alchimisten sahen Verwandlungsprozesse häufig als Interaktionen zw. Bereichen, die durch das männl. Rot u. das weibl. G. symbolisiert wurden. Bei Alchimisten u. Okkultisten spielt das *grüne Licht* eine Rolle; es begegnet in der Natur sowohl bei der Verbrennung verschiedener chem. Substanzen wie auch z. B. als äußerst selten zu beobachtende Lichterscheinung bei auf- oder untergehender Sonne *(grüner Strahl)* u. ist ein Symbol der Erleuchtung sowie zugleich ein Sinnbild des Todes u. des Lebens. Die Alchimisten sahen auch das sog. geheime Feuer, den lebendigen Geist, unter dem Bild eines grünen, durchscheinenden u. schmelzbaren ↗Kristalls. G. in Zusammensetzungen wie *Grüner Löwe, Grüner Drache* usw. bezeichnet in der Alchimie meist Lösungsmittel, die selbst ↗Gold zu lösen imstande sind. – Die christl. Künstler des MA malten das Kreuz Christi verschiedentl. grün zum Zeichen der durch Christus erwirkten Erneuerung u. als Ausdruck der Hoffnung auf eine Rückkehr der Menschheit ins Paradies. G. kann in der ma. Kunst allerdings auch negative Bedeutung haben als Farbe des Giftes u. eines bedrohlichen Glanzes.

Grundstein, prakt. in allen Kulturen der „ausgezeichnete“ Stein, mit dem der Bau eines Kultgebäudes (z. B. Tempel) symbol. begonnen wurde; der G. einer christl. Kirche ist ein mit einem Kreuz gezeichneter u. geweihter Stein; ähnl. ist der ↗Schlußstein eines Gewölbes aufzufassen.

Grünspecht ↗Specht.

Gryllen [Mz.; v. gr. *grylloi* = Ferkel], phantast. Menschen- u. Tierzerrbilder; angebl. von dem in Alexandria lebenden Antiphilos erfunden, der damit einen gewissen Gryllos („Ferkel“) verhöhnen wollte.

Gula (Völlerei), weibl. Personifikation einer der 7 Todsünden, reitet auf einem Schwein oder einem Fuchs mit einer Gans im Maul; Symbole u. a.: Wolf, Bär, Schwein, Rabe.

Gundermann, kriechender Lippenblüter mit zumeist blauvioletten Blüten. Im MA verbreitete Heilpflanze; mit Bezug darauf gelegentl. auch Marien-Symbol. Ein Kranz aus in der Walpurgisnacht gepflückten G.pflanzen sollte angebl. die Fähigkeit verleihen, am nächsten Tage Hexen zu erkennen.

Gurkenkraut ↗Borretsch.

Gürtel, infolge seiner Kreisgestalt u. seiner befestigenden Funktion Symbol der Kraft, der Macht, der Weihe, der Treue (Bindung an eine Person, Gruppe oder Aufgabe),

Gürtel: *Teil einer fränkischen Gürtelschließe mit Kreuzen, 7. Jh.*
Gürtel: *Zwei Teile eines Gürtelbeschlags aus Obervorschütz/Hessen. Die einzelnen Körperteile der dargestellten Tiere sind deutlich voneinander getrennt, so daß das Tier aus einer Reihe unabhängiger Details zusammengesetzt erscheint*
Guter Hirte: *frühchristliche Darstellung (3. Jh.)*

des Schutzes u. der Keuschheit. Jemanden seines G.s berauben bedeutet demgegenüber, ihm seine Bindungen u. seine Kraft, gelegentl. auch seine Würde nehmen. – In Indien ist das Anlegen des G.s durch den Guru ein wesentlicher Teil der spirituellen Einweihung. – In der Bibel wird der G. auch als Symbol der Bereitschaft (gegürtete Lenden u. beschuhte Füße) erwähnt. – Bei Indern, Griechen u. Römern bestand der Hochzeitsbrauch des *G.lösens* durch den Bräutigam. – Der *G. der Venus* galt als unwiderstehl. zauberwirksam. Zugleich hat der G. im erot. Bereich aber auch eine trennende u. verbergende Funktion: Der erste G., v. dem die Bibel spricht, ist der G. aus Feigenblättern, mit dem Adam u. Eva ihre Scham bedeckten. Die Engel galten als gegürtet zum Zeichen ihrer Kraft u. der Beherrschung der Geschlechtskraft; denselben Sinn haben die G. der Eremiten, Mönche u. Priester bei der Messe. Dirnen durften im MA weder Schleier noch G. tragen. – Den G.n verschiedener Heiliger wurde eine geburtserleichternde Kraft zugeschrieben.

Guter Hirte, symbol. Darstellung für Christus als Retter nach Lk 15,3 u. Jo 10,1 ff., formal auf antike idyll. ↗Hirten-Bilder zurückgehend; erst später auch erzählende Wiedergabe des Gleichnisses. In der frühchristl. Kunst (außer Byzanz) häufig, bes. in der Grabkunst, seit 12. Jh. bes. in der Buchmalerei, auf zykl. Bildteppichen, im Spät-MA in vielen typolog. Zusammenhängen; beliebt im Barock.

Gynäkokratie *w* [gr. = Frauenherrschaft], polit. Übergewicht der Frau, die in der Form reiner Frauenherrschaft nur sagenhaft ist (Amazonen).

Haar, in vielen Kulturen als realer Träger v. oder Symbol für Kraft angesehen (z. B. die H.e des Samson im AT). Aus dieser Hochschätzung des H.es erklärt sich auch der Sinn des H.opfers (z. B. bei den Griechen bei Aufnahme in die Bürgerschaft, bei Hochzeits- u. Begräbniszeremonien; im Christentum seit dem MA gegenüber bestimmten Heiligen) als Zeichen der Hingabe u. Verbundenheit oder der Buße. Die Tonsur der Mönche u. Kleriker muß wohl u. a. auch in diesem Zshg. gesehen werden. – Bei den Germanen u. im MA besaß das H.abschneiden rechtl. Symbolwert u. galt als Entehrung des Verbrechers (so auch noch am Ende des letzten Krieges als Kennzeichnung für weibl. Kollaborateurinnen). – In verschiedenen, vor allem mag. orientierten Kulturen können abgeschnittene H.e die Person des Trägers selbst bedeuten u. werden entsprechend bei bestimmten Praktiken verwendet. – Symbol. Wert kann auch die *Haartracht* haben: wilde, verwirrte, gelegentl. v. Schlangen durchzogene H.e deuten auf schreckl. Gottheiten, Furien usw. (z. B. im Hinduismus u. in der griech. Mythologie). Verschiedene Frisuren galten auch als Zeichen für Berufe, Kasten u. Klassen, Alter oder Geschlecht. Im alten Ägypten z. B. trugen die Kinder eine lange gelockte Strähne auf der rechten Seite. – Lange, offene Haare galten verschiedentl., vor allem bei Männern, als Zeichen für Freiheit oder adlige Herkunft, bei Frauen im MA als Zeichen der Jungfrauen (aber auch der Huren). Langes, unbeschnittenes Haar kann aber auch ein Zeichen bewußter Zivilisationsfeindlichkeit sein wie das der Yogis, der Eremiten oder auch moderner Subkulturen. Verschiedentl. unterließ man das Schneiden der Haare auch während des Krieges, einer Reise oder als Ausdruck der Trauer (die Griechen der archaischen Epoche schnitten sich dagegen, zum Zeichen der Trauer, die H.e ab). – Auch die *Haarfarbe* besaß gelegentl. symbolischen Wert: so brachte man die blonde Farbe häufig mit dem Licht in Verbindung, während ↗Rot seit dem hohen MA als Zeichen des Bösen galt. *Haarknoten* spielten bei den Germanen wie bei anderen Völkern auch eine Rolle (↗Suebenknoten); in der späteren Überlieferung des MA gilt

Haar: *Horus als Kind mit einseitiger Haarlocke*
Haar: *Zopfartiger „Suebenknoten" einer eiszeitlichen Moorleiche*

Hahn: *Detail von einem korinthischen Krater (6. Jh. v. Chr.)*
Hahn: *Wetterhahn vom Hahnenturm des Freiburger Münsters*

der Haarknoten, die Haubung, als Zeichen der verheirateten Frau.

Haartracht ↗Haar.

Habicht, als weitverbreiteter Raubvogel in der Kunst des christl. MA Todes-Symbol.

Hahn, als morgendl. Künder der ↗Sonne, wegen seines schillernden Gefieders u. seines feuerroten Kammes bei vielen Völkern (z.B. bei Syrern, Ägyptern u. Griechen) Sonnen- u. Feuersymbol. – In Japan glaubte man, erst der H.enschrei rufe jeden Morgen die Sonnengöttin aus ihrer Höhle hervor. – Wegen seiner engen Beziehung zum anbrechenden Tag ist er ein Symbol der Überwindung der Finsternis durch das ↗Licht sowie ein Sinnbild der Wachsamkeit. Der Volksglaube maß dem ersten H.enschrei oft apotropäische Wirkung gg. die Dämonen der Nacht bei. Der selbst dem Feuer nahestehende, zugleich aber wachsame H. sollte außerdem gg. das Feuer, das als *roter H.* zugleich sein Gegenspieler ist, helfen. – Sein starker Fortpflanzungstrieb ließ den H. weiterhin zu einem Fruchtbarkeits-Symbol werden, so ist das H.enopfer z.B. verschiedentl. Bestandteil v. Ernteriten. – Wegen seiner Streitlust ist der H. vor allem im Fernen Osten, aber auch z.B. in der Kunst der Antike, ein Symbol des Kampfes, der Kühnheit u. des Mutes. – Bei Germanen u. Griechen spielte er außerdem eine gewisse Rolle als Seelenführer. – Im Christentum ist der H. als Künder des Tages ein Auferstehungs-Symbol u. ein Symbol für die Wiederkunft Christi am Jüngsten Tag. Der häufig auf Kirchturmspitzen angebrachte, wegen seiner hohen Position als erster v. den Sonnenstrahlen berührte *Wetterhahn* symbolisiert den Sieg des Lichtes Christi über die Macht der Finsternis u. ist außerdem ein mahnendes Sinnbild, das zum Gebet am frühen Morgen aufruft. – Im heutigen Europa gilt der H. meistens als Symbol des Stolzes oder „stolzierenden", übersteigert männl. Verhaltens.

Hahnenfuß, weitverbreitete, artenreiche Gattung; einige bes. heilkräftige Arten begegnen auf ma. Bildern als Marienattribute. Oft verwechselt mit der ↗Nelkenwurz.

Hain ↗Wald.

Hakenkreuz, *Swastika* [v. Sanskrit *svasti* = Glück], ein in verschiedenen Formen überliefertes ↗Kreuz. Vorkommen bereits auf neolith. Bandkeramik (3. Jt. v.Chr.); hauptsächl. Sonnenzeichen. ↗Swastika.

Halbmond, *Sichelmond,* häufige Form, in der der ↗Mond als symbolisches Zeichen dargestellt wird. – Attribut weiblicher, vor allem jungfräulicher, Gottheiten (z.B. Ar-

 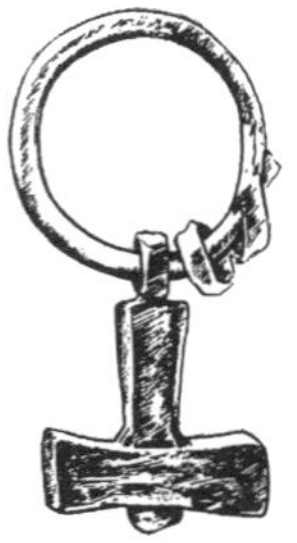

Halbmond: *Maria in der Mondsichel; nach Dürer*
Hammer: *Thors H. Mjöllnir als Amulett; Silber, 10. Jh.*

temis). Möglicherweise mit Bezug auf seine zunehmende Phase steht er auch dem Bedeutungs-Zshg. „Schwangerschaft" u. „Gebären" nahe. Die Beziehung, die die christl. Kunst zw. dem Mond u. der Jungfrau Maria herstellte (häufig als Immaculata auf der Mondsichel dargestellt) hängt z.T. wohl auch mit diesen beiden Bedeutungskomplexen zusammen, auch wenn der vordergründige Bezug das mit der ↗Sonne bekleidete apokalyptische Weib ist, das den Mond zu seinen Füßen hat. – Im Islam ist der H. ein Zeichen, das zugleich Öffnung u. Konzentration symbolisiert u. auf die Überwindung des Todes durch das (ewige) Leben verweist. Der einen Stern umschließende H. ist seit den Kreuzzügen zum allg. Emblem der islam. Welt geworden (in den Ländern des Vorderen Orients entspricht der Rote Halbmond dem Roten Kreuz der westl. Welt).

Hammer, Werkzeug u. urspr. Waffe, daher Symbol für Macht u. Stärke. Wurde häufig mit dem Donner in Verbindung gebracht, daher in der german. Mythologie Attribut des Donnergottes Thor. Bei den Kelten ein Kultgegenstand, oft mit überlangem Stiel u. tonnenartigem Schläger dargestellt (↗Sucellos). In der Antike war er das Werkzeug des Hephaistos, des Gottes des Feuers u. der Schmiedekunst. – In einigen Kulturen kennt man rituell geschmiedete Hämmer, denen mag. Schutzkraft gg. das Böse zugeschrieben wurde. – In Nordeuropa finden sich zahlreiche H.darstellungen, z.B. auf Grabsteinen; möglicherweise handelt es sich dabei um Zeichen, die die Ruhe des Verstorbenen gg. böse Einflüsse wahren sollen. Gelegentl. begegnen auch Hämmer als verschleierte Kreuzsymbole. – Im Freimaurertum ist der H. ein Symbol für an der Vernunft orientierte Willenskräfte. – Im Rechtsleben besitzt der H. symbolisch-verbindl. Bedeutung bei Auktionen u. anderen Geschäften. Nach dem Tod des Papstes wird dreimal mit einem goldenen H. an den Kopf des Papstes bzw. an die Wände des Sterbezimmers geschlagen, um den eingetretenen Tod rechtskräftig zum Ausdruck zu bringen.

Farbtafeln

Apokalypse *Dieses letzte und symbolträchtigste Buch des Neuen Testaments schildert in gewaltigen Visionen das künftige endzeitliche Geschehen bis zum Weltgericht und zum Kommen des Reiches Gottes.*
Besonders das Weltgericht wurde häufig dargestellt, Grundlage war die Vision: „Ich sah die Toten, die Großen und die Kleinen, vor dem Throne stehen, und die Bücher wurden aufgeschlagen. Und noch ein Buch wurde aufgeschlagen, das ist das Buch des Lebens; und die Toten wurden gewichtet nach dem, was in den Büchern geschrieben stand, nach ihren Werken... und wenn jemand nicht im Buch des Lebens verzeichnet gefunden wurde, so wurde er in den Feuerpfuhl geworfen".
Die Miniatur aus der Apokalypse der Königin Eleonore zeigt den Weltenrichter in der Mandorla, links einen Engel mit den Passionswerkzeugen, darunter eine Königin und vier bedeutende Kirchenmänner, rechts geben Erde und Meer die Toten mit den „geöffneten" Büchern frei, unten werden die Verdammten in den Feuerpfuhl (die Hölle) geworfen.

Auffahrt *Den Weltenraum verlassend, erheben sich in diesem Bild des Hieronymus Bosch („Aufstieg zum Licht") zwei Menschenseelen, um durch einen von kosmischem Licht durchfluteten röhrenartigen Gang den Weg ins Paradies zu suchen und schließlich zu finden.*

Diese Auffahrt oder Aufstieg ins ewige Licht wurde oft durch symbolische Darstellung in der Kunst zu erfassen gesucht. Voller Symbole ist ihre dichterische Gestaltung in Dantes „Göttlicher Komödie", in der der Autor, wie neueste Forschungen zeigen, die Zahlensymbolik zur „Konstruktion" des Werkes einsetzte.

Elefant *Die Elefanten galten in Indien als Karyatiden des Universums und als Reittiere hochgestellter Götter; auf unserem Bild reitet der Liebesgott Kama, der auch als Gott des Wachstums gilt: als Schiwa, der Weltzerstörer, ihn getötet hatte, siechte die Natur dahin. Der Volksglaube sieht heute in Kama mehr das Symbol der frivolen Leichtfertigkeit.*

Der Elefantenkörper ist symbolisch aus neun Frauenkörpern gebildet; daß es gerade neun sind, ist nicht zufällig, spielt die Neun doch in den zentralasiatischen Mythologien eine wichtige Rolle.

Die Technik, aus menschlichen, pflanzlichen oder tierischen Teilen Phantasiegebilde zu „konstruieren", ist alt; man kennt sie schon im alten Mesopotamien, wo offensichtlich die Mischwesen „erfunden" wurden. Sie war aber auch in der klassischen Antike bekannt und erlebte in den phantastischen und grotesken Bildern Arcimboldos (2. Hälfte des 16. Jahrhunderts) einen grandiosen Höhepunkt.

Evangelisten *Die Evangelistensymbole werden in überzeugender Weise mit dem sog. festen Kreuz der Astrologen in Verbindung gebracht; die Eckpunkte des Kreuzes werden durch Stier und Skorpion (Adler), Löwe und Wassermann (Mensch) repräsentiert, das sind die Sternbilder, die sich jeweils paarweise im Tierkreis gegenüberstehen. Diese Darstellungen sind wahrscheinlich alte Erinnerungen aus der Zeit der babylonischen Gefangenschaft der Juden, als sie mit babylonischen kosmischen Mischwesen (Lamassu) und astrologischen Ansichten bekannt wurden; diese Erinnerungen sind nie in Vergessenheit geraten, wenn auch das Wissen darum weitgehend verlorenging.*

Felsmalerei *Magischer Jagdzauber bildet vermutlich den mythologischen Hintergrund dieser Höhlenbilder aus der Mtoko-Höhle in Südrhodesien, die von Buschmännern, zum Teil schon vor einigen tausend Jahren, angefertigt wurden. Wichtig europ. Fundstellen sind in Frankreich u. Spanien.*
Felsbilder – ihr Vorkommen aus den verschiedensten Epochen der Geschichte und aus fast allen Regionen der bewohnten Welt ist in unseren Tagen belegt worden – bewegen sich fast immer auf der Ebene des Magischen, sie bilden also meist die Vorstufe der komplexen Sprache des Mythos oder des Symbols. Man hat deshalb die Felsbilder und Felsritzungen auch als die Sprache der Abwesenden bezeichnet; sie sind Verständigungsmittel, sichtbar gemachte Gedanken und Worte.

Glücksrad *(Aus einer Handschrift v. John Ludgates Troy Book and Story of Thebes, England, ca. 1455–1462)*
Fortuna ist als Augenblicksgöttin die Göttin des Glücks und Unglücks, das Rad ihr Attribut; das Rad als Symbol der zyklischen Wiederkehr der Zeit. Die Launen des Schicksals, die manchen Menschen Glück und Erfolg bringen, anderen aber Verderb und Elend, werden oft mit wechselnden Erscheinungen der Planeten verknüpft: Rad und Planeten werden durch einen die Weltachse drehenden Engel in Bewegung gehalten. Fortuna wird oft als blind oder mit einer Binde über den Augen dargestellt, weil ihre Wahl moralisch blind ist.

Herz *„Laotses Jünger beten Buddha an"; diese Malerei aus dem 18. Jahrhundert auf einem Maulbeerbaumblatt in Herzform enthält eine Vielzahl aufeinander bezogener Symbole: der Maulbeerbaum stand im alten China mit der aufgehenden Sonne und dem Herz im Zusammenhang, Herz und Buddha standen als „das wahrhaft So-Seiende, das Zeitlose" im Mittelpunkt gelehrter Diskussionen (unser Bild!) mit Aussagen wie „das Herz ist die ‚Wahrheit'" oder „eint sich Natur mit Wissen (Bewußtsein), gibt es den Begriff ‚Herz'", oder weiter: „Wenn man sein Herz groß macht, dann kann es die Dinge in der Welt verkörpern … Aber der Heilige schöpft die Natur aus … Wer sein Herz ausschöpft, kennt die Natur". Aufgrund seiner zentralen Stellung im Körper wird das Herz im chinesischen Denken zum Träger von Funktionen, die das „gesamte Universum umfassen …"*

Kometen *Kometen erschienen im Weltbild der Antike und des Mittelalters als der sichtbare Ausdruck einer Krise in des Wortes eigentlichster Bedeutung: Störung des göttlichen, des geregelten Gleichlaufes der Gestirne und Planeten; Kometen auf ihren aller Regelmäßigkeit spottenden Bahnen am Himmel wurden zu Verkündern außergewöhnlicher, positiver wie negativer, Ereignisse. Unser Bild zeigt den Halleyschen Kometen bei seiner Erscheinung 1066 als Episode auf dem normannischen Wandteppich von Bayeux. Der Halleysche Komet wurde schon in Keilschrifttexten der spätbabylonischen Zeit erwähnt; er ist der bekannteste der periodischen Kometen.*

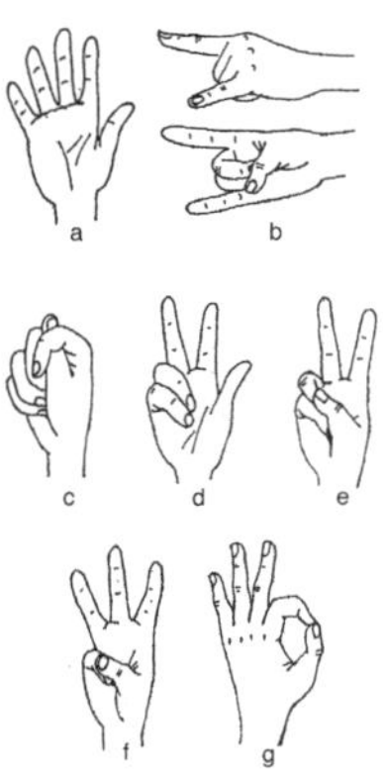

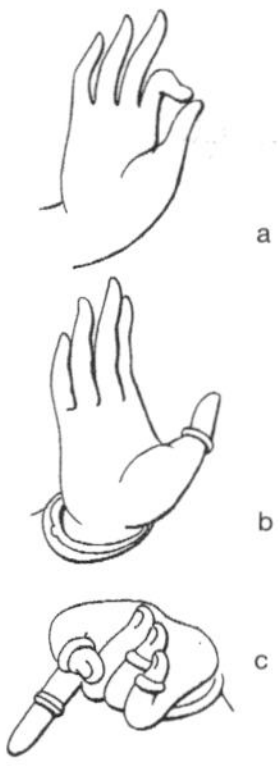

***Hand:** Apotropäische Handgestik: **a** Offene „Grußhand". **b** Cornuta. **c** Fica. **d** Gottes- oder Schwurhand. **e** Schwurhand mit „Hasenohren". **f** Dreisproßhand. **g** Den „Augenkreis mit Wimpern" formende Hand.*

Hand:** Beispiele für **Handgesten in Indien
a) cinmūdrā oder wakhyanamudra, bedeutet: Meditation oder Lehre
b) Abhaya, bedeutet: Gewährung von Schutz
*c) sūcī oder tarjanī, **bedeutet: Drohung***

Hand, Symbol für Aktivität u. Macht, in der Gestik aber auch Symbol der apotropäischen Wirkung. Sich in der H. eines Gottes oder Herrschers zu befinden heißt, ihm ausgeliefert zu sein, aber auch unter seinem Schutze zu stehen. – Das Ergreifen bzw. Darreichen der Hand bzw. Hände ist ein Zeichen freundl. Offenheit, der Hingabe oder der Verzeihung; es ist daher auch seit alters ein wesentliches Symbol des geschlossenen Ehebundes u. hat vielfach rechtssymbol. Bedeutung. – Im Buddhismus bedeutet eine geschlossene H. das Verschweigen esoter. Geheimnisse; die geöffnete H. des Buddha deutet folgl. darauf hin, daß er kein Geheimnis zurückbehalten hat. Darüber hinaus kennen Buddhismus u. Hinduismus eine Vielzahl verschiedener mit den Händen ausgeführter *Gesten*, deren symbolische Bedeutung feststeht u. die in der bildenden Kunst u. im kult. Tanz eine bedeutende Rolle spielen; sie können z. B. ausdrücken: Bedrohung, Hingabe, Meditation, Bewunderung u. Gebet, Argumentation, Furchtlosigkeit usw. Hand- u. Fingersprachen (↗Finger) spielen in den meisten Kulturen eine Rolle als Kommunikations- u. Ausdrucksmittel, so gilt es z. T. in Afrika als ein Zeichen der Unterwerfung u. Ehrfurcht, die linke Hand mit geschlossenen Fingern in die rechte zu legen; eine ähnl. Bedeutung hatte es im alten Rom, wenn man die H. im Ärmel verbarg. Bedeckte oder verhüllte Hände waren in der Antike allg. üblich, wenn man sich hohen Würdenträgern näherte oder v. ihnen Geschenke empfing. Diese Geste begegnet später auch gelegentl. in der christl. Kunst wieder als Ausdruck religiöser Ehrfurcht; bei liturg. Handlungen in der christl. Kirche ist sie üblich, wenn heilige Gegenstände v. Nichtpriestern getragen werden. – Sehr weit verbreitet ist die Unterscheidung der symbolischen Bedeutung v. rechter u. linker H. (↗Rechts und links). Sie spielt z. B. beim *Segensgestus* durch H.auflegen eine Rolle, der in der Regel mit der rechten H. ausgeführt u. häufig als eine reale Übertragung v. Kräften verstanden wurde. – In der christl. Kunst wird das Eingreifen Gottes oft durch eine aus den Wolken herabfahrende H. symbolisiert; allg. wurde die H. Gottes verschiedentl. als Symbol des inkarnierten Logos gedeutet. Gebetsgebärde ist seit dem MA das Falten der Hände. – Als rechtsverbindl. gilt noch heute das Heben der rechten H. beim Schwur. ↗Handschuh.

Handschuh, vor allem im ma. Rittertum bedeutsam als Rechts- u. Herrschafts-Symbol. Ein zugeworfener H. galt als Zeichen einer angesagten Fehde *(Fehde-H.)*; er war das Sinnbild eines mit der Hand ausgeführten Schlages, der selber als unritterl. verboten war. Ritter u. später Kavaliere trugen den H. der verehrten Dame am Helm bzw. Hut. – Das Tragen v. *Finger-*

H.en war lange Zeit ein Vorrecht des Adels u. damit ein Standes-Symbol. – In der Freimaurerei sind H.e ein Bestandteil der rituellen Kleidung; sie sind meistens ↗weiß u. sind sowohl ein Symbol der zu verrichtenden Arbeit wie ein Sinnbild der Reinheit. Auch in der kathol. Kirche symbolisiert der Gebrauch v. H.en Reinheit u. Würde.

Hand- u. Fußwaschung. In fast allen Religionen wäscht man sich zum Zeichen ritueller Reinigung vor heiligen Handlungen, bes. die *Hände.* – Pilatus wusch sich die Hände, um damit symbolisch den Verzicht auf Verantwortung auszudrücken. – Die *Fußwaschung* galt im Orient als Liebesdienst an Fremden u. Gästen; die F. Christi an seinen Jüngern war Erweis u. Sinnbild seiner dienenden Liebe; seit dem 7. Jh. nachvollzogen in der kath. Liturgie des Gründonnerstags. ↗Bad, ↗Taufe.

Harfe, neben der ↗Leier das wichtigste Saiteninstrument des Alten Orients, wird oft mit dieser synonym gleichgesetzt (gezupfte Saiten!). Die H. hat zuerst 7, später 19 oder 20 u. bei der griech. bis zu 35 Saiten. Die H. wird in der altnord. u. ir. Dichtung häufig genannt.

Harz, wegen seiner Unverderblichkeit u. weil es häufig v. immergrünen Bäumen gewonnen wird, Symbol der Unsterblichkeit. ↗Myrrhe, ↗Weihrauch.

Hase, oft mit dem *Kaninchen* gleichgesetzt, mondhaftes Symboltier, weil er tags schläft u. nachts wacht u. weil er sehr fruchtbar ist (↗Mond). In den Märchen u. Sagen vieler Völker ist der Mond daher entweder selbst ein H., oder aber die hellen u. dunklen Flächen auf ihm werden bildhaft als H.en gedeutet. Wegen seiner Fruchtbarkeit (evtl. auch, weil er sich gerne in Erdfurchen duckt) steht der H. auch in enger Beziehung zur als Mutter verstandenen Erde u. ist daher weiterhin ein Symbol für die ständige Erneuerung des Lebens. – Die scherzhafte Vorstellung vom eierlegenden *Osterhasen* potenziert diese Fruchtbarkeitssymbolik durch Verbindung mit einem weiteren Fruchtbarkeits-Symbol (↗Ei). Da man die reiche Nachkommenschaft des H.n auch auf dessen große Sinnlichkeit zurückführte, begegnet er gelegentl. als Tier mit sexuellem Symbol-Bezug. – Wegen seiner Furchtsamkeit gilt er verschiedentl. als Symbol für Angst u. Feigheit; seine angebliche Fähigkeit, mit offenen Augen schlafen zu können, ließ ihn zu einem Symbol der Wachsamkeit werden; wegen seiner Schnelligkeit erscheint er auch als Sinnbild der rasch dahineilenden Lebenszeit. – In der Bibel wird der H. als unreines Tier erwähnt.

Hand- und Fußwaschung: Fußwaschung Jesu; nach einer Darstellung im Evangeliar des Speyrer Doms
Harfe: Detail aus einer Grabmalerei (ägypt., 18. Dynastie)
Harfe: Zykladisches Idol mit Harfe, ca. 2500 v. Chr.
Hase: Der Jäger (der Teufel) verfolgt den Hasen (den Menschen), der Hase (der gläubige Mensch) kann den Jäger (den Teufel) in die Flucht schlagen („Musterbuch" von Schmid)
Hase: die Mondsichel als Schale mit Lebenswasser, in dem ein Kaninchen sitzt; mexikan. Darstellung; Codex Borgia 55

Haselstrauch, spielt im Volksglauben u. Zauberwesen verschiedentlich eine Rolle, möglicherweise u.a. wegen seiner Biegsamkeit, wegen der Tatsache, daß er nicht vom Blitz getroffen wird, sowie wegen der frühzeitigen Blüte. Er galt als beschützend gg. böse Geister u. gg. Schlangen. Die Haselgerte war ein beliebtes Instrument bei Gold- u. Wassersuchern, da sie angeblich über Gold- oder Wasseradern ausschlägt (Wünschelrute). In späterer Zeit wurde sie auch zum Hexen verwendet.

Hauch ↗Wind.

Haus, als geordneter, umfriedeter Bezirk wie die ↗Stadt oder der *Tempel* Sinnbild des Kosmos bzw. der kosm. Ordnung. – Gräber wurden verschiedentl. wie Häuser gestaltet mit Bezug auf ihre Deutung als letzte Wohnstatt des Menschen (z.B. die Pyramiden der Ägypter). – Gleich dem *Tempel* ist das H. verschiedentl. Symbol des menschl. Körpers, häufig (so z.B. im Buddhismus) in Verbindung mit der Vorstellung, daß der Leib der Seele nur Herberge für kurze Zeit bietet. Gelegentl. (etwa in der psychoanalyt. Traumdeutung) wird der Symbolbezug Leib – Haus noch detaillierter ausgemalt, so daß die Fassade des H.es der äußeren Erscheinung entspricht, das Dach dem Kopf oder Geist oder Bewußtsein, der Keller den Instinkten, Trieben, dem Unbewußten, die Küche psych. Verwandlungen.

Hausurne ↗Grab.

Hauswurz, *Sempervivum,* gelbblühende Staude mit fleischigen Blättern. Galt dem Volksglauben nach als Schutz gg. Blitz u. Unwetter („Donnerkraut"). Als ausgesprochen ausdauernde Pflanze war sie auch bes. auf Krippenbildern ein Symbol für das ewige Leben (vgl. den lat. Namen).

Heiligenattribute, Gegenstände oder Symbole, die einen bestimmten Heiligen namentl. kennzeichnen (individuelle H.) oder einer bestimmten Kategorie v. Heiligen zuordnen (allgemeine H., z.B. Schriftrolle oder Buch für Apostel oder Kirchenlehrer, Palmzweig für Märtyrer). Die individuellen H. knüpfen an Leben, Martyrium oder Legende des Heiligen an. Auswahl ↗S. 124

Heiligenschein, *Glorie, Gloriole,* nach antikem Vorbild (↗Nimbus) in der christl. Malerei (gelegentl. auch Plastik) Sinnbild der Göttlichkeit, Hoheit oder Herrscherwürde in Form einer runden, meist goldenen Fläche oder eines Strahlenkranzes um das Haupt v. Personen (im Ggs. zu ↗Aureole u. ↗Mandorla): zuerst für Christus, das Lamm, Gottvater (häufig auch dreieckig) u. die Taube des Hl. Geistes; oft mit eingefügtem Christusmonogramm oder ↗Kreuz

Heiligenattribute *(Auswahl)*

Adler
Johannes Evangelist
Anker
Nikolaus
Beil
Bonifatius, Joseph
Bienenkorb
Ambrosius
Bernhard v. Clairvaux
Brot
Elisabeth v. Thüringen
Nikolaus
Buch
Apostel, Evangelisten, Kirchenlehrer, Theresia v. Avila
Drache
Georg, Margareta, Michael
Engel
Matthäus Evangelist
Herz
Augustinus, Brigitta, Franz v. Sales, Theresia v. Avila
Hirsch (Kreuz im Geweih)
Eustachius, Hubertus
Jesuskind
Antonius v. Padua, Christophorus
Kardinalshut
Kirchenväter
Kelch
Barbara, Johannes Evangelist, Norbert, Thomas v. Aquin
Kreuz
Johannes der Täufer, Andreas, Brigitta, Helena
Lamm
Agnes, Johannes der Täufer
Lanze
Georg, Apostel Thomas
Löwe
Hieronymus, Markus
Mantel (zerteilend)
Martin v. Tours
Mitra
Bischöfe u. Äbte
Orgel
Cäcilia
Palme
Martyrer
Pfeil
Sebastian, Ursula
Rad
Katharina v. Alexandrien
Rost
Laurentius
Schiff
Adelheid, Nikolaus, Ursula
Schlange
Johannes Evangelist
Schwert
Martyrer
Stier
Lukas
Traube
Gregor der Große
Turm
Barbara
Zange
Agathe

als *Kreuznimbus*; seit dem 5. Jh. auch für Maria, Engel, Apostel, Propheten u. Hl. verwendet, vom 4.–12. Jh. aber auch für lebende Persönlichkeiten (Päpste, Bischöfe, Stifter, Herrscher), dann meist quadrat.; in der Kunst des MA auch durch den Goldgrund ersetzt, in Renaissance u. Barock vielfach durch perspektiv.-ovale Licht-

Heiligenschein: verschiedene Varianten: Strahlenkranz oder Scheibe mit Kreuz für Christus; Viereck für lebende Personen; Dreieck für Gott Vater
Helm: griech. Helm
***Hermaphrodit,** im Mittelpunkt der Welt stehend. Frankfurt 1550, Rosarium Philosophorum*

streifen, architekton. Rahmen oder ausstrahlenden Lichtschein verdrängt oder vermieden.

Heilszeichen, neben dem Knoten u. dem Ring, neben antiken Münzen u. deren Nachbildungen (Goldbrakteaten) als Amulette u. neben verschiedenen Bindefiguren, die an das aus der Antike in das Christentum übernommene Labyrinthsymbol erinnern, neben einer Fülle solcher Zeichen erscheinen im german. Bereich vor allem Hakenkreuz u. Radkreuz als H. Sie symbolisieren wohl den Lauf der Sonne, das indische Swastika-Symbol selbst die aufgehende Sonne. Die tatsächliche Bedeutung u. Relevanz solcher H. ist umstritten; wie die Runen haben sie oft eher ornamentalen Charakter. Leicht deutbare Heilszeichen im Anschluß an den Kult um Thor sind beispielsweise Amulette in Hammerform.

Heimchen ↗Grille.

Held, nach psychoanalyt. Deutung der Traum- u. Märchensymbolik oft Verkörperung siegreicher Ich-Kräfte.

Helm, Symbol der Stärke, der Unverwundbarkeit, gelegentl. auch der Unsichtbarkeit.

Henkelkreuz ↗Ankh.

Henne, *Glucke,* Symbol der fürsorgl., beschützenden Mütterlichkeit, gelegentl. auch im Sinne der übertreibenden Karikatur. ↗Huhn.

Herakles am Scheideweg ↗Scheideweg.

Herd, *Herdfeuer,* Symbol des Hauses, der menschl. Gemeinschaft, Wärme u. Geborgenheit, der Familie, der Frau. Spielte in den religiösen Vorstellungen vieler Völker eine wichtige Rolle, so wurden schon in prähistor. Zeit Verstorbene neben dem H. begraben; diente häufig als Stätte kult. Brauchtums. *Herdkulte* gibt es in zahlr. Religionen, bes. im indogerman. Kulturkreis. Der Herd ist vielfach kult. Mittelpunkt des Hauses, Ort des kult. Feuers, bei den Römern Stätte der häusl. Schutzgeister *(Laren),* denen am Herd geopfert wird; Göttin des Herdes bei den Griechen Hestia, bei den Römern Vesta.

Herdfeuer ↗Herd, ↗Feuer.

Herkules am Scheideweg ↗Scheideweg.

Hermaphrodit *m, Zwitter,* Symbol für die Koexistenz oder die Vermittlung v. Gegensätzen sowie für den vollkommenen Menschen. Die Gottheit wurde in vielen Religionen als zweigeschlechtl. Wesen vorgestellt. Plato berichtet in seinem „Symposion" den Mythos vom urspr. zweige-

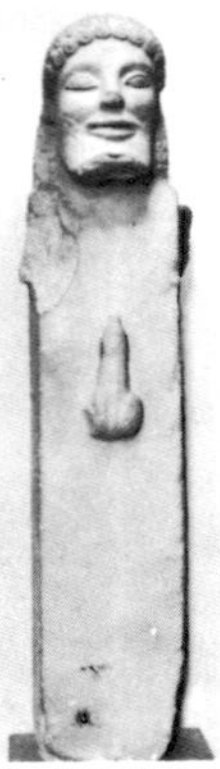

schlechtl. Menschen. ↗Androgyn. – Die „Materia prima" u. der ↗Stein der Weisen der Alchimie, der durch Wiederverbindung des männl. u. weibl. Prinzips (nach vorheriger Trennung) erzeugt werden sollte, erscheinen in Abbildungen häufig als Hermaphrodit. ↗Mercurius, ↗Rebis.

Herme *w* [gr.], pfeilerförmiges Bildmal, mit bärtigem Hermeskopf bekrönt, mit seitl. Armansätzen u. Phallus gekennzeichnet; urspr. dem Hermeskult gewidmet, Weg- oder Grenzzeichen, auch an Gräbern u. Hauseingängen aufgestellt; seit klass. Zeit auch körperhafte Gestaltung des Pfeilerschaftes *(Körper-H.)*; in der röm. Kunst *Porträt-Hermen* (oft mit Namensinschrift am Schaft) sowie *Doppel-H.* mit 2 einander entgegengesetzten Gesichtern; später als Bauplastik.

Hermelin *s*, großes, weißes *Wiesel*; wegen seiner Farbe Symbol der Reinheit, Unschuld u. Unbestechlichkeit (in diesem Sinne häufig als Pelzwerk an den Roben v. Herrschern). – In der christl. Kunst Symbol Christi als des Überwinders des Teufels, da es ↗Schlangen jagt u. tötet.

Heroisches Zeitalter ↗Zeitalter.

Herz, als lebenswichtiges Zentralorgan des Menschen mit der symbol. Bedeutung der ↗Mitte zusammenhängend. – In Indien gilt es als Ort des Kontaktes mit Brahman, der Personifikation des Absoluten. – Im alten Griechenland repräsentierte es zunächst Denken, Fühlen u. Wollen des Menschen, später verlagerte sich die Bedeutung stärker in Richtung des Geistigen. – Im Juden- u. Christentum gilt das H. vor allem als Sitz der gemüthaften Kräfte, bes. der Liebe, aber auch der Intuition u. der Weisheit. – Der Islam sieht im H. den Ort der Kontemplation u. Spiritualität, es gilt als eingehüllt in verschiedene Schichten, deren Farben in der Erregung sichtbar werden. – Eine wesentliche Rolle spielte das H. in der ägyptischen Religion als Zentrum der Lebens-, Willens- u. Geisteskraft; es wurde in der präparierten Mumie zusammen mit einem ↗Skarabäus zurückgelassen, da seine Wägung beim Totengericht das jenseitige Schicksal des Menschen bestimmte. – Die christliche Kunst hat vor allem seit der Mystik des hohen MA eine – an die Liebessymbolik angelehnte – weitverbreitete H.symbolik (flammende, durchbohrte usw. H.en Christi, Marias, der Heiligen) entwickelt. – Heute gilt das H. allg. als Symbol für Liebe u. Freundschaft. Abb. S. 119

Hesperos, *Vesper*, der Planet ↗Venus als Abendstern.

Heu, als getrocknetes, d. h. gleichsam „totes" *Gras* in der Bibel Symbol für die Ver-

Herme von Siphos
Heuschrecke: die apokalypt. Heuschreckenvision (Ausschnitt); nach einer Darstellung in der Apokalypse v. Saint-Sever, Satan et les sauterelles, 11. Jh.
Hexagramm: Symbol der Vereinigung v. Feuer u. Wasser, Luft u. Erde; aus: Eleazar, Uraltes chymisches Werk, 1760
Hexen: Ausfahrt der H. zum H.sabbat. Holzschnitt um 1489

gänglichkeit der Welt u. des Menschenlebens.

Heuschrecke, vor allem die *Wanderheuschrecke,* die in großen Schwärmen ganze Landstriche mit Kahlfraß verwüstet, Symbol der Gefräßigkeit u. Zerstörung. Im AT ist die *H.nplage,* die über Ägypten kommt, eine Heimsuchung Gottes (↗Ägypt. Plagen). Die *H.nvision* der Apokalypse wird entweder als Sinnbild der Häretiker oder als Vision dämon. Mächte gedeutet. – In China wurde die zeitweilig auftretende rasche Vermehrung der H. einerseits als Ausdruck einer Störung der kosm. Ordnung, in früheren Zeiten aber auch als Symbol für reiche Nachkommenschaft u. damit für Glück u. Wohlstand gesehen, vielleicht, weil man die viermalige Häutung als ein Symbol der Seele ansah.

Hexagramm *s, Salomonssiegel, Davidstern,* sechszackiger Stern, gebildet durch zwei übereinanderliegende oder zwei verschlungene Dreiecke; begegnet vor allem im Judentum, Christentum u. im Islam, liegt im Prinzip aber auch dem ind. ↗Yantra zugrunde. Das H. ist häufig im weitesten Sinne ein Symbol der Durchdringung v. sichtbarer u. unsichtbarer Welt; im Hinduismus Symbol der Verbindung v. ↗Yoni u. ↗Linga; in der Alchimie auch Symbol der Vereinigung aller Gegensätze, da zusammengesetzt aus den Grundformen der Zeichen für die Elemente ↗Feuer △ bzw. ↗Luft 🜁 u. ↗Wasser ▽ bzw. ↗Erde 🜃. Außerdem kann man in der Alchimie noch zahlreiche Spekulationen finden, die v. einer Entsprechung der einzelnen Linien oder Punkte des H.s mit Planeten, Metallen, Qualitäten usw. ausgehen. – Der Davidstern ist ein Glaubens-Symbol des Judentums u. nationales Emblem des Staates Israel. – C. G. Jung sieht im H. die Vereinigung der Bereiche des Persönlichen u. des Unpersönlichen oder auch des Männl. u. des Weibl. versinnbildlicht.

Hexen, auf z. T. volksmäßigem Zauber- u. Gespensterglauben beruhender Sammelbegriff für menschl. Wesen, meist Frauen, seltener Männer, die im Bund mit dem Teufel stehen sollen u. dadurch Zauberkräfte besitzen sollen, z. B. Flug durch die Luft (*H.ritt* zum *H.sabbat*); der *H.wahn* hat überwiegend oriental. Ursprung (schon in der Antike belegt) u. gipfelte in den kirchl.-weltl. Strafverfolgungen vom 14. Jh. bis zur Aufklärung, die „überführten" H. wurden mit dem Feuertod bestraft. ↗Kessel.

Hexenkraut ↗Baldrian.

Himmel. Der H., früher häufig als über der Erdscheibe gewölbte Halbkugel gesehen, spielt in den mythologischen u. religiösen Vorstellungen fast aller Völker eine

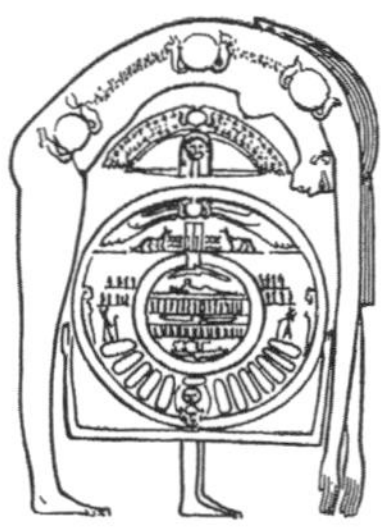

große Rolle als Ort, von dem aus Götter u. göttliche Wesenheiten als wirkend gedacht werden u. zu dem sich die Seele nach dem Tod erhebt. Entscheidend für diese – ursprünglich nur real u. nicht symbolisch verstandene – Deutung waren wohl die Tatsache, daß der H. „oben" ist (↗Höhe), sowie die gesetzmäßig geordneten Bewegungen der Gestirne, der befruchtende, lebensnotwendige, v. H. kommende Regen, Furcht u. Ehrfurcht erwekkende Naturerscheinungen, wie Gewitter, ↗Blitze, Kometen, Meteorite, ↗Regenbogen usw. – Häufig begegnet die Vorstellung, H. u. Erde seien ursprünglich vereinigt gewesen. Unter diesem Aspekt repräsentiert der H. dann nur die eine Hälfte der gesamten Welt; mit dieser Vorstellung hängt auch die ebenfalls weitverbreitete Parallelisierung: Himmel = männlich, aktiv; Erde = weiblich, passiv zusammen; durch die Befruchtung der Erde durch den H. entstehen erst alle irdischen Wesen (in Ägypten allerdings herrschte die umgekehrte Auffassung: die mütterliche *Himmels*göttin Nut als Gemahlin des *Erd*gottes Geb). – Verbreitet sind auch die Vorstellungen von mehreren H.n oder H.ssphären übereinander, entsprechend den verschiedenen Hierarchien geistiger Wesenheiten oder den verschiedenen Läuterungsgraden der Seele.

Himmelsleiter ↗Leiter.

Himmelspforte ↗Türe.

Himmelsschlüssel ↗Schlüsselblume.

Himmelstür ↗Türe.

himmlisches Jerusalem ↗Jerusalem, himmlisches.

Hindin, *Hinde,* die ↗Hirschkuh.

Hinken, Ausdruck der Schwachheit oder des Verletztseins; wie die ↗Blindheit kann auch das H. Symbol geistiger Unzulänglichkeit sein, zugleich jedoch, ebenso wie diese oder die ↗Einäugigkeit oder der Buckel, auf außergewöhnl. Fähigkeiten in bestimmten Bereichen verweisen (etwa bei Hexen, Zauberern, Feuergöttern, z.B. Hephaistos). In der griech. Mythologie ist das H. zugleich häufig eine Strafe, die v. den Göttern wegen Ungehorsams verhängt wird (Hephaistos hinkt, weil er seiner Mutter Hera gegen seinen Vater Zeus beistand). – Nach dem Volksglauben hinkt der Teufel auf einem Fuß, weil er durch eigene Schuld aus dem Himmel gestürzt ist.

Hiob, *Ijob, Job,* bibl. Symbolfigur des gottesfürchtigen, rechtschaffenen Mannes, der auch durch schwere Schicksalsschläge in seinem Gottvertrauen nicht erschüttert wird.

Himmel: die ägypt. Himmelsgöttin Nut, an deren Leib die Sonne auf- u. absteigt, beugt sich über die als Scheibe dargestellte Erde; Relief v. einem Sarkophag, 30. Dyn.
Himmel: Der H. befruchtet die Erde u. erzeugt den Menschen; nach: Thenaud, Traité de la cabale, 16. Jh.
Hirsch: Hirschkuh, Ausschnitt aus einer Amphorenmalerei (7. Jh. v. Chr.)
Hirsch: goldblechverkleidete H.figur (Fund aus Pazyryk)

Hirsch. Bereits in altsteinzeitl. Höhlen finden sich Abbildungen von H.en u. als H.e verkleideten Menschen, die wohl kult. Zwecken dienten. – Der H. war ein weltweit verehrtes Tier; er wurde wegen seines sich alljährlich erneuernden, hohen Geweihs häufig mit dem Lebensbaum (↗Baum) verglichen, daher auch Symbol der Fruchtbarkeit, des (geistigen) Wachstums u. des Stirb u. Werde in vielen Kulturen u. Epochen. Der H. sichert dem Toten in der german. Vorstellung den Weg in das ewige Leben im Jenseits (↗Cernunnos). Das H.geweih erschien wegen seiner Gestalt u. wegen der blutroten Farbe des im Frühjahr abgescheuerten Bastes außerdem vielen Völkern als Symbol der Lichtstrahlen u. des Feuers u. der H. daher als sonnenhaftes Tier oder auch als Vermittler zw. ↗Himmel u. ↗Erde. – Dem Buddhismus gilt der (goldene) H. (neben der Gazelle) als Symbol der Weisheit u. Askese. – Der sonnenhafte Aspekt des H.es wurde in China gelegentl. auch in negativem Sinne gedeutet: der H. als Symbol der Trockenheit u. Dürre. – Neben der Hindin (↗Hirschkuh) galt auch der H. in der Antike als heiliges Tier der Artemis; der Kampf des H.es mit anderen Tieren symbolisierte den Kampf zwischen Licht u. Finsternis. Als Seelenführer erscheint der H. u. a. in der Antike u. bei den Kelten. Die Antike sah den H. auch als Feind u. Töter der ↗Schlangen, eine Vorstellung, die (über den ↗Physiologus vermittelt) auch noch in der christl. Kunst des MA begegnet; u. a. basiert auch hierauf die Identifikation des H.es mit Christus (der der Schlange, d. h. dem Teufel, den Kopf zertritt); die Legenden der Heiligen Eustachius u. Hubertus berichten von der Erscheinung eines H.es, der zwischen den Geweihstangen den Gekreuzigten trug, manchmal wird auch das H.geweih mit Christus verglichen, weil es bis zum Himmel reichen kann. Häufig wird in der christl. Kunst der H. auch in Verbindung mit dem Wasser des Lebens dargestellt (mit Bezug auf den 42. Psalm). – Gelegentlich wird er zum Symbol der Melancholie, da er die Einsamkeit liebt. – Wegen seines sich auffällig äußernden Brunftverhaltens gilt er außerdem auch als Symbol der männl. sexuellen Leidenschaft.

Hirschkuh, *Hindin,* Symbol des animal. oder des mütterl. Aspekts der Weiblichkeit; im Märchen werden Frauen oder Mädchen häufig in eine H. verwandelt. In der griech. Mythologie war die H. der Hera u. der Artemis heilig; der Wagen der Artemis wurde v. vier Hirschkühen oder Hirschen (↗Hirsch) mit goldenem Gehörn gezogen. – In der Mythologie der Türken u. Mongolen verkörpert die Hirschkuh die weibliche, das heißt irdische Seite der mythischen Vereinigung von Himmel und Erde.

Hirse, urspr. weitverbreitete Volksnahrung; galt in China als Symbol der fruchtbaren Erde u. der natürl. Ordnung.

Hirte. In vielen Kulturen hat der H. religiöse Symbol-Bedeutung im Sinne einer umsichtig fürsorgl. Vaterfigur. Gott u. Herrscher wurden verschiedentl. als H.n verstanden. – Die Insignien der ägypt. Herrscher entstammen der Welt der H.n. – Gott ist der H. des Volkes Israel; Jesus Christus ist der *gute Hirte*: der am häufigsten dargestellte Christustyp der frühen Christenheit, der zurückgeht auf die in Mesopotamien u. Griechenland verbreitete Darstellung des H.n, der ein ↗Lamm (oder Kalb) auf der Schulter oder im Arm trägt.

Höchstes Wesen, *Hochgott*, in der Religions-Wiss. Bz. für die über der Welt u. allen übersinnl. Gewalten stehende Macht (↗Gott), bes. als Schöpfer, Urheber u. Wächter der sittl. Ordnung; der Glaube an ein H. W. *(Hochgottglaube)* ist in fast allen Kulturtypen bereits in frühester Zeit in mannigfachen Formen anzutreffen.

Hochzeit, *Ehe*, in vielen Religionen Sinnbild für die Vereinigung göttl. (zumeist personifizierter) Kräfte untereinander oder des Menschen mit Gott oder Göttern oder der Seele mit dem Körper oder, bes. in der Alchimie, der Vereinigung v. Gegensätzen. Die Antike beispielsweise kannte u.a. das Götterpaar Jupiter (Zeus) u. Juno (Hera), aber auch zahlreiche Verbindungen des Göttervaters mit sterbl. Frauen. – Das AT spricht v. der Ehe zw. Jahwe u. dem Volk Israel; im NT finden sich verschiedentl. Hinweise auf die christl. Kirche als Braut Christi. Die Nonnen der kath. Kirche erhalten bei der Aufnahme ins Kloster Schleier, Kranz u. Ring als symbolischen Ausdruck der Vermählung mit Christus. – ↗Sakrale Prostitution.

Höhe, als sinnbild.-anschaul. Vorstellung Bereich des Geistes, des Göttlichen; Ziel geistiger u. moral. Entwicklung.

Hohelied, das H. des AT, Teil der sog. Weisheitsbücher; die theolog. Ausdeutung u. die Bilder aus dem Text bilden Grundlage für viele Symbole der jungfräul. Gottesmutter; bes. bekannt die ↗Lilie u. der ↗Hortus conclusus.

Höhle. Schon in prähistor. Zeit dienten H.n kult. Handlungen (↗Felsbilder). Die Symbolbedeutung der H. hängt sowohl mit dem Bereich des Todes (der dunkle Raum) wie mit dem der Geburt (der mütterl. Schoß) zusammen. H.n wurden daher oft verehrt als Aufenthalts- oder Geburtsorte von Göttern, Helden, Geistern, Dämonen, Toten usw.; oft wurden sie als Eingang ins Totenreich angesehen. – Die Sumerer stellten sich das Reich der Toten

Hochzeit: *symbol. Darstellung der Vereinigung v. Gegensätzen in der Alchimie; Rosarium philosophorum, 1550*
Höhe: *die Vereinigung der Höhe u. der Tiefe; Ausschnitt aus einer Darstellung der Maria Prophetissa in: Maier, Symbola aureae mensae, 1617*
Hölle: *der Teufel Belial vor dem Höllentor*

in einer H. im Weltenberg (↗Berg) vor. – Die Ägypter glaubten, daß das lebenspendende Wasser des Nils aus einer H. entspringt. – Eine wichtige Rolle spielten H.n bei Initiationsriten (regressus ad uterum?), z. B. bei den Eleusinischen Mysterien oder auch bei den Orakel-Riten des Fruchtbarkeitsgottes Trophonius. – Das *Höhlengleichnis* des Plato ist eine symbol. Darstellung der menschl. Erkenntnis-Situation in der Welt der bloßen Abbilder u. des Scheins; Aufgabe des Menschen ist es, aus dieser „Höhle" heraus u. schließl. zur Schau der Ideenwelt zu gelangen. – In der Kunst der Ostkirche wird die Geburt Christi fast immer in einer H. dargestellt (die in Palästina üblicherweise als Stall diente); die Darstellung dieser H. als Erdspalte symbolisiert evtl. einen Mutterschoß, unter Bezug auf die Symbolik der Befruchtung der ↗Erde durch den ↗Himmel.

Höhlenbilder ↗Felsbilder.

Höhlenkunst, Zeugnisse urgeschichtl. Kunstschaffens, wohl zu kult. Zwecken, bes. aus der Alt-, Mittel- u. Jungsteinzeit überliefert in Form v. ↗Felsbildern u. ↗Felszeichnungen, ↗Felsenreliefs, Tier-Kleinplastiken, Gravierungen u. plast. Verzierungen an Geräten aus Knochen, Elfenbein u. Stein. Große Reliefs v. Tieren, seltener v. Frauenfiguren, bes. aus dem Aurignacien u. Magdalénien, meist in grottenartig offenen Höhlen, sowie einzelne Funde großer vollplast. Tierfiguren. Beispiele für H. haben sich sowohl im eurasischen als auch im afrikanischen, amerikanischen u. australischen Raum erhalten.

Höhlentempel, *Felsentempel,* in natürl. Höhlen oder in den Fels gehauene Tempelbauten, bes. zahlr. in Indien (z. B. Adschanta, Elephanta, Karli) u. China; auch Ägypten (Abu Simbel), Mittelmeergebiet (Petra) oder Anatolien.

Hölle, im Unterschied zur Unterwelt (↗Jenseits) führen alle Toten in der H. ausnahmslos ein Schattendasein, in zahlreichen Religionen der jenseitige strafende Vergeltungsort, das traditionelle Gegenbild des Himmels, das Reich gnadenloser Unterweltsherrscher bzw. des ↗Teufels; meist als Ort unerträglicher Hitze- oder Feuerqualen, seltener als Ort eisiger Kälte dargestellt.

Höllenabstieg, *Höllenfahrt Christi,* das Eingehen der Seele Christi in die Unterwelt (Mt 12,40; Apg 2, 24.31), den Aufenthaltsort der Seelen der Gerechten aus vorchristl. Zeit. In der *byzantin. Kunst* als ↗Anastasis, im Abendland seltener dargestellt, bes. im 10.–15. Jh.

Höllenfeuer ↗Feuer.

Holunder, Strauch oder Baum mit weißen, duftenden Blüten u. schwarzvioletten Früchten. Bereits in der Antike geschätzte Heilpflanze; als bes. wirksam galt das Berühren der Pflanze, bei dem eine Krankheit angebl. auf diese übergehen sollte. Außerdem wurde der H. als Abwehrmittel gg. Zauberer u. Hexen verwendet. Das Abhauen des H.s sowie das Verbrennen des Holzes galt als unglück- u. todbringend. – Da Judas sich angebl. an einem H.baum erhängte, wird der H. andererseits auch gelegentl. mit dem Teufel in Zshg. gebracht. – Da seine Blüten süß duften, die Blätter jedoch bitter schmecken, sah das christl. MA im H. ein Gleichnis für die Christen (Blüten) u. Juden (Blätter), die auf *eine* Wurzel u. *einen* Stamm zurückgehen.

Holz, als einer der ältesten u. wichtigsten Werkstoffe der Menschen urspr. oft mit der Materie allg. oder mit der *materia prima* gleichgesetzt. Es steht daher auch in engem symbol. Zshg. mit den Bedeutungskomplexen „Lebenskraft", „Mütterlichkeit", „Tragen u. Bergen". – In China entsprach das H. symbolisch als eines der fünf ↗Elemente dem Osten u. dem Frühling.

Honig, oft in Verbindung mit der ↗Milch Symbol der Süße, der Sanftheit oder der höchsten ird. oder himml. Güter u. damit des Zustandes vollkommener Glückseligkeit, z. B. des Nirvana; als gehaltvolle Nahrung auch Symbol der Lebenskraft u. der Unsterblichkeit. – In China stand der H. in enger symbolischer Beziehung zur Erde u. zum Mittelpunkt, daher gehörte zu den Gerichten, die man dem Kaiser servierte, stets etwas H. – Der H. galt im Altertum als „mystische" Nahrung, u. a. weil er v. einem unschuldigen Tier (↗Biene) aus unschuldigen Blüten gewonnen wird, u. zwar so, daß jene nur berührt u. nicht zerstört werden. Man verstand ihn als Sinnbild der spirituellen Erkenntnis u. der Einweihung sowie der Ruhe u. des Friedens. – Vereinzelt begegnet bei Initiationsriten der Brauch, sich die Hände nicht nur mit ↗Wasser, sondern zunächst symbol. mit H. zu waschen, was auf die Bedeutung des H.s als Medizin u. innerlich reinigende Substanz zurückgeht. – Wegen seiner durch Licht u. Wärme bedingten Entstehung u. wegen seiner goldgelben Farbe wurde der H. auch zeitweilig mit der ↗Sonne in Zshg. gebracht. – Die psychoanalyt. Symbol-Deutung C. G. Jungs sieht im H. verschiedentl. ein Sinnbild des Selbst (Reifungsziel des Individuationsprozesses). ↗Biene, ↗Met.

Horn, in Anlehnung an seine Bedeutung im Tierreich Symbol für Stärke u. Macht, auch im geistigen Sinne. Dionysos oder auch Alexander der Gr. wurden daher häufig mit Hörnern dargestellt, auch die Dar-

Honig: Höhlenzeichnung von Honigsammlern, Malerei in Rot; Valencia, Spanien
Horn: der gehörnte Moses; vom Mosesbrunnen des C. Sluter, Kartause v. Champmol. Dijon
Horn: gehörnter Teufel; Ausschnitt aus einer Darstellung in: Le grant kalendrier et compost des Bergiers, Troyes, 1496
Hortus conclusus: Jagd auf das Einhorn im H. c. (Miniatur aus dem Dominikanerbrevier der Stadtbibliothek Colmar).

stellungen des gehörnten Moses gehören (obgleich sie wohl auf einem Übersetzungsfehler, der Verwechslung von facies coronata u. cornuta, beruhen) in diesen Zusammenhang. – Gehörnte Tiere galten oft als Fruchtbarkeitssymbole. – Hörner wurden bei vielen Völkern als ↗Amulette gg. feindliche Mächte verwendet. – Der israelit. Opferaltar trug Hörner in den vier Himmelsrichtungen zum Zeichen der Allmacht Gottes. – Das H., das in seiner Gestalt an eine Mondsichel erinnert, steht auch in Zshg. mit lunarer Symbolik. – Wegen seiner Gestalt (u. auch wegen der erwähnten Fruchtbarkeitssymbolik) ist das H. auch ein phallisches Symbol. – Ins Negative verkehrt erscheint die Symbolbedeutung des H.s bei dem häufig gehörnt dargestellten Teufel. – C. G. Jung verwies auf die ambivalente symbol. Bedeutung der Hörner: wegen ihrer Form u. Kraft verkörpern sie das männliche, aktive Prinzip, wegen der lyraförmig-offenen Form ihrer Anordnung können sie aber zugleich das weibliche, empfangende Prinzip symbolisieren u. daher insgesamt auch als Symbol der seelischen Ausgeglichenheit u. Reife gelten. – ↗Füllhorn, ↗Jagdhorn, ↗Trinkhorn.

Hortus conclusus, der „verschlossene Garten", in dem Maria sitzt, mit dem ↗Einhorn im Schoß; der H. c. ist Symbol der Unbefleckten Empfängnis Mariens u. führt auf den verschlossenen Garten des Hohenliedes.

Hortus Deliciarum, „Garten der Wonnen", eine um 1180 v. Herrad von Landsberg, der Äbtissin des Klosters Odilienberg im Elsaß, zusammengestellte Sammlung v. Auszügen aus Schriften der Bibel, der Kirchenväter, Kirchenlehrer u. Enzyklopädisten; die Illustration des nur noch in Kopien erhaltenen klösterlichen Unterrichtswerks ist eine unerschöpfliche Quelle der hochmittelalterlichen Symbolik.

Hufeisen, gilt in den Vorstellungen vieler Völker als unheilabwehrend u. glückbringend, möglicherweise in Zshg. mit den positiven Aspekten der Symbolik des Pferdes. ↗Pferd.

Huflattich, Korbblüter der mittl. u. nördl. Zonen. Der Name entstand aufgrund eines Schreibfehlers aus der Bz. „Hustlattich", die auf den Anwendungsbereich als Arzneipflanze verweist. Wegen seiner Heilkraft u. der strahlenkranzartigen, lichtgelben Blüte Marienpflanze.

Hügelgrab ↗Grab.

Huhn, in Afrika, stellenweise auch in Südamerika (Makumba-Kult) sowie in der Karibik (Wodu-Kult) Seelenführer bei Initiationsriten u. kult. Tier bei ekstat., mag.-re-

ligiösen Feiern. Mit dem Glauben an eine Beziehung zw. dem – häufig schwarzen – H. u. den Toten hängen auch die *Hühneropfer* zusammen, die man brachte, um mit den Verstorbenen in Kontakt treten zu können. – Das H. ist das 10. Zeichen des chin. ↗Tierkreises, es entspricht dem ↗Steinbock. – ↗Hahn, ↗Henne.

Hülsenfrucht, Symbol der Leiblichkeit als Hülle der Seele u. des Geistes.

Hund, das wahrscheinlich älteste Haustier des Menschen, gab seit alter Zeit Anlaß zu komplexen, oft gegensätzl. symbol. Deutungen. In vielen Kulturen steht er in Zshg. mit dem Tod; er bewacht das Totenreich, ist Seelenführer oder Mittler zw. der Welt der Toten u. der der Lebenden (Anubis, ↗Zerberus); auch die Götter mehrdeutiger, nächtlich-dunkler Bereiche erscheinen gelegentlich in H.egestalt, z. B. Hekate, die griechische Göttin des ↗Scheideweges. – Die dem H. zuerkannte Weisheit ließ ihn in manchen Kulturen (z. B. in Afrika) zum Ahnvater der Zivilisation u. zum Überbringer des Feuers an die Menschen werden, auf der anderen Seite war es auch die am H. beobachtete starke Sexualkraft, die ihn in Zshg. mit der Symbolik der Ahnväter u. Erzeuger der Menschen brachte. – Die noch heute sprichwörtliche Treue des H.es machte ihn zu einem weitverbreiteten Sinnbild der Treue u. (z. B. in Japan) zum myth. Helfer u. Beschützer vor allem der Frauen u. Kinder. – Negativ erscheint der H. als Sinnbild der Unreinheit, des Lasters u. der Niedrigkeit (z. B. im AT u. im Islam, der ihm aber auch gute Eigenschaften zubilligt); die Wertung des H.es als erniedrigende Beschimpfung ist in fast allen Kulturen verbreitet. Das MA kannte die Ehrenstrafe des Tragenmüssens von H.en; als Verschärfung der Hinrichtung am Galgen galt gelegentl. das Mithängen von H.en. – In der ma. Kunst erscheint der H. ambivalent; er kann Symbol des Neides, des Zorns, der Anfechtung durch das Böse sein. Er kann aber auch Glauben u. Treue symbolisieren. Ein weißer H. bedeutet häufig Güte u. Frömmigkeit der Person, zu deren Füßen er dargestellt ist; er kann auch Symbol einer guten Ehe sein; ein häßlicher, zumeist dunkelfarbiger H. symbolisiert dagegen gelegentl. den Unglauben oder das Heidentum. – Der H. ist das 11. Zeichen des chin. ↗Tierkreises, er entspricht dem ↗Wassermann.

Hundert, für das dem Dezimalsystem verpflichtete Denken Inbegriff einer abgeschlossenen Vielheit in einem größeren Ganzen, die hohe, große Rundzahl als Quadratzahl von 10, die Zahl der Erfüllung, in der hellenistischen Welt das vollkommene Gute. In der christl. Literatur begegnet 100 verschiedentl. als Sinnbild

Hund: *ein weißer H. zu Füßen des in Menschengestalt erscheinenden Raphael; Ausschnitt aus Tobias u. Raphael v. A. Pollaiuolo*
Hut: *Judenhut, aus einer Darstellung im Hortus Deliciarum der Herrad von Landsberg*
Hydra von Lerna: *Herakles überwältigt die Lernäische Hydra*
Hydra von Lerna: *Herakles im Kampf mit der Hydra; griech. Vasenbild*

himml. Seligkeit; ähnl. Bedeutung hat die Zahl *Tausend.* ↗Zehn.

Hünengräber ↗Megalithgräber.

Hungertuch, *Fastentuch,* seit 1000 vorkommendes großes Tuch zur Verhüllung des Altares während der Fastenzeit; im 14.–15. Jh. sehr verbreitet; bemalt oder bestickt mit kleinformatigen Passionsszenen oder den Leidenswerkzeugen; ursprüngl. weißes Leintuch, später auch in liturgischen Farben (Schwarz, Violett, Braun).

Hut, symbolisiert gelegentlich den Kopf oder die Gedanken; den H. wechseln, kann auch bedeuten: die Ansichten wechseln. ↗Judenhut, ↗Pilgerhut.

Hyäne, in Afrika Symbol-Tier mit ambivalenter Bedeutung: als gefräßiger, scheuer Aasfresser Sinnbild der Roheit u. Feigheit; als Tier mit kräftigem Gebiß u. ausgeprägtem Geruchssinn Symbol für Kraft, Wissen u. Klugheit. – In der ma. Kunst Symbol des Geizes, vor allem als H.nkopf am apokalypt. ↗Drachen, der die Hauptlaster symbolisiert. Der ↗Physiologus sagt v. der H., daß sie mannweiblich sei, bald ist sie männl., bald ist sie weiblich. Die Schlußfolgerung im Physiologus ist: Gleiche nun auch du nicht der H., daß du bald die männliche, bald die weibliche Natur liebhast; denn in Röm 1,27 heißt es: Männer trieben mit Männern Unzucht.

Hyazinthe, diese Blumenpflanze mit den blauvioletten Blüten tritt selten in der christl. Symbolik auf als Symbol der Klugheit u. der Himmelssehnsucht; seit dem 15. Jh. wird die Gottesmutter häufig mit einem hyazinthfarbenen (blauen bzw. purpurfarbenen) Mantel in der Kunst dargestellt.

Hydra *w, Lernäische Schlange,* Schlangenungeheuer der griech. Mythologie mit zahlreichen, zumeist neun Köpfen, in den Sümpfen v. Lerna lebend; für einen abgeschlagenen Kopf wuchsen je zwei neue nach. Von Herakles bezwungen durch Ausbrennen der Halsstümpfe mit einem Holzscheit. Sinnbild für Schwierigkeiten u. Hindernisse, die sich im Verlauf der Bewältigung vervielfachen.

Hyperboreer [Mz.], im Altertum sagenhaftes Volk, das im äußersten N (jenseits des Nordwindes Boreas) leben sollte; ungeklärt ist, inwieweit ein histor. Volk Anlaß zu diesen Vorstellungen gab. Das Land der H. wurde im Mythos immer mehr zu einem Sinnbild des Lichts u. der Seligkeit, in das sich Apollo gelegentl. zurückzog. Später wurden auch Staats-Utopien dort lokalisiert.

Ibis *m*, heiliger Vogel der Ägypter, Symbol u. Inkarnation des Mondgottes Thoth, des Erfinders der Schrift u. Gottes der Weisheit (die gebogene Form seines Schnabels galt als Hinweis auf die Mondsichel, die Spitzigkeit u. Länge des Schnabels wurde wie beim ↗Reiher in Verbindung mit dem Ergründen v. Weisheit gebracht). – Der ↗Physiologus betrachtet es als ein nach dem Gesetz unreines Tier, aber auch als Aufforderung, „lerne auch du geistlich tauchen, damit du in den tiefen geistlichen Fluß gelangst, in die Tiefe des Reichtums, der Weisheit u. der Erkenntnis Gottes".

I-Ching, *I-Ging,* das zu divinator. Zwekken herangezogene „Buch der Wandlungen" im Alten China (seit ca. 1000 v. Chr.), das die prakt. Anwendung der Polarität v. männl. u. weibl. Prinzip enthält. Grundlage bilden 64 Hexagramme, die aus 8 x 8 Trigrammen gebildet werden können; durchgehende Linien stellen das männl., unterbrochene Linien das weibl. Element dar. Die 64 Kombinationen bilden das System, aus dem die Zukunft (u. andere Orakel) abgelesen werden; der Tradition nach zuerst mit Schafgarbenstengeln ausgeführt.

Ichneumon, im ↗Physiologus erwähntes Tier, das nichts mit der „modernen" marderähnlichen Schleichkatze zu tun hat, oft mit dem ↗Enhydris gleichgesetzt, aber mit einer anderen Deutung: der I. ist der Feind des Drachens, den er tötet: so hat Christus Menschengestalt angenommen u. den Teufel besiegt.

Idol *s* [gr.], plast.-figurale Darstellung v. übersinnl. Wesen, die in den Bildnissen dauernd oder zeitweise anwesend gedacht werden. *I.kulte* sind u. a. charakterist. für die alten oriental. u. am. Hochkulturen, die westafrikan. Negerkulturen u. die Völker Nord- u. Zentralasiens. I.e wurden in vorgeschichtl. Zeit (bes. Altsteinzeit) menschl. gestaltet (bes. ↗Venusstatuetten), meist aus Stein, Ton, Elfenbein u. Knochen, wahrscheinl. auch aus Holz; seit der Jungsteinzeit bis in die frühe Metallzeit daneben auch flache, abstrakt stilisierte Figuren (vormyken. Griechenland, Troja, Iber. Halbinsel) sowie Tierfiguren u. Mischgestalten. Bes. bekannt die *Kykladenidole (Inselidole)* aus Marmor (3. Jt. v. Chr.). ↗S. 139

Iduna, auch *Idun, Idhuna, Idhun,* eine Göttin aus dem Geschlecht der Asen. In ihrem Besitz waren jene goldenen ↗Äpfel, die den Göttern die ewige Jugend bewahrten. Symbol v. Jugend u. Unsterblichkeit.

Igel, in Japan u. China als Symbol des Reichtums verehrt; galt in Mesopotamien, Zentralasien, gelegentl. auch in Afrika (möglicherweise wegen seiner Stacheln)

 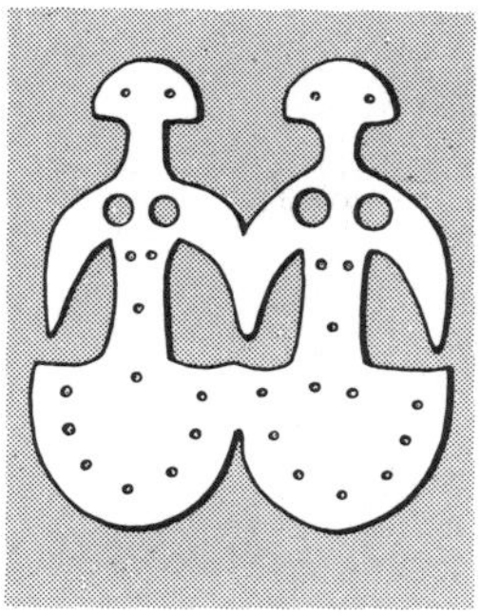

Idol: weibl. Idol in „Violin-Form" (Kykladische Kultur)
Idol: Doppelidol aus Alaca Hüyük

als sonnenhaftes Tier, das mit dem Feuer u. daher mit der Zivilisation in Verbindung stand. – Im MA wurde er einerseits (nach Darstellung des ↗Physiologus) als Symbol des Teufels verstanden; daneben begegnet er auch als Sinnbild des Geizes u. der Freßlust u. – wegen seiner schnell aufgestellten Stacheln – als Symbol des Zorns. Auf der anderen Seite erscheint er aber auch positiv als Schlangenjäger (↗Schlange) u. damit als Bekämpfer des Bösen.

IHS, *JHS,* die Abk. des Namens Jesu, im MA als *Jesus Hominum Salvator* (Christus, Heiland der Menschen) gedeutet, auch als Inschrift des ↗Labarum als *In Hoc Signo* (In diesem Zeichen [siege]) gelesen, später v. den Jesuiten in der Bedeutung *Jesum Habemus Socium* (Wir haben Jesus zum Verbündeten) interpretiert; alle drei Bedeutungen sind ein Christussymbol. ↗Christusmonogramm.

Ikarus, in der griech. Mythologie Sohn des Dädalus. Mit den v. seinem Vater gebauten, durch Wachs zusammengehaltenen Flügeln kam er trotz der väterl. Ermahnungen der ↗Sonne zu nahe, so daß das Wachs schmolz u. er ins Meer stürzte. – Sinnbild für maßlose Ansprüche oder unvernünftiges Abenteurertum.

Ikebana *s,* ↗Blume.

Ikone *w* [gr. = Bild], Bz. für das rel. Tafelbild in orthodoxen Kirchen u. Privathäusern; vergegenwärtigt nach orth. Auffassung gnadenhaft das Dargestellte u. wird dadurch Ziel der ↗Bilderverehrung.

Ikonenmalerei, in der Kunst der orth. Kirchen die abstrakt-typisierende, meist frontale u. flächig-umrißhafte Tafelmalerei; als kirchl. Amt meist v. Mönchen ausgeübt u. streng an einen Kanon gebunden.

Ikonoklasmus *m* [gr.], der ↗Bildersturm.

Ikonostase *w* [gr.], *Ikonostas m,* in den Ostkirchen die hölzerne, mit Ikonen geschmückte dreitürige *Bilderwand* zw. Altar u. Gemeinderaum. Die Mitteltür (*Heilige* oder *Königstür* gen.) symbolisiert das Himmelstor u. wird nur vom Bischof oder den Priestern durchschritten. ↗S. 138

Imago mundi, ↗S. 140

Immergrün, im südl. u. mittl. Europa heimische, kriechende Staude mit ledrigen, immergrünen Blättern u. blauen Blüten. Wie alle immergrünen Pflanzen Symbol des ewigen Lebens u. der Treue; galt auch als Abwehrmittel gg. Hexen u. Zauberer.

Ikonostase

1 *einfaches Kreuz*
2 *Vorväter mit dem Bild der Dreifaltigkeit (selten der Kreuzigung) in der Mitte als Anfang des Bundes zwischen Gott und Mensch*
3 *Propheten mit der Mutter Gottes des Zeichens, links meist David, rechts Salomon*
4 *Alttestamentliche Vorbereitung des Neuen Bundes:*
Festtage als Hauptstufen des Heilswerks, meist 6 Herrenfeste, 4 Marienfeste, Ostern (Höllenfahrt), Pfingsten, Kreuzerhöhung in der Reihenfolge des Jahres
5 *Auswirkung der Menschwerdung Gottes, die neutestamentl. Kirche; zugleich die Vollendung im kommenden Weltalter, die Schau der göttl. Herrlichkeit sowie die Fürbitte der Kirche für die Welt durch Engel, Apostel, hl. Väter Liturgisten, Großmärtyrer und bisweilen lokale Heilige oder Klostergründer*
6 *Verkündigung (auf der Heiligen Pforte)*
7 *Evangelisten (auf der Heiligen Pforte)*
8 *(an den Säulen der Türen) hl. Väter Liturgisten Joh. Chrysostomus und Basilius mit anderen wichtigen Hierarchen (später bisweilen auf der Heiligen Pforte; s. 7*
9 *Apostelkommunion (Einsetzung der Eucharistie in beiderlei Gestalt)*
10 *Ikone Christi, bisweilen „Kirchenikone" (Patron oder Fest, dem die Kirch geweiht war*
11 *Ikone der Maria mit Kind*

Igel: Igel-Symbol nach dem „Musterbuch" von Schmid
IHS: Die Abkürzung IHS mit Kreuz und Kreuznägeln in zwei Darstellungen aus dem „Musterbuch" von Schmid

Initiation *w*, bei vielen Naturvölkern der mit rituellen Bräuchen verbundene Eintritt in einen neuen Lebensabschnitt, vor allem der Übergang in die Rolle des geschlechtsreifen Erwachsenen; verbunden mit Prüfungen u. symbol. Handlungen (z. B. ↗Beschneidung). Zumeist spielt sich dabei ein als symbolisch u. zugleich als real wirksam verstandener Wandlungsprozeß ab, der allg. die Phasen der Abtötung der alten Rolle, der Abgeschiedenheit u. schließl. der Wiederkehr u. Wiedereingliederung des Verwandelten in die Gemeinschaft umfaßt. – Im engeren Sinne Bz. für Riten, die die Voraussetzung für die Aufnahme in Geheimbünde oder Mysterienkulte darstellen. Häufig spielt dabei das Durchleben eines symbolischen Todes (verschiedentl. sogar in eigens dafür bestimmten Gräbern u. Särgen) u. eine geistige Wiederauferstehung auf höherer Stufe eine bedeutende Rolle. Bestandteil verschiedener Riten waren auch Praktiken, die symbolisch als Rückkehr in die ↗Gebärmutter u. als erneute Geburt daraus verstanden wurden. Daneben war auch das Bestehen verschiedener anderer Prüfungen übl., die sinnbildl. mit der Entwicklung bes. moral. u. spiritueller Fähigkeiten zusammenhingen (↗Labyrinth).

INRI, die (lat.) Aufschrift am Kreuz Christi, *Jesus Nazarenus Rex Judaeorum* (Jesus von Nazareth, König der Juden); auch in Hebräisch u. Griechisch.

Insel, als abgeschlossener, schwer zugängl. Bereich oft Sinnbild des Besonderen oder Vollkommenen; erscheint verschiedentl. – z. B. in Träumen – als erst in der Zukunft zu erreichender Ort der Verwirklichung utop. Wünsche. – Häufig auch als sorgenfreier jenseitiger Aufenthaltsort vorgestellt: so die *I.n der Seligen* des griechischen Mythos, auf denen die Götterlieblinge nach ihrem phys. Tode weiterleben. – In negativem Sinne auch Symbol für Weltflucht, die die Auseinandersetzung mit dem Leben meidet.

Interpretatio Romana, die Übertragung v. Namen u. charakterist. Merkmalen röm. Götter auf Gottheiten anderer Völker. – Bei der *Interpretatio Graeca* handelt es sich um ein entsprechendes Phänomen, ebenso bei der *Interpretatio Christiana.*

Invidia (Neid), weibl. Personifikation einer der 7 Todsünden, reitet auf einem Hund mit einem Knochen im Maul oder einem Drachen; Symbole u. a.: Skorpion, Hund.

Ira (Zorn), weibl. Personifikation einer der 7 Todsünden, reitet auf einem Bären oder Wildschwein; Symbole u. a.: Hund, Igel.

Iris ↗Schwertlilie.

Isis-Knoten ↗Knoten.

Imago Mundi

Im Ggs. zur ↗Mappa Mundi das Bild der Welt bes. im mittelalterlichen Sinne aus der Vorstellungswelt des Ordo-Gedankens nach Augustinus, also einer v. Gott gesetzten Ordnung, die die gesamte Schöpfung umfaßt (↗Mikrokosmos–Makrokosmos-Denken, ↗Elemente), der I.-M.-Gedanke umfaßt also Erde u. Kosmos; gegenüber den entsprechenden Gedanken in der Antike ist also der theolog. Bezug zum Schöpfungsakt u. die systemat. Anwendung für alle Lebensbereiche gegeben: das „Bild der Welt" ist so ein mythographisches Bild der Welt, ein Bild der Welt, das weniger Geographie als Exegese ist, weniger Erdbeschreibung als Weltdeutung, ein Vergleich mit dem, was wir heute unter einer „Weltkarte" verstehen, verbietet sich also von selbst, vielmehr besteht ein geistiger Zusammenhang mit dem Komplex des ↗Bildprogramms.

William Blake stellte den Schöpfungsakt des „großen Architekten" des Universums ganz im Sinn der mittelalterlichen Miniaturmaler dar: eine riesige, noch junge Sonne überflutet mit ihrem Licht den Schöpfungsakt und ist Zeuge der Erschaffung der Erde (Bild links oben, vergleiche auch das Farbbild des Schöpfergottes S. 220).

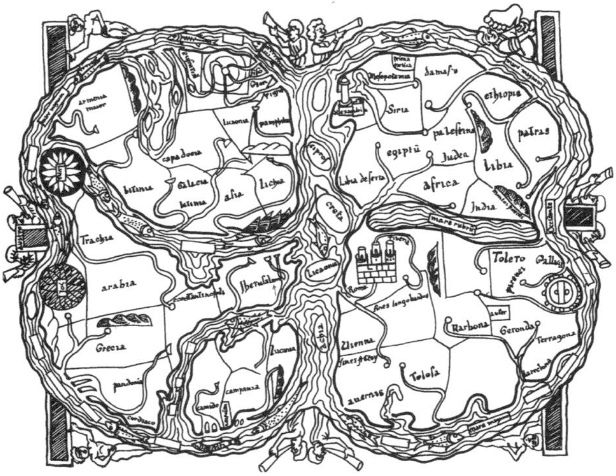

Ein halbes Jahrtausend früher verknüpfte der Zeichner der Karte (links) Sonne und Mond (am linken Kartenrand), Paradies mit den 4 Paradiesflüssen (oben, in der Mitte) und die bekannte Welt mit Rom und Jerusalem nahe dem Zentrum. Die Wasser eines Ur-Ozeans fließen durch 4 Flußarme nach Norden, Süden, Osten und Westen und teilen die bewohnte Welt in 4 symbolische Teile, die kaum etwas mit der geographischen Realität zu tun haben.

Jade *m*, galt in China, wie das ↗Gold, als eng mit dem Prinzip Yang (↗Yin und Yang) verbunden u. war daher Symbol für Lebenskraft u. kosm. Kräfte. Man sah in ihm ein Sinnbild der Vollkommenheit u. ein Symbol der Vereinigung der 5 himml. Tugenden: Reinheit, Unwandelbarkeit, Klarheit, Wohlklang u. Güte sowie eine Verbindung moral. Qualitäten mit der Schönheit. J. wurde verwendet als Universalheilmittel, galt als Nahrung immaterieller Wesen u. als Mittel, das Unsterblichkeit oder langes Leben verlieh u. die Körper Verstorbener vor Verwesung schützte. – In Mittelamerika war der J. ein Symbol der Seele, des Geistes, des Herzens.

Jagd, als zielsicheres Verfolgen der Beute Symbol für das leidenschaftliche Suchen nach spirituellen Zielen, z. B. in der christlichen Mystik für die Christussuche der Seele. – Als Überwindung u. Vernichtung wilder Tiere auch Symbol für den Sieg über Roheit, Unordnung u. Unwissenheit (z. B. in Vorderasien u. Ägypten).

Jagdhorn, bei der Jagd auf das ↗Einhorn bläst der Erzengel Gabriel ein J.; ein Horn blasen die Engel beim Endgericht. ↗Horn.

Jaguar, bei den Indianern bes. Mittelamerikas chthon. Wesenheit, die mit den Kräften des Mondes u. den verborgenen Geheimnissen der Erde in Verbindung steht; aus diesem Grunde gelegentl. auch Seelenführer. Das Hereinbrechen der abendl. Dämmerung wird bildhaft vorgestellt als Verschlungenwerden der Sonne durch das Maul eines riesigen J.s. Häufig wird er symbolisch dem himmel- u. sonnenhaften ↗Adler gegenübergestellt.

Jahreszeiten, in der Kunst häufig durch Personifikationen dargestellt, vor allem durch weibl. Figuren oder Genien mit Attributen, so Blumen, Lämmer, Zicklein für den Frühling, Getreideähren, Sichel oder ein feuerspeiender Drache für den Sommer, Weintrauben, ein Hase, Füllhorn, Früchte für den Herbst, Wildbret, Salamander, Wildente, Herdfeuer für den Winter. In der christl. Kunst begegnen die J. verschiedentl. als Symbol der Lebensalter da sie jedes Jahr wiederkehren, als Sinnbilder der Auferstehungshoffnung.

Jakobsleiter, Symbol der Vorsehung, mit der Gott über die Menschen wacht; Engel steigen oft die Leiter auf u. ab (↗Leiter); bildl. Darstellung von Gen 28,10 ff.

Janus, eine der ältesten röm. Gottheiten; als Gott der Türen wurde er doppelgesichtig vorgestellt: nach außen u. innen schauend, d. h. die Kommenden u. Gehenden überwachend. In diesem Sinne allg. Beschützer aller Anfänge u. Übergänge

(etwa des beginnenden Jahres, dessen erster Monat nach ihm benannt ist). – Später wurde der *J.kopf* auch zu einem Symbol des Doppeldeutigen oder der bösen u. guten Seite ein u. derselben Sache.

Jaspis *m,* ein v. Fremdbeimengungen durchsetzter Chalcedon. Wenn man ihn bricht, scheinen in seinem Innern zahlreiche neue Steine zu entstehen, daher verschiedentl. Symbol für Schwangerschaft u. Geburt (v. den Babyloniern über Griechen u. Römer bis ins MA tradierte Vorstellung). – Im MA war der J. bes. geschätzt, weil er in der Apokalypse als erster Grundstein des himmlischen Jerusalem bezeichnet wird (zumeist verstand man darunter allerdings den *Jaspopal,* der z. B. auch an der dt. Kaiserkrone unter der Bz. *„der Waise"* angebracht war). – Der Begriff J. hat einen häufigen Bedeutungswandel erlebt, so daß das jeweils ihm Zugeschriebene nicht immer eindeutig aufzuschlüsseln ist.

Jenseits, in den verschiedensten Kulturen Symbol-Bild für das Leben nach dem Tod; das Reich der Lebenden u. das Reich des J. wurden nach häufigen Vorstellungen durch einen Fluß (Strom) voneinander getrennt (z. B. ↗Kahn, ↗Schiff); im allg. wird das J. aber nicht näher definiert, es kann durch die Insel der Seligen, das Paradies u. den Himmel, aber auch durch das Fegefeuer oder die Hölle bzw. die Unterwelt repräsentiert werden.

Jerusalem, himmlisches, in der Offenbarung Johannes' beschrieben als Stadt mit zwölf Toren auf quadrat. Grundriß, Sinnbild der erwarteten Endzeit, in der Gott unter seinem Volke wohnen wird. – Die Stadt ist auf zwölf Grundsteinen aufgebaut, auf denen die Namen der zwölf Apostel stehen; die zwölf Tore sind zwölf ↗Perlen.

Jett ↗Gagat.

Joch, häufig Symbol für Unterdrückung, für aufgezwungene schwere Lasten; auch im Sinne der unglückseligen Verbindung zweier Individuen oder Instanzen, z. B. *Ehejoch.* – In den Religionen Indiens dagegen symbolisiert das J. (das dt. Wort geht auf die indoeuropäische Wurzel „yug" ebenso zurück wie das Wort „Yoga") im positiven Sinne die Unterordnung unter geistige Prinzipien, die Körper u. Geist umfassende Selbstdisziplin.

Johannisblume ↗Arnika.

Judas, der seit dem MA durch Aussehen, Kleidung u. Gesten negativ als Jude u. Außenseiter (z. B. rote Haare, gelbes Gewand, Judenhut) dargestellte einer der 12 Jünger Jesu, der Jesus an die Hohenpriester verraten hat (Mt 26,14 ff., Mk 14,10, Lk 22,3 ff. u. Jo 13,2 ff.).

Jaguar: J. u. Adler; Darstellung an der Pyramide des Quetzalcoatl in Tula
Janus: J. auf einer röm. Kupfermünze
Jerusalem, himmlisches: nach einer Buchmalerei in der Bamberger Apokalypse, um 1020
Judas: Judaskuß; nach einer Miniatur aus dem Psalter des Heinrich vom Blois
Jungfrau: Tierkreisbild Jungfrau (nach einem mittelalterlichen Holzschnitt) und das moderne Tierkreiszeichensymbol

---

Judenhut, Spitzhut, den die Juden in islam. u. christl. Ländern seit dem MA tragen mußten. ↗Hut.

Jungbrunnen ↗Brunnen.

Jungfrau, *Jungfräulichkeit,* Symbol für Unschuld u. Symbol für die Fülle noch nicht verwirklichter Möglichkeiten. Die christl. Mystiker verglichen auch die gegenüber Gott aufnahmebereite Seele mit einer J. – Die Jungfrau oder *Virgo* ist das sechste Zeichen des Tierkreises, es entspricht dem letzten Sommermonat, die Sonne passiert das Zeichen zwischen dem 23. August und dem 22. September; Merkur ist in der Jungfrau erhöht, Merkur hat hier sein Haus; Sonne, Venus und Merkur sind seit der hellenistischen Astrologie die zugeordneten Dekane, Merkur, Saturn und Venus jene in der indischen Astrologie. Die Jungfrau ist ein Erdzeichen, weiblich, negativ (passiv) und ein bewegliches Zeichen.

Jupiter, gr. *Zeus,* in der antiken Mythologie der Herr des Himmels, der allmächtige Herrscher mit einem Blitzbündel in der Hand. – Astronom.-astrolog. der gelbl.-weiß strahlende, schon in der Antike bekannte Planet, der alle Sterne seiner Umgebung überstrahlt. – J. in der Alchimie: ↗Zinn.

Justitia *w,* Personifikation – der griech. *Dike* gleich – der *Gerechtigkeit,* einer der vier Kardinaltugenden, häufig dargestellt mit den Attributen ↗Waage, ↗Schwert, ↗Augenbinde, Füllhorn, Ölzweig, Gesetzbuch; mit Bezug auf die Vollstreckung des Gesetzes auch mit einem abgeschlagenen Haupt im Schoß.

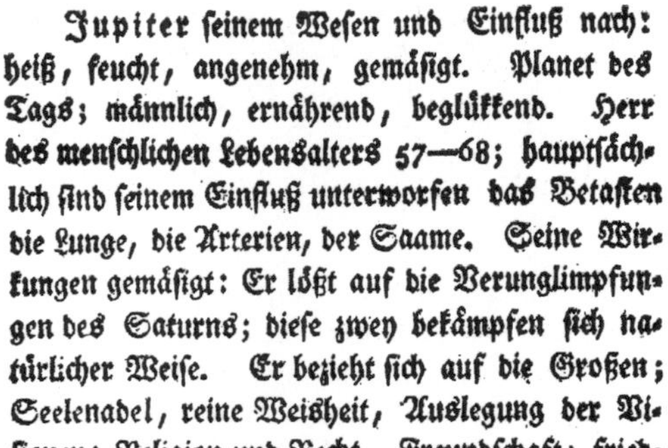
Jupiter seinem Wesen und Einfluß nach: heiß, feucht, angenehm, gemäßigt. Planet des Tags; männlich, ernährend, beglükkend. Herr des menschlichen Lebensalters 57—68; hauptsächlich sind seinem Einfluß unterworfen das Betasten die Lunge, die Arterien, der Saame. Seine Wirkungen gemäßigt: Er lößt auf die Verunglimpfungen des Saturns; diese zwey bekämpfen sich natürlicher Weise. Er bezieht sich auf die Großen; Seelenadel, reine Weisheit, Auslegung der Visionen: Religion und Recht. Freundschaft; friedliches heiteres Verkehr. Hofnung, Enthaltsamkeit.

Jupiter: Charakterisierung nach J. W. Pfaff in seiner „Astrologie" von 1816

Kagami, jap. Metallspiegel zu kult. Gebrauch mit kostbarer Verzierung u. besonderen Lichtreflexen, grifflos; meist rund oder blütenkelchförmig.

Kahn, *Nachen, Barke, Boot,* häufig Symbol der Überfahrt v. Reich der Lebenden ins Reich der Toten oder umgekehrt; begegnet in den myth. Vorstellungen sehr vieler Völker. In der griech. Mythologie z. B. setzt der Fährmann Charon die Toten in einem K. über den Grenzfluß zur Unterwelt (Styx oder Acheron). – Nach ägypt. Vorstellung segelte der Sonnengott Rê während des Tages in einer Tagesbarke über den Himmel, nachts in einer Nachtbarke durch die Unterwelt. – Verbreitet ist der Vergleich der Mondsichel (↗Halbmond) mit einer Barke. – Wegen seiner Form, die ein Navigieren in zwei entgegengesetzten Richtungen erlaubt, war der K. auch eine sinnbildl. Verkörperung des altröm., doppelgesichtigen Gottes ↗Janus.

Kalb, als Schlachttier Opfer-Symbol; tritt als solches auch gelegentl. an die Stelle des Stiers als Attribut des Evangelisten Lukas (↗Evangelistensymbole). ↗Goldenes Kalb.

Kali, in der ind. Mythologie Gattin des Schiwa. ↗Durga.

Kalmus *m,* in Asien u. Europa an Ufern wachsendes Aronstabgewächs; diente zur Gewinnung von Salböl u. v. Heilmitteln; begegnet im MA deshalb gelegentl. als Marienpflanze.

Kalumet *s,* die heilige oder ↗Friedenspfeife nordamerikan. Indianer.

Kamel, in Nordafrika Symbol der Nüchternheit, des Eigensinns u. des Hochmuts. – Im AT gelegentl. als unreines Tier erwähnt. – Im christl. Schrifttum u. der christl. Kunst als Lasttier Sinnbild der Demut u. des Gehorsams, andererseits jedoch auch Symbol des Zorns, der Trägheit u. der Beschränktheit.

Kamille, Korbblütergattung mit würzigem Duft; sie wird von alters her als wirksame Heilpflanze verwendet (im MA bes. bei Frauenleiden, daher ihr lat. Name „Matricaria") u. ist deshalb auch ein Marien-Symbol. Die unscheinbare, nutzbringende Pflanze gilt auch als Sinnbild für mit Kraft gepaarte Bescheidenheit, so daß, einer sprichwörtl. Rede zufolge, keine Jungfrau an ihr vorbeigehen dürfe, ohne einen Knicks zu tun.

Kamin, *Schornstein.* Die Kommunikation mit Geistern u. Dämonen geschieht in Märchen, nach abergläubischen Vorstellungen usw. oft durch den K., vor allem Hexen fahren durch ihn ein u. aus; auch die Geister Verstorbener verlassen das Haus durch

Kapuze: *Einsiedler, Ausschnitt, nach einer Zeichnung des Urs Graf, 1512*
Katze: *die ägypt. Göttin Bastet, Bronzestatuette der Spätzeit*

den K. Ursache für diese Verbindung des K.s mit dem Geisterreich sind wohl vor allem seine höhlenähnliche (↗Höhle), oben u. unten offene Form, das ↗Feuer, der schwarze Ruß (↗Schwarz) u. der aufsteigende ↗Rauch. – In anderem Zshg. partizipiert der K. auch an der Symbolbedeutung des Herdes (↗Herd).

Kammer ↗Zimmer.

Kampf. Bei verschiedenen Völkern kannte man rituelle Kämpfe, die z. B. den K. zw. Ordnung u. Chaos u. schließl. den Sieg jener über dieses symbolisierten. Im Frühling wurden an manchen Orten nach bestimmten Regeln Kämpfe zw. den Geschlechtern durchgeführt, die den Sieg der Fruchtbarkeit u. des Lebens über Tod u. Winterstarre symbolisieren u. zugleich magisch herbeiführen sollten.

Kaninchen ↗Hase.

Kapuze, Kleidungsstück verschiedener Götter, Dämonen u. Zauberer; gehört zur Kleidung der Mönche; sie hat neben dem prakt. Aspekt den symbol. Ausdrucksgehalt der Konzentration v. geistiger Kraft oder des Sich-Verbergens. Die Bedeckung des Hauptes mit einem ↗Schleier oder einer Kapuze symbolisiert bei Initiationsriten in den verschiedensten Kulturkreisen den Tod.

Kardinaltugenden ↗Fortitudo (Tapferkeit), ↗Justitia (Gerechtigkeit), ↗Prudentia (Klugheit), ↗Temperantia (Mäßigkeit).

Karpfen, in Japan u. China vor allem wegen seiner Langlebigkeit Glücks-Symbol, außerdem gilt er dort als Reittier der Unsterblichen. Da er angebl. gg. den Strom schwimmt, verstand man ihn auch als Symbol des Mutes u. der Ausdauer.

Kastanie. Die Eßkastanie wurde in China mit dem Osten u. dem Herbst in Verbindung gebracht. Da ihre Frucht im Herbst gesammelt wurde u. im Winter als Nahrung diente, war sie ein Symbol weiser Voraussicht.

Katze, ambivalentes Symboltier. – In Japan gilt der Anblick einer K. als böses Omen. – In der Kabbala u. im Buddhismus steht die K. symbolisch der ↗Schlange nahe. – In Ägypten wurde die häusliche, wendige u. nützliche K. als heiliges Tier der Göttin Bastet, der Beschützerin des Hauses, der Mütter u. Kinder verehrt. – Im MA galten (vor allem schwarze) K.n als Hexentiere, bes. der schwarze Kater als Sinnbild des Teufels, der Aberglaube sieht daher in der schwarzen K. einen Unglücksbringer. – Die K. ist das 4. Zeichen des chin. ↗Tierkreises, sie entspricht dem ↗Krebs.

Katzenkraut ↗Baldrian.

Kaurischnecke ↗Schnecke.

Käuzchen ↗Eule.

Kegel, partizipiert an der Symbolik v. ↗Kreis u. ↗Dreieck. Stand vermutl. als Symbol in Zshg. mit Fruchtbarkeitsgöttinnen (Astarte bzw. Ischtar u. Aphrodite). – In anderem Zshg. erscheint die auf eine Spitze zustrebende Form des K.s gelegentl. als Urbild der geistigen Entwicklung; sie symbolisiert die Bewegung v. der zerstreuten Hingabe an die Vielfalt der Materie weg u. hin zu Konzentration, Identität u. Selbstfindung.

Kelch ↗Schale.

Kelle, ein Symbol der Freimaurer, Teil der sog. Arbeitstafel, abgeleitet aus dem Handwerksgerät des Maurers.

Kelter, mystische, ma. Allegorie u. figürl. Symbol Christi, der in einer Kelter Trauben stampft u. selbst v. einem Kelterbalken niedergepreßt wird; die Stelle Js 63,3 wurde v. den Kirchenvätern als Anspielung auf die Passion Christi verstanden. ↗Mühle, mystische.

Kendo, die japan. Kampfsportart, ein Schwertkampf, der weitgehend seit der Samurai-Zeit symbolisiert wurde. ↗Zen, ↗Kyudo.

Kentaur ↗Zentaur.

Kerykeion *s*, röm. *Caduceus m*, Heroldstab, urspr. Zauberstab, ein Stab, um dessen Oberteil sich zwei ↗Schlangen mit einander zugewandten Köpfen winden; Attribut vor allem des Hermes (Merkur); wurde verschieden gedeutet, gelegentl. als Symbol der Fruchtbarkeit: zwei Schlangen paaren sich über einem erigierten Phallus, muß aber wohl vor allem als Gleichgewichts-Symbol verstanden werden. In der Alchimie Symbol der Verbindung gegensätzl. Kräfte. ↗Äskulapstab.

Kerze, Lichtsymbol, Symbol der individuellen Seele, Symbol für das Verhältnis von Geist u. Materie (die das Wachs verzehrende ↗Flamme); im Märchen hat der personifizierte Tod die Macht über brennende Kerzen, von denen jede ein Menschenleben repräsentiert. – Bereits die Römer verwendeten K.en während des Kultes. Im Christentum, vor allem in der kath. Liturgie, spielen K.en während des Gottesdienstes, bei Begräbnissen, bei besonderen Festen u. bei Prozessionen als Symbole des Lichtes u. des Glaubens eine große Rolle. ↗Fackel, ↗Lampe.

Kessel. Im K. werden – bes. im indoeurop. Raum – in Märchen, bei alchimistischen u. rituellen Praktiken usw. magische u. mystische Verwandlungen vollzogen, er ist

Kelter, mystische
Kessel: *Opferkessel v. Peckatel (Mecklenburg)*
Kessel: *zwei Hexen bei mag. Verwandlungen in einem Hexenkessel; Holzschnitt, Ulm, um 1490*
Kette: *der Satan, in K.n gebunden; nach einer elsäss. Miniatur des 17. Jh.*
Keule: *Nachtmeerfahrt des Herakles mit Keule im Sonnenbecher, Grund einer attischen Vase, 5. Jh. v. Chr.*

daher ein Symbol des Wandels, der Erneuerung, der Einweihung, der Auferstehung (↗Gral). Als Gefäß mit brodelndem, kochendem Inhalt kann er auch Symbol der Fülle u. des Überflusses sein. In China ist er ein Symbol für Glück u. Wohlstand.

Kette, allg. Symbol der Verbindung, des Verbundenseins; häufig Sinnbild der Beziehungen zw. Himmel u. Erde. Bei den Neuplatonikern symbolisiert die K. die ununterbrochene Emanation des Einen in die einzelnen Wesen u. Dinge; entsprechende Vorstellungen, die jeden Menschen durch eine goldene K. mit Gott verbunden sehen, finden sich auch im Christentum; auch das Gebet wird gelegentl. mit einer goldenen K. verglichen. – In der christl. Kunst erscheint der überwundene Teufel am Jüngsten Tag (gelegentl. in Gestalt eines ↗Affen) mit K.n gebunden. ↗Schnur.

Keule, Hieb- u. Wurfwaffe aus Metall oder meistens Holz. Häufig Symbol brutaler Gewalt. – In der Antike Attribut des Herakles. – Bei Tugend- u. Lasterdarstellungen des MA u. der Renaissance sowohl Attribut der Tapferkeit wie auch, in der Hand eines halbbekleideten Narren, Attribut der Torheit.

Kiebitz, irrtüml. oft als *böser* Vogel angesehen, da er mit dem ↗Wiedehopf verwechselt wurde.

Kiefer, Nadelholzgattung der nördl. gemäßigten Zonen. Als immergrüner Baum u. wegen ihres unverderbl. Harzes in China u. Japan Symbol der Unsterblichkeit; in Japan außerdem als ein Baum, der Wind u. Wetter standhält, Symbol der Lebenskraft u. der Persönlichkeit, die die Schwierigkeiten des Lebens unbeschädigt bewältigt. Zwei K.n sind ein Symbol der Liebe u. der ehel. Treue. ↗Pinie.

Kind, Symbol der Unbefangenheit u. Unschuld; in diesem Sinne z. B. in den Evangelien erwähnt („so ihr nicht werdet wie die Kindlein …"); auch Symbol des Anfangs u. der Fülle der Möglichkeiten.

Kirche, als Personifikation (↗Ecclesia) häufig im Ggs. zur verblendeten ↗Synagoge (↗Augenbinde) dargestellt mit sehenden Augen, Krone u. Triumphfahne. – Die K. ihrerseits wiederum weist sinnbild. voraus auf das himmlische Jerusalem, das Reich der Auserwählten (↗Jerusalem, himmlisches).

Kirchenbau, vom Zweck des christl. Gottesdienstes sowie durch stilgeschichtl. Momente bestimmt. Material: Naturstein, Holz, Backstein, in neuerer Zeit auch Beton, Stahl u. Glas. Haupttypen: seit frühchristl. Zeit Langbau, meist nach O ausgerichtet (verbreitete Symbolik: Altar = Himmel = Osten; Westportal = Hölle, oder

Analogie: Kopf des Menschen = Osten, Füße = Westen, Herz = in der Vierung); Zentralbau, bes. in der Byzantin. Kunst (↗Baptisterium); Kombination beider Grundtypen in *Kreuzkuppelkirchen* u. in barocken u. modernen K. mit ovalem oder parabel- bzw. trapezförmigen Grundriß. In verschiedenen Epochen entspr. dem sich wandelnden liturg. Bedürfnis Entwicklung u. Ausgestaltung charakterist. Bauteile u. Sondertypen (z. B. Kirchenburgen u. Wehrkirche; in der Predigtkirche Umwandlung des Langbauschemas zum – oft zentralisierenden – Breitbau). Im modernen K. oft v. der Profanbaukunst angeregte Konstruktionen.

Kirschblüte, in Japan Symbol der Reinheit, der Schönheit, des Glückes; die vom Wind davongetragene K. ist ein Symbol des idealen Todes. Da K. nur kurze Zeit blühen u. rasch verwelken, waren sie ein Symbol für die Samurai, die stets bereit waren, für ihren Gebieter zu sterben. – In Mitteleuropa gelten *Kirschzweige,* die in vorweihnachtl. Nächten, bes. vor Barbara (4. Dez.) und Lucia (13. Dez.) oder an Weihnachten, geschnitten wurden u. aufblühen, als Glücks-Symbol u. als Hinweis auf baldige Hochzeit.

Kirsche, in Japan Symbol der Selbstfindung u. des Selbstopfers, vor allem des Opfers v. Blut u. Leben der Samurai im Krieg. – Auf Darstellungen der christl. Kunst des MA kann die K. gelegentl., wie der ↗Apfel, die verbotene Frucht bedeuten.

Kissen, Symbol für die das K. benutzende hochgestellte Person; das K. selbst erhebt den Sitz (oder das Lager) zum Thron.

Kiste, in der Antike u. im frühen MA v. dem Weltbild der Antike inspirierte Form eines Gefäßes *(Kasten)*; in fast allen ikonograph. erfaßbaren alten Vorlagen das Vorbild der ↗Arche Noah (dort also *kein* Schiff!); im frühen Christentum adaptiert u. mit dem bergenden Schoß der Mutter Kirche gleichgesetzt. ↗Kubus (Würfel).

Klee, weitverbreiteter Schmetterlingsblüter; wegen seines kräftigen Wuchses Sinnbild der Lebenskraft. – Bei den Kelten heilige Zauberpflanze. – Im MA wegen seiner Dreiblättrigkeit Dreifaltigkeits-Symbol. Als Heilpflanze gelegentl. auch auf Maria bezogen. – Das *vierblättrige K.blatt* (↗Vier) gilt bis heute als glückbringend, mehrblättrige K.blätter dagegen zumeist als unheilbringend, nur das fünfblättrige wird gelegentl. als Hinweis auf eine glückl. Ehe verstanden (↗Fünf).

Kleidung, *Gewand* (nach bibl. Überlieferung seit dem Sündenfall getragen), im Ggs. zur ↗Nacktheit Folge u. Ausdruck der Schamhaftigkeit des Menschen; in sehr

Kirchenbau: Kreuzkuppelkirche; Grundriß der Apostelkirche in Konstantinopel
Kissen: Fuß- und Sitzkissen für Gottvater; Detail aus dem Hortus Deliciarum der Herrad von Landsberg
Knoten: Herakles-Knoten, Isis-Knoten
Knoten: Ein Zauberer verkauft einem Seefahrer eine Leine, in die in den drei Knoten Winde „eingeknöpft" sind, entweder günstige (Heilszauber) oder ungünstige (Abwehrzauber). Holzschnitt nach O. Magnus 1555

verschiedenen Formen u. Farben Sinnbild sozialer Angepaßtheit u. sozialen Ranges; oft Zeichen des Berufes; als Tracht auch Ausdruck bestimmter Volkszugehörigkeit. Weiße, oft leuchtende Gewänder sind häufig ein Hinweis auf die Überwindung der ird. Leiblichkeit (bei Engeln, Verklärten, Verstorbenen usw.). Das Wechseln der K. ist vielfach Symbol für den Eintritt in einen neuen Lebensabschnitt, eine neue Gemeinschaft usw.; das Anlegen des ↗Mönchsgewands beispielsweise symbolisiert wie eine Art zweiter Taufe den Verzicht auf die Welt.

Klugheit, die Kardinaltugend ↗Prudentia.

Knabenkraut ↗Orchideen.

Kniefall, rituelles, häufig rechtsverbindliches Symbol. Zeichen der Verehrung, Demut u. Unterordnung.

Knoblauch, galt bei vielen Völkern, wahrscheinl. wegen seines starken Geruchs, den man sinnbildl. als vertreibende Kraft deutete, als Mittel gg. den bösen Blick u. gg. böse Geister, in Mitteleuropa auch insbesondere gg. Vampire. In Griechenland schrieb man bereits dem bloßen Aussprechen des Wortes K. schützende Wirkung zu.

Knochen, galten als relativ harter u. unveränderl. Bestandteil höherer Lebewesen vor allem bei Jägervölkern als Sitz des Wesens oder der Lebenskraft. Verbreitet war die Sitte, die K. eines erlegten Tieres nach Verzehr des Fleisches vollständig der Natur, d. h. der Erde, dem Wasser oder dem Feuer zurückzugeben, um den Fortbestand der Art zu sichern.

Knoten, häufig Symbol der Verknüpfung, Verbindung, auch der Bindung an schutzverleihende Mächte, aber auch Sinnbild der Komplikation u. des Hindernisses. – Bei den Ägyptern war der K. ein Symbol des Lebens u. der Unsterblichkeit; der *Isis-K.*, eine Art ↗Ankh mit nach unten geklappten Armen, war ein verbreitetes ↗Amulett. – Als Sinnbild der Liebe u. Ehe begegnet der K. verschiedentl. bei Hochzeitsriten. – Die islam. Welt kennt den K. als Schutz verleihendes Symbol; die arab. Männer knüpften sich z. B. veschiedentl. K. in den Bart als Mittel gg. den bösen Blick. – Weit verbreitet ist die symbol. Deutung der *Lösung* v. K. Der Buddhismus vergleicht das Sich-Lösen des Weisen aus der Welt des bloßen Scheins mit dem Auflösen v. K. – Auch der Tod wird gelegentl. mit dem Lösen eines K.s verglichen (↗Suebenknoten). – Ein Symbol des Sich-Öffnens war das Lösen v. K. z. B. in Marokko, wo der Ehemann seiner Frau erst beiwohnen durfte, nachdem er sieben K. an seinen Kleidern gelöst hatte. – Für die psychoanalyt. Traumdeutung kann ein K.

auf Komplexe u. seel. Verfestigungen hinweisen, die Lösung v. K. entsprechend auf die Bewältigung v. Problemen. – Das Durchhauen des *Gordischen Knotens* durch Alexander d. Gr. wird im positiven Sinne redensartl. als Symbol für entschiedene Tatkraft, im negativen Sinn gelegentl. auch für rohe Ungeduld gebraucht.

Kohle, Symbol der verborgenen, okkulten Kraft: die kalte, schwarze K. bedarf des zündenden Funkens, um die in ihr schlummernden Energien entfalten zu können. Die brennende K. symbolisiert daher die alchimistische Verwandlung von ↗Schwarz in ↗Rot. – Die *Holzkohle,* als durch Feuer gereinigtes Holz, ist auch ein Symbol der Reinheit.

Kolanuß, *Colanuß,* bei schwarzafrikan. Völkern wegen ihres bitteren Geschmacks Symbol für die Schwierigkeiten des Lebens u. ihre Überwindung, damit auch Symbol für Tugenden, die zu dieser Überwindung beitragen: Freundschaft u. Treue.

Koloß ↗Kolossalstatue.

Kolossalstatue, *Koloß,* überlebensgroßes Standbild (vor allem von Göttern oder Herrschern), das übernatürliche Kräfte symbolisiert (zum Beispiel die sitzenden Statuen von Abu Simbel oder der Koloß von Rhodos, eines der Weltwunder).

Komet *m,* in vielen Kulturen (in der Antike, im MA, auch bei Indianern u. in Afrika) als böses Vorzeichen (Hunger, Krieg, Seuchen, Weltuntergang) gedeutet. – Allerdings wird in der bildenden Kunst auch der Stern v. Betlehem häufig als K. dargestellt.

Kondor *m,* in den mytholog. Vorstellungen der Andenvölker Verkörperung sonnenhafter Kräfte u. Sinnbild der ↗Sonne.

König, *Kaiser,* häufig als Verkörperung Gottes, der Sonne, des Himmels, als Zentrum des Kosmos oder Vermittler zw. Himmel, Menschen u. Erde verstanden. – C. G. Jung sieht in der im Traum auftauchenden Figur des alten K.s eine archetyp. Gestalt, die die Weisheit des kollektiven Unbewußten repräsentiert. Die *Märchengestalt* des K.s (vor allem das „K.-Werden") muß andererseits wohl häufig als Symbol des angestrebten Ziels der Ich-Entwicklung verstanden werden. – In der Alchimie entspricht der K. verschiedentl. der prima materia.

Königskerze, in Europa, Afrika u. Asien verbreitete Pflanze; schon in der Antike als Heilmittel verwendet; sollte angebl. vor Angst u. Unheil schützen. – Im MA wurde sie zur Marienpflanze.

Königssohn, *Prinz,* begegnet in zahlreichen Märchen als strahlender Held, als Verkör-

Kolossalstatue: *Standboilder Amenophis' III., sog. Memnonskolosse (Kieselsandstein), Theben, um 1400 v. Chr.*
König: *K. als materia prima, den Sohn verschlingend; nach einer Darstellung in: Lambsprinck, Figurae et emblemata, 1678*
Königskerze
Koralle: *der Korallenbaum im Meer; nach einer Darstellung in: Dioscorides, De materia medica, 5. Jh.*

perung jugendl.-aktiven, moral. Handelns u. Veränderns, aber auch standhaften Erduldens. Psychoanalyt. kann er als Repräsentant siegreicher Ichkräfte verstanden werden. ↗Königstochter.

Königstochter, *Prinzessin,* in den Märchentraditionen vieler Völker Sinnbild eines Ziels u. höchsten Gutes, das der Held nur nach Überwindung verschiedener Hindernisse u. Gefahren erreichen kann. – Psychoanalyt. auch gedeutet als Verkörperung des individuellen Unbewußten im Gegensatz zum „alten König" als Repräsentanten des kollektiven Unbewußten. ↗Königssohn.

Königsweg, im Ggs. zu krummen, abweichenden Wegen der rechte, gerade Weg, der die Fortentwicklung der unbeirrbaren Seele auf ihr inneres Ziel hin symbolisiert; im MA z. B. gebräuchl. Bz. für den Weg zu Gott im Mönchtum u. der Meditation.

Kopfbedeckungen, als ↗Kranz u. ↗Krone Symbol für Würde, Macht u. Erfolg, als ↗Judenhut u. ↗Pilgerhut Zeichen (Symbol) für bestimmte Gruppen einer Bevölkerung. ↗Hut.

Koralle. Als im Meer lebendes, häufig in Ast- oder Bäumchenform vorkommendes Tier partizipiert die K. gelegentl. an der Symbolik des Wassers (↗Wasser) u. der des Baumes (↗Baum). Ihr Symbolgehalt hängt auch mit der Tatsache zusammen, daß die pflanzenartig aussehenden, in harten, oft kalkigen Skeletten lebenden Tierstöcke scheinbar an den drei Bereichen des Mineralischen, Pflanzlichen u. Tierischen teilhaben. Ihrer roten Farbe wegen kann sie gelegentl. auch zum Zeichen für ↗Blut werden. Verwendung gelegentl. als Amulett bzw. Amulett-Material.

Korb, Symbol des mütterlichen Schoßes; mit Früchten gefüllt, gelegentlich Attribut v. Fruchtbarkeitsgöttinnen, z. B. der Artemis v. Ephesos.

Korn ↗Samenkorn.

Körperbemalung, v. den meisten primitiven Völkern geübte Praxis; diente ursprüngl. wohl nur zum Schmuck u. zur Erhöhung des kriegerischen Aussehens, erhielt aber später vielfach rituelle oder symbolische Bedeutung (häufig bei Hochzeiten, Jugendweihen u. relig. Tänzen). Bevorzugt werden Schwarz, Weiß u. Rot sowie Ocker; Schwärzung des Gesichts galt als Zeichen der Trauer. Gelegentl. ist die K. auch Alters- u. Rangabzeichen, z. B. war in Indien die Bemalung der Stirn Sekten- u. Kastenmerkmal. Bei manchen Völkern Afrikas ist der Sinn der Bemalung der, die bösen Geister über die Person des Bemalten zu täuschen. Große Bedeutung legen die Indianer der Bemalung als Kriegs-

schmuck bei. Stellenweise soll sie auch als Schutz gegen die Unbilden der Witterung u. gegen Insekten gebraucht werden.

Koyote ↗Coyote.

Krabbe ↗Krebs.

Krähe, für den ↗Physiologus ein Symbol für die Monogamie; die Deutung lautet: die Synagoge der Juden ist das irdische Jerusalem, nicht mehr ist Christus ihr Gatte; sie bekommt auch keine neuen Gatten, nachdem sie Christus getötet hat. – Bei den Kelten ein heiliger Vogel, in dessen Gestalt vorzugsweise die Göttin Badb an den Schlachten teilnahm.

Krake, *Octopus,* durch seine 8 Tentakeln wurde sie schon in frühesten Zeiten Symbol des teufl. Geistes u. des Infernos allgemein; möglicherweise Vorbild des Medusen-Hauptes (↗Gorgonen).

Kranich, in China u. Japan Symbol des langen Lebens u. der Unsterblichkeit (↗Stelzen), da man glaubte, er könne tausend Jahre alt werden. Die weiße Farbe seines Gefieders wurde als Symbol der Reinheit gedeutet, die roten Kopffedern galten als Zeichen der Lebenskraft u. der Verbundenheit mit dem Feuer. – In Indien galt der K. als Symbol der Tücke u. des Verrats. – Bei einigen afrikanischen Völkern erscheint ein gekrönter K. als Symbol der Sprache u. des Denkens, u. a. wegen seiner scheinbar kontemplativen Körperhaltung. – Da der K., als Zugvogel, pünktl. im Frühjahr zurückkehrt, galt er auch als Symbol des Frühlings. Deshalb u. wegen seines auffälligen Balzverhaltens (K.tanz) war er, vor allem bei Griechen u. Römern, auch ein Symbol der Liebe u. Lebensfreude. Als Schlangenvertilger tritt der K. als Christus-Symbol auf.

Kranz, vor allem durch sein Material (meistens Laub u. Blumen) von der ↗Krone unterschieden, diente in der Antike als Schmuck, Auszeichnung u. als Zeichen des Gottgeweihten bei Wettkämpfen, Festen u. Opfern (auch die Opfertiere wurden bekränzt). Vor Trunkenheit glaubte man sich durch Tragen eines Kranzes (anfangs aus Efeu, später oft aus Gewürzkräutern) schützen zu können. – Die Bibel spricht von Kränzen der Ehre, der Freude u. des Sieges (weitgehend synonym mit dem Begriff Krone). – Der Siegeskranz der Antike erhielt im Christentum die Bedeutung: Zeichen des errungenen Heils; in diesem Sinne erscheint er auch auf Grabplatten usw., gelegentl. in Verbindung mit dem ↗Christusmonogramm oder mit ↗Taube u. ↗Lamm. – Herrscher u. Sieger wurden in Antike, MA u. Neuzeit häufig mit *Lorbeerkränzen* (↗Lorbeer) dargestellt. Seit dem Humanismus wurde der Lorbeer-

Krake: *auf minoischer Bügelkanne; K. mit betonten Spiralarmen auf mykenischem Goldplättchen als Grabbeigabe; an „Blumenstockmotiv" erinnernder K. auf Tetradrachme aus Eretria, Euböa, um 500 v. Chr.*
Krebs: *Tierkreisbild Krebs (nach einem mittelalterlichen Holzschnitt) und das moderne Tierkreiszeichensymbol.*
Kreis: *magischer K. mit Hexagramm u. Kreuz*
Kreis: *magischer K.; aus: Francis Barrett, The Magus, London, 1901*

kranz (in Anlehnung an die Antike) auch zur beliebten Auszeichnung von bes. hervorragenden Künstlern, Dichtern und Gelehrten. – Der *Adventskranz* aus Tannengrün mit vier Kerzen als Symbol der Vorbereitung u. Hoffnung, eine Besonderheit des dt. Sprachraumes, kam erst nach dem 1. Weltkrieg auf.

Kräuter, als häufig heilwirksame, unscheinbare Pflanzen Symbole verborgener Kraft u. Bescheidenheit.

Krebs, *Krabbe,* steht als im ↗Wasser lebendes Tier häufig in Zshg. mit der Symbolik des Wassers oder Urmeers (↗Meer). Wegen seiner Schale, die ihn vor der Außenwelt schützt, steht der K. dem Bedeutungs-Zshg. „Embryo – Uterus" nahe; der Bezug zu den Komplexen „Mutter" u. „Meer" verbindet ihn auch symbolisch mit dem Unbewußten. – Im Christentum gelten der K. u. die Krabbe als Symbole der Auferstehung, weil sie sich während ihrer Entwicklung häuten; daher sind sie im engeren Sinne auch gelegentl. Symbole Christi. – Die Krabbe gilt seit dem Altertum außerdem als lunares Symbol (vielleicht wegen des Einflusses des Mondes auf das Meer sowie wegen ihrer Form). – In Afrika erscheint sie manchmal auch als Symbol des Bösen. – Der Krebs oder *Cancer* ist das vierte Zeichen des Tierkreises, es entspricht dem ersten Sommermonat, die Sonne passiert das Zeichen zwischen dem 22. Juni und dem 22. Juli; Jupiter ist im Krebs erhöht, der Mond hat hier sein Haus; Venus, Merkur und Mond sind seit der hellenistischen Astrologie die zugeordneten Dekane, Mond, Mars und Jupiter jene in der indischen Astrologie. Der Krebs ist ein Wasserzeichen, weiblich, negativ (Passiv) und ein kardinales Zeichen. Die Herkunft und der Name des Krebses als Sternbild (Sternzeichen) ist noch weitgehend ungeklärt.

Kreis, eines der häufigsten symbolischen Zeichen, oft im Bezug u. im Ggs. zum ↗Quadrat gesehen. Der K. führt in sich selbst zurück u. ist daher ein Symbol der Einheit, des Absoluten u. der Vollkommenheit; damit zusammenhängend auch ein Symbol des Himmels im Ggs. zur Erde oder des Geistigen im Ggs. zum Materiellen; ein enger Zshg. besteht zur Symbolbedeutung des Rades (↗Rad). Als unendl. Linie Symbol der Zeit u. der Unendlichkeit, oft durch die Gestalt einer ↗Schlange, die sich in den Schwanz beißt, veranschaulicht. – Mag. Praktiken gilt der K. als wirksames Symbol des Schutzes gg. böse Geister, Dämonen usw.; daher wohl auch die schützende Funktion, die man dem ↗Gürtel, dem ↗Ring, dem Reif, dem kreisförmigen Amulett usw. zusprach. – *Konzentr. K.e* symbolisieren im Zen-Buddhismus die höchste Stufe der Erleuchtung, die Harmonie aller geistigen Kräfte; in an-

Kreuz: Kreuz-Darstellung aus dem 5. Jh.: Das Kreuz Christi als blühender Baum des Lebens, die beiden Leuchter verkünden Christus als Licht der Welt, die 12 Edelsteine symbolisieren die 12 Apostel („Musterbuch" von Schmid)
Kreuz: „Bewohntes" K., Holzschnitt, Florenz 1491

derem Zshg., beispielsweise im Christentum, versinnbildlichen sie verschiedene geistige Hierarchien oder die verschiedenen Stufen der Schöpfung. Drei ineinander verschlungene K.e symbolisieren im Christentum die Dreieinigkeit. – Der in ein Quadrat eingeschriebene K. ist ein geläufiges kabbalist. Symbol für den in der Materie verborgenen Funken göttl. Feuers. – C. G. Jung sieht im K. ein Symbol der Seele u. des Selbst.

Kreuz, eines der am weitesten verbreiteten u. ältesten Symbole. Wie das ↗Quadrat partizipiert es an der Symbolik der Zahl ↗Vier (wenn man von seinen äußeren vier Punkten ausgeht); so wurde es beispielsweise zum Symbol der vier Himmelsrichtungen. In China dagegen brachte man es (unter Einbeziehung des K.mittelpunktes) mit der Zahl ↗Fünf (u. ↗Zehn) in Verbindung. Wenn man nur die beiden K.esarme betrachtet, kann es auch zum Symbol der Durchdringung zweier entgegengesetzter Bereiche, hauptsächlich des ↗Himmels u. der ↗Erde oder der Zeit u. des Raumes, werden. – Bei der Architektur vor allem sakraler Bauten u. ganzer Stadtanlagen spielt die kreuzförmige Anordnung häufig eine (nicht nur prakt.) Rolle; das griech. K. bestimmt z. B. den Grundriß vieler byzantin. u. syr. Kirchenbauten, das latein. den romanischer u. gotischer Kirchen. – Das K. kann auch als Zeichen für den ↗Scheideweg verstanden werden (als Ort, wo sich die Wege der Toten u. der Lebenden kreuzen); bei einigen afrikanischen Stämmen wird es z. B. häufig in diesem Sinne gesehen (neben einer den gesamten Kosmos, d. h. Menschen, Geister u. Götter umfassenden Bedeutung). – In Asien wird die vertikale Achse des K.es häufig als Symbol der aktiven, dem Himmel zugeordneten Kräfte, also des männl. Prinzips verstanden, während die horizontale Achse den passiven Kräften des Wassers, also dem weibl. Prinzip entspricht. Außerdem symbolisieren die beiden Achsen die Tag- u. Nachtgleichen u. die Sonnenwenden. – Das einem ↗Kreis eingeschriebene K. gilt als Vermittlung v. Quadrat u. Kreis u. betont deshalb symbolisch bes. die Verbindung v. Himmel u. Erde. Es ist ein Symbol des Mittelpunkts, des Ausgleichs v. Aktivität u. Passivität, des vollkommenen Menschen. Betrachtet man die vier Arme des einem Kreis eingeschriebenen Kreuzes als Speichen, so ergibt sich das Bild des Rades (↗Rad) u. damit ein Sonnen-Symbol, das sowohl bei asiat. Völkern wie bei den Germanen begegnet (auch ohne umschriebenen Kreis kann das K. gelegentl. Sonnen-Symbol sein, z. B. in Assyrien). Ein weiteres zunächst in Asien, dann auch bei den Germanen gebräuchl. Feier- u. Sonnen-Symbol ist das Hakenkreuz (↗Swastika). – Im Christentum erhielt das K. durch den K.estod Chri-

Kreuz

Griechisches Kreuz: vier gleichlange Arme.

Lateinisches Kreuz: Querbalken kürzer und nach oben verschoben; vielleicht die Form des historischen Kreuzes Christi; übliche Kreuzform bei der Darstellung der Kreuzigung und des Kruzifixus allein.

Petruskreuz

Antoniuskreuz: T-förmig; Kennzeichen des im 11. Jh. gegründeten Antoniterordens und des hl. Einsiedlers Antonius, der einen T-förmigen, oft mit Glöckchen versehenen Krückstab trägt. Vielleicht die Form des historischen Kreuzes Christi; die Schächer werden oft (im Unterschied zu Christus am lateinischen Kreuz) an T-förmige Kreuze gefesselt dargestellt.

Gabelkreuz: Y-förmig, im Mittelalter für die Schächer, aber auch für Christus selbst verwendet, um sein qualvolles Leiden mit den gewaltsam hochgebogenen Armen besonders zu verdeutlichen („Pestkruzifixe").

Andreaskreuz: X-förmig.

Wiederkreuz: an den vier Enden erscheinen wiederum kleine Kreuze.

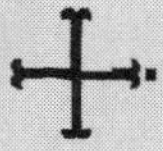

Krückenkreuz: zusammengesetzt aus vier T-Kreuzen (Krücken, siehe oben Antoniuskreuz).

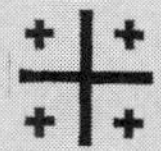

Jerusalemer Kreuz: die fünf Kreuze bedeuten die fünf Wundmale Christi. Abzeichen des Ordens der Ritter vom Heiligen Grab in Jerusalem.

Malteser- oder *Johanniterkreuz.* Kennzeichen der Mitglieder dieser Kreuzritterorden.

Doppelkreuz (Kardinal- und Patriarchenkreuz): der obere, kürzere Querbalken erinnert an die Inschrifttafel am Kreuz Christi.

Byzantinisches oder *russisches Kreuz:* der dritte, schräg oder gerade angebrachte unterste Querbalken erinnert an das Fußbrett vom Kreuz Christi.

Papstkreuz mit drei verschiedenen Querbalken.

Henkelkreuz: in der ägyptischen Hieroglyphenschrift das Zeichen für „Leben", daher von den koptischen Christen übernommen für Christi Kreuz als das wahre Lebens-Zeichen.

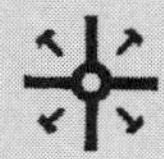

Koptisches Kreuz

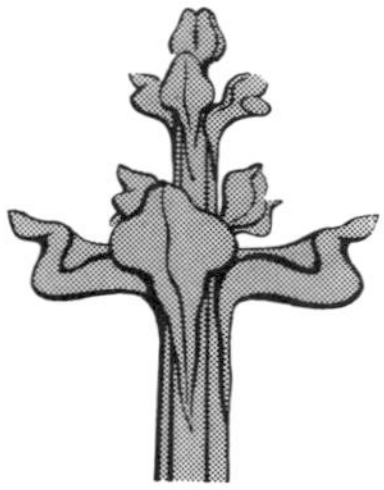

sti eine besondere Bedeutung als Sinnbild des Leidens, aber auch des Triumphes Christi u. damit allg. als Symbol des Christentums (anfangs allerdings nur zögernd verwendet, da in der antiken Vorstellungswelt der Kreuzestod als äußerst anstößig galt). – In der christl. bildenden Kunst erscheint es in vielfältigen Formen (am gebräuchlichsten das griech. u. das lat. Kreuz); ein verborgenes K.symbol ist gelegentl. auch der ↗Anker. Daneben spielt die Form des K.es auch eine Rolle als Segensgestus u. beim Sichbekreuzigen. – Auf die Symbolik des Lebensbaums (↗Baum) verweist vor allem die sehr alte Form des *Gabelkreuzes,* in der christl. Kunst begegnet auch das Blüten u. Blätter treibende K. Christi als Symbol der Todesüberwindung (↗Baumkreuz). – Ägypt. Schleifenkreuz ↗Ankh.

Kreuzblume, kreuzförmiges, vollplast. Bauornament der Gotik aus stilisiertem Blattwerk; Bekrönung v. Türmen, Giebeln, Wimpergen u. Fialen.

Kreuzweg ↗Scheideweg.

Kriegsbeil, eigentl. die Keule (Schädelbrecherkeule) der Indianer im östl. u. zentralen Nordamerika. ↗Tomahawk, ↗Friedenspfeife, ↗Kalumet.

Kriegsschrei ↗Schrei.

Krippenkunst, szen. Darstellung der Gesch. der Geburt Christi mit oft bewegl. u. kostbar bekleideten plast. Figuren in bühnenartig aufgebauter Landschaft. Angeregt wohl v. den geistl. Spielen des MA, allmähl. um andere bibl. Szenen erweitert (Anbetung der Könige u.a.). Früheste Kunstkrippen in Kirchen v. Neapel (1478), in Dtl. im 16. Jh. durch die Jesuiten eingeführt. Seit dem 17. Jh. volkstüml. Hauskrippen bes. in Süd-Dtl., Tirol u. im Erzgebirge, vereinzelt auch Darstellung der Leidens-Gesch. Jesu in sog. *Fastenkrippen.*

Kristall, Symbol der Reinheit u. Klarheit, daher auch häufig Symbol des Geistes. – Steht der Symbolbedeutung des Diamanten (↗Diamant) nahe. – Als materieller Körper, der jedoch, im Gegensatz zur übrigen Materie, durchsichtig ist, ist er auch ein Sinnbild der Vereinigung von Gegensätzen, vor allem des Geistes u. der Materie. – Da der K. nicht selbst brennt, aber mittels des Sonnenstrahls, der durch ihn fällt, ein Licht entzünden kann, gilt er im Christentum als Symbol der Unbefleckten Empfängnis u. ist daher auch ein Marien-Symbol.

Krokodil, steht häufig in Zshg. mit der Symbolik des ↗Wassers; da es jedoch im Wasser u. auf dem Lande lebt, ist seine symbolische Bedeutung häufig noch komplexer. – Besondere Verehrung genoß es in

Kreuzblume
Krokodil: *der ägypt. Erdgott Geb in Gestalt eines K.s wird v. einer Verstorbenen am Ufer des Weltflusses angebetet (Ausschnitt); Darstellung im Totenbuch der Heri-uben, 21. Dynastie*
Krone: *Maria mit K. v. der Mariensäule des H. Gerhard, München, Marienplatz*
Kröte: *zwei K.n, zu Ehren des Satans tanzend; nach einer Darstellung in: Collin de Plancy, Dictionnaire infernal, 1845*

Ägypten, wo es, wie die Sonne, als aus dem Wasser geboren galt; es wurde als mächtige, zugleich chthonische u. sonnenhafte Gottheit (Sobek) verehrt. Auch der Erdgott konnte sich in Gestalt eines K.s inkarnieren. – Einige indian. Kulturen sahen in einem K., das im Urmeer lebt, den Schöpfer der Welt, anderen galt es als Tier, das die gesamte Welt auf seinem Rücken trägt. – In der Bibel wird der Name ↗Leviathan auch auf das K., das an anderen Orten auch Ägypten symbolisiert, angewendet. – In der christl. Kunst steht es der Symbol-Bedeutung des ↗Drachens nahe.

Krokus, *Crocus*, Pflanzengattung mit über 60 Arten; im Altertum war vor allem die Art *Safran* geschätzt; K.kränze sollten angebl. vor Trunkenheit schützen. Aus der Blütennarbe des Safrans bereitete man einen gelben Farbstoff, ein Symbol des Lichts u. der Hoheit: Gewänder v. Göttern u. Königen waren deshalb häufig safrangelb. Wegen seines goldfarbenen Stempels ist der K. in der christl. Literatur gelegentl. ein Symbol des ↗Goldes u. damit zugleich der höchsten Tugend, der Liebe.

Krone. Als den edelsten Teil des Menschen zierender Schmuck hat die K. eine die Person überhöhende symbolische Bedeutung; wegen der häufig verwendeten, strahlenförmigen Zacken steht sie einigen symbolischen Aspekten des Hornes (↗Horn) nahe; wegen ihrer ringähnl. Form partizipiert sie außerdem an der Symbolik des Kreises (↗Kreis). – Die K. ist stets Ausdruck der Würde, der Macht, der Weihe oder eines festl. Ausnahmezustandes. In den meisten Kulturen wird sie von den Herrschern getragen. Im Judentum ist die diademartige Goldkrone auch Zeichen hohepriesterl. Würde. – Die Götter- u. Königskronen wurden v. den Ägyptern wie mächtige, zauberische Wesenheiten geachtet, denen ein eigener Kult u. eigene Kultlieder geweiht waren. – Im Buddhismus u. Hinduismus wie im Islam gilt die K. (gelegentl. mit der Lotosblüte in Verbindung gebracht) als Zeichen der Erhebung des Geistes über den Körper. – Die Bibel spricht verschiedentl. v. der K., beispielsweise der K. des Lebens u. der K. der Unsterblichkeit, die den Zustand des ewigen Heils versinnbildlichen. – Im Orient wie im Abendland findet man den Hochzeitsbrauch des Tragens v. Braut-K.n, die als Zeichen der Jungfräulichkeit wie der Erhebung in einen besonderen, neuen Zustand galten. Verstorbene, bes. Unverheiratete, erhielten gelegentl. Toten-K.n mit ins ↗Grab als Hinweis auf die bevorstehende Vereinigung mit Gott. ↗S. 158

Kröte, als die Dunkelheit u. Feuchtigkeit liebendes Tier in China vorwiegend mit dem Prinzip Yin (↗Yin und Yang), mit

1
2
3
4

Das Diadem,

ein Stirnband aus Stoff oder Metall, das ursprünglich Zeichen des Priesterstandes oder Teil der Herrschertracht war, entwickelte sich in Byzanz zur Krone weiter. Diadem, Kranz und Krone waren ursprünglich Symbole eines magischen Schutzes

1
2
3
4

dem ↗Mond, mit Fruchtbarkeit u. Reichtum in Verbindung stehend. – In vielen Kulturen wie der ↗Frosch zu ↗Regen u. Regenzauber in Beziehung gesetzt. – Im Abendland möglicherweise in früher Zeit mit solarer Symbolik zusammenhängend; später oft ambivalent gedeutet: einerseits als Schatzhüterin u. guter Hausgeist, vor allem als Helferin bei Geburten (seit der Antike stellte man sich die Gebärmutter häufig in Gestalt einer K. vor); andererseits aber als giftiges Hexentier, oft im Ggs. zur eher positiven Symbol-Bedeutung des Frosches. – In Ägypten (im Faijun) galt die K. (vielleicht wegen ihres bevorzugten Aufenthalts in der Erde) als Totentier u. zugleich von den Kopten christlich umgeprägt – wie der Frosch – als Symbol der „persönlichen Auferstehung" (wohl wegen ihres deutl. Gestaltwandels bei der Entwicklung v. der Kaulquappe bis zum fertigen Tier). – In der Kunst des MA erscheint die K. sowohl bei Todesdarstellungen wie in Zshg. mit den Lastern Wollust u. Geiz.

Krug, in der ind. Kunst verschiedentl. anzutreffendes Symbol für überströmende Fruchtbarkeit u. Fülle; auch Sinnbild für den Trank der Unsterblichkeit. – In China Symbol des Himmels u. vor allem des Donners (wegen des Geräusches, das man durch Klopfen in einem leeren K. erzeugen kann). – In der frühchristl. Kunst begegnet häufig die Darstellung eines K.es, der durch daraus hervorwachsende Ranken u. Blätter oder durch trinkende Vögel auf das in ihm enthaltene Wasser des Lebens weist. Krüge symbolisieren oft die vier Paradiesflüsse, seltener den Jordan.

Krummstab ↗Stab.

Kubus, *Würfel.* Als v. 6 Quadraten begrenzter Körper partizipiert der K. an der Symbol-Bedeutung des ↗Quadrats, mehr als dieses jedoch ist er ein Symbol des Soliden, Festen u. Unveränderl. sowie gelegentl. auch der Ewigkeit. – Klappt man den K. in geeigneter Weise auf, ergibt sich ein Kreuz, das in der Esoterik als astrolog. Basis des Kirchengrundrisses gedeutet wird. Johannes sah die „Heilige Stadt" in Form eines Würfels (Apk 21,1 ff.). ↗Kiste. Unter den fünf platon. Körpern repräsentiert er die Erde.

Kuckuck, gilt nach wedischer Tradition als Symbol der Seele vor u. nach der Inkarnation; der Körper wird dabei mit dem fremden Nest verglichen, in das der K. seine Eier legt. – Im Volksglauben des Abendlandes wird die Anzahl der Rufe des K.s häufig als Vorzeichen für Lebensdauer, Heirat oder zu erwartendes Geld gewertet. – Da man dem K. Geilheit nachsagte, nannte man die Dirnen im MA gelegentlich „K.". Auch der Teufel wurde euphemistisch „K." genannt („Hol dich

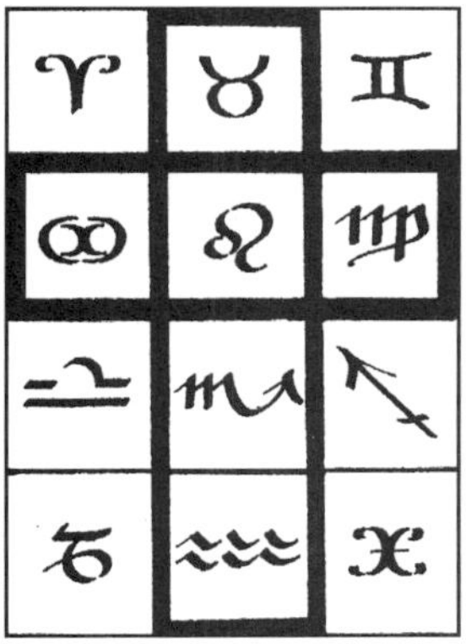

Krone: *Rangkronen:* ***1*** *Königs-,* ***2*** *Herzogs-,* ***3*** *Grafen-,* ***4*** *Adelskrone; Diademe:* ***1*** *ägyptisch,* ***2*** *griechisch,* ***3*** *spätrömisch,* ***4*** *russisch*
Kubus: *Allgemeines Grundrißschema einer christlichen Kirche, die 6 Quadrate des Kubus sind hervorgehoben, das Ganze eingebettet in das System der Tierkreiszeichen*
Kuh: *die ägypt. Göttin Hathor als K., Kalkstein, 18. Dyn.*

der Kuckuck!"). – K.seier gelten als Sinnbild für etwas Untergeschobenes.

Kugel, entspricht symbolisch weitgehend dem ↗Kreis; sie ist ein Symbol des Universums, der Erdkugel, des Sternenhimmels, der Gesamtheit aller einander aufhebenden Gegensätze, somit z. B. auch gelegentl. des ↗Hermaphroditen. – In der (vor allem islam. u. christl.) Architektur repräsentiert die K.- oder Halbkugel-Form wie der Kreis u. der Bogen meistens den ↗Himmel, der ↗Kubus oder das ↗Quadrat dagegen die ↗Erde.

Kuh, als fruchtbares, die lebenswichtige ↗Milch produzierendes Haustier allg. Symbol der mütterl. Erde, der Fülle u. des bergenden Schutzes. – In Ägypten vor allem als die Himmelsgöttin Hathor verehrt, die als Mutter u. Gattin der ↗Sonne, als Mutter des Horus u. als Amme des ägypt. Königs, als Göttin der Freude, des Tanzes u. der Musik (in Gestalt einer jungen Frau), als Sinnbild der Hoffnung u. der Erneuerung des Lebens, als die lebendige Seele der Bäume, aber auch als Herrin über das Gebirge der Verstorbenen galt; sie konnte u. a. goldleuchtend erscheinen oder gelegentl. auch die Gestalt einer Löwin (↗Löwe) annehmen. – In Indien wird die K. als heilige Ernährerin verehrt; die *weiße K.* steht außerdem in Zshg. mit dem heiligen Feuer. Der Buddhismus sieht eine enge Verbindung zw. der K. u. dem stufenweisen Fortschreiten zur inneren Erleuchtung des Menschen; die *weiße K.* symbolisiert die höchste Stufe der individuellen Existenz vor deren Aufgehen im Absoluten. Die wed. Tradition kennt die K. außerdem als Seelenführerin. – Für einige Völker, z. B. die Sumerer, bestand eine symbolische Beziehung zw. der fruchtbaren K. u. dem ↗Mond sowie zw. der Kuhmilch u. dem Mondlicht. – In der german. Mythologie spielte die Urernährerin u. -beschützerin, die K. *Audhumla,* eine wichtige Rolle; sie stand auch in engem Zshg. mit dem ↗Wasser u. dem ↗Regen.

Kulturheroen, *Kulturbringer, Heilbringer,* Wesen, teils in tier., teils in menschl. Gestalt, die als Schöpfer oder Überbringer v. Nutzpflanzen u. Tieren oder als Begründer der menschl. Institutionen angesehen werden. Sie werden oft als myth. Vorfahren z. B. in die Genealogie eines Clans aufgenommen.

Künste, ↗S. 160.

Kupfer, bei einigen afrikan. Stämmen umfassendes Symbol für Licht u. Leben u. für aktiv Wirksames, wie das Wort oder das Sperma. – In der Alchimie entspricht dem K. der Planet *Venus,* dessen Natur als warm u. feucht, weibl., die Schönheit, den

Künste

Die Darstellungen der *Freien Künste*, der *Sieben Freien Künste* oder *Artes Liberales* geben das Bild von der Ordnung des Wissens an der Schwelle der Neuzeit und sind voller Symbolik.
Man gliederte die Bildung und die dazu notwendigen Wissenschaften in ein mehr oder weniger starres System, das seinen Ursprung in der antiken Vorstellung der Enzyklopädie hatte: Die Philosophia divina steht erhaben im Zentrum des Systems der Philosophia rerum humanarum, nämlich der Philosophia naturalis, rationalis und moralis. Unter den Fittichen der Philosophie sind die unentbehrlichen Sieben Freien Künste vereint: Grammatik, Rhetorik und Logik (Dialektik) bilden das sog. *Trivium*, Musik, Arithmetik, Geometrie und Astronomie das sog. *Quadrivium*, die alle auch Bestandteile vieler Bildprogramme sind.

In der berühmten Darstellung der Herrad von Landsberg im „Hortus Deliciarum" (rechts) ist das Kreissystem in Anlehnung an die Enzyklopädie, den Kreis des Wissens, radförmig dargestellt, in der nicht weniger berühmten Darstellung in der „Margarita Philosophica" des Freiburger Kartäuserpriors Gregor Reisch von 1503 ist diese radförmige Darstellungsform nur noch teilweise erhalten. Die Philosophen Aristoteles und Seneca und Kirchenväter (Augustinus, Ambrosius, Gregor der Große und Hieronymus) bei Gregor Reisch, die Philosophen Sokrates und Plato, aber auch heidnische Schriftsteller und „Magier" (kenntlich an den Amseln auf ihren Schultern, die die Einflüsterungen des Teufels symbolisieren) gehören zur Darstellung der Herrad.
Im Grunde sind es keine Bilder des Wissens, die sich mit den Inhalten der zu lehrenden Wissenschaften abgeben, es sind vielmehr allegorische Lehrbilder mit Hinweisen auf die Autoritäten; sie präsentieren also die *Ordnung* des Wissens.

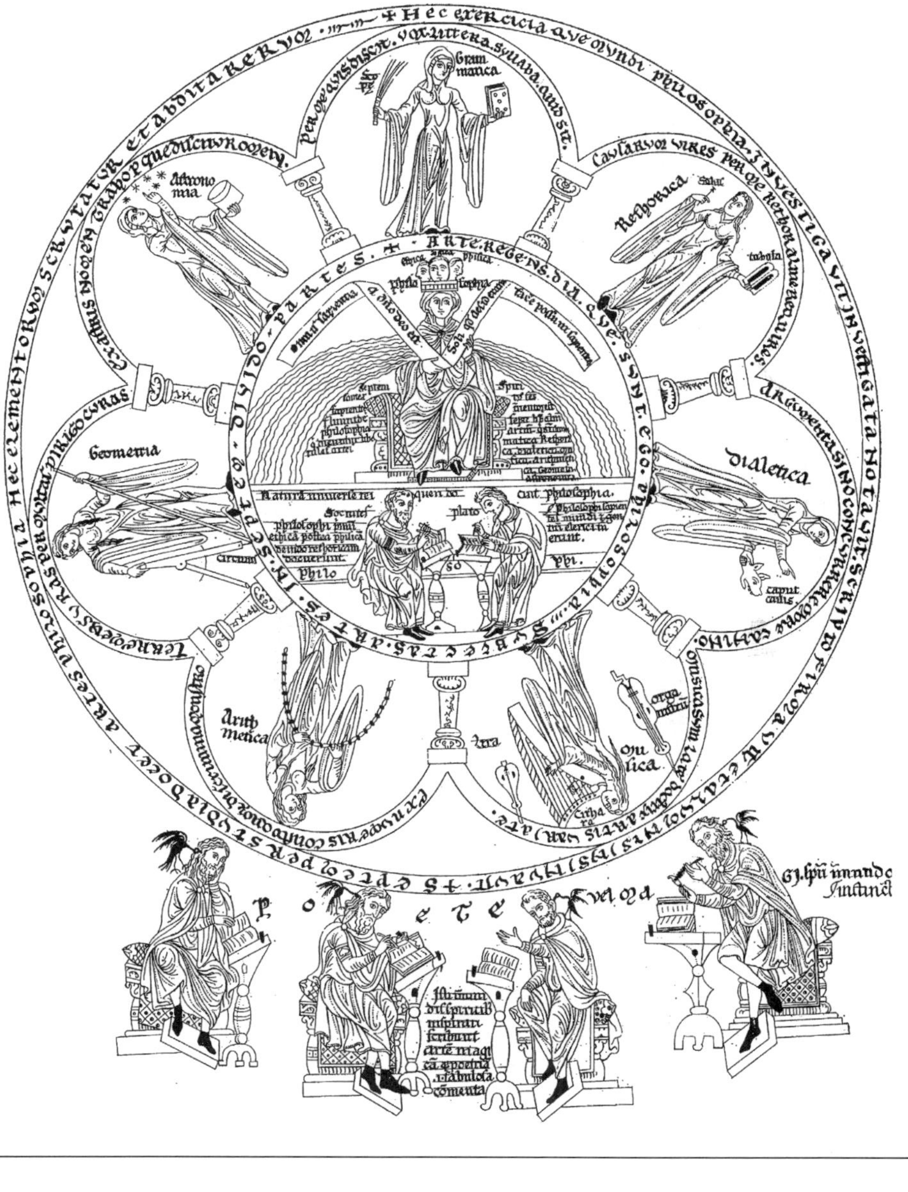

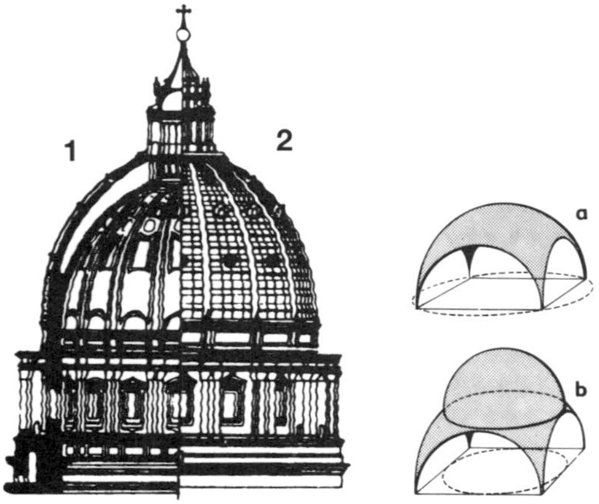

Kuppel: ***1*** *Kuppel von St. Peter, Rom (linke Hälfte im Schnitt);* ***2*** *Konstruktionen:* ***a*** *Hänge-K. (Stütz-K., Böhm. Kappe), die Fußlinie der K. umschreibt den Grundriß des Unterbaus;* ***b*** *Pendentif-K., die Fußlinie der K. ist dem Grundriß des Unterbaus einbeschrieben*

Müßiggang u. die Wollust fördernd beschrieben wird. ↗Metalle.

Kuppel, *Gewölbe,* u.a. in der buddhist., islam. byzantin. u. christl. Baukunst häufig als Sinnbild des Himmelsgewölbes gedeutet, worauf vielfach bereits die Bemalung mit Sternen, Vögeln, Engeln, Sonnenwagen usw. hinweist.

Kürbis, wegen der großen Zahl seiner Kerne, wie der ↗Granatapfel, die Zedratzitrone (↗Zedrat-Zitronenbaum) usw., Symbol der Fruchtbarkeit. U.a. bei schwarzafrikan. Völkern auch Symbol des Welteies (↗Ei) u. der Gebärmutter. – Im Taoismus wird er auch als Nahrung, die langes Leben u. körperl. Unsterblichkeit verleiht, verehrt. – Zwei getrocknete K.hälften, aus denen man trank, hatten u.a. in China die symbolische Bedeutung der in zwei Hälften auseinandergebrochenen Ureinheit. – In der christl. Kunst bedeutet der schnell wachsende u. schnell verderbende K. häufig Kürze u. Hinfälligkeit des Lebens.

Kuß, urspr. wohl als Anhauch durch die im ↗Atem lebende Seele verstanden; daher auch als kräfteübertragend u. lebenspendend vorgestellt. – Zumeist Ausdruck seel. Hingabe u. Zeichen der Verehrung. Neben der realen erot. Bedeutung (die im Hochzeitsbrauchtum auch Symbol-Charakter annehmen kann) hat der K. auch sakrale Relevanz. In Ägypten beispielsweise wurden dem Gott-Herrscher die Füße geküßt, eine Form der Ehrerbietung, die gegenüber Herrschern, Priestern u. Richtern in vielen Kulturen verbreitet war. – In der Antike küßte man die Schwelle zum Tempel, den Altar u. das Götterbild. Im Islam wird noch heute, als Ziel u. Höhepunkt der Wallfahrt, der Schwarze Stein der Ka'aba geküßt. – In der frühen christl. Kirche als Friedens- oder Bruder-K. Symbol der Zusammengehörigkeit (vgl. den Oster-K. der Ostkirche); der Bruder-K. ist als Symbol der Zugehörigkeit zu einer Gemeinschaft auch in profanen Zusammenhängen übl. (z.B. unter kommunist. Genossen), mit abgeschwächter symbol. Bedeutung als Begrüßungs-K. auch unter Verwandten u. Freunden. – Der Altar-K. u. K. des Kreuzes, der Bibel, der Heiligenreliquien usw. wird im Christentum als Symbol, aber auch als geistige Vereinigung verstanden. – Im MA war der K. auch ein Symbol der Versöhnung (Sühne-K.). – Ersatz für den K. kann die *K.hand* sein, die wohl als Zuwerfen des K.es auf mag. Vorstellungen zurückgeht. – Die Erinnerung an den Mißbrauch des K.es durch Judas lebt als *Judas-K.* noch in unserem Sprachgebrauch.

Kutte ↗Mönchsgewand.

Kyodo ↗Pfeil und Bogen.

Labarum *s* [lat.], v. Konstantin d. Gr. eingeführtes röm. Feldzeichen, seit 324 Reichsfahne; ein goldbeschlagener Kreuzstab mit einem Purpurtuch an der Querstange u. dem ↗Christusmonogramm an der Spitze; geht auf die christl. Interpretation einer angebl. Lichtvision (Lichtkreuz mit der Aufschrift *in hoc signo vinces*, ↗IHS) u. anschließender Traumepiphanie Konstantins vor der Entscheidungsschlacht gg. Maxentius (312) zurück.

Labkraut, eine Marienpflanze, heißt auch „Mariens Bettstroh", ein Volksheilmittel (wie viele andere Marienpflanzen auch) u. ein (rotes) Färbemittel.

Labyrinth *s*, urspr. Bz. für den mit zahlreichen unübersichtl. Gängen ausgestatteten Palast des Königs Minos auf Kreta, später für die von Dädalus erbaute Behausung des ↗Minotaurus. Von daher schließl. Bz. für alle Irrgärten in Architektur u. bildender Kunst. – Der Durchgang durch ein L. war verschiedentl. Bestandteil v. Initiationsriten (↗Initiation), er symbolisierte sowohl das Auffinden des verborgenen, spirituellen Zentrums wie den Aufstieg von der Dunkelheit zum Licht. ↗Astraltänze, ↗Heilszeichen, ↗Trojaburgen, ↗S. 164.

Lakschmi oder *Schri* [Sanskrit], Hindu-Göttin der Schönheit, des Reichtums u. des Glücks; Gattin des Wischnu, mit dem sie oft den ↗Garuda-Adler reitend dargestellt wird; Symbol: Lotos.

Lamassu, assyr.-babylon. Schutzgeist in Gestalt eines menschenköpfigen Stiers; Wächter der Stadt- u. Palasttore; meist fünfbeinig dargestellt, damit man von jedem Standpunkt des Betrachters vier Beine sehen konnte.

Lamm, *Schaf*, wegen seiner Einfalt u. Duldsamkeit u. wegen seiner weißen Farbe Symbol der Sanftmut, Unschuld u. Reinheit. Im Altertum neben dem ↗Widder

Labarum: *Darstellung auf einer römischen Münze*
Lamassu: *Wächter (Lamassu) an einem assyr. Palast: Menschengesicht, Adlerflügel, Stierhörner u. -füße und Löwenkörper*

Labyrinthe

Ursprünglich waren Labyrinthe ebene, Symmetrie anstrebende Systeme, deren Zentren mit der Außenöffnung durch unverhältnismäíg lange, aber eindeutige, kreuzungsfreie und keine Wahlmöglichkeit offenlassende Wege verbunden waren, sie unterscheiden sich dadurch von den Mäandermustern und eckigen Spiralen. Die Erforschung der Labyrinthe war lange dadurch erschwert, daß man nicht klar trennte zwischen dem namengebenden Gefängnis des Minotaurus (Ovid, Metamorphosen 8, 158 ff.), das ein räumliches Gebilde ist, und den alten Labyrinthformen, die ebene (zweidimensionale) Gebilde sind, die hier nur betrachtet werden sollen.
Vorläufer der Labyrinthe sind schon auf mykenischen Siegelabdrucken erkennbar, aber auch aus dem Alten Ägypten sind Amulettbruchstücke mit labyrinthähnlichen Figuren bekannt, genauso wie auf etruskischen Vasenbildern, die gelegentlich als Darstellungen einer Gebärmutter interpretiert werden (sog. kretischer Typ); im Gegensatz dazu sind die später sogenannten römischen Labyrinthe, zu denen auch die zahlreichen

links: Labyrinth-Graffito in Pompeji; die Beischrift lautet: LABYRINTHUS HIC HABITAT MINOTAURUS (Labyrinth, hier haust Minotaurus); rechts: Labyrinth-ähnliches Amulett aus dem alten Ägypten; tatsächlich handelt es sich wohl um ein Mäander bzw. eine eckige Spirale; unten: Etruskische Vasenmalerei mit einer Labyrinthform, die an die viel spätere nordische Form des Trojaspiels erinnnert

mittelalterlichen Labyrinthe gehören und die weitgehend symmetrisch sind, im Zentrum einen meist freien Raum aussparen und meist aus konzentrischen Kreisen aufgebaut sind, während der kretische Typ entfernt an Spiralen denken läßt und dann zu einer möglichen astralen Interpretation als Symbol des Sonnenlaufs Anlaß gibt.
Die in vielen alten Kirchen auf dem Fußboden dargestellten Labyrinthe sind hervorgegangen aus den römischen Labyrinthen, als ältestes christliches gilt das Labyrinth der Reparatus-Basilika in Orléansville (Algerien) aus dem Jahre 324; durch geschickte Anordnung von Buchstaben im Zentrum konnte über 3000mal das Wort SANCTA ECCLESIA gelesen werden. Ein anderes algerisches Labyrinth (ca. 440, Tigziert-sur-Mer) bildet einen offenen Kranz mit dem christologischen Lamm; das Ensemble wird als Sinnbild des menschlichen Lebens mit all seinen Prüfungen, Schwierigkeiten und Umwegen aufgefaßt, weshalb das Zentrum die Heilserwartung in Gestalt des Himmlischen Jerusalems symbolisieren kann. Aus der mittelalterlichen Überlieferung ist der religiöse Tanz in der Art einer sinnbildlichen Wallfahrt auf den Bodenlabyrinthen der gotischen Kathedralen (z.B. Amiens und Chartres) bekannt.

Lit.: H. Kern, Labyrinthe, München 1982; W. H. Matthews, Mazes and Labyrinths, New York 1922/1970.

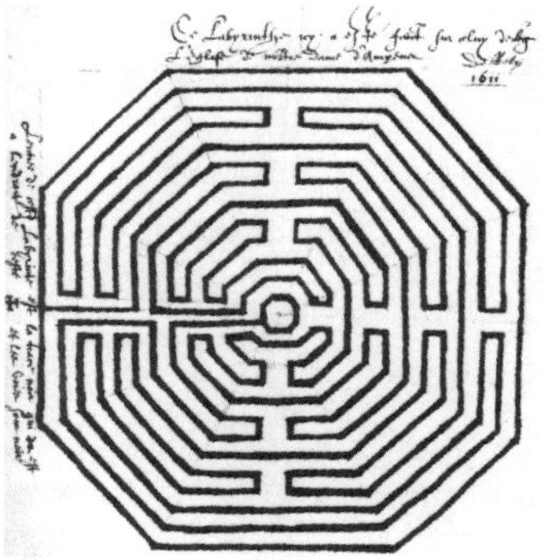

links: Römisches Fußbodenmosaik-Labyrinth aus Orbe (Schweiz), Kantenlänge 350 cm; Entstehungszeit ca. 200 n. Chr.; rechts: Labyrinth in Form eines Achtecks in der Kathedrale von Amiens, Kantenlänge 520 cm. Das Labyrinth ist aus weißen und blauschwarzen Steinen aufgebaut; unten: Die Stadt Jericho im Zentrum eines Labyrinths, Miniatur aus einem mittelalterlichen hebräischen Manuskript

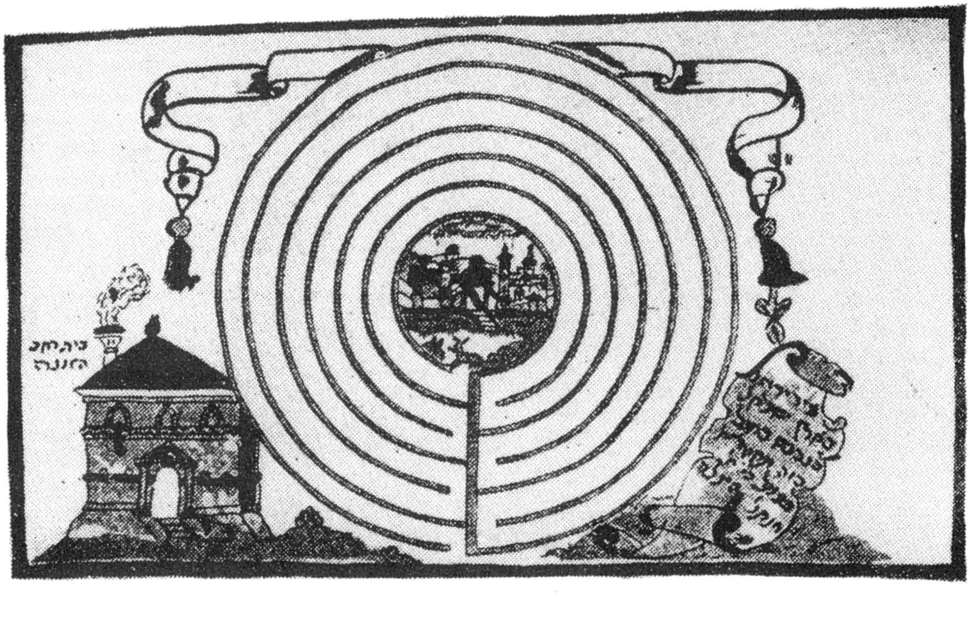

oben links: Das Labyrinth aus weißem und schwarzem Marmor unter der Kuppel von San Vitale in Ravenna, Durchmesser 340 cm; das Labyrinth wurde höchstwahrscheinlich erst im 16. Jh. ausgelegt. Auffallend ist die vorgegebene Bewegungsrichtung vom Zentrum in die Peripherie.

oben rechts: Das erhaltene Kirchen-Labyrinth in der Kathedrale von Chartres, der Durchmesser beträgt zwischen 12 m 30 cm und 12 m 60 cm. Elf konzentrische Kreise bilden zusammen eine Weglänge von 294 m.

links: Nordisches Steinkreuz mit einer Labyrinth-Gravur.

Lamm: Die Gläubigen als Lämmer mit der Palme als Baum des Lebens im „Musterbuch" von Schmid

das häufigste Opfertier, daher auch Symbol für Christus u. dessen Opfertod. In der christl. Kunst deutet ein Lamm inmitten anderer Schafe oder abseits stehend auf das Lamm Gottes, das der Welt Sünden trägt. Gruppen v. Lämmern oder Schafen repräsentieren auch die Gläubigen oder die Kirche der Märtyrer (Christus erscheint dabei in der Rolle des Guten ↗Hirten). Das Jüngste Gericht wird u. a. unter dem Bild Christi vorgestellt, der die Schafe v. den Böcken scheidet. – Das Schaf ist das 8. Zeichen des chin. ↗Tierkreises, es entspricht dem ↗Skorpion.

Lampe, repräsentiert häufig bildhaft das nicht darstellbare ↗Licht, oft unter dem Gesichtspunkt des individuellen geistigen Lichts, der einzelnen geistigen Wesenheit; so kann das Entzünden u. Verlöschen einer L. Geburt u. Tod eines Menschen bedeuten. Vor allem in der Antike galt die L. daher auch einfach als Symbol für Leben u. Tod. – Die *Öllampe* aus Ton ist in verschiedener Hinsicht ein Symbol für den Menschen: sie ist, wie er, aus „Lehm" gemacht, sie beherbergt in Gestalt des Öls (↗Öle) eine Art „Lebenskraft"; wird sie entzündet, erscheint sie als Träger des Geistes, den die ↗Flamme symbolisiert. – Die vorsorgl. mit Öl gefüllte L. ist in dem bibl. Gleichnis v. den klugen u. törichten Jungfrauen ein Symbol der geistl. Wachsamkeit u. Bereitschaft. – Brennende L.n auf Gräber zu stellen ist ein nicht nur im Christentum übl. Brauch, der auf die jeweiligen religiösen Vorstellungen vom jenseitigen göttl. Licht verweist. ↗Laterne.

Lanze, wie alle Waffen Kriegs- u. Macht-Symbol; weiterhin Symbol des Sonnenstrahls, phall. Symbol, gelegentl. auch der Symbol-Bedeutung der ↗Weltachse nahestehend. ↗Speer. – In der christl. Kunst weisen Tiere, die v. L.n durchbohrt werden, oft auf Laster, die überwunden werden müssen; die Personifikationen v. Tugenden sind aus diesem Grunde häufig mit L.n als Attributen dargestellt. Im engeren Sinne ist die L. ein Attribut der Kardinaltugend Tapferkeit. – Die eucharist. Verwendung einer kleinen L. in der orthodoxen Kirche weist symbolisch auf die L. des Longinus, der den Tod Christi durch einen L.nstich in die Brust feststellte (die *Longinus-L.* spielte im MA, z. B. in der Gralssage, eine große Rolle).

Lanzettfenster, in der Symbolik der ↗Fensterrose gilt das L. als männl., die einfache (Fenster-)Rose als weiblich.

Lapislazuli *m,* galt wegen seiner blauen Farbe u. der zahlreichen eingeschlossenen goldenen Pünktchen im Altertum als Sinnbild des gestirnten Himmels. – Im Orient geschätzt als Mittel gg. den bösen Blick.

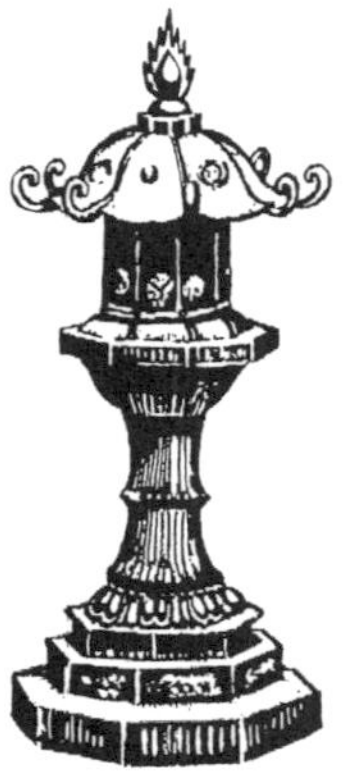

lapis philosophorum ↗Stein der Weisen.

Lärche, Kieferngewächs der nördl. gemäßigten Zone. – In Sibirien stellte man sich den Weltenbaum (↗Baum) als L. vor, an dem Sonne u. Mond in Gestalt eines goldenen u. eines silbernen Vogels auf u. ab steigen.

Larve ↗Maske.

Laster ↗Tugenden und Laster.

Laterne, entspricht symbolisch weitgehend der ↗Lampe. Laternen begegnen vor allem in japanischen Tempel- und Gartenanlagen als Sinnbilder des Lichts und geistiger Klarheit.

Laubbaum ↗Baum.

Lavendel, sehr würzig duftender, unscheinbar blühender Lippenblüter des Mittelmeergebiets; seit alters zum Baden, Waschen u. als Heilmittel verwendet. Im MA gelegentl. symbolisch auf die Tugenden Marias bezogen.

Lazarus, nach Lk 16,19 ff. Symbolfigur für den auf Erden an Krankheit u. Armut leidenden Menschen, der dafür im ↗Jenseits entschädigt wird. Der Bericht vom „armen Lazarus“ ist häufig Bestand mittelalterl. Bildprogramme.

Lebensalter, seit der Antike die meist in verschiedene Intervalle unterteilten Lebensspannen, die mit äußeren Intervallreihen verglichen werden, wobei die Zahlensymbolik eine Rolle spielt: 4 Abschnitte des L.s korrespondieren mit den 4 Jahreszeiten, den 4 Evangelisten oder den 4 Erdteilen, 7 Abschnitte entsprechen den 7 Planeten, den 7 Stufen der Leiter oder des Glücksrades; auch 3, 6 u. (häufig) 10 Intervalle kommen vor. ↗Zehn

Lebensbaum, 1) *Thuja,* wie alle immergrünen Pflanzen Unsterblichkeits-Symbol. **2)** *In der christl. Kunst* als Blätter u. Blüten treibendes Kreuz Symbol der Todesüberwindung (in der Grabkunst, an Portalen), als Symbol für das Paradies der Endzeit meist als Palme oder Ölbaum dargestellt; *in der Volkskunst* Symbol des Lebens u. verbreitetes Schmuckmotiv. **3)** indogerman. Symbol; im nord. Kulturkreis: der Weltenbaum ↗Yggdrasil. In der christl. Überlieferung der Germanen u. Kelten umgedeutet, u. zwar vielfach als Kreuzbalken (↗Steinkreuze) verstanden. – ↗Baum, ↗Kreuz.

Lebensbrunnen, Allegorie der erlösenden Kraft Christi; schon in frühchristl. Zeit dargestellt als Wassergefäß oder überdachter Brunnen, aus dem Tiere trinken, später oft mit 4 Paradiesflüssen oder dem Allerheiligenbild verbunden.

Laterne: *L. v. dem Tempel in Nikko, Japan*
Leber: *ein Adler frißt an der L., also Lebenskraft des Prometheus; von einer Schale aus Caere*
Leier: *Orpheus mit der L.; v. einem Krater aus Gela, um 450 v. Chr.*
Leiter: *Tugendleiter, nach einer Minitatur aus Zwettl*
Leiter: *Jakob sieht im Traum die Leiter mit den Engeln. Miniatur aus dem Hortus Deliciarum der Herrad von Landsberg, 12. Jh.*

Lebensfaden ↗Moiren.

Leber, galt bei verschiedenen Völkern als Sitz der Lebenskraft, der Begierde, des Zorns, aber auch der Liebe. Aus *Tierlebern* glaubte man die Zukunft voraussagen zu können *(Leberschau)*, wozu vor allem in Babylonien, aber auch beispielsweise bei den Etruskern, ein ausgeklügeltes Interpretations-System bestand. – Dem Essen der L. schrieb man die Kraft zu, Verzauberungen aufheben zu können.

Leberblümchen, als heilkräftige Pflanze in der Symbolik des christl. MA Marien-Symbol; wegen seiner Dreiblättrigkeit auch Trinitäts-Symbol.

Lebewesen ↗Tetramorph.

Legenda aurea, wichtige Sammlung mittelalterl. Heiligenlegenden *(Legenda sanctorum)*; ihre enorme Verbreitung machte sie zur wichtigsten Quelle christl. Bildthemen u. Symbolik; diente hauptsächl. der Erbauung u. bes. der religiös gefärbten Sucht nach Wundern u. Abenteuern in Fortführung der Enzyklopädien der Kirchenlehrer; wurde im Laufe der Zeit inhaltl. ständig erweitert: die älteste Handschrift von 1288 hat 182, der erste Druck von 1470 dagegen 488 Kapitel. Der Verfasser war der Dominikaner Jacobus a Voragine (1228/30 bis 1293), zuletzt Bischof von Genua.

Lehm ↗Gefäß.

Leidenswerkzeuge Christi, *Arma Christi,* ↗Passionswerkzeuge.

Leier, Symbol göttl. Harmonie u. der harmon. Verbindung zw. ↗Himmel u. ↗Erde. – Die L. ist ein Attribut des griech. Gottes Apollo sowie allg. ein verbreitetes Symbol der Musik u. Poesie. – Die Töne der L. galten verschiedentlich (z. B. im Orpheusmythos) als zauberwirksam, insbes. als wilde Tiere besänftigend. – In der Bibel erscheint das Harfenspiel oft als Ausdruck des Dankes u. des Lobes Gottes.

Leiter, *Stufenleiter,* in verschiedenen Varianten Symbol einer Verbindung zw. ↗Himmel u. ↗Erde (in diesem Zshg. gelegentl. der symbol. Bedeutung des ↗Regenbogens nahestehend); Symbol des Aufstiegs; Symbol einer gradweisen Steigerung oder einer Entwicklung. Die Anzahl der Sprossen entspricht oft einer heiligen Zahl (häufig ↗Sieben), die einzelnen Sprossen haben gelegentl. verschiedene Farben (z. B. im Buddhismus) oder bestehen aus verschiedenen Metallen (z. B. in den Mithras-Mysterien); oft entsprechen sie damit zugleich verschiedenen Stufen einer spirituellen Einweihung. – Die Bibel erwähnt u. a. Jakobs Traum v. der *Himmelsleiter*, an der die Engel auf- u. niedersteigen: ein Symbol

der lebendigen Beziehung zw. Gott u. Mensch. – In der christl. Kunst begegnet häufig die *Tugendleiter*, auf der die tugendhaften Menschen, allseits von Dämonen bedroht, Stufe für Stufe nach oben gelangen. – Als Orte der geistigen Höherentwicklung wurden auch die Klöster gelegentl. mit L.n verglichen (Zisterzienser- u. Kartäuserklöster heißen manchmal auch „Scala Dei"). – ↗Treppe.

Lendenschurz, bei manchen Naturvölkern als Schutz des Schamgefühls oft Symbol der männl. oder weibl. Würde. ↗Nacktheit.

Leo, das Sternbild ↗Löwe.

Leopard, häufig ein Symbol für Wildheit, Aggressivität, Kampf oder Stolz. – In China galt der L. im Ggs. zum sonnenhaften ↗Löwen als mondhaftes Tier. – In afrikan. Mythen dagegen wird er mit dem Licht der Morgensonne in Verbindung gebracht. – Die Antike kannte den L. als Attribut der Artemis u. des Dionysos, er galt als ein Symbol der Stärke u. Fruchtbarkeit u. spielte in diesem Sinne auch im Dionysos- bzw. Bacchus-Kult eine Rolle; seiner wilden Sprünge wegen wurde er mit den Mänaden verglichen. ↗Panther.

Lerche, Vogel, der senkrecht zum Himmel aufsteigt u. sein Nest auf der Erde baut; damit Symbol für die Verbindung v. ↗Himmel u. ↗Erde.

Lernäische Schlange ↗Hydra.

Leuchter, Symbol des (geistigen) Lichtes u. des Heils. Der aus reinem ↗Gold gefertigte, siebenarmige L. (↗Sieben) des Judentums (↗Menorah) entspricht wohl z. T. dem Lichtbaum der Babylonier; er steht auch in Zusammenhang mit kosmischer Symbolik (sieben Planeten, sieben Himmel). – In der christl. Kunst des MA symbolisiert der siebenarmige L. häufig das Judentum.

Leuchterweibchen, meist hölzerner Hängeleuchter (Kerzenhalter) in Form einer weibl. Halbfigur mit Fischschwanz, bes. im 16. Jh. beliebt; wohl mit der Symbolik der fischschwänzigen ↗Sirenen verwandte ↗Mischwesen (↗Melusine), wahrscheinl. in der Symbolik auf astrolog. Vorstellungen rückführbar (zodiakale Opposition der Tierkreiszeichen Jungfrau – Fische).

Leuchtkäfer, mit Bezug auf seine Eigenschaft, in der Dunkelheit aus eigener Kraft zu leuchten, gelegentl. als Sinnbild nach dem Tode weiterlebender Seelen verstanden. – In China traditionelles Attribut armer Studierender, da sein Schein diesen bei Nacht als einzige Lichtquelle beim Lesen der Bücher dient.

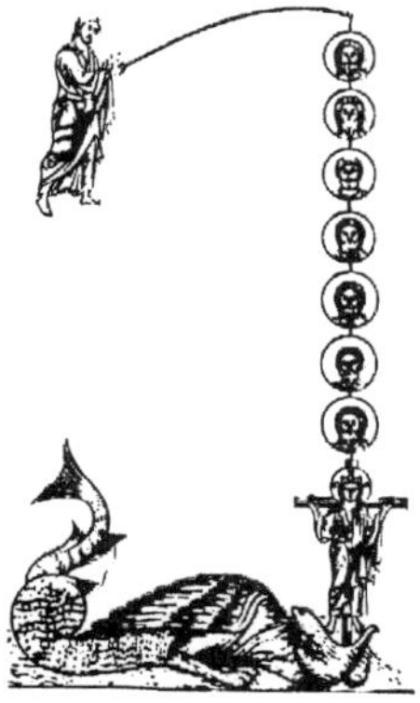

Leopard: *Mänade mit Leopard v. einer Schale des Brygos-Malers; um 490 v. Chr.*
Leuchter: *der siebenarmige L. als Symbol des AT; nach einer elsäss. Miniatur, 12. Jh.*
Leuchter: *baumartige Leuchter aus der Synagoge Dura Europos und einem Steinrelief aus Kfar Tamra*
Leviathan: *der Fang des L. mit der siebenteiligen Angelrute des Stammes Jesse u. dem Gekreuzigten als Köder, aus: Herrad von Landsberg, Hortus Deliciarum, 1180*
Licht: *Personifikation des L.s; nach einer elsäss. Miniatur des 12. Jh. (Ausschnitt)*

Leuchtturm, in der frühchristl. Kunst Sinnbild des himmlischen Hafens, in den die Seele nach gefährlicher Lebensfahrt einläuft; im Barock Symbol vorbildlichen (richtungweisenden) christlichen Lebens.

Leviathan, *Leviathan,* im ugarit. Mythos ist *Lotan* ein vielköpfiges Chaosungeheuer, das bei der Schöpfung besiegt wurde, vgl. Ps 74,13f. Nach Ijob 3,8 können Zauberer L. wieder wecken, erst am Ende der Zeit wird Gott ihn endgültig vernichten. Das Chaosuntier kann auch *Rahab* heißen oder *„Drache"*. – In Ps 104,26; Ijob 40,25 ist L. nur noch ein gewaltiges Wassertier u. Geschöpf. In der noch späteren Apokalypse aber dient die Vorstellung v. diesem myth. Wesen zur Darstellung *Satans,* Off 12,3ff., u. seines ird. Ebenbildes, des siebenköpfigen Tieres, das die Weltmacht repräsentiert.

Liber Mundi ↗Buch.

Libra, das Sternbild ↗Waage.

Licht, allgegenwärtige Erscheinung, die uns in ihren Wirkungen vertraut, in ihrem Wesen weitgehend unfaßbar ist. Von daher bevorzugtes Symbol für Immaterialität, Geist, Gott, aber auch Leben oder Glück. Verschiedentl. findet man noch eine engere Unterscheidung zw. dem L. der ↗Sonne, das die Inspiration u. geistige Schau symbolisiert, u. dem L. des ↗Mondes, das – als reflektiertes L. – die mittelbare Erkenntnisform des rationalen, diskursiven Denkens versinnbildlicht. – Das L. begegnet häufig in Abgrenzung zur *Finsternis,* die dann meistens als Symbol für Nicht-Erkennen u. geistige Dumpfheit, für moral. unterentwickelte oder minderwertige Bereiche u. Zustände, für Tod, Unglück oder aber für „Geheimnis" erscheint. – Die räuml. Vorstellung v. „oben" u. „unten" (↗Höhe, ↗Tiefe) entspricht im symbol. Denken dem Verhältnis v. L. u. Finsternis. – Fast alle auf einer Zweiteilung der Welt basierenden Grundprinzipien beziehen sich auf die Unterscheidung v. L. u. Dunkelheit, so z.B. Ormuzd u. Ahriman, ↗Yin und Yang, Engel u. Dämonen, Geist u. Materie, Männl. u. Weibl. usw. Die Vorstellung eines Aufstiegs vom Dunkel zum L. spielt bei vielen Völkern eine wichtige Rolle sowohl in bezug auf die Menschheits- wie die Individualentwicklung; auch zahlreiche Initiationsriten sind deshalb auf diese Dualität aufgebaut. – Die Scheidung v. L. u. Finsternis am Uranfang der Welt als ein Setzen der ersten Ordnung begegnet in den kosmogon. Vorstellungen vieler Völker. – Mystiker sprechen gelegentl. v. einem Dunkel, das „jenseits" (im Ggs. zu „unterhalb") des L.s der Erkenntnis liegt u. das die prinzipielle Unerkennbarkeit Gottes symbolisiert. – In der bildenden Kunst wird die geistige *Erleuchtung* einer Persönlichkeit häufig durch eine ↗Aureole,

einen ↗Nimbus oder einen ↗Heiligenschein veranschaulicht. ↗Feuer, ↗Sonnenfinsternis.

Lichtnelke, in Europa u. Nordasien verbreitete Wiesenpflanze mit rosenrot leuchtenden Blüten; in der christl. Kunst des MA Mariensymbol.

Liktorenbündel ↗Fasces.

Lilie. Die *weiße L.* ist ein altes u. weitverbreitetes Licht-Symbol; daneben gilt sie, vor allem in der christl. Kunst, als Symbol der Reinheit, Unschuld u. Jungfräulichkeit (bes. häufig auf Mariendarstellungen, z. B. sehr oft im Zshg. mit der Verkündigung durch den Erzengel Gabriel); möglicherweise handelt es sich dabei um die Sublimierung einer ursprüngl. phallischen Bedeutung, die man der L. wegen der auffälligen Form ihres Stempels beimaß. Eine L., die auf Darstellungen Christi als Weltenrichter aus dessen Munde hervorkommt, ist ein Symbol der Gnade. – Die Bibel spricht v. den „L.n auf dem Felde" als einem Symbol der vertrauensvollen Hingabe an Gott. – Die L. ist außerdem ein uraltes Königs-Symbol u. spielt auch in der Heraldik eine wichtige Rolle v. wechselnder Bedeutung, so kann sie z. B. auf das Patronat der Gottesmutter Maria verweisen oder, mit deutlicher Dreizahl ihrer Blütenblätter, auf die Dreieinigkeit.

Lilit, entspricht akkad. lilitu, ein weibl. Dämon. Im Hebr. mit Lajla („Nacht") in Verbindung gebracht; L. wurde zum Nachtgespenst.

Linde, wurde bei Germanen u. Slawen als heiliger Baum verehrt. Sie galt als blitzabwehrend u. sollte angebl. bei Berühren Krankheiten an sich ziehen. Häufig verkörperte sie das Zentrum v. Gemeinschaften oder baul. Anlagen, so die Gerichts-, Friedhofs-, Brunnen-, Dorf-L. – Im Ggs. zur ↗Eiche wird die L. häufig als weibl. verstanden.

Lindwurm (der „strahlende" Wurm), andere Bz. für ↗Drache.

Linga *s, Lingam,* in Indien als Kultbild verbreitete plast. Phallus-Darstellung, Symbol des Gottes Shiva; begegnet sowohl als naturalist. Abbild wie als Säulenstumpf, oft auf quadrat. Basis mit achtkantigem Mittel- u. zylindrischem Oberteil (gelegentl. mit einem oder mehreren Köpfen); symbolisiert die göttl. u. die männl. Schöpferkraft, wahrscheinl. auch die ↗Weltachse. Das weibl. Gegenstück zum L. ist die ↗Yoni. Ein L., mit der Kundalinischlange (↗Schlange) umwunden, symbolisiert die Erkenntniskraft, in Verbindung mit der Yoni ist es u. a. ein Sinnbild aufbrechender Erkenntnis u. der Verbindung v. Form u. Materie.

Lilie: *Zwei lilienartige Blüten auf Behältern zur Aufnahme der Gebeine eines Toten (spätbiblische u. Mischna-Zeit)*
Lilie: *Kaiser Friedrichs I. Barbarossa mit Lilienzepter; nach einer Miniatur aus der Weltchronik, Altdorf (heute Weingarten), letztes Viertel 12. Jh.*
Linga: *phallisches Symbol des ind. Gottes Shiva*
Loch: *das chin. Himmelssymbol Pi aus Jade; spätere Chou-Zeit*
Lorbeer: *L.kränze auf antiken Münzen*

Links ↗Rechts u. links.

Loch, Symbol der Öffnung, gelegentl. des Aufbruchs ins Ungewisse, aber auch Symbol der Nichtigkeit u. des Mangels. – Verschiedentl. auch Symbol des weibl. Genitales. – Die mit einem L. versehene chin. Jade-Scheibe „Pi" ist ein Himmels-Symbol; das L. repräsentiert hier das Hereinscheinen der geistigen in die ird. Welt.

Lorbeer, wie alle immergrünen Pflanzen Unsterblichkeits-Symbol. – Galt in der Antike als phys. u. moral. reinigend; man schrieb ihm auch die Fähigkeit zu, dichterische Inspiration u. Weissagungskraft zu verleihen; außerdem galt er als blitzabwehrend. Er war vor allem dem Apollo heilig. – In Verbindung mit Triumphzügen tauchte er zunächst wegen der ihm zugeschriebenen Reinigungskraft auf: man wollte sich v. dem im Kriege vergossenen Blut reinigen; später galt er dann einfach als Symbol für Sieg u. Triumph u. – mit Bezug auf seine Unsterblichkeitsbedeutung – als Sinnbild für die dadurch errungene Unsterblichkeit; in diesem Sinne wurde er auch zur Auszeichnung besonderer Leistungen in Wissenschaft u. (vor allem Dicht-)Kunst, meist als L.kranz, verwendet.

Lorelei ↗Sirenen.

Lot, *Senkblei*, Symbol der Vertikalität, zeitweilig auch der ↗Weltachse. Vor allem im Freimaurertum Symbol des geistigen Gleichgewichts, des aufrechten Geistes, lehrt die Wahrheit zu suchen u. ihr zum Recht zu verhelfen. In der bildenden Kunst gelegentl. Symbol für Architektur, für Geometrie, aber auch für Maß u. Gerechtigkeit.

Lotos *m*, ägypt. u. asiat. Art der Seerose, spielt als Symbol in Ägypten, Indien u. Ostasien eine bedeutende Rolle. Da er am Abend seine Blüte schließt u. ins Wasser zurückzieht u. erst bei Sonnenaufgang wieder auftaucht u. sich öffnet, ist er ein altes Licht-Symbol; als weiße, blaue oder rote Blüte, die aus schlammigem Wasser aufsteigt, ist die L.blüte ein Symbol der das Unreine überwindenden Reinheit. – In Ägypten galt der L., der in sich die Sonne trägt, als aus dem Urwasser entstanden u. war damit zugleich Symbol für die Entstehung der Welt aus dem Feuchten; insbesondere war er deshalb auch dem heiligen, lebenspendenden Nil verbunden. Er war Attribut verschiedener Gottheiten, wurde bei Bestattungs- u. Opferriten verwendet u. spielte eine wichtige Rolle in der Tempelarchitektur u. -ornamentik. Der Duft des blauen, wohlriechenden L. galt als lebenerneuernd. – Auch Buddhismus u. Hinduismus kennen eine reiche mit dem L. verbundene Symbolik (↗Lakschmi).

Die auf den Urgewässern schwimmende Knospe der L.blüte gilt, ähnlich dem Weltenei (↗Ei), als Symbol der Gesamtheit aller noch nicht entfalteten Möglichkeiten vor Erschaffung der Welt (gesondert auch als Symbol des menschl. Herzens), die geöffnete Blüte ist ein Sinnbild der Schöpfung. Die achtblättrige L.blume ist ein Symbol aller Himmelsrichtungen u. damit zugleich ein Sinnbild der kosm. Harmonie; in diesem Zshg. begegnet sie häufig als Meditationszeichen. Brahma wird meistens auf einem L.blatt, Buddha auf einer L.blüte bzw. aus ihr hervorgehend dargestellt. Das „Kleinod in der Lotosblüte" (mani padme) ist das Nirwana, das bereits latent in der Welt anwesend ist. Die tausendblättrige L.blüte gilt als Symbol der Gesamtheit aller geistigen Offenbarung. In Indien wird häufig auch zw. der rötl. L.blüte als sonnenhaftem u. der bläul. als mondhaftem Symbol unterschieden. – Die Verknüpfung des L. bzw. der Seerose mit Reinheitsvorstellungen reicht in etwas veräußerlichter Form bis ins europ. MA: da seine bzw. ihre Samen u. Wurzeln als Mittel zur Beruhigung sinnlicher Triebe galten, wurden sie Mönchen u. Nonnen als Medikament empfohlen.

Löwe, gilt als „König" der Tiere der Erde (neben dem ↗Adler als „König" der Vögel); weitverbreitetes Symbol-Tier, meist mit sonnenhafter Bedeutung oder engem Bezug zum Licht, u. a. wohl wegen seiner Kraft, seiner goldgelben Farbe u. der strahlenartigen Mähne, die sein Haupt umgibt; die Beziehung zum Licht drückt sich auch in der ihm zugeschriebenen Eigenart aus, niemals die Augen zu schließen. Weitere symbolprägende Eigenschaften sind vor allem Mut, Wildheit u. angebliche Weisheit. – Als Sinnbild der Macht u. Gerechtigkeit begegnet seine Darstellung oft an Herrscherthronen u. -palästen. – In China u. Japan galt der L. ähnl. wie der ↗Drache als dämonenabwehrend, weshalb er z. B. häufig als Tempelwächter dargestellt wurde. Auch ägypt., assyr. u. babylon. Tempel werden oft v. L.nplastiken bewacht. – In Ägypten begegnen Darstellungen v. zwei einander mit dem Rücken zugewandten L.n, die Aufgang u. Untergang der Sonne, Osten u. Westen, Gestern u. Morgen symbolisieren. – Im Mithraskult symbolisiert der L. die Sonne. – Der ind. Gott Krishna sowie Buddha werden mit L.n verglichen. – Wegen seiner unbändigen Kraft stand der L. vor allem in der Antike auch Fruchtbarkeits- u. Liebesgöttern nahe, so Kybele, Dionysos (Bacchus) u. Aphrodite (Venus). – Die Bibel erwähnt den L.n häufig, er begegnet sowohl in positiver wie negativer Symbol-Bedeutung: Gott gleicht dem L. in seiner Macht u. Gerechtigkeit, der Stamm Juda wird mit einem L.n verglichen, Christus selber heißt „der L. von Juda"; andererseits wird aber

Lotos: das lebenspendende Riechen an einer L.blüte; Ausschnitt nach einer Wandmalerei im Grab des Nachts bei Theben, 18. Dyn.
Löwe: jugendl. Gottheit in der aufgehenden Sonne, getragen v. zwei L.n, die den östl. u. westl. Horizont symbolisieren; nach einer Darstellung im Totenpapyrus der Heri-uben, 21. Dyn.
Löwe: Löwe von einer phrygischen Kanne aus Gordion (um 700 v. Chr. Ankara)
Löwe: Tierkreisbild Löwe (nach einem mittelalterlichen Holzschnitt) und das moderne Tierkreiszeichensymbol

auch der Teufel mit dem reißenden L.n in Zshg. gebracht. – Das MA sah – wie der ↗Physiologus – im L. auch ein Symbol der Auferstehung Christi, u.a. mit Bezug auf die v. mehreren Autoren berichtete Auffassung, daß die L.n tot geboren u. nach drei Tagen vom Hauch ihres Vaters zum Leben erweckt werden. Darstellungen v. brüllenden L.n können auch auf die Auferstehung der Toten am Jüngsten Tag verweisen. – Auf den negativen, bedrohlichen Aspekt des kraftvollen L.n beziehen sich mittelalterl. Darstellungen, die Menschen oder andere Tiere verschlingende L.n zeigen: meist Symbole für unheilvolle, bedrohl. oder für strafende Mächte. Ähnl. negativ begegnet die Stärke des L.n auch in Darstellungen oder myth. Erzählungen v. *L.nkämpfen* u. *-jagden,* in denen er als Repräsentant ungezähmter Wildheit v. Helden überwunden wird (Herakles, Samson). – Der geflügelte L. ist Attribut u. Symbol des Evangelisten Markus (↗Evangelistensymbole). – In der Heraldik begegnet der L., meist mit Bezug auf seine Stärke, häufig als Wappentier u. Wappenschildhalter. – Der Löwe oder *Leo* ist das fünfte Zeichen des Tierkreises, es entspricht dem zweiten Sommermonat; die Sonne passiert das Zeichen zwischen dem 23. Juli und dem 22. August; die Sonne hat hier ihr Haus; Saturn, Jupiter und Mars (Pluto) sind seit der hellenistischen Astrologie die zugeordneten Dekane, Sonne, Jupiter und Mars jene in der indischen Astrologie. Der Löwe ist ein Feuerzeichen, männlich, positiv (aktiv) und ein festes Zeichen. Der Name Löwe als Sternbild (Sternzeichen) ist schon aus babylonischen Quellen bekannt.

Löwenhunde, ähnlich den assyrisch-babylonischen ↗Lamassu Wächtertiere an japan. Heiligtümern; Symbole für Ausdauer u. Lebenskraft.

Löwenthron Salomos, Darstellung des Thrones Salomos mit meist 12 Löwen an der Seite; galt im MA als *Sedes Sapientiae,* Sitz der Weisheit, die sich in Ecclesia u. Maria verkörperten.

Löwenzahn, weitverbreiteter, milchiger Korbblüter; alte Heilpflanze; wohl deshalb u. wegen der sonnenartig strahlenden Blüten in der christl. Kunst des MA Christus u. Maria zugeordnet. Wie viele milchende Pflanzen ist er außerdem ein Symbol für den Tod Christi u. der Märtyrer.

Luchs, in der mittelalterl. Symbolik, wohl wegen seines rostroten Pelzes, meistens ein Symbol des Teufels. Da man ihm die Fähigkeit zuschrieb, durch Mauern u. Wände blicken zu können, begegnet er auch bei Darstellungen der fünf Sinne als Personifikation des Gesichtssinnes.

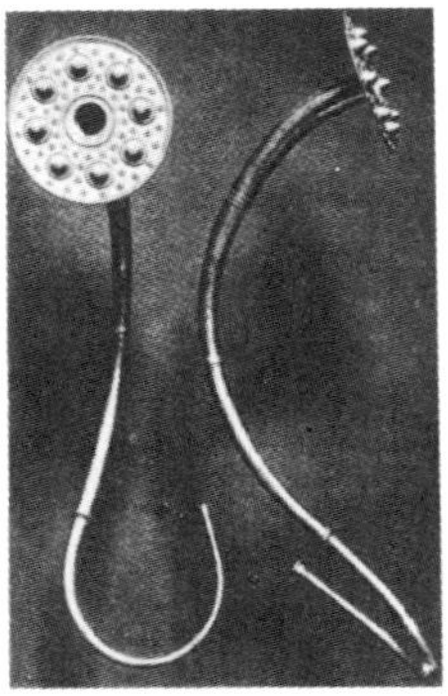

Lure: *Bronzeluren*

Lucifer, 1) *Luciferus, Luzifer,* der höchste Engel, der sich gg. Gott auflehnte, ↗Teufel. – Nach german. Vorstellung derjenige, der das teufl. Feuer bringt. **2)** *Phosphorus,* der Planet ↗Venus als Morgenstern.

Luft, neben der ↗Erde, dem ↗Wasser u. dem ↗Feuer in den kosmolog. Vorstellungen vieler Völker eines der vier ↗Elemente; sie gilt wie das Feuer als bewegl., aktiv u. männl., im Ggs. zu den weibl., passiven Elementen Wasser u. Erde. Die L. steht symbolisch in engem Zshg. mit dem ↗Atem u. dem ↗Wind; oft galt sie als feinstoffl. Zwischenreich zw. dem ird. u. dem geistigen Bereich, verschiedentl. sah man in ihr auch ein Symbol des unsichtbaren, aber in seinen Wirkungen spürbaren Geistes. – In der Astrologie wurde die L. verknüpft mit den Tierkreiszeichen (↗Tierkreis) Zwillinge, Waage u. Wassermann. – In der Alchimie wird die L. häufig durch das Zeichen 🜁 versinnbildlicht.

Luftblase ↗Blase.

Lumpen, Symbol materieller Armut; dahinter kann sich vor allem im Märchen innerer Reichtum verbergen: Sinnbild der Überlegenheit des Wesentlichen gegenüber dem bloßen Schein.

Lure, eine nordeuropäische Form eines Blasinstrumentes, schon auf Felszeichnungen dargestellt; ↗Posaune.

Luxuria (Wollust), weibl. Personifikation einer der 7 Todsünden, reitet auf einem Schwein oder Bock; Symbole u. a. Spiegel, Sirene.

Lyra, im engeren Sinn die griech. ↗Leier, neben der Kitara das wichtigste Saiteninstrument der griech. Antike, mit 7 Saiten bezogen. ↗Harfe.

Lynkurer, einer der Steine im Amtsschild des Hohenpriesters (Ex 28,19 u. 39, 12); wird meist als Hyazinth angegeben, wahrscheinl. handelt es sich aber um einen Bernstein oder eine bestimmte durchsichtige Art des Bernsteins.

Luzifer ↗Lucifer.

Magische Quadrate, quadratische Anordnungen von ganzen Zahlen derart, daß Spalten-, Zeilen- und Diagonalsummen einander gleich sind, sie spielten schon in der antiken Mathematik – auch in Fernost – eine wichtige Rolle. – Jedem Planeten wurde in der Astrologie ein bestimmtes magisches Quadrat zugeordnet, man spricht deswegen von *Planetensiegel.* Von besonderer Bedeutung waren die magischen Quadrate mit einer Seitenzahl (Anzahl der Zahlen im Quadrat) von 3 (9), 4 (16), 5 (25), 6 (36), 7 (49), 8 (64) und 9 (81), sie entsprachen als Planetensiegel dem Saturn *(Sigilla Saturni),* Jupiter *(Sigilla Jovis),* Mars *(Sigilla Martis),* Sonne *(Sigilla Solis),* Venus *(Sigilla Veneris),* Merkur *(Sigilla Mercuris)* und Mond *(Sigilla Lunae).* Besonders bekannt wurde das Jupiter-Quadrat, weil es von A. Dürer in seinem bekannten Kupferstich „Melencolia I" verwendet wurde. Im Zshg. mit der Zahlen-Buchstaben-Symbolik (↗Zahlensymbolik) konnten Zahlenquadrate auch in Buchstaben geschrieben werden. Davon sind aber die reinen Buchstabenquadrate im Sinne der ↗Sator-Arepo-Formel zu unterscheiden. Magische Quadrate wurden früher als Ausdruck der Harmonie zwischen Astralwelt und der des „Magiers" angesehen und fanden ihren Niederschlag in der ↗Mikrokosmos-Makrokosmos-Vorstellung. ↗S. 178/179.

Magneteisenstein: *der M. zieht die Nägel aus einem Schiff; Holzschnitt, 1509*

Magneteisenstein, in der Antike *lapis amoris* genannt, weil er wie die Liebe Anziehungskraft Gottes gegenüber seinen Geschöpfen bedeutet, daher auch *lapis gratiae* (Stein der Gnade) genannt, so z. B. im ↗Physiologus. – Eine auf antiker Überlieferung beruhende, im MA weitverbreitete Fabel berichtet v. einem Magnetberg im Meer, der alle vorüberfahrenden Schiffe aufgrund ihrer eisernen Bestandteile an sich zog, so daß diese an ihm zerschellen mußten; er wurde als Symbol der Sünde verstanden, an dem das Lebensschiff (↗Schiff) zugrunde gehen muß, sofern es sich nicht an Maria, dem ↗Meerstein, orientiert.

Maiestas Domini *w*, in der christl. Kunst symbolische Darstellung der ewigen Herrlichkeit des erhöhten Christus: Frontaldarstellung des häufig v. einer ↗Mandorla

Magische Quadrate

Aus der unendlich großen Zahl der magischen Quadrate spielen die eine besondere Rolle, die von den n^2-Zahlen (n = 3–9) besetzt sind.
Das Zweier-Magische Quadrat ist aus mathematischen Gründen nicht konstruierbar, es wird deshalb dem ungeordneten Chaos zugeordnet, die anderen Quadrate dagegen von 3 bis 9 den Planeten, der Sonne und dem Mond in der *chaldäischen Ordnung* (Saturn, Jupiter, Mars, Sonne, Venus, Merkur, Mond).
Der Ursprung der magischen Quadrate ist möglicherweise in Indien zu suchen, sie kamen wohl über Arabien nach Europa.

Saturn – (links) und Sonnen-Quadrat (unten) in alten chinesischen Darstellungen (jeweils darunter die „modernen" Zahlennotationen)

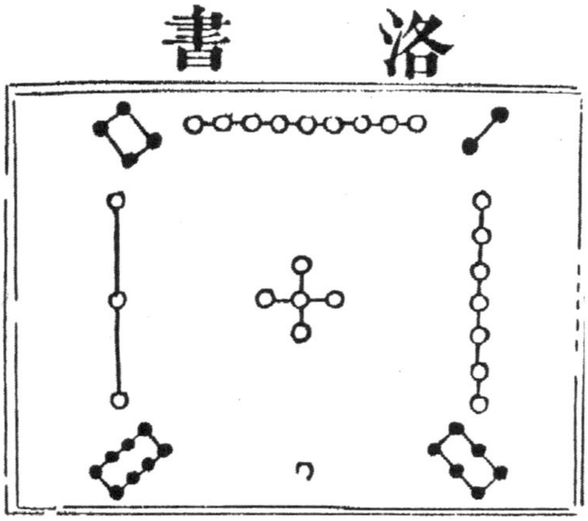

4	9	2
3	5	7
8	1	6

Saturnquadrat in hebräischen Buchstaben

ד	ט	ב
ג	ה	ז
ח	א	ו

27	29	2	4	13	36
9	11	20	22	31	18
32	25	7	3	21	23
14	16	34	30	12	5
28	6	15	17	26	19
1	24	33	35	8	10

Venusquadrat

22	47	16	41	10	35	4
5	23	48	17	42	11	29
30	6	24	49	18	36	12
13	31	7	25	43	19	37
38	14	32	1	26	44	20
21	39	8	33	2	27	45
46	15	40	9	34	3	28

Sonnenquadrat

6	32	3	34	35	1
7	11	27	28	8	30
19	14	16	15	23	14
18	20	22	21	17	13
25	29	10	9	26	12
36	5	33	4	2	31

Jupiterquadrat

16	3	2	13
5	10	11	8
9	6	7	12
4	15	14	1

rsquadrat

7	24	1	8	15
3	5	7	14	16
4	6	13	20	22
0	12	19	21	3
1	18	25	2	9

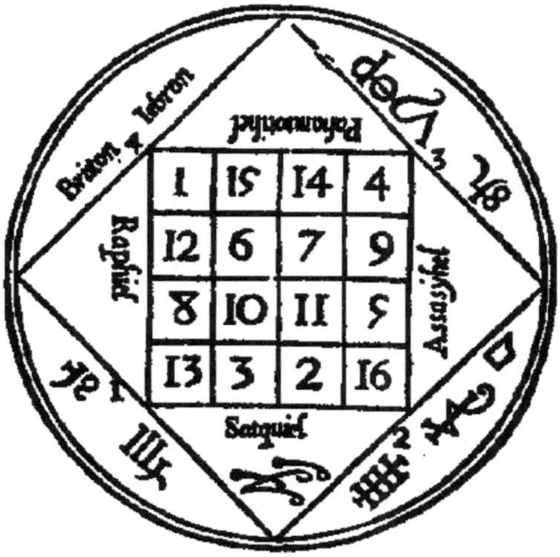

Jupiterquadrat nach A. Kirchner (1652)

Saturnquadrat

2	9	4
7	5	3
6	1	8

Mondquadrat

37	78	29	70	21	62	13	54	5
6	38	79	30	71	22	63	14	46
47	7	39	80	31	72	23	55	15
16	48	8	40	81	32	64	24	56
57	17	49	9	41	73	33	65	25
26	58	18	50	1	42	74	34	66
67	27	59	10	51	2	43	75	35
36	68	19	60	11	52	3	44	76
77	28	69	20	61	12	53	4	45

Merkurquadrat

1	63	62	4	5	59	58	8
56	10	11	53	52	14	15	49
48	18	19	45	44	22	23	41
25	39	38	28	29	35	34	32
33	31	30	36	37	27	26	40
24	42	43	21	20	46	47	17
16	50	51	13	12	54	55	9
57	7	6	60	61	3	2	64

umgebenen thronenden Christus mit erhobener rechter u. dem ↗Buch des Lebens in der linken Hand, oft v. den ↗Evangelistensymbolen oder den 24 Ältesten der Apokalypse umgeben.

Maiglöckchen, gg. zahlreiche Leiden verwendete Heilpflanze, häufiges Attribut Christi u. Marias (auf Verkündigungsdarstellungen gelegentl. anstatt der ↗Lilie); symbolisiert das „Heil der Welt".

Mais, in einigen indian. Kulturen hochverehrte Nährpflanze, die mit dem Kosmos, der ↗Sonne u. der Entstehung des Menschen in Zshg. gebracht wurde. Sie galt als Symbol für Wohlstand u. Glück.

Makrokosmos, das Weltall mit Sternen, Planeten u. Tierkreiszeichen, die Welt im Großen; Ggs.: der ↗Mikrokosmos, die Welt im Kleinen, insbes. der Mensch. ↗Mikrokosmos – Makrokosmos.

Malve, *Stockrose,* Pflanze der nördl. gemäßigten Zone, als Heilmittel verwendet. Bereits im Altertum galten die Blätter der M. als Zeichen einer Bitte um Vergebung; in der christl. Kunst begegnet die M. gelegentl. in derselben Bedeutung.

Mana *s,* im melanes.-polynes. Glauben eine geheimnisvolle, übernatürl. Macht, die die Menschen zu gewinnen u. an Tieren, Pflanzen u. Dingen zu kontrollieren erstreben.

Mandala *s,* altind. Bz. für ↗„Kreis"; das Wort bezeichnete später vor allem abstrakte oder mit bildhaften Elementen durchsetzte Meditationszeichen ind. Religionen in Form eines Kreises oder eines Vielecks; stellt symbolisch religiöse Erfahrungen dar u. will durch die Meditation ein Hilfsmittel zur Vereinigung mit dem Göttl. sein. – C. G. Jung interpretierte die M.s als Individuations-Symbole u. fand den asiat. entsprechende auch in der Traumsymbolik des modernen Menschen. ↗Yantra.

Mandel, als süße Frucht in einer harten Schale Symbol des Wesentlichen, Geistigen, das hinter Äußerlichkeiten verborgen ist. Symbol Christi, weil seine menschl. Natur seine göttl. verbirgt, auch Sinnbild seiner Inkarnation. In der Antike galt die M. wie die Nuß wegen ihres beschützt geborgenen Kerns als Symbol der Schwangerschaft u. Fruchtbarkeit u. wurde daher bei Hochzeiten ausgestreut. Da man den genießbaren Kern erst aus der Schale herausarbeiten mußte, war sie auch ein Symbol der Geduld. Das aus der M. gewonnene Öl hatte bei den Griechen phall. Bedeutung, es galt als der Samen des Zeus.

Mais: die aztekische Maisgöttin Chicomecoatl
Mandala: zwei Grundformen, schematisiert
Mandorla: Christus in der M.; nach einer Miniatur, Pontifical v. Chartres, Anf. 13. Jh.

Mandelbaum, blüht in den Mittelmeerländern bereits im Januar; er wurde damit zum Symbol der Wachsamkeit (weil er früh „erwacht") u. der Wiedergeburt.

Mandorla *w, Mandelglorie,* mandelförmige ↗Aureole, die auch an der symbolischen Bedeutung der ↗Mandel teilhat; seit frühchristl. Zeit hauptsächl. für Darstellungen des verherrlichten Christus u. Marias verwendet.

Mandragola, die Wurzel der ↗Alraune-Pflanze.

Mandragora, die Wurzel der ↗Alraune-Pflanze.

Manitu, bei den Algonkin-Indianern die den Dingen innewohnende geheimnisvolle Macht u. Zauberkraft, zuweilen personifiziert als *Großer Geist.*

Manna *s* oder *w,* wunderbare Nahrung, die für die Kinder Israels auf ihrem Zug durch die Wüste vom Himmel fiel; nach Talmud-Tradition am Abend des 6. Schöpfungstages geschaffen. Symbol. Bz. für jede übernatürl. Nahrung. Von jüd. u. christl. Autoren auch als Symbol des Logos gedeutet.

Männlich-weiblich ↗Yin und Yang, ↗Licht.

Mantel, Symbol des Schutzes (z. B. der M. der *Schutzmantelmadonna* in der christl. Kunst des MA) oder der Würde (z. B. der Königs-M.). Gelegentl. auch Symbol für den Träger selbst. Auch ein *Schleier* kann die Funktion eines Mantels haben.

Mantelpavian ↗Affe.

Marabu ↗Storch.

Margarite, *Marguerite, Wiesen-Wucherblume,* Korbblüter mit weißstrahlenden Blüten; wie der Name M. sagt (lat. margarita = Perle), wurde die Pflanze mit der ↗Perle u. damit zugleich mit Tränen, aber auch mit vergossenen Blutstropfen verglichen. Auf christl. Tafelbildern des MA weist sie daher häufig auf Christi u. der Märtyrer Tod u. Leiden hin.

Marienglas, *Fraueneis,* ↗Glas.

Mariengras, wohlduftende Mariensymbolpflanze, eine Grasart, oft zu Füßen Mariens gemalt.

Marienpflanzen, Pflanzen, die durch ihre Formen, ihre Eigenschaften oder ihren Duft (oft auch kombiniert) Maria symbolisieren sollen, z. B. ↗Agave, ↗Akelei, ↗Arnika oder ↗Lichtnelke, ↗Lilie oder ↗Rainfarn, ↗Ringelblume, ↗Rittersporn oder ↗Rose.

Mappa Mundi

„Weltkarte“ auf einer babylonischen Keilschrifttafel, ca. 500 v. Chr.

Mappa Mundi meint im engeren Sinne die zeichnerische Darstellung der bewohnten (bewohnbaren) Welt, wobei enge Verbindungen zur ↗Imago-Mundi-Vorstellung bestehen; die Welt wird nicht nur als geographischer Raum, sondern auch als wohlgeordneter Kosmos erfahren.

Die Erde ist T-förmig nach der heiligen Zahl 3 in Asien, Europa u. Afrika eingeteilt. An die Schnittstelle wurde Jerusalem, insbes. das himml. ↗Jerusalem, gelegt, das Paradies, als zweiter wichtiger u. ausgezeichneter Ort, liegt im Osten, in manchen Typen der M.M. oben. In den Darstellungen der M.M. kann die Gestalt der Welt sowohl kugelförmig (wie etwa der ↗Reichsapfel) sein, sie kann aber auch scheibenförmig – oder rechteckigflach sein. Typisch für viele Karten ist die Angabe der meist 12 Hauptwinde, ein Hinweis darauf, daß die ursprüngliche antike Angabe der Richtungen die der Winde war, denn es wird vielfach die Ansicht vertreten, daß diese 8- bzw. 12fache Unterteilung des Kreisumfangs (des Horizontes!), wie er z. B. auch von den Tierkreiszeichen bekannt ist, auf die Angabe der Haupt-Windrichtungen zurückgeht.

Das Ende der antiken u. mittelalterlichen Weltkarten war gekommen, als Jerusalem nicht mehr im Mittelpunkt u. das Paradies nicht mehr am Rand (oder „dahinter“) u. im Norden lagen; unbekannte u. unerforschte Regionen wurden mit ↗Mischwesen oder ↗Fabelwesen aller Art bevölkert.

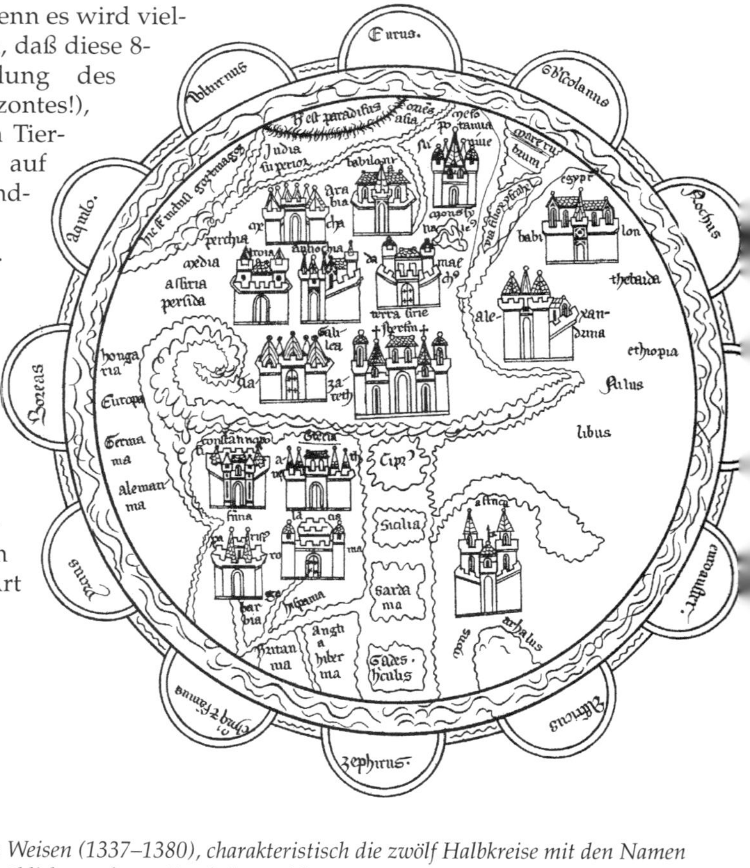

Weltkarte aus der Zeit Karls des Weisen (1337–1380), charakteristisch die zwölf Halbkreise mit den Namen der Winde. Das Paradies ist wie üblich am oberen Rand eingezeichnet.

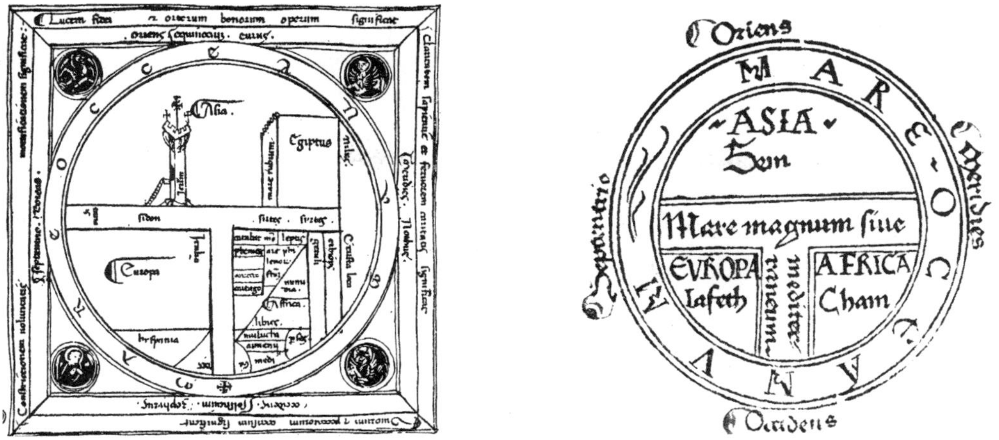

Zwei Typen T-Karten, links eine Karte aus einer Sallust-Handschrift aus dem 14. Jh., rechts die erste gedruckte Weltkarte (1472), eine T-Karte in der Tradition des Kirchenvaters Isidor von Sevilla aus der Zeit am Ende des 6. Jh.

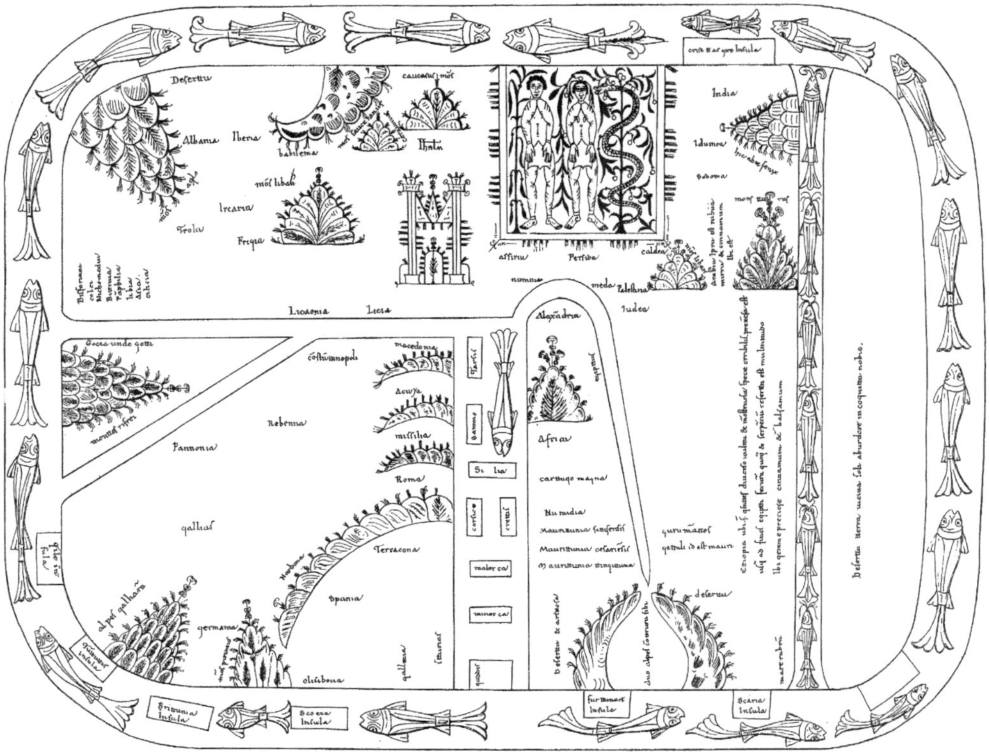

Die Weltkarte des Benediktiner-Mönchs Beatus („Beatus-Karte") aus dem Jahre 787. Die rechteckige Welt wird vom Weltmeer umrandet; dieser spezielle Typ der Weltkarte, im Grunde auch eine T-Karte, findet sich bis ins hohe Mittelalter.

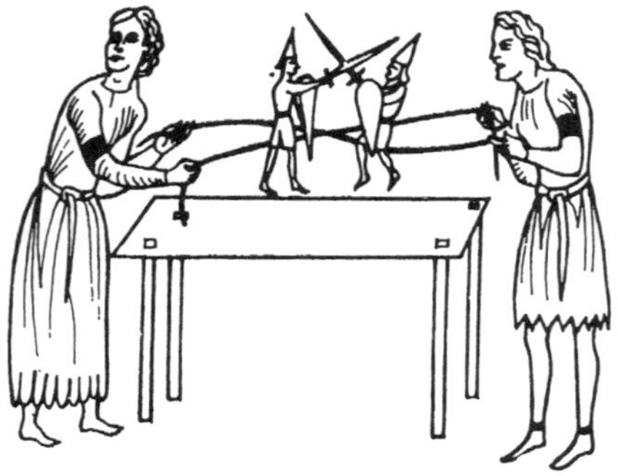

Marienröschen, die Mariensymbolpflanze ↗Lichtnelke.

Marionette, Figur, die an Fäden, Drähten oder Stäben v. oben gehalten u. bewegt wird; Symbol für die Abhängigkeit des Menschen v. übergeordneten Mächten; im engeren Sinne auch Sinnbild für eine willenlose, außengesteuerte Persönlichkeit.

Mars, gr. *Ares,* in der antiken Mythologie Gott des Krieges u. Hüter der Felder. – Astronom.-astrolog. der rötl. schimmernde, schon in der Antike bekannte Planet, der zu Zeiten bester Sichtbarkeit den Nachthimmel beherrscht. – M. in der Alchimie ↗Eisen, ↗Metalle in der Astrologie.

♂

Mars seinem Wesen und Einfluß nach: heiß, trokken, scharf, grausam: Planet der Nacht; männlich; Herr des menschlichen Lebensalters 41—56. Seine Wirkungen sind rasch, und flüchtig. Er herrscht über die Nieren, die Venen, die Zeugungsglieder; alle hizige krankhafte Zustände des Körpers, den Gebährenden gefährlich. Er ist in natürlichem Gegensaz gegen das Gestirn der Venus. Er bezieht sich auf Tyrannen; Krieg; unvermuthete Unglücksfälle; schneller Untergang; Verwegenheit; Uebermuth; Streit; Unterdrükkung; Betrug; Unverschämtheit; Wunden; Undank; Gesezlosigkeit.

Mars: Charakterisierung nach J. W. Pfaff in seiner „Astrologie" von 1816

Maske *w* [arab.], *Larve,* aus verschiedensten Materialien angefertigte Gesichtshülle, die den Träger unkenntl. u. zur Verkörperung des in der M. Dargestellten macht. Grundlage allen M.nwesens sind kult.-zauber. Vorstellungen. Die M.nträger verkörpern Götter u. Dämonen, die in festl. *M.ntänzen* bei Beschwörungen, Jagdzauber u. den Initiationsriten auftreten. Oft sind M.n auch Zeichen eines Geheimbundes. Fast allen M.n liegt eine abschreckende Bedeutung zugrunde, weshalb sie meist grotesk-schaurige Züge, in denen sich auch menschlich-tier. Formen mischen, tragen. – Auf spätantiken Sarkophagen weisen Theater-M.n auf das „Schauspiel des Lebens" hin. – Heute oft verstanden als Sinnbild für das Verbergen des Ich hinter einem künstl. Gesicht.

Mäßigkeit, die Kardinaltugend ↗Temperantia.

Maßliebchen ↗Gänseblümchen.

Maßwerk, mit dem Zirkel konstruiertes („gemessenes") Bauornament der Gotik,

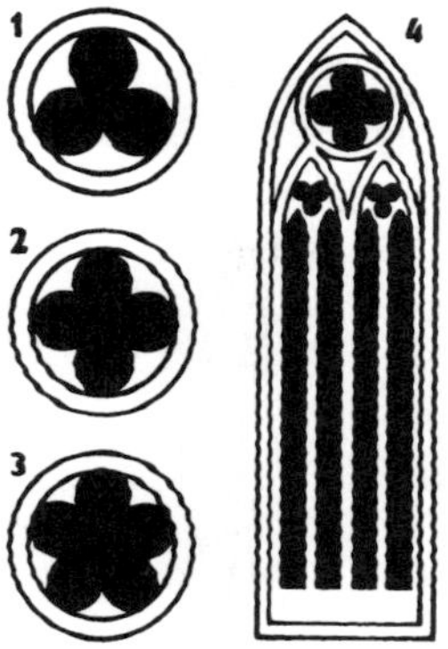

Marionette: Miniatur aus dem Hortus Deliciarum der Herrad v. Landsberg
Maske: Goldmaske aus Mykenai (sog. Agamemnon-Maske), griech. Theatermaske, Masken aus Tibet und Neuguinea
*Maßwerk: **1** Dreipaß, **2** Vierpaß, **3** Fünfpaß, **4** got. Fenster mit Drei- und Vierpaß-M.*

zuerst zur Gliederung der Bogenfelder an Fenstern u. zur Ausgestaltung von ↗Rad- zu ↗Rosenfenstern, dann zu komplizierteren geometr. Formen verwendet, zur Blendgliederung v. Mauern u. Füllung v. Brüstungen.

Materia prima ↗Hermaphrodit, ↗Mercurius, ↗Stein der Weisen, ↗Wasser.

Maulbeerbaum, stand in China mit der aufgehenden ↗Sonne in Zshg. Pfeile, die v. einem Bogen aus M.holz (oder dem Holz des ↗Pfirsichbaums) in alle vier Himmelsrichtungen abgeschossen wurden, sollten böse Einflüsse vertreiben.

Maulbeerfeige ↗Sykomore.

Maus. Im Ggs. zu den übrigen Mäusen wurde bei den Ägyptern die *Spitz-M.* als heiliges Tier verehrt. – *Weiße* Mäuse galten bei den Römern als glückl. Omen. – Der Volksglaube des MA sah in Mäusen entweder Verkörperungen v. Hexen oder aber auch v. Seelen Verstorbener; weiße Mäuse wurden dagegen verschiedentl. als Verkörperungen der Seelen ungeborener Kinder gedeutet. Die *Mäuseplage* wurde demgegenüber häufig als Strafe Gottes verstanden.

Maya ↗Schleier.

Meer, Sinnbild unerschöpfl. Lebenskraft, aber auch des alles verschlingenden Abgrundes, insofern in der Perspektive der Psychoanalyse dem Doppelgesicht der gebenden u. nehmenden, gewährenden u. strafenden Großen Mutter verwandt; als Reservoir zahlloser ungehobener Schätze u. im Dunkel verborgener Gestalten auch Sinnbild des Unbewußten. – Als unermeßl. große Fläche Symbol der Unendlichkeit z. B. bei den Mystikern Symbol des Aufgehens in Gott. ↗Wasser.

Meerstern, in der christl. Symbolik sinnbildl. Bz. für Maria, die über den Wogen u. Stürmen der Welt richtungweisend u. trostspendend für die Gläubigen erstrahlt.

Megalithgräber, *Großsteingräber, Hünengräber,* urgeschichtl. Gräber aus großen unbehauenen oder roh zugerichteten Steinplatten (↗Dolmen) oder -blöcken; oft v. einem Hügel bedeckt; meist Sippen- u. Sammelgräber.

Megalithkulturen [Mz., gr.-lat.], nach den Megalithgräbern ben. Kulturgruppen der Jungsteinzeit in West- u. Nordeuropa. Megalith. Bauweise gab es auch im Mittelmeergebiet u. gibt es (bzw. gab es bis in jüngste Zeit) in weiten Gebieten Afrikas, Asiens, Amerikas u. Ozeaniens.

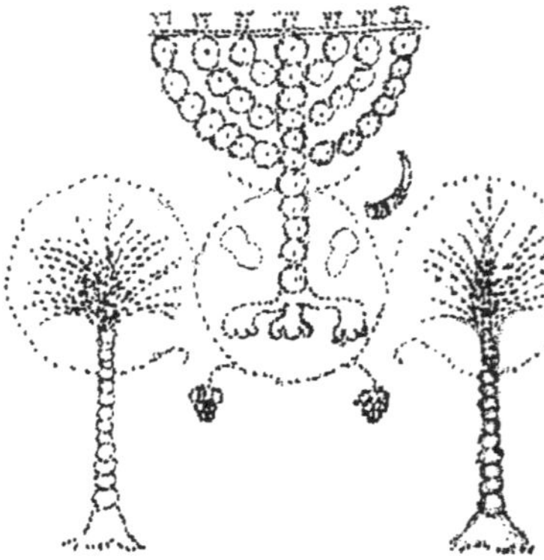

Meißel, ähnlich wie der ↗Pflug Symbol des aktiven, männlichen Prinzips, das die passive, weibliche Materie bearbeitet u. formt.

Melencolia, *Melancholie,* Name des berühmten Kupferstiches v. A. Dürer, wird ikonograph. als die Bildsumme einer humanist. Apologie menschl. Willensfreiheit u. tugendhaften Wissensstrebens angesehen mit einer vielfach verknüpften Beziehung zw. Mathematik, Astronomie, Astrologie (z. B. ↗Platonische Körper, ↗Magische Quadrate), die letztl. zu einer göttl. Einheit führt.

Melone, wie die meisten Früchte mit vielen Kernen ein Fruchtbarkeits-Symbol.

Melothesie, ein Zuteilungssystem im ↗Mikrokosmos-Makrokosmos-Denken, wonach die Glieder u. Organe des menschl. Organismus (Mikrokosmos) mit den Gliedern des universellen Organismus (Makrokosmos) verbunden sind. ↗Entsprechungen, ↗Signaturenlehre.

Melusine, eine Nixe als Frau eines Menschen; kehrt, weil v. ihrem Gatten (der ursprüngl. wohl franz. Sage nach ein Neffe des Grafen von Poitiers) ins Meer zurück; eine der zahlreichen ↗Mischwesen des MA. Galt als Verkünderin v. Unheil.

Menhir *m* [kelt. = langer Stein], aufrechtstehender Stein mit wahrscheinl. häufig kult. Bedeutung, zumeist der späten Jungsteinzeit entstammend; möglicherweise vielfach Phallus-Symbol im weitesten Sinne, also auch Symbol für Macht u. Schutz; vielleicht auch mit der Symbolik der ↗Weltachse in Zshg. stehend. ↗Steinsetzungen.

Menorah *w* [hebr.], der 7armige ↗Leuchter im Heiligtum; eines der am häufigsten abgebildeten jüd. Motive u. damit auch das älteste Symbol des jüd. Volkes. ↗Chanukka-Leuchter.

Mensch. Der M. selber sowie Teile u. Prozesse des menschlichen Körpers erscheinen in vielen Kulturen als Sinnbild außermenschlicher Zusammenhänge. Verbreitet ist die Deutung des M.en als *Mikrokosmos* in Analogie zum Weltall (Makrokosmos). – Sehr häufig finden sich Zuordnungen menschlicher Körperteile, Organe oder Grundsubstanzen zu anderen Bereichen, so entsprechen beispielsweise die Knochen (als tragendes Gerüst) der ↗Erde, der Kopf (als Sitz des Geistes) dem ↗Feuer, die Lungen (als Atmungsorgan) der ↗Luft u. das Blut (als flüssige, alles verbindende Substanz) dem ↗Wasser. Die Heilkunst früherer Zeiten basierte zu einem großen Teil auf der Annahme von Entsprechungen zw. Phänomenen des menschl. Körpers u.

Melusine: eine geflügelte, fischschwänzige Meerjungfrau, verläßt das Schloß ihres Gatten nach einem Vertrauensbruch.
Menorah: Abwandlung des prophetischen Motivs im Synagogenmosaik von Máon: Leuchter mit zwei Dattelbäumen
Mensch: M. als Mikrokosmos mit Licht- u. Schattenzonen; nach einer Darstellung in Roberto Fludd, Utriusque Cosmi Historia, Oppenheim, 1619
Mercurius als Sonne-Mond-Hermaphrodit, auf dem Chaos als Kugel stehend; aus: Mylius, Philosophia reformata, 1622

Phänomenen der übrigen Welt (↗Tierkreis). – Der (häufig geflügelte) M. ist das Attribut des Evangelisten (↗Evangelistensymbole) Matthäus.

Mercurius, *Merkur,* altröm. Gott des Handels (später dem Hermes gleichgesetzt). Name des sonnennächsten Planeten; in der Alchimie Bz. für das *Quecksilber* (die ird. Entsprechung des Planeten) u. darüber hinaus für die „Materia prima" (Urmaterie) oder für den ↗„Stein der Weisen". Das Quecksilber gilt in der Alchimie neben ↗Salz u. ↗Schwefel als eines der „philosophischen" Elemente u. Weltprinzipien; es repräsentiert das Flüchtige (spiritus). Den Merkur deutete man im Ggs. zu den „männl." Planeten Sonne, Mars, Jupiter u. Uranus u. den „weibl." Planeten Venus, Saturn u. Neptun als ↗Hermaphrodit; er spielte deshalb eine wichtige Rolle als Sinnbild aller die Gegensätze vermittelnden Praktiken der Alchimie.

Merkur, gr. *Hermes,* in der antiken Mythologie Gott des Handels u. Gewerbes, als Götterbote hält er den *Caduceus* in der Hand. – Astronom.-astrolog. der mit von allen mit bloßem Auge sichtbaren schon in der Antike bekannte, aber am schwierigsten zu beobachtende Planet (nur am Morgen- o. Abendhimmel nahe der Sonne). – M. in der Alchimie ↗Quecksilber, ↗Metalle, ↗Mercurius, in der Astrologie.

Messer, wie die ↗Schere als scharfschneidendes Arbeitsinstrument Symbol des männl., aktiven Prinzips, das die weibl., passive Materie bearbeitet. – Im Hinduismus ist das M. ein Attribut schrecklicher Gottheiten. – In vielen Kulturen gilt es auch als unheilabwehrend, was möglicherweise mit der symbolischen Bedeutung des Eisens (↗Eisen) zusammenhängt. – Ein M. in der Hand alttestamentl. Gestalten ist ein Beschneidungs-M. u. deutet auf die Zugehörigkeit zum Alten Bund.

Mercurius seinem Wesen und Einfluß nach gemischter Natur. Zweydeutigen und für sich wegen seiner Beweglichkeit unsichern Wirkens. Männlich. Planet der Nacht wenn er abendlich von der Sonne steht 5—14 Jahr Heerr des menschlichen Lebens. Er beherrscht die Sprache, und den Verstand, Galle und Zunge. Er bezieht sich vornämlich auf wissenschaftliche Beschäftigungen, auf Wohlredenhrit, Dichtkunst, Meßkunst, Entdekkungen, Ehrgeiz, wankelmüthge Bestrebungen; Geschiklichkeit in körperlichen Dingen. Er gebietet auch den Quellen und Gewäßern.

Merkur: Charakterisierung nach J. W. Pfaff in seiner „Astrologie" von 1816

Met, vergorenes (↗Gärung) Getränk aus ↗Honig u. ↗Wasser; in der german. Mythologie Trank der Götter u. Helden. Die berauschende Wirkung wurde verschiedentl. als Zeichen der Übertragung göttlicher Kräfte auf den Menschen gedeutet.

Metalle, begegnen unter dem Gesichtspunkt ihrer symbolischen Bedeutung ambivalent; die Verarbeitung v. M.n (↗Schmied) wurde häufig in Zshg. mit dem höll. Feuer gesehen. Andererseits galt die Gewinnung der M.e aus Erzen u. ihre Scheidung als Symbol der Läuterung u. Vergeistigung. – Die Alchimisten sahen in bestimmten M.n ird. Entsprechungen zu den einzelnen Planeten, unter denen man fr. die 7 Wandelsterne der Antike verstand. – C. G. Jung verstand die M. wegen ihres „unterirdischen" Charakters als Sinnbild der Sexualität, die der Läuterung bedarf. – Bezug auf die negative symbol. Bedeutung nimmt der gelegentl. bei Initiationen (auch im Freimaurertum) übl. Brauch, sich aller M., die man am Körper trug, zu entledigen zum Zeichen der Reinigung bzw. des Verzichts auf alle ird. Güter.

Metalle
Schema der alchimist. Entsprechungen zw. Metallen u. Planeten
Sonne = Gold
Monde = Silber
Merkur = Quecksilber (in der Antike Stahl u. Zinn)
Venus = Kupfer
Mars = Eisen
Jupiter = Zinn (in der Antike Messing oder Elektrum)
Saturn = Blei

Meteorit ↗Stein.

Midgardschlange ↗Schlange.

Mikrokosmos, die Welt im Kleinen; Ggs.: der ↗Makrokosmos. Seit Boethius Bezeichnung für den Menschen als „Spiegel der Welt"; nach Hildegard v. Bingen, Giordano Bruno, Leibniz u. vielen anderen, bes. in der Renaissance, z. B. Agrippa von Nettesheim, auch Bezeichnung der menschl. Seele. ↗Mikrokosmos – Makrokosmos.

Mikrokosmos – Makrokosmos, die wahrscheinl. sehr alte (schon im alten Vorderen Orient) Parallelsetzung zw. ↗Mikrokosmos u. ↗Makrokosmos: „… was unten ist, ist gleich demjenigen, was oben ist, gleich u. entspricht demjenigen unten" (↗Entsprechung, ↗Melothesie, ↗Signaturenlehre, ↗Analogieprinzip). Das Mikrokosmos-Makrokosmos-Denken hat möglicherweise seinen Ursprung in Urmythen, nach denen „alles" aus einem einzigen Vorzeitwesen gebildet worden sei.

Metalle: *die 7 Wandelsterne der Antike (Merkur als der siebte im Zentrum), denen die Alchimisten bestimmte M. zuordneten*
Milch: *der ägypt. König wird v. der in Form eines hl. Baumes erscheinenden Isis gesäugt; Grab des Thutmosis III.*
Milchstraße: *Entstehung der Milchstraße und der Lilien aus Heras Muttermilch. V. Cartari, 1647*

Die behauptete Parallelsetzung ist einer der wesentlichsten Grundgedanken der Astrologie u. in vielen Bereichen der Alchimie, der sich seit der Antike („Tabula smaragdina") über das mystisch-symbolische Denken des MA, z. B. bei Hildegard v. Bingen u. Agrippa v. Nettesheim, bis zur Neuzeit, etwa bei Boehme, Goethe, Novalis bis zur modernsten Ausprägung der Esoterik, gehalten hat. Das Mikrokosmos-Makrokosmos-Denken hat maßgebl. die Symbolik in der Antike u. im MA beeinflußt. ↗S. 217

Milan *m*, galt in Japan (vor allem der goldene M.) als göttl. Vogel. – In Griechenland war er dem Apollo heilig u. wegen seines hohen Fluges u. scharfen Blicks ein Symbol des Sehertums.

Milch, als erstes u. gehaltvollstes Nahrungsmittel in vielen Kulturen zugleich Symbol für Fruchtbarkeit wie für seel. u. geistige Nahrung u. für Unsterblichkeit. Wegen ihrer Farbe u. ihres milden Geschmacks wird sie oft mit dem ↗Mond, der im Ggs. zur Sonne mildes, weißes Licht ausstrahlt, in Verbindung gebracht. – In einigen Gegenden Asiens u. Europas herrschte die Ansicht, der ↗Blitz oder durch ihn verursachte Brände könnten nur mit M. gelöscht werden. – Nach ind. kosmogon. Vorstellungen war die Welt im Uranfang ein M.-Meer, das durch einen riesigen Quirl oder durch Peitschenschläge (↗Peitsche) in ↗Butter, die erste Nahrung der Lebewesen, verwandelt wurde. – Die christl. Kunst, die auch die Gottesmutter gerne stillend darstellt *(Maria lactans)*, unterscheidet zw. der guten Mutter, die die M. der Wahrheit spendet, u. der bösen, die ↗Schlangen an ihrem Busen nährt. – M. in Verbindung mit ↗Honig begegnet sowohl in der Antike wie im AT als Inbegriff höchster göttl. Güter u. seligen Lebens (vgl. z. B. das verheißene Land, in dem M. u. Honig fließen). M. u. Honig spielten daher eine wichtige Rolle in verschiedenen antiken Mysterien; auch im Brauchtum der frühchristl. Kirche erscheinen M. u. Honig als liturgisches Symbol, sie wurden dem Täufling beim ersten Empfang der Eucharistie zum Zeichen des Heilsversprechens gespendet.

Milchstraße, in den religiösen Vorstellungen vieler Völker ein Verbindungsglied zw. unserer u. einer transzendenten Welt; sie wurde mit einer weißen Schlange (z. B. in einigen indian. Kulturen), mit einem Fluß, mit Fußstapfen, mit ausgegossener Milch, mit einem Baum, mit einem bestickten Gewand usw. verglichen. Verschiedentl. galt sie (z. B. im Orient u. bei den Germanen) als Weg, den die Seelen der Verstorbenen nach ihrem Tod wandern müssen; mehrere Naturvölker verstanden

Mikrokosmos – Makrokosmos

Der Kirchenlehrer Gregor der Große (†604) sagte: *Homo quodammodo omnia,* der Mensch ist in gewisser Weise alles; der Mensch, der Mikrokosmos, ist auch ein Makrokosmos, ein vollständiges, aber kleines Universum, das in sich trägt: die unbelebte Ordnung der Mineralien, die belebte Ordnung der Pflanzen und Tiere, und die geistige, die spirituelle Ordnung, die den Menschen, den Engeln und Gott gemeinsam ist. Petrus Damiani, ein Kirchenlehrer (1007–1072) stellt, noch betonter, fest: der Mensch wird nach einem griechischen Wort als Mikrokosmos, das heißt „Welt im Kleinen", bezeichnet, weil er in seinem materiellen Wesen aus den gleichen vier Elementen zusammengesetzt ist wie das Universum.

Bis in die Neuzeit steht immer der Mensch, der Mikrokosmos, im Vordergrund, den Makrokosmos, so auch noch bei Robert Fludd (1574–1637), bildet nur die Umwelt oder der Tierkreis in seinen vielfältigen Darstellungsformen.

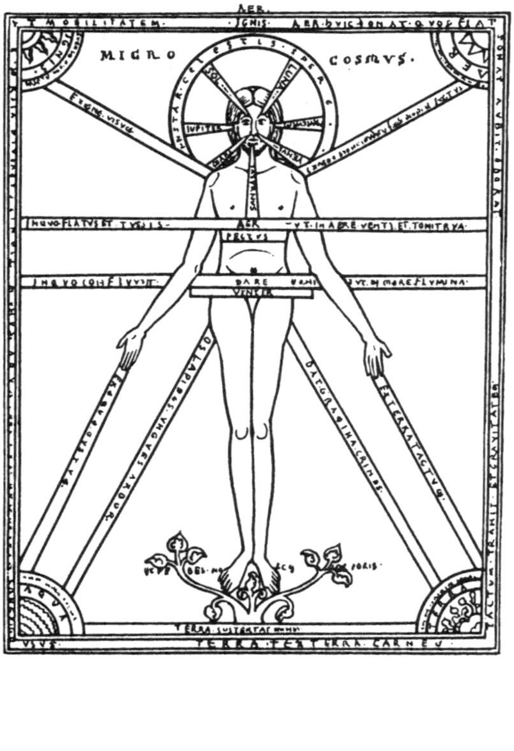

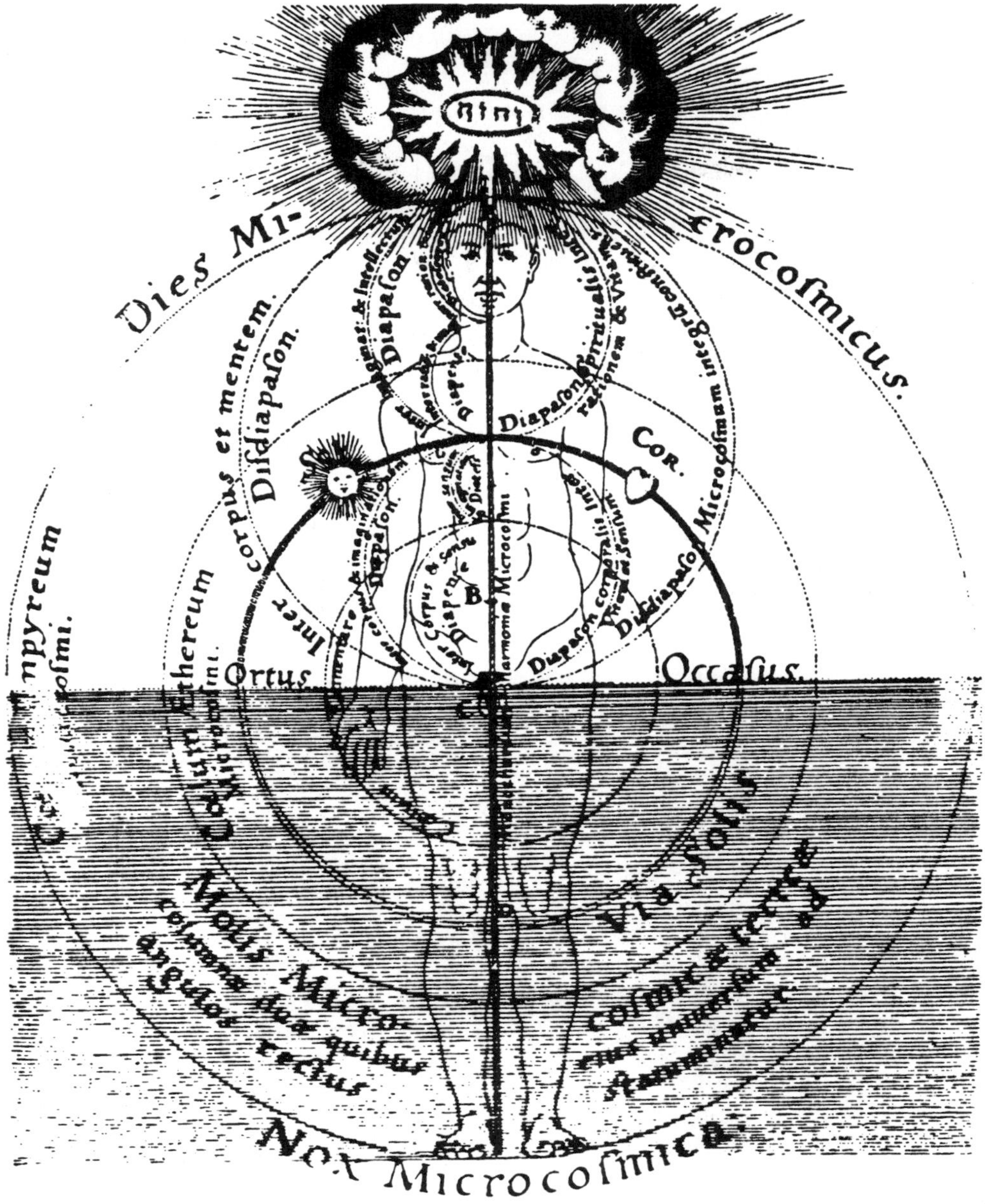

Der Mensch, der die Arme ausbreitet, fühlt sich als Mittelpunkt der Welt (Fresko aus Pedret, Katalanien).
Der Mensch als Mikrokosmos ist den Einflüssen der vier Elemente und der Planeten ausgesetzt; die sieben Planeten wirken über die sieben Öffnungen des Kopfes (nach einer Federzeichnung aus dem Glossarium Salomonis, Prüfening, um 1160).
Der Mensch unterliegt den Einflüssen der Sternbilder des Tierkreises (Tierkreismann nach einem französischen Holzschnitt). Die Melothesie, also die Zuordnung der Sternzeichen zu den einzelnen Organen und Körperteilen, ist seit der frühesten Antike nahezu unverändert.
Der Mensch als Mikrokosmos aus R. Fludd, Utriusque Cosmi Historia (1617); hier sind alle Aspekte des Mikrokosmos-Makrokosmos-Denkens eingearbeitet.

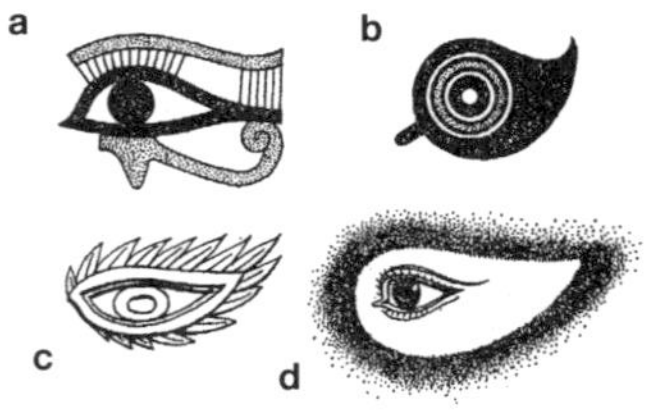

sie auch als Aufenthaltsort der Toten. In Japan, Indien u. Ägypten sah man die M. als Fluß eines fruchtbaren Landes, an dessen Ufern die Götter wohnen. – Bei einigen Völkern stand sie der Symbol-Bedeutung des ↗Regenbogens nahe. – Gelegentl. verstand man sie auch als Riß im Himmelsgewölbe, durch den das himml. Feuer in unsere Welt scheint.

Milz, galt in Europa u. der arab. Welt als Sitz des Humors u. des Lachens, worauf redensartl. verschiedentl. Bezug genommen wird.

Mimose, Kraut, Strauch oder Baum mit doppelt gefiederten Blättern. Die Blätter der Art *Rührmichnichtan (Nolimetangere)* falten sich bei der leisesten Berührung zusammen; sie ist daher ein Symbol der Empfindsamkeit u. Schamhaftigkeit. – Die gelbblühende M. (häufig mit der echten ↗Akazie gleichgesetzt) ist ein Symbol des Lichts u. der Heilsgewißheit.

Minnesklaven, berühmte Männer aus der Bibel, der Antike oder der mittelalterl. Minneepik, die sich durch *Weiberlist* betören ließen; den Folgen der ird. Liebe wird oft das Symbol christl. Liebe u. Keuschheit, näml. die Jungfrau mit dem ↗Einhorn (↗Hortus conclusus) gegenübergestellt.

Minotaurus *m*, ↗Mischwesen der griech. Mythologie mit Menschenleib u. Stierkopf, das, v. Minos im ↗Labyrinth gefangengehalten, dort jährl. oder alle neun Jahre mit Athener Jünglingen u. Jungfrauen gefüttert u. schließl. v. Theseus mit Hilfe des Fadens (↗Faden) der Ariadne besiegt wurde. Symbol dunkler, im verborgenen wirkender, zerstörer. Kräfte. Verschiedentl. auch ident. mit der symbolischen Bedeutung des Zentauren (↗Zentaur).

Minze ↗Pfefferminze.

Miribota, von O. Koenig vorgeschlagene Bezeichnung für einen Ornamenttyp, der als „Ritualisierungsform des Auges" (↗Auge als Ursymbol betrachtet) aufzufassen ist; weltweit unter den verschiedensten Namen u. vielfältigsten Verwendungszwecken – vom Teppich- bis zum Krawattenmuster – bekannt.

Mischwesen ↗S. 194–196

Mistel, galt vielfach als Abwehrmittel gg. Krankheit, Blitz u. Zauberei, als Glücksbringer u., da immergrün, als Unsterblichkeits-Symbol; spielt vor allem im kelt. Brauchtum, z. B. des Jahreswechsels, eine bedeutende Rolle.

Mistkäfer ↗Skarabäus.

Minnesklaven: Detail aus dem Maltererteppich: „Weiberlisten", Szene Virgil im Korb. Freiburg i. Br., Augustinermuseum 1310/20
Minotaurus: Theseus tötet den M.; nach einer Darstellung auf einem griech. Teller
Miribota: a Altägyptisches Schiffsauge, b Schiffsauge in der griechischen Vasenmalerei, c Schiffsauge aus Burma, d weiße Augenschminkung eines Tembu-Mädchens (Südafrika)
Moloch: Darstellung nach: Athanasius Kircher, Oedipus Aegyptiacus, Rom, 1652

Mithras [gr.], indo-iran. Lichtgott, urspr. Hüter der kosm. u. rechtl. Ordnung; seit dem 5. Jh. v. Chr. als Synthese iran. u. griech. Religionselemente Ausgestaltung der *M.mysterien;* Verbreitung zunächst im Osten, seit dem 2. Jh. n. Chr. auch im Röm. Reich. Mit der Christianisierung des Reiches allmähl. Niedergang (bis 5. Jh.) des nur Männern zugängl. Kults mit (Stier-) Opfer u. Mahl. Kultstätten waren meist Höhlen *(Mithräen).* Durch den M.-Kult wurden wesentl. Inhalte astrolog. Systeme verbreitet.

Mittag u. Mitternacht, wie Sommer- u. Wintersonnenwende zeitl. Wendepunkte, denen von alters her bes. Bedeutung beigelegt wurde; gelten in China als Höhepunkte v. Yang- bzw. Yin-Einfluß (↗Yin und Yang). – Die Mitternacht ist nach esoter. Auffassung häufig der Zeitpunkt des höchsten Standes der geistigen (im Ggs. zur phys.) ↗Sonne u. steht daher in Zshg. mit Kontemplation, spiritueller Erkenntnis u. Einweihung. Dem Volksglauben gilt die Mitternacht oft als „Geisterstunde", in der ein Kontakt mit Geistern, armen Seelen usw. am leichtesten herzustellen ist. Die Stunde der Mitternacht wie die des hellen Mittags, an dem kein Schatten fällt, sind im Märchen oft die Stunde der geheimnisvollen Entscheidung. Die sommerl. Mittagshitze galt in der Antike als Stunde des Pan.

Mitte, als Zentrum, v. dem alles ausgeht, Symbol Gottes oder des Göttl. (verschiedentl. auch als Mittelposition im Bildaufbau). – Der Mittelpunkt der Welt (↗Weltachse) wurde häufig als hl. ↗Berg, als ↗Baum oder als ↗Nabel vorgestellt.

Mohn, wurde bei den eleusin. Mysterien der Demeter geopfert als Symbol der Erde, aber auch des Schlafes u. des Vergessens.

Moiren [Mz.], griech. Schicksalsgöttinnen, die durch ihr Handeln das Walten des Schicksals symbolisieren; nach Hesiod die Töchter des Zeus: Klotho, die Spinnerin des Lebensfadens (↗Faden); Lachesis, die das Schicksal zuteilt; Atropos, die den Lebensfaden zerschneidet (↗Schere). Von den Römern mit den *Parzen* identifiziert.

Moloch *m*, urspr. kanaanäischer Gott, dem Menschenopfer dargebracht wurden. Später allg. Symbol für menschenverderbende oder -zerstörende Instanzen, namentl. für unmenschl. Staatssysteme.

Moly, ein Kraut, das Odysseus davor bewahrte, v. Circe verzaubert zu werden; wohl nicht als eine botan. bestimmbare Pflanze zu denken, sondern als ein symbolhaftes Gewächs. ↗Alant, ↗Alraune.

Monatsbilder, Zyklen v. Darstellungen der in den einzelnen Monaten bzw. unter

Mischwesen

Mischwesen heißen alle Arten von nicht real existierenden Lebewesen – fast alle ausschließlich tierischer oder menschlicher Herkunft, äußerst selten nur pflanzlicher Herkunft (z. B. Alraune) –, die aus künstlichen oft in Kombination mit verschiedenen, zu anderen, wirklich existierenden Lebewesen oder Gegenständen gebildet sind; sie müssen unterschieden werden (im engeren Sinne) von den ↗Fabelwesen, die eigentlich nur menschliche Grundgestalten, allerdings meist in oft grotesker Verzerrung von bestimmten Körperteilen, zeigen. Mischwesen dieser Art sind schon in den Frühzeiten der großen Zivilisationen an Euphrat, Tigris, Nil und Indus „erfunden" worden; typ. Beispiele sind die Mischwesen aus der Akkad-Periode (Mesopotamien, ca. 2200 v. Chr.) auf Rollsiegeln, auf denen beispielsweise Menschenteile u. Löwenteile zu Löwenmenschen vereinigt wurden, oder im Alten Ägypten Götterbilder, die auf einem Menschenkörper einen Tierkopf tragen. Im Laufe der Zeit entstand in den verschiedensten Kulturen und zu den verschiedensten Anlässen, bis hin zu sakralen ↗Bildprogrammen an romanisch-gotischen Kirchenportalen oder romanischen Kirchendecken und bis in unsere Zeit (z. B. S. Dalí, P. Picasso, M. Chagall) eine unübersehbare Vielfalt von Typen, Ausprägungen und Varianten bereits vorhandener Typen; man kann mit H. Mode eine gewisse Ordnung schaffen, indem man zur Klassifikation 4 Gruppen bildet und die Typen einordnet; die Grenzen der 4 Gruppen sind naturgemäß fließend und oft auch nur willkürlich festzulegen.

Lit.: H. Mode, Fabeltiere und Dämonen, Die phantastische Welt der Mischwesen, Leipzig [2]1977.

Tiermenschen

Mischwesen mit Menschen- oder Tierleib, betont menschliche Haltung, *Tierkopf*, manchmal nur einzelne Merkmale tierischer Art, z. B. Bocksfuß beim Teufel

Menschentiere

Mischwesen mit Tierleib oder in betonter Tierhaltung, *Menschenkopf*, meist Menschenoberleib oder andere rein menschliche Züge

Mischtiere

Mischwesen mit Tierleibern und Tierköpfen verschiedenster Arten mit zusätzlichen Tiermerkmalen, oft mit überbetonter Vergrößerung oder Vervielfachung von Körperteilen

Mischwesen aus vermenschlichten oder in Tierform gebrachten Gegenständen aller Art

Kuhköpfige Hathor, ägyptisch
Ganesha, indisch
Elefantenköpfiger Genius, französisch
Diwe, islamisch
Bauchgesicht, Lycosthenes

Menschenvogel, akkadisch
Sirene, akkadisch
Sphinx, mesopotamisch
Seelenvogel, spätägyptisch
Löwenweib, italienisch

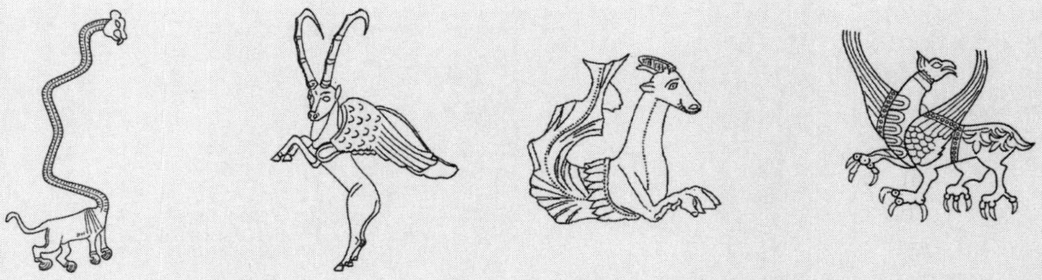

Schlangenhalslöwe, ägyptisch
Geflügelter Steinbock, persisch
Ziegenfisch, mittelalterlich
Greif, mittelalterlich

Dolchmensch, tibetanisch
Berggott, hethitisch
Wassergott, akkadisch
Baummensch, indisch

Cernunnos, keltisch
Agrippiner, mittelalterlich

Werwolf, mittelalterlich

Flügelkentaur, kassitisch
Löwenkentaur, frühassyrisch

Fischgott, assyrisch
Melusine, alchimistisch, 16. Jh.

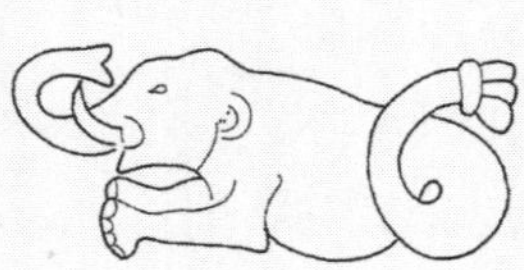

Basilisk, mittelalterlich
Elefantenfisch, indisch

Wolffisch, mittelalterlich
Sirene und Hirschfisch, mittelalterlich

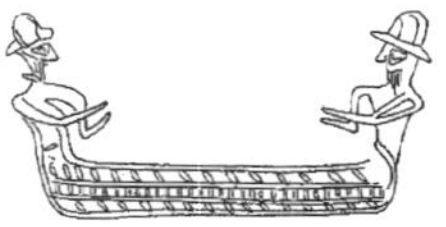

Bootsmensch, mesopotamisch
Bootsgott, akkadisch

Doppelleibboot, babylonisch
Assur in Flügelscheibe

Mond: *Luna mit Fackel u. Horn, auf Wolken schreitend, mit zwei Rädern u. dem Tierkreiszeichen Krebs; Holzschnitt, 15. Jh.*
Mond: *der M. als weibl. Prinzip (Luna); Vatikan, 15. Jh.*

den einzelnen Tierkreiszeichen typ. Landarbeiten bzw. Vergnügungen des Adels; zuerst auf spätantiken Mosaikböden, später wichtiges Element in den Kalendarien der ↗Stundenbücher, vorher schon in den ↗Bildprogrammen der Kirchen u. in volkstüml. [Bauern-]Kalendern. An mittelalterl. Kirchen sind die M. u. die Tierkreiszeichen Sinnbilder des Jahreskreislaufs u. der verrinnenden irdischen Zeit, bezogen auf Christus, den Herrscher über Zeit u. Ewigkeit.

Mönchsgewand, *Kutte,* nach mönch. Tradition zumeist Symbol für Armut, Weltabgeschiedenheit u. Zugehörigkeit zu einer religiösen Gemeinschaft; im Christentum in symbolischem Bezug zum Taufkleid gedeutet.

Mond, im geozentrischen System der alten Astrologie u. der Astronomie wird der M. als normaler Planet betrachtet; im heliozentrischen System der modernen Astronomie ist der M. der der Erde nächste Himmelskörper. Der Umlauf des M. um die Erde u. die rhythm. wechselnden Lichtgestalten sind schon seit den Anfängen der Himmelsbeobachtungen wichtige Grundlagen des Kalenders, nämlich dem mit der Sonne u. dem Jahr konkurrierenden Monat. – In der Astrologie heißt der M., wie auch die Sonne, einfach *Licht.* – Der M. spielt im mag. u. bildhaft-religiösen Symbol-Denken der meisten Völker eine bedeutende Rolle. Entscheidend ist dabei vor allem, daß er wegen seiner ständig wechselnden Gestalt scheinbar „lebt", daß er mit verschiedenen Lebensrhythmen auf der Erde in offensichtl. Verbindung steht u. daß er zu einem wichtigen Anhaltspunkt in der Zeitmessung wurde. Im Alten Orient spielte er daher oft eine bedeutendere Rolle als die ↗Sonne. Bei vielen Völkern wurde er als Gott oder (meist) Göttin verehrt (z. B. bei den Griechen als Selene, bei den Römern als Luna). – Wegen seines „Vergehens" u. „Wachsens" u. seiner Einflüsse auf die Erde, zumal den weibl. Organismus, steht er seit jeher in engem Zshg. mit der weibl. Fruchtbarkeit, mit dem Regen, mit dem Feuchten sowie allg. mit jedem Werden u. Vergehen. – Bei einigen Völkern gab es bes. Riten, die den M. bei Neumond oder in M.finsternissen, die als Schwäche u. Bedrohung des nächtl. Gestirns verstanden wurden, kräftigen oder retten sollten. – Im Ggs. zur meistens als männl. gedeuteten, selbstleuchtenden Sonne, die dem Prinzip Yang (↗Yin und Yang) nahesteht, erscheint der M. zumeist als Sinnbild des Milden, Anlehnungsbedürftigen, Weiblichen u. wird mit dem Prinzip Yin verbunden. Seltener begegnet demgegenüber, wie etwa im dt. Sprachbereich, die Vorstellung vom M. als (altem) Mann. In vielen My-

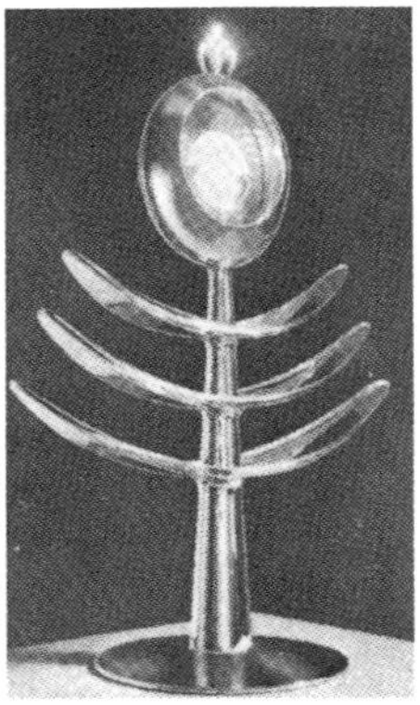

then erscheint der M. als Schwester, Frau oder Geliebte der Sonne. In der Astrologie u. der Tiefenpsychologie wird der M. u.a. verstanden als Symbol für das Unbewußte, die fruchtbare Passivität, die Empfänglichkeit. ↗Halbmond, ↗Hase, ↗Milch.

Der Mond nächtlich, weiblich, feucht, kalt, beherrscht den Geschmak, die Kehle, Magen, Bauch, weibliches Glied, alles was links ist: Er bezieht sich als das Zeitgestirn auf die gelegene Zeit der Unternehmungen. Sonst auf Matronen, Schwängere, Mütter, endlich auch auf Studien, Gesezkunde, schwache Sinne, unglükliches Gedächtniß. Seine Wirkungen sind vorübergehend.

Mond: *Charakterisierung nach J.W. Pfaff in seiner „Astrologie" von 1816.*

Mondfinsternis ↗Sonnenfinsternis.

Monolith *m* [gr.], großer Steinblock, aufgerichtet (↗Menhir), als Denkmal (Pfeiler, Säule, Obelisk, Stele) oder Bauglied zugehauen.

Monstranz *w* [v. lat. *monstrare* = zeigen], *Ostensorium s*, aus Fuß, Schaft mit Tragknauf (Nodus) u. Schaugehäuse bestehendes, meist künstler. reich gestaltetes Gefäß, in dem die v. der Lunula (einem halbmondförmigen Halter) getragene Hostie auf dem Altar ausgesetzt wird. Die Form der M. wechselt v. Anklängen an die Sonnen-, Mond- u. Baumsymbolik bis hin zur Kranzsymbolik. Als Symbol der Kirche ist seit dem 16. Jh. die M. teilweise an die Stelle des ↗Kelches getreten.

Monstrum, 1) ↗Ungeheuer. **2)** ↗Fabelwesen mit überwiegend menschl. Körper u. extrem veränderten Körperteilen. ↗Mischwesen.

Moor ↗Sumpf.

Morgenröte, allg. Symbol der Hoffnung, der Jugend, der Fülle der Möglichkeiten, des Neuanfangs. Bei den Griechen personifiziert als Göttin *Eos*, Schwester des Helios (↗Sonne) u. der Selene (↗Mond); fährt als „rosenfingrige" dem Sonnenwagen voraus; in Rom mit *Aurora* gleichgesetzt. – In der christl. Symbolsprache wird Maria gelegentlich die M. genannt, die uns die Christussonne brachte.

Morgenstern, wie der ↗Abendstern (↗Hesperos) Bz. für den hellen Planeten Venus, jedoch im Ggs. zum Abendstern

Monstranz: moderne „Lebensbaum"-M. (1952 von F. Schwerdt)
MRA: Der Schriftzug des Namens Maria in einer Darstellung aus dem „Musterbuch" von Schmid
Mühle, mystische: Säulenkapitell in Vézelay, Mitte 12. Jh.
Mund: der ägypt. König Ay führt an seinem verstorbenen Vorgänger Tutanchamûn (als Osiris dargestellt) die Zeremonie der Mundöffnung durch; nach einem Wandbild aus dem Grab des Tutanchamûn (Ausschnitt)

auf die morgendl. Position der Venus bezogen (↗Phosphorus); als morgendl. Künder des neuen Tages Symbol ständiger Erneuerung oder ewiger Wiederkehr; Symbol des über die Nacht siegenden Lichts, daher im Christentum Sinnbild Christi oder Marias.

Mörser, zusammen mit dem Pistill (M.keule) populäres Sexual-Symbol.

MRA, ähnl. wie der Name Jesu (↗Christusmonogramm, ↗IHS) wird auch der Name der Gottesmutter Maria in abgekürzter Form wiedergegeben u. erfährt wie der Name Jesu im Barock besondere Verehrung. Am gebräuchlichsten ist die Form MRA, oft mit einer Krone darüber u. von Strahlen umgeben. In der byzantinischen Kunst ist die Abkürzung $\overline{MP}$ $\overline{\Theta Y}$ üblich (griechisch *MHTHP ΘEOY*, *Méter Theoú*: „Mutter Gottes").

Mücken, gelten ebenso wie die ↗Fliegen (u. Schnaken) als Symboltiere des Teufels.

Mühle, mystische, ma. Allegorie, die das Verhältnis v. AT zu NT veranschaulicht: der Weizen des AT wird durch die myst. Mühle zu Mehl gemahlen, aus dem das Lebensbrot der Gläubigen gemacht wird.

Mund, verkörpert als Organ des Wortes u. des Atems sinnbildl. die Macht des Geistes u. der Schöpferkraft, vor allem das „Einhauchen" der Seele u. des Lebens; als Organ des Essens, Fressens u. Verschlingens auch Symbol des Vernichtens, vor allem als Maul v. Ungeheuern *(Höllenrachen)*. – Die Zeremonie der *Mundöffnung*, die in Ägypten an den Mumien vorgenommen wurde, sollte dem Verstorbenen ermöglichen, vor den Göttern die Wahrheit zu sprechen u. ihn erneut in die Lage versetzen, zu essen u. zu trinken. – In der Malerei des MA bedeuten kleine schwarze Dämonen, die aus dem M. kommen, böse Worte u. Lügen. Christus als Weltenrichter erscheint häufig mit einem ↗Schwert oder einem Schwert u. einer ↗Lilie, die aus dem M. hervorgehen.

Mundöffnung ↗Mund.

Mundus, in der altröm. Symbolik das Zentrum der geordneten Welt oder einer Stadt. ↗Nabel.

Münze ↗Geld.

Muschel. Als im Meer lebendes Tier ist die M. häufig Attribut von Meeresgottheiten. Die weiße M. stand gelegentlich, z.B. in China, symbolisch in Zshg. mit dem ↗Mond (u. damit dem Prinzip Yin). – Als die „aus dem Meer Aufsteigende" (Anadyomene) wird Aphrodite verschiedentl. auf einer M. stehend dargestellt. Auch die

Tatsache, daß die M. in ihrer Form dem weiblichen Geschlechtsorgan gleicht, daß sie an der Symbolik der fruchtbaren ↗Wasser des ↗Meeres teilhat u. daß sie in sich die schöne ↗Perle wachsen läßt, mag sie mit Aphrodite (wie in Indien mit Lakshmi, der Göttin des Glücks u. der Schönheit) in Verbindung gebracht haben. – Als Grabbeigabe symbolisiert die M. im Christentum das Grab, aus dem der Mensch am Jüngsten Tag auferstehen wird. Zum Marien-Symbol wurde die M., weil Maria Jesus, die „köstliche Perle", in ihrem Schoß barg u. weil man im MA glaubte, die M. werde „jungfräulich" durch Tautropfen befruchtet. Die *M.schale* wurde zum Symbol für das Heilige Grab u. die Auferstehung, und so zum Abzeichen aller Pilger; die M.schale wurde meist am Pilgerhut getragen. Die *Jakobs-M.* wurde zum Pilgerzeichen speziell der Pilger auf der Wallfahrt nach Santiago de Compostela.

Musen, in der griech. Mythologie weibl. Gottheiten der Künste u. Wiss., Töchter des Zeus u. der Mnemosyne oder auch des Uranos u. der Gaia. Sie hatten in Pierien östl. des Olymp *(Pierische M.)*, am Helikon in Boiotien *(Boiotische M.)* u. auf dem Parnaß bei Delphoi *(Delphische M.)* ihre Wohnstätten, die oft an Quellen u. Bächen lagen. Urspr. war ihre Zahl auf drei beschränkt, doch treten sie bereits bei Homer als Gruppe v. 9 Schwestern auf, wobei jeder einzelnen bestimmte Funktionen des künstler. Bereiches zugeordnet waren, meist mit einem Symbol verknüpft, das jedoch wechseln konnte. Die Anrufung der M. zu Beginn einer künstler. Arbeit war schon in homerischer Zeit ein v. den Dichtern gepflegter Brauch, der später auch an Stätten des geistigen Lebens wie Schulen, Philosophenkreisen o. ä. geübt wurde. – Die Römer setzten die M. mit den *Camenae* gleich.

Die neun Musen:

Erato (Liebesdichtung)
Euterpe (Musik)
Kalliope (epische Dichtung)
Kleio (Geschichte)
Melpomene (Tragödie)
Polyhymnia (feierl. Gesang)
Terpsichore (Tanz)
Thaleia (Komödie)
Urania (Astronomie)

Musikinstrumente, aus der Vielzahl der Saiten-, Blas- u. Schlaginstrumente sind bes. symbolträchtig ↗Harfe u. ↗Leier, ↗Posaune u. ↗Schofar, ↗Glocke u. ↗Gong, ↗Orgel.

Mutterkult, die kult.-rel. Verehrung v. Muttergottheiten (u. a. Demeter, Isis, Kybele, Ma) meist in Verbindung mit Fruchtbarkeitskulten; war bes. im vorderasiat. Raum verbreitet u. beeinflußte die griech.-röm. u. german. Kulte.

Muschel: Geburt der Venus aus der M.; nach Botticelli
Muschel: Fabelhaft große Muscheln sollen als Wohnung für Menschen dienen. Abb. nach einem „Wunderbuch" aus dem Anfang des 15. Jh.
Mutterkult: Eine der „Muttergöttin-Statuetten" der El-Obeid-Kultur (Irak, um 4000 v. Chr.

Myrrhe *w,* Harz verschiedener Arten v. Bäumen u. Sträuchern des Balsambaumes. Wegen ihres Duftes u. ihrer wohltätigen u. heilenden Wirkung spielte die M. im ind., oriental., jüd. u. christl. Kultus eine wichtige Rolle, u. a. war sie Bestandteil des heiligen Salböls der Israeliten; in der Bibel wird sie als eine der Gaben der Hl. Drei Könige erwähnt. Wegen ihrer Bitterkeit, ihrer Heilkraft u. ihrer Verwendung zur Mumifizierung v. Leichen wird sie häufig in symbolische Beziehung gesetzt zu Leiden u. Tod Christi, aber auch zu Buße u. Askese der gläubigen Christen.

Myrte *w,* immergrüner, weiß blühender Baum oder Strauch der wärmeren Gegenden; die M. galt den Juden als Symbol göttl. Huld sowie des Friedens u. der Freude. – In der Antike war die M. der Aphrodite heilig u. daher ein Liebes-Symbol, als immergrüne Pflanze zugleich ein Symbol der Unsterblichkeit. Im Gegensatz zum ↗Lorbeer, der den Sieger nach blutigem Kampf schmückt, war der *M.nkranz* ein Symbol für den auf unblutige Weise errungenen Sieg. – Der *M.nkranz* für *Bräute* war bereits als Zeichen der Freude bei den Juden gebräuchl., in der Antike schmückten sich Bräute mit Kränzen aus Rosen u. M.n mit Bezug auf die Liebes- u. Ehegöttin Aphrodite. Heute gilt der Brautkranz aus M.n häufig als Symbol für Jungfräulichkeit.

Mystische Kelter ↗Kelter, mystische.

Mystische Mühle ↗Mühle, mystische.

Mythos *m,* lat. *Mythus,* Geschichte, Erzählung vom Handeln der Götter u. Geister, vom Wirken dieser Mächte im Himmel, auf der Erde u. in der Unterwelt. Diese als wirkl. Geschehnisse berichteten, außerhalb der realen Zeitlichkeit liegenden myth. Ereignisse sollen das innerzeitl. Geschehen durch ihre Wiederholungen im Kult neu begründen u. auf göttl. Handlungen zurückführen. Dem Inhalt nach unterscheidet man verschiedene Typen des M.: *theogon. M.* (fragt nach der Herkunft der Götter), *kosmogon. M.* (fragt nach der Entstehung des Kosmos u. dessen Existenzbedingungen), damit vielfach verbunden *anthropogon. M.;* der *Urstands-M.* behandelt die menschl. Lebensbedingungen im Verhältnis zu den gesetzten überzeitl. Ordnungen; der *soteriolog. M.* berichtet v. der rettenden göttl. Hilfe; vom Weltende handelt der *eschatolog. M.* – Mythen sind oft in bildl. Form überliefert u. leben als Symbole – oft auch in übertragener Form – weiter.

Nabel, in den Mythen verschiedener Völker Symbol für das Zentrum der Welt, v. dem aus die Schöpfung ihren Anfang genommen haben soll. Berühmt ist der *Omphalos* v. Delphi, ein zylindr., oben abschließender Stein, der zugleich ein Sinnbild für die Verbindung zw. Götter-, Menschen- u. Totenreich war. – Als N. des Himmels wird gelegentl. der *Polarstern* gedeutet, um den sich das Himmelsgewölbe zu drehen scheint. – Die *Nabelschau* als Meditation über kosm. u. menschl. Grundprinzipien findet sich sowohl im ind. Yoga wie gelegentl. in der Ostkirche.

Nabelschau ↗Nabel.

Nabelschnur, gelegentl. Symbol für die aufrechterhaltene Bindung an die Mutter u. die frühe Kindheit.

Nacht: *Ausschnitt aus: Tag u. N. als geflügelter Genius; Genesismosaik, San Marco, Venedig, Anf. 13. Jh.*

Nachen ↗Kahn.

Nacht, im Ggs. zum ↗Tag Symbol des geheimnisvollen Dunkels, des Irrationalen, des Unbewußten, des Todes, aber auch des bergenden u. fruchtbaren mütterl. Schoßes. Auf roman. Säulenkapitellen kann der ↗Ochse die N. symbolisieren. ↗Mittag.

Nachtfalter, als ↗Schmetterling, der unwiderstehl. v. ↗Licht angezogen wird u. achtlos darin verbrennt, Symbol der myst., opferbereiten, selbstlosen Liebe der Seele zum göttl. Licht.

Nachtigall, wegen ihres süßen u. zugleich klagenden Gesanges Symbol der Liebe (vor allem in Persien), aber auch der Sehnsucht u. des Schmerzes. – In der Antike galt ihr Gesang als glückl. Omen. – Der Volksglaube sieht in ihr häufig eine verdammte Seele, aber auch die Künderin eines sanften Todes. – In der christl. Symbolik Sinnbild der Himmelssehnsucht.

Nacktheit, von alters her symbolisch mehrdeutig; im Hinblick auf die deutl. hervortretenden sexuellen Körperreize ist N. (negativ verstanden vor allem in der bibl. im Ggs. zur griech. Tradition) ein Sinnbild der Verführung, der Wollust; häufig Bestandteil v. Liebeszauberpraktiken, auch Element der Orakelbefragung u. des Wahrsagens. – Als Unverhülltheit u. Un-

Nabel: der Omphalos von Delphi
Nehuschtan: Schlangenstab v. der Kultvase des sumer. Fürsten Gudea

verstelltheit ist sie ein Symbol der Reinheit u. der Wahrheit (vgl. die redensartl. Wendung „die nackte Wahrheit"). – Die N. Adams u. Evas im Paradies ist ein Sinnbild ihrer Unschuld vor dem Sündenfall. – Als Verzicht auf ↗Kleidung, die ihrerseits ein Sinnbild der Weltverhaftetheit sein kann, ist N. auch ein Symbol der Askese; als Erinnerung daran, daß wir alle nackt geboren werden, ein Sinnbild der bedingungslosen Unterwerfung unter den Willen Gottes. – Der verurteilte Verbrecher dagegen wurde verschiedentl. entkleidet zum Zeichen des Verlustes seiner gesellschaftl. Stellung. ↗Schleier.

Nadelbaum ↗Baum.

Nägel, in der ma. christl. Kunst Teil der Symbole der Leidenswerkzeuge; im hohen MA stellte man meist 4 N., seit dem 13./14. Jh. meist nur noch 3 N. dar. – N. können auch Bestandteil der Weltachse sein, um die sich das Weltall dreht.

Nardenöl ↗Baldrian.

Narzisse, weitverbreitetes Amaryllisgewächs; wurde in Griechenland symbolisch mit dem Schlaf in Verbindung gebracht (vermutl. weil sie sich als Zwiebelgewächs nach der Blüte zurückzieht u. im frühen Jahr wieder erscheint als eine der auffälligsten blühenden Pflanzen). Man pflanzte sie auf Gräber zum Zeichen der Verwandtschaft des Todes mit dem Schlaf. Zeitweilig wurde sie auch als Sinnbild des Frühlings u. der Fruchtbarkeit verstanden. – In Asien Glücks-Symbol. – Bei den Arabern verschiedentl. wegen ihres geraden Stengels Symbol für den aufrechten, nach Gottes Geboten handelnden Menschen. – In der ma. Kunst (wohl wegen ihres lilienartigen Aussehens) gelegentl. Marien-Symbol.

Nase, begegnet verschiedentl. in der Literatur als verschleiertes Symbol für den Penis.

Natter, im ↗Physiologus ↗Otter.

Nebel, Symbol des Unbestimmten, des Überganges v. einem Zustand zum anderen oder auch des Vagen, Phantastischen. Nach den mytholog. Vorstellungen mancher Völker Urstoff der Welt. – N.darstellungen begegnen häufig in der japan. Malerei. ↗Wolken.

Nehuschtan, aus hebr. nahasch („Schlange") u. nehoschet („ehern") gebildeter Name eines Kultgegenstandes, der in Jerusalem verehrt u. auf Mose zurückgeführt, trotzdem als heidn. Idol v. Hiskija beseitigt wurde (2 Kön 18,4).

Ner Tamid
Netz: Apostel als Fischer; Tafel v. der Decke in Zillis

Neidköpfe, fratzenhafte Köpfe, deren schreckenerregender Ausdruck von alters her zur Abwehr feindl. Einflüsse diente, z. B. das ↗Gorgoneion; sie symbolisieren durch ihr abstoßendes Aussehen die Geste des Abweisens u. Bannens. – Eine ähnl. Funktion erfüllte z. B. auch der mit einer *Fratze* statt eines Gesichtes dargestellte ägypt. ↗Bes.

Nelke, Staude mit spitzen, grasähnl. Blättern. Die Form v. Blatt u. Frucht wurde bildhaft als „Nagel" gedeutet (daher der Name „Nägelein", „Nagerl"), u. die N. wurde deshalb zum Symbol der Passion Christi. Die Pflanze erscheint häufig auf Darstellungen der Madonna mit dem Kinde. – Daneben begegnet sie auch auf zahlreichen Verlöbnisbildern des späteren MA u. der Renaissance, wohl als Liebes- u. Fruchtbarkeits-Symbol. – Später wurde die (vor allem rote) N. Symbol-Blume des 1. Mai als sozialist. Feiertags.

Nelkenwurz, *Benediktenwurzel,* weitverbreitetes Rosengewächs mit gelbl. Blüten u. nach Nelken duftender Wurzel. Heilpflanze u. daher Marienattribut; im Zshg. mit Christus deutet sie auf ihn als auf das „Heil der Welt".

Ner Tamid *s* [hebr.], die vor dem Thora-Schrein in Synagogen dauernd brennende Lampe, vorgeschrieben in Ex 27,20 f.

Nest, Symbol der Geborgenheit u. Ruhe; Vögel in N.ern symbolisieren in der ma. Kunst oft den Frieden des Paradieses.

Netz, Symbol des weitläufigen Verknüpftseins; vor allem aber Symbol des Einfangens u. Sammelns. Oriental. Gottheiten werden verschiedentl. mit N.en dargestellt, mit denen sie die Menschen unterwerfen oder an sich ziehen. – Im Iran erscheint demgegenüber der Mensch, vor allem der Mystiker, als mit einem N. ausgestattet, mit dem er Gott sucht. – Im NT begegnet das N. als Symbol des Wirkens Gottes; daneben wird es, als Anspielung auf den Beruf des *Fischers,* mit den Aposteln als „Menschenfischer" in Verbindung gebracht. Unter diesem Gesichtspunkt kann ein N. mit Fischen (↗Fisch) auch zum Symbol der Kirche werden. – Tiefenpsycholog. kann der Fischfang mit dem N. auch als Ausdruck einer aktiven Auseinandersetzung mit dem Unterbewußtsein gedeutet werden.

Niere, bei einigen Naturvölkern, aber auch im Judentum als Sitz der Gefühle sowie besonderer Kraft u. Leidenschaft verstanden; die Wendung „Herz u. N.n" zur Bz. der inneren Kräfte des Menschen findet sich schon im AT. – Die N. galt im MA als Sitz der Gemütsbewegungen, bes. aber des Geschlechtstriebes.

Neun

9 Die Zahl 9 ist als die zweite Potenz $3^2 = 3 \times 3 = 9$ die Verstärkung der heiligen 3; daher die 9fache Wiederholung des Kyrie eleison in der röm. Liturgie oder die 9 Chöre der seligen Geister; auch in der indogerman. u. zentralasiatischen Mythologie spielt die 9 eine wichtige Rolle; z. B. in der 9stökkigen Pagode als Symbol des Himmels.

19 Im christl. MA als Summe aus 12 (Tierkreiszeichen) und 7 (Planeten), also 12+7 = 19, gedeutet; wahrscheinl. geht der Symbolgehalt auf den sog. Metonischen Zyklus zurück, der 19 Sonnenjahre mit 6140 verknüpft (ziemlich genau 235 synodische Mondmonate) u. Grundlage des antiken griech. Lunisolarkalenders war, schon in Babylonien bekannt.

39 Eine Symbolzahl, die wahrscheinl. aus der jüd. „Tabuzahl" 40 durch „Untertreibung" zustande kam: mit 39 kam man mit der oberen Grenze, die z. B. bei Sabbatarbeiten bei 40 liegt, nicht in Konflikt.

49 Die als besonders wirkungsvoll angesehene ins Quadrat erhobene heilige Zahl 7, also $7^2 = 7 \times 7 = 49$; im NT die Zahl nach der Ausgießung des Heiligen Geistes auf die Jünger; die 50 aufgefaßt als $(7 \times 7) + 1 = 50$ deutet im jüdischen Verständnis auf die Ruhe Gottes.

99 Die zweifache Quersummenbildung von 99 ergibt 9+9 = 18 und daraus 1+8 = 9, womit eine auffällige Eigenschaft der 9 gegeben ist. In der Buchstaben-Zahlensymbolik entspricht AMEN (in griech. Buchstaben) der Summe 99, weil nämlich A=1, M=40, E=8 und N=50 bedeutet, also 1+40+8+50 = 99. Im Islam hat die Gebetsschnur 99 Perlen, entweder als Hinweis auf die 99 Schönsten Namen Allahs oder als Hinweis auf die 99 Namen des Propheten Mohammed.

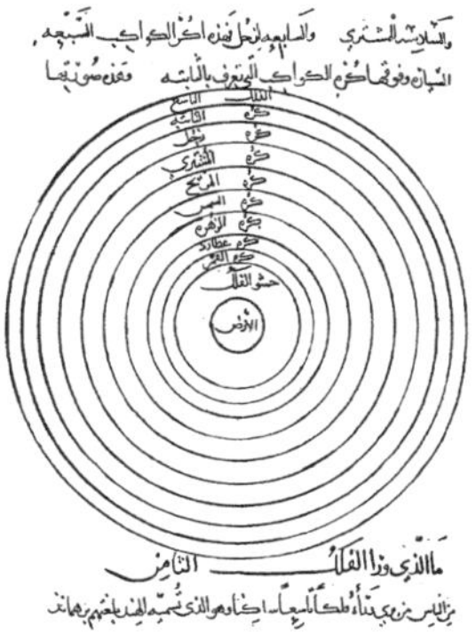

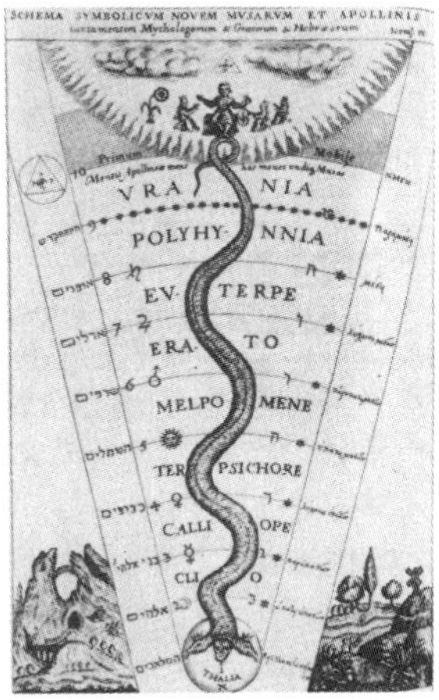

rechts oben: Die neun Stufen zur himmlischen Stadt in der mystischen Weltsicht des Raymundus Lullus.

links unten: Das Universum nach der islamischen Weltsicht ist aus neun Sphären aufgebaut.

rechts: Den neun Sphären der Welt, im Sinnbild der dreiköpfigen Schlange vom Himmel ausgehend und in der Erde mündend, entsprechen die neun Musen. Athanasius Kircher, 1650.

Nilpferd: die ägypt. nilpferdgestaltige Göttin Thoëris, gestützt auf die Hieroglyphe „Schutz"; Statuette aus grünem Schiefer, 26. Dyn.

Niesen, wurde bei einigen Naturvölkern auf den Einfluß v. Dämonen zurückgeführt, die damit die Seele aus dem Körper jagen möchten.

Nilpferd, in Ägypten wegen seiner Freßsucht gefürchtetes Tier, galt daher als Verkörperung böser Kräfte, als Symbol v. Brutalität u. Ungerechtigkeit; das weibl. N. dagegen wurde als Sinnbild der Fruchtbarkeit in Gestalt einer N.göttin verehrt, die häufig aufrechtstehend u. schwanger dargestellt wurde u. als Beschützerin der Frauen galt. – Im AT ist das N. ein Symbol brutaler Kraft *(Behemot),* die nur v. Gott selbst zu bändigen ist.

Nimbus *m,* in der antiken u. oriental. Kunst, bes. der Malerei, kreisrunde oder ovale Fläche oder Strahlenkranz um das Haupt eines Gottes, Heros, Heiligen usw.; repräsentiert möglicherweise die ↗Sonne oder eine ↗Krone; Symbol der Göttlichkeit, Hoheit, Erleuchtung oder Herrschaft. ↗Heiligenschein, ↗Mandorla.

Nimrod, nach der Gen 10,8 u. Mich 5,5 erwähnten, im einzelnen unbekannten Sage ein Held u. Jäger, Gründer des assyr.-babylon. Reiches. Vielleicht verbirgt sich hinter N. der babylon. Kriegsgott Ninurta.

Nolimetangere ↗Mimose.

Nornen, in der german. Mythologie die drei Schicksalsgöttinnen Urd, Verdandi u. Skuld, als Vergangenheit, Gegenwart u. Zukunft gedeutet. Sie gelten als Schwestern, die, im Ggs. zu den Göttern, das Schicksal nicht nur als Stückwerk, sondern als Ganzes kennen. Die N. leben an der Quelle Urdarborn neben der Weltesche u. bringen den Menschen Glück u. Unglück, wobei Skuld auch das Ende des Lebens, also den Tod, bestimmt; ähnlich die griech. Moiren u. röm. Parzen.

Null, Symbol der Nichtigkeit u. Wertlosigkeit; mit Bezug auf die v. N. ausgehende fortlaufende Zahlenreihe auch Symbol des Anfangs.

Nuß, *Walnuß,* entspricht symbolisch weitgehend der ↗Mandel. – In der christl. Literatur (meist in der Erklärung v. Augustinus) verschiedentl. erwähnt als Sinnbild des Menschen: die grüne Hülle als Symbol des Fleisches, die harte Schale als Symbol der Knochen u. der süße Kern als Symbol der Seele. Als Christus-Symbol verkörpert die bitter schmeckende Hülle das Fleisch Christi, das die bittere Passion durchlitten hat, die Schale das Holz des Kreuzes u. der Kern, der nährt u. durch sein Öl Licht ermöglicht, die göttl. Natur Christi. – Auf Madonnenbildern spielt die N. oft die Rolle der alten Bedeutung eines Fruchtbarkeitssymbols.

Obelisk *m*, ein nach oben sich verjüngender hoher Steinpfeiler mit viereckigem Grundriß u. pyramidaler Spitze. In Ägypten, bes. in der 18. u. 19. Dynastie Kult-Symbol des Sonnengottes: seine Spitze wurde morgens v. den ersten Strahlen der ↗Sonne getroffen. Seine stark richtungsbetonte Form versinnbildlicht außerdem die Verbindung zw. ↗Erde u. ↗Himmel bzw. Sonne. – Im alten Äypten standen O.en meist paarweise vor dem Tempeleingang. 30 O.en haben sich bis heute aufrecht stehend erhalten bzw. wurden wieder aufgerichtet, davon ca. 14 in Rom (nachdem sie durch Exorzismus gereinigt u. mit einem Kreuz bekrönt waren), nur 5 O.en stehen noch in Ägypten. – Seit der Renaissance dekoratives Bauelement, heute auch Denkmalform. ↗Elefant. ↗208

Olivenbaum: *Olivenernte, Detail einer Amphorenmalerei, 6. Jh.*

Oben ↗Höhe.

Ochse, *Büffel,* anders als der wilde ↗Stier ein Symbol der Friedfertigkeit u. gutmütigen Stärke. O. u. Büffel sind in Ostasien u. Griechenland heilig u. beliebte Opfertiere. In Ostasien gilt der Büffel als Reittier der Weisen, z. B. des Lao-Tse auf seinem Ritt nach Westen. – Wie der ↗Esel fehlt der O. fast nie bei Darstellungen der Krippe Jesu. Der O. kann auf roman. Säulenkapitellen die Nacht symbolisieren. – Der O. ist das 2. Zeichen des chin. ↗Tierkreises, er entspricht dem Stier.

Octopus, die achtarmige ↗Krake.

Odermennig *m*, Rosengewächs mit gelben, aufrechten Blütentrauben; alte Heil- u. Zauberpflanze. Mit nichteisernem (↗Eisen) Werkzeug am Karfreitag ausgegraben, sollte der O. Zuneigung u. Liebe bei den Frauen verschaffen. – Begegnet verschiedentl. als Heils-Symbol auf ma. Tafelbildern neben Maria.

Ofen, steht symbolisch in Zshg. mit dem ↗Feuer; vor allem in der ↗Alchimie bedeutsam für Verwandlungsprozesse v. Metallen, v. ↗Wasser, ↗Luft, ↗Erde usw. u. die damit verbundenen myst. u. moral. Prozesse. – Bes. der *Backofen* ist ein Symbol des weibl. Schoßes; das *In-den-O.-geschoben-Werden* kann daher auch als Symbol für eine Rückkehr in den Embryonalzu-

Obelisk

Die Aufstellung des lateranensischen Obelisken in Rom, veranlaßt durch Papst Sixtus V., technisch von Domenico Fontana 1588 durchgeführt, war für die damalige Welt ein aufsehenerregendes Ereignis.
Die Errichtung des Obelisken selbst wurde von Thutmosis III. veranlaßt und von seinem Nachfolger Thutmosis IV. am Südportal des Tempels von Karnak vollendet.
Die vier Zeichnungen links und rechts sind Darstellungen des lateranensischen Obelisken nach Athanasius Kircher, die Abbildung oben zeigt in einer Zeichnung von 1878 von W. Simpson einen Obelisken des Sesostris von Heliopolis, die Abbildung unten die 2 Obelisken des Ramses II. am Eingang des Tempels von Luxor im Zustand von 1819 (Zeichnung von Ch. Berry).

Ochse: O. u. Esel an der Krippe Jesu; Relief v. Taufstein der Stiftskirche in Freckenhorst, 1. Hälfte 12. Jh.
Ochse: Specksteinsiegel mit Darstellung eines Buckelochsen; aus Mohendscho Daro

stand, das *Verbrennen im O.* als Symbol für Tod u. Neugeburt gedeutet werden.

Ohr, Symbol des Hörens, der Kommunikation, auch des Gehorchens; wie das ↗Auge Wahrnehmungsorgan, das als *Geistesohr* auch Sinnbild für Inspiration sein kann, das geistige „Hören" gilt gegenüber dem geistigen „Sehen" als die ältere Fähigkeit. – Das O. wurde in der Antike als Sitz des Gedächtnisses angesehen; das Ziehen am O., das bis ins MA bei Rechtsakten verbreitet war, galt als Appell an das Gedächtnis v. Zeugen, best. Fakten nicht zu vergessen. – Ein langes, weites O. wurde vielfach, z. B. in China, als Zeichen für Urteilskraft, Weisheit u. Unsterblichkeit verstanden. – In Afrika hat das O. häufig sexuelle Bedeutung; die äußere Form des O.es gilt oft als phallisch, während der Gehörgang – als aufnehmendes Organ – mit der Vagina verglichen wird.

Ölbaum, der ↗Olivenbaum.

Öle, gelten in vielen Kulturen als Träger besonderer Kräfte; vor allem das *Olivenöl* als Produkt des ↗Olivenbaums, der auf dürrem Boden Frucht trägt, ist ein Symbol geistiger Kraft, aber auch, da es in den Öllampen brannte, ein Licht-Symbol. – Den mytholog. Vorstellungen des Shintoismus galten Ö. als Symbole des undifferenzierten Urzustandes der Welt: die „Urgewässer" bestanden aus Öl. – In den Eleusin. Mysterien verwendete man das Olivenöl als Reinheits-Symbol. – In den mittelmeer. Ländern kannte man – z. B. auf Steinaltären ausgegossene – Ölopfer zum Zeichen des Gebets um Fruchtbarkeit. – Die *Salbung* mit Öl spielt in verschiedenen Religionen eine wichtige sakrale Rolle; im Judentum etwa wurden Dinge (z. B. der Stein v. Bethel) u. Menschen (Priester, Propheten u. Könige) mit Öl gesalbt zum Zeichen des göttl. Segens u. der von Gott verliehenen Autorität, die ihnen zuteil wurden. Das Wort „Christus" (hebr. „Messias") heißt „Der Gesalbte", es bezeichnet also die königl., prophet. u. priesterl. Gewalt Jesu. – Öl wird – auch mit Balsam u. Gewürzen vermischt (↗Chrisam) – verschiedentl. im christl. Kultus zur Konsekration (z. B. bei der Taufe, der Priesterweihe, der Krankensalbung) verwendet.

Olivenbaum, *Ölbaum,* alte Kulturpflanze mit reicher Symbol-Bedeutung; war in Griechenland der Athena heilig u. galt als Symbol der geistigen Stärke u. Erkenntnis (da er das Öl für die Öllampen lieferte, also dem ↗Licht nahestand), der Läuterung (wegen der Reinigungskraft des Öles), der Fruchtbarkeit u. Lebenskraft (er ist sehr widerstandsfähig u. kann viele hundert Jahre alt werden), des Sieges sowie des Friedens u. der Versöhnung (wegen der lindernden Wirkung seines Öles). – Mit

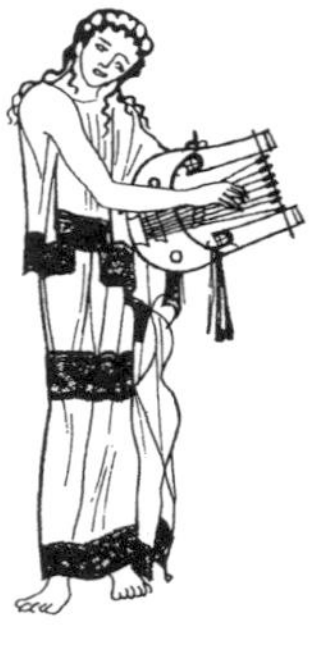

Bezug auf den *Olivenzweig*, den die v. Noah aus der Arche ausgesandte ↗Taube zurückbrachte, gelten der O. u. seine Zweige im Christentum vor allem als Zeichen der Versöhnung mit Gott u. des Friedens. ↗Öle.

Öllampe ↗Lampe.

Om, mit einer Fülle esoter. Bedeutungen befrachtete heilige Meditations-Silbe des Hinduismus, Buddhismus u. Dschainismus (als Lautgestalt: *Aum*); gilt als unvergängl. u. unerschöpfl. u. wird u. a. als sinnbildl. Ausdruck für den Schöpfergeist, das Wort oder (mit Bezug auf die Dreizahl der Laute) für die drei Zustände des Menschen: Wachen, Träumen, Tiefschlaf; drei Tageszeiten: Morgen, Mittag, Abend; drei Vermögen: Handeln, Erkennen, Wollen usw. gedeutet.

Omega, letzter Buchstabe des griech. Alphabets; vor allem im Christentum Symbol des Endes u. der Vollendung der Welt. ↗Alpha, ↗Alpha u. Omega, ↗Taw.

Omphalos ↗Nabel.

Onager *m*, Wildesel, schwer zu bändigende Unterart des Halbesels; in der Bibel Symbol für den Menschen, der keine Vernunft annehmen will, bes. für das widerstrebende Israel, das sich Gottes Geboten nicht beugen will. – Gelegentl. auch Symbol für die in der Wildnis lebenden Eremiten. – Da er mehrfach mit einem Horn auf der Stirne dargestellt wird, kann er auch als phallisch betonte Variante des ↗Einhorns aufgefaßt werden.

Opfer, als kult. Handlung u. a. Sinnbild eines Verzichts auf ird. Güter zugunsten einer Verbindung mit Gott, Göttern oder Ahnen (häufig allerdings zugleich eine mag. Zweckhandlung). Verbreitet sind auch sakramentale Mahl-Opfer, bei denen nur ein Teil der Gaben (meist *O.tiere*) verbrannt wird, der übrige zum Zeichen einer sakramentalen Gemeinschaft u. zugleich der Verbindung mit Gott, Göttern usw. v. den Opfernden gemeinsam verspeist wird. – C. G. Jung deutete bestimmte *Tieropfer*, z. B. das *Stieropfer* des Mithraskultes, als Sinnbild eines Sieges der Geistigkeit des Menschen über seine Animalität.

Opfertiere ↗Opfer.

Orange, wie die meisten Früchte mit vielen Kernen Fruchtbarkeits-Symbol.

Orant *m* [lat.; Mz. *Oranten*], *Orans m, w, Orante w, Beter,* häufiges Motiv der frühchristl. Kunst: männl., häufiger weibl. Gestalt (oft langgewandet) in Gebetshaltung *(Orantenhaltung)*, meist stehend, mit erhobenen u. ausgebreiteten Armen; schon heidn.-antikes Motiv, das sich offensichtl.

Om: die heilige Silbe als Schriftzeichen
***Orant** Maria in Orantenhaltung; „Goldglas" im Vatikanischen Museum, 4. Jh. („Musterbuch" von Schmid)*
***Orant** (röm. Katakombenmalerei, 2. Hälfte 3. Jh.)*
Orpheus
***Ouroboros:** Darstellung aus: Horapollo, selecta hieroglyphica, 1597*

schon auf Felszeichnungen (z. B. im Val Camonica) findet.

Orchideen, Knabenkrautgewächse zumeist feucht-warmer Gegenden; viele Erd-O., z. B. die in Europa u. angrenzenden Gebieten heim. *Knabenkräuter* haben hodenförmige Wurzel-Knollen (griech. orchis = Hoden); sie galten daher im Altertum als Aphrodisiacum u. als Fruchtbarkeits-Symbol; man sah in ihnen eine Lieblingsspeise der Satyrn; verschiedentl. wurden sie zu Liebeszauber verwendet u. sollten angebl. vor Krankheit u. bösem Blick schützen, Glück im Spiel verleihen sowie reich machen. – Die Chinesen verwendeten die O. bei Frühlingsfesten zum Austreiben böser Geister. – Das gefleckte Knabenkraut war urspr. der german. Muttergöttin Frija geweiht, später Marienpflanze.

Orgel, weitverbreitetes Symbol für die christl. Kirchenmusik; da sie durch Luft zum Tönen gebracht wird, wurde sie bald zum Symbol des Heiligen Geistes.

Orpheus, gr. Symbol-Figur für den Musiker, oft dem bibl. Harfnerkönig David gleichgesetzt; im frühen Christentum Symbol Christi.

Osterei ↗Ei.

Osterglocke, die *Gelbe Narzisse,* für sie gilt ganz bes. die Symbolik der ↗Narzisse, insbes. ist sie das Symbol des Frühlings.

Osterhase ↗Hase.

Osterlamm, Symbol für Christus, dessen Opfertod u. Auferstehung ↗Lamm.

Ostung *w, Orientierung,* Blickrichtung zur aufgehenden Sonne als Symbol der Gegenwart einer göttl. Macht, in zahlr. Ländern u. Religionen bei Gebet, Opfer u. der Anlage v. Grabbauten u. Tempeln gebräuchl.; im Christentum bes. im Kirchenbau: *Altar-O.* (Eingang im W) als häufigste Form neben der im Abendland bes. in frühchristl. Zeit oft bezeugten *Portal-O.* (Altar im W).

Otter, auch *Natter,* im ↗Physiologus erwähntes Tier, verglichen wird es mit den Pharisäern.

Ouroboros *m, Uroboros,* eine sich in den Schwanz beißende ↗Schlange (gelegentl. auch ein oder zwei Drachen oder – selten – ein langhalsiger Vogel oder deren zwei); Symbol der Unendlichkeit, der ewigen Wiederkehr, des Abstiegs des Geistes in die phys. Welt u. seiner Rückkehr. In der Alchimie oft Symbol für die sich wandelnde Materie.

Palme, vor allem die *Dattel-P.*, bis über 20 m hoher Baum mit elast. Stamm, den der Wind nicht brechen kann; sie kann bis 300 Jahre alt werden. Bei den Babyloniern galt sie als Gottesbaum. – In Ägypten wohl mit der Symbol-Bedeutung des Lebensbaumes (↗Baum) zusammenhängend, häufig Vorbild für die Gestaltung v. Säulen (↗Säule). – Die Antike kannte Zweige der P. als Sieges-Symbol bei öffentl. Spielen. Bei den Griechen war sie, als Baum des Lichtes, Helios u. Apollo geweiht. Ihr griech. Name, ↗Phönix, weist auf eine enge sinnbild. Beziehung zu diesem sagenhaften Volk. – Palmzweige sind ein weitverbreitetes Symbol für Sieg, Freude u. Frieden. Die immergrünen Blätter der P. sind außerdem ein Sinnbild für das ewige Leben u. die Auferstehung. In der christl. Kunst begegnen Palmzweige daher häufig als Märtyrer-Attribute. – C. G. Jung sieht in der Gestalt der P. ein Symbol der Seele.

***Palme,** Darius jagt im Palmenhain, Bergkristall: mesopotanisch*

Palmesel, hölzerne Nachahmung eines Esels, der meist mit einer Christusfigur in der Palmsonntagsprozession mitgeführt wurde.

Pandora (gr. = die Allbeschenkte), in der griech. Mythologie das auf Befehl des Zeus v. Hephaistos geschaffene erste Weib, das sich durch große Schönheit auszeichnete u. v. den Göttern mit vielen reizvollen Gaben ausgestattet war. Es wurde v. Hermes auf die Erde gebracht, versehen mit einer Büchse, die außer der Hoffnung alle Übel der Welt enthielt. P. sollte die Menschheit dafür strafen, daß Prometheus das Feuer geraubt hatte. Obwohl Prometheus seinen Bruder Epimetheus warnte, heiratete dieser P., die sogleich die Büchse öffnete, worauf großes Unheil über die Menschen hereinbrach. Nur die Hoffnung blieb in dem Gefäß zurück; P. ist also die Symbolfigur für die Herkunft allen Übels vom weibl. Geschlecht.

Panther, verbreitete Bz. für den schwarzen ↗Leoparden; im Ggs. zum gefleckten Leoparden aber weniger wildes Symbol-Tier. Der P. galt als Attribut des Dionysos u. war ein Symbol der Zeugung u. der Wiedergeburt; ähnliches gilt auch für den ↗Efeu, beide waren auch etruskische Symbole. Der ↗Physiologus berichtet, daß der P. nach jeder Mahlzeit drei Tage schlafe u. danach einen wunderbaren Wohlgeruch verströme, der die Menschen unwider-

Palmesel: 1. Hälfte des 16. Jh.
Passionssäule: kolorierter Holzschnitt, Ende 15. Jh.

stehl. anziehe. Er galt deshalb einerseits als Symbol der Wollust u. Sinnlichkeit, andererseits (wegen des Erwachens nach drei Tagen) auch als Symbol für Tod u. Auferstehung Christi.

Pantoffel, Symbol (mehr sprichwörtl.) der Herrschaft der Frau in der Ehe über den Mann *(Pantoffelheld).*

Pantokrator, byzantin.-christl. Symbol, wichtigster Typ der Christus-Ikone, die Christus als Allherrscher verherrlicht.

Päonie ↗Pfingstrose.

Papagei, christl. Symbol der Jungfräulichkeit Mariens, weil das Gefieder angeblich nicht naß wird, sondern bei Regen trocken bleibt; eine andere Zuordnung ist, daß der P. „Ave" sagen kann, die Umkehrung also des Engelgrußes „Eva", auf „Eva, die in Maria ihre Entsündigung erfährt".

Pappel, *Zitterpappel,* wegen ihrer beim leisesten Windhauch zitternden Blätter Symbol des Schmerzes u. der Klage; galt bei den Griechen als in der Unterwelt wachsender Baum u. in Zshg. damit bes. als Sinnbild der Totenklage.

Paradies ↗S. 214

Paradiesflüsse ↗Fluß.

Paradiesvogel, seit dem Barock Symbol der Leichtigkeit, Gottnähe u. Gottferne; auch Mariensymbol.

Park, eine nach den Regeln der ↗Gartenkunst gestaltete Landschaft, in der Bodenplastik sowie Baum- u. Strauchwuchs formgebend sind.

Parzen ↗Moiren.

Passionssäule, *Martersäule, Geißelsäule,* im 15. bis 16. Jh. Säule mit plast. Darstellungen der ↗Passionswerkzeuge, oben darauf der Hahn Petri.

Passionswerkzeuge, *Waffen Christi,* die Leidens- u. Martergeräte Christi. – In der *Kunst* bis zu 30 P. dargestellt, bes. oft Kreuz, Lanze, Geißel, Schwamm, Dornenkrone u. Nägel, auch Leiter, Hammer, Stricke u. Schweißtuch.

Pegasus *m,* in der griech. Mythologie das dem Rumpfe der Medusa (↗Gorgonen) entsprungene geflügelte Pferd; es soll durch seine Hufe die den Musen geweihte Quelle Hippokrene aus dem Boden geschlagen haben; daher später Sinnbild der geistigen, insbesondere der poet. Kreativität.

Peitsche, Symbol für Macht u. richterl. Gewalt. – Verschiedentl. wird auch der ↗Blitz

Paradies

Das Paradies ist in den meisten Kulturen und Religionen Ausdruck für Vorstellungen von einem glücklichen, seligen Ur- bzw. Endzustand.
Im AT (Gn 2, 8–15) wird das Paradies beschrieben als „ein Garten in Eden" im Osten, mit „allerlei Bäumen", darunter dem Baum des Lebens und dem Baum der Erkenntnis des Guten und des Bösen. Vier Paradiesflüsse bewässern das Paradies. Das irdische Paradies ist dem Menschen durch den Sündenfall verlorengegangen, der gottgefällige Mensch hofft, es im Himmel wiederzuerlangen.
Das Paradiesbild des Islams unterscheidert sich von dem christlichen Bild im wesentlichen durch den Einschluß sexueller Freuden für den im Paradies aufgenommenen Mann.
Im Mittelalter wird das Paradies am Rand der bewohnten Welt (↗Mappa Mundi) lokalisiert.

Diese Miniatur aus dem Stundenbuch Les Très Riches Heures du Duc de Berry zeigt das zentrale Geschehen im Paradies: die Versuchung Evas (links hinten), die Überredung Adams (links unten), die Bestrafung und die Vertreibung (Mitte rechts und ganz rechts) des sündig gewordenen Menschenpaares aus dem Paradies.

Die vier Paradiesflüsse: nach dem Hortus Deliciarum der Herrad von Landsberg. 12. Jh.

Pegasus: *Bellerophon auf dem Pegasos*
Pelikan: *P., sich die eigene Brust aufreißend; Relief im Domparadies v. Münster, Westf.; 1235*

mit einem P.nschlag verglichen. – Im Weda wird das Milchmeer (↗Milch) der Uranfänge durch P.nhiebe in ↗Butter, die erste Nahrung der Lebewesen, verwandelt.

Pektorale, das ↗Brustkreuz.

Pelikan, nach dem ↗Physiologus ein Vogel, der seine widerspenstigen Jungen tötet (nach anderen Darstellungen werden sie auch v. der ↗Schlange getötet), sie aber nach drei Tagen mit dem eigenen Blut aus Wunden, die er sich selbst schlägt, wieder zum Leben erweckt. Symbol für die aufopfernde Vater- u. Mutterliebe. In der ma. Kunst u. Literatur trat das Töten der Jungen in den Hintergrund zugunsten der Legende, der P. nähre seine Nachkommen mit dem eigenen Blut, bis er selbst sterbe; er wurde daher zu einem verbreiteten Symbol für Christi Opfertod. – In der Symbol-Sprache der Alchimisten war der P. ein Bild für den Stein der Weisen, der sich auflöst, d. h. gleichsam stirbt, um aus ↗Blei ↗Gold entstehen zu lassen.

Pentagondodekaeder ↗Dodekaeder.

Pentagramm *s, Drudenfuß,* der in einem Zug dargestellte fünfzackige Stern; uraltes mag. Zeichen. – Bei den Pythagoreern Symbol für Gesundheit u. Erkenntnis. – Von den Gnostikern häufig auf Abraxasgemmen (↗Abraxas) dargestellt. – Im MA oft verwendetes Abwehrzeichen gg. dämon. Mächte u. a. gg. die sog. Druden, weibl. Nachtgeister. – Als in sich selbst verschlungene Form gelegentl. auch Symbol für Christus als das ↗Alpha u. Omega sowie – als Fünfzack – für die fünf heiligen Wunden Christi. Abb. ↗S. 216

Peridexion, ein Baum im ↗Physiologus, der in Indien wachsen soll; wird als Symbol der Dreifaltigkeit gedeutet: wer von den Früchten des Heiligen Geistes lebt, ist vor den Nachstellungen des Teufels sicher.

Perle, allg. häufig mondhaftes, weibl. Symbol, z. B. in China dem ↗Mond, dem ↗Wasser u. der Frau u. damit dem Prinzip Yin (↗Yin und Yang) nahestehend. Wegen ihrer Kugelform u. ihres unnachahml. Glanzes gilt die P. auch verschiedentl. als Symbol der Vollkommenheit. – Wegen ihrer Härte u. Unveränderlichkeit u. a. in China u. Indien auch Sinnbild der Unsterblichkeit. Die „flammende P." galt in China als Sonnen-Symbol u. Sinnbild höchsten Wertes. – Bei den Griechen, wohl vor allem wegen ihrer Schönheit, Symbol der Liebe. – Die unversehrte P. galt in Persien als Sinnbild der Jungfrau. Der pers. Mythos sah die P. außerdem in Zshg. mit der uranfängl. Formung der Materie durch den

Pentagramm: *gotisch, 13. Jh.*
Pfau: *das Pfauenrad als Ganzheitssymbol; aus: Boschius, Symbolographia, 1702*

Geist. – Ihre tiefsinnige (u. zugleich weitverbreitete) symbolische Deutung verdankt die P. jedoch der Tatsache, daß sie, in der ↗Muschel (d. h. in der Dunkelheit) verborgen, am Meeresgrunde heranwächst. Sie ist damit ein Symbol für das im Mutterleib entstehende Kind, vor allem aber ein Sinnbild des in die Finsternis scheinenden Lichtes; bei mehreren Völkern findet sich die Vorstellung, daß sie aus Lichtkeimen oder Tautropfen, die v. Himmel oder v. Mond stammen, entstanden sein soll. Vor allem Gnosis u. Christentum betonen diesen Bedeutungskomplex u. beziehen ihn häufig auf Christus als auf den Logos, der aus dem Fleische (Maria) geboren wurde. Der ↗Physiologus bringt die P. in Zshg. mit dem ↗Achat. – Volkstüml. Vorstellungen identifizieren P.n auch oft mit Tränen. – Die *P.nkette* ist ein Symbol der aus der Vielheit zusammengefügten Einheit.

Pfahl, *Pfeiler,* als Symbol ein Zeichen für die Verbindung zw. Himmel u. Erde bzw. die *Weltachse* selbst; in gewisser Weise sind in diesem Sinne wohl auch ↗Menhire u. ↗Obelisken aufzufassen. Der P. erscheint auch in Verbindung mit einer Schlange: ↗Eherne Schlange. ↗Säule.

Pfau, galt in Indien u. a. wohl wegen seines Rades (↗Rad) als sonnenhafter Vogel; er ist Reittier verschiedener Gottheiten, im Buddhismus z. B. Reittier Buddhas; mit einer ↗Schlange im Schnabel Symbol des über die Finsternis siegenden ↗Lichtes; die Schönheit seiner Federn wurde verschiedentl. gedeutet als Folge einer Verwandlung des Giftes, das er im Kampf mit der Schlange in sich aufgenommen hatte. – In der Antike war der P., wohl wegen seiner Schönheit, der Hera bzw. Juno zugeordnet. – Der Islam sieht im radschlagenden P. ein Symbol des Universums, gelegentl. auch des Vollmondes oder der Mittagssonne. – Im frühen Christentum begegnen P.endarstellungen ebenfalls als Sonnen-Symbole sowie als Sinnbilder der Unsterblichkeit (Aristoteles behauptete, das Fleisch des Pfaus sei unverweslich, Augustinus schreibt, er habe das selbst

Bildtafeln

Seite 217: Mikrokosmos – Makrokosmos
Seite 218: Rose
Seite 219: Sandbild
Seite 220: Schöpfergott
Seite 221: Stundenbuch
Seite 222: Tierkreis
Seite 223: Totenmaske
Seite 224: Ungeheuer

Mikrokosmos – Makrokosmos *Der Mensch im Mikrokosmos (Vision II der Hildegard v. Bingen, beschrieben v. H. Schipperges): Der Mikrokosmos als nackter Mensch steht im Luftkreis, der die Erde umgibt und reicht mit seinen Gliedmaßen an das System der Sphären, die ihrerseits vom Makrokosmos (bemerkenswert ist die Doppelköpfigkeit: Gottvater und Christus?) mit ausgebreiteten Armen umfaßt werden: „Der Urlebendige umfaßt in seiner Liebe und Güte mit weitgespannten Armen den gesamten Kosmos und trägt so die große wie die kleine Welt mit all ihren Elementen in seinem Herzen. Inmitten der Welt steht der Mensch auf seiner Erde."*

Rose *Eine der großartigsten Darstellungen der Rose sind im christlichen Abendland die Rosenfenster, die auch als Symbol der Sonne gedeutet werden, besonders, wenn sie sich an den gotischen Kirchengebäuden finden.*
Unsere Abbildung zeigt die Rose – sie heißt auch Alchimisten-Rose – an der Nordseite von Notre Dame in Paris; ihre Konstruktion beruht auf dem Symbolgehalt der Zahl 16 (sie gilt als Symbol christlicher Vollkommenheit); im innersten Kreis sind die Propheten des Alten Testaments dargestellt, die Könige und Richter im nächsten Kreis und die Könige und Hohenpriester im äußersten Kreis. Sie alle umgeben die Jungfrau Maria mit dem Jesuskind im Zentrum.
In Dantes „Göttlicher Komödie" ist die Rose vielfaches Symbol der Liebe und der Schöpfung – der Schöpfung als eines Zeichens der göttlichen Liebe: die Himmelskreise als Rosen, Corona, ghirlanda, la gloriosa ruota, la santa mola, sempiterne rose.

Sandbild *Die Sandbilder der Navajo-Indianer stellen in besonders eindrucksvoller Weise einen bestimmten Typ von Schöpfungsmythen dar: Vater und Mutter, die das Leben in ihren Kindern weitergeben, finden ihre Entsprechung in der kosmischen Dimension als Himmel und Erde. Vater Himmel wird mit Symbolen von Sonne, Mond und Milchstraße dargestellt; Mutter Erde mit den der vier, den Navajos heiligen Pflanzen, aus denen die Nahrung und der Tabak gewonnen wurde und die im wichtigen Süßwassersee wachsen, der zugleich auch ein Symbol des Entwickelns und Wachsens ist. Sandbilder werden oft in ganzen Serien angefertigt und erzählen den vollständigen Schöpfungsmythos. (Privatbesitz)*

Schöpfergott *Die biblischen Vorstellungen von einem Schöpfergott verbanden sich schon sehr früh in der Geschichte des Christentums mit Gedanken der antiken Tradition: Der Schöpfergott wird mit dem Demiurgen Platons, dem Baumeister, Werkmeister und „Macher" des Kosmos verglichen. Gottvater als Weltenbaumeister wurde zu einem Topos, einer häufig verwendeten Darstellungsform; mit dem Riesenzirkel der Bauhüttenmeister in der Hand umgrenzt er das kreisrunde Weltall, das Grün stellt das die Welt begrenzende Urmeer dar, das Blau das Luftmeer, Sonne, Mond und Sterne sind bereits aus dem Chaos herausgebildet und schweben über dem Zentrum, das die noch nicht ausdifferenzierte Erde darstellt: die vier Elemente, aus denen die Welt und alles, was in und auf ihr ist, sind ebenso vertreten: nämlich Erde, Feuer (die Sonne und die Sterne!), Luft und Wasser. (Nach einer Miniatur in einer Bible moralisée aus dem Frankreich der Mitte des 13. Jahrhunderts).*

Stundenbuch *Der Tierkreismann aus dem Stundenbuch „Les Très Riches Heures" des Herzogs von Berry (entstanden kurz vor seinem Tod 1416) taucht in mittelalterlichen Handschriften im Zusammenhang mit dem Mikrokosmos-Makrokosmos-Denken immer wieder auf. Die Zuordnung der Tierkreiszeichen zum menschlichen Körper und seinen Organen ist konventionell, lediglich die „doppelte" Figur in der Umrahmung durch die astrologischen Zeichen des Jahres ist in ihrer Bedeutung unklar: soll ein Androgyn die Ambivalenz manch astrologischer Aussage und des Wesens des Menschen andeuten?*

Tierkreis *Der Tierkreis von Bet Alpha ist ein unter der Herrschaft Kaiser Justins I. (518–527) entstandenes Mittelstück eines Bodenmosaikes in einer Synagoge im heutigen Israel (südöstlich von Haifa); die Synagoge wurde wahrscheinlich durch ein Erdbeben im 6. Jahrhundert zerstört. Im Zentrum befindet sich Helios (Sol invictus) mit dem Sonnenwagen, in den vier Ecken finden sich Darstellungen der vier Jahreszeiten; die 12 Tierkreiszeichen entsprechen in ihrer Ausführung dem zeitgenössischen Kanon. Tierkreise in Synagogen finden sich in der Zeit zwischen 350 und 600 n.Chr. häufiger, ihr Vorkommen ist verständlich, ist doch der Kultraum – nicht nur in der Synagoge! – eine Darstellung des Kosmos. Der Fußboden mit diesen Tierkreis-Mosaiken ist nur eine Spiegelung der Decke, also des Himmels! Mosaikfußböden mit Tierkreisen in Kirchen finden sich noch in romanischen Kirchen – z.B. in der Kathedrale von Aosta – und sollen die Grundlage des Glaubens versinnbildlichen, ja sie können im weitesten Sinne als Aufstiegsszene interpretiert werden.*

Totenmaske *Der Brauch, Toten eine Maske auf das Gesicht zu legen, war weltweit verbreitet, wurde doch der Schädel (Gesicht) häufig symbolisch mit dem Himmelsgewölbe verglichen als Ausdruck der sinnbildlichen Bedeutungsverknüpfung von menschlichem Mikrokosmos und universellem Makrokosmos: die Gesichtsmaske aus edlen Materialen sollte den Verfall im Tod verbergen.*
Unsere Abbildung zeigt eine aztekische Totenmaske; sie ist aus Jadestückchen gefertigt, wobei Jade selbst entweder ein Symbol für den Verlust des Lebens oder das Symbol des vergöttlichten Herzens war. Daneben war in Mittelamerika Jade wegen seiner grünen, transparenten Farbe Symbol für Vegetation, Wasser, Regen und wurde wegen der Austauschbarkeit der symbolischen Bedeutungen von Rot und Grün als Symbol des Blutes begriffen. (Nationalmuseum der Anthropologie, Mexiko).

Ungeheuer *In der „Versuchung des heiligen Antonius" von Mathis Nithart Gothart, genannt Grünewald – unser Bild zeigt einen Ausschnitt aus dem sog. Isenheimer Altar in Colmar – stellt die Anhäufung von schreckenerregenden Mischwesen die Personifizierung von Angstvorstellungen dar, Sinnbilder für Schwierigkeiten und Prüfungen, die der Vater des christlichen Mönchtums erleiden und überwinden muß.*

Die Dämonen symbolisieren aber auch das höllische Feuer, das die Kranken zu verzehren droht, die durch Verzehr von verunreinigtem Getreide vom „Antoniusfeuer" befallen wurden und einen schrecklichen Tod erlitten.

__Pfeil und Bogen:__ Keramikbemalung, Djuwi
__Pfeil und Bogen:__ reitender Tod mit P. u. B. als Menschenjäger; Ausschnitt aus einem Holzschnitt in: Der Ackermann aus Böhmen, v. J. v. Tepl, 1461

nachgeprüft) u. der Freuden im jenseitigen Leben. – Das Rad des P.es, das alle Farben in sich vereinigt, galt in esoter. Tradition als Ganzheits-Symbol. – Im Symboldenken des MA verkörpert der P. außerdem die Todsünde Hochmut (superbia). – Wegen seines gespreizten, auffälligen Balzverhaltens wird der P. in der Neuzeit oft als Symbol der selbstgefälligen Eitelkeit verstanden.

Pfefferminze, *Minze,* Lippenblüter mit stark aromat., äther. Öl; bereits im Altertum als Heilmittel bekannt; in der christl. Kunst wegen ihrer Heilkraft Marienpflanze.

Pfeil ↗Pfeil u. Bogen.

Pfeil u. Bogen, Symbol des Krieges u. der Macht. – Der *Bogen* deutet häufig auf Spann- u. Lebenskraft; der *Pfeil* ist ein Symbol der Schnelligkeit, auch des rasch eintretenden Todes (z. B. gelegentl. Symbol der Pest!); häufig symbolisiert er eine Bewegung, die über gegebene Grenzen hinausreicht; verschiedentl. versinnbildlicht er auch den Strahl der Sonne (z. B. die Pfeile Apollos); als Licht-Symbol ist er zugleich ein Symbol der Erkenntnis; außerdem kann er auch phall. Bedeutung haben; der *Bogenschütze* in der mittelalterl., vor allem roman. Kunst hängt daher häufig mit Sinnlichkeit u. Wollust zusammen (selten auch mit dem strafenden Gott); eine ähnl. Bedeutung kommt ihm zumeist als pfeilschießendem *Zentauren* (↗Zentaur) zu. Amor (Cupido) wird häufig mit P. u. B. u. Köcher dargestellt, die Pfeile der Liebenden abschießend. – Im Hinduismus u. Buddhismus bedeutete die Silbe ↗Om einen Pfeil, der vom Menschen, als Bogen verstanden, ausgeht u. durch das Nichtwissen hindurch das wahre u. höchste Sein erreicht; andererseits kann Om auch den Bogen bedeuten, v. dem aus der Pfeil des Ich in Richtung des Absoluten (Brahma) fliegt, mit dem es sich vereinigen will. – Das nicht absichtsvolle Zielen mit P. u. B. auf eine Scheibe ist eine bekannte japan. Meditationstechnik (Kyudo), die das Loslassen vom eigenen, ichbezogenen Willen bezweckt. Ähnl. Praktiken finden sich auch im Islam.

Pferd. Bereits in altsteinzeitl. Höhlen (↗Felsbilder) begegnen häufig Darstellungen von P.en, bis ins Industriezeitalter spielten sie in den meisten Kulturen eine große Rolle, daher die reiche Symbolik, die sich mit diesem Tier verbindet. – Ursprüngl. wurde das P. meist als chthonisches Wesen verstanden, es stand in Zshg. mit ↗Feuer u. ↗Wasser als lebenspendenden u. zugleich gefährlichen Mächten, so sagte man ihm etwa in vielen Gegenden Europas wie auch im Fernen Osten nach, es könne mit seinen Hufen Quellen aus dem Erdboden schlagen. Häufig erscheint es auch in Ver-

bindung mit dem lunaren Bereich. Es stand dem Reich des Todes nahe (z.B. in Zentralasien u. bei vielen indoeuropäischen Völkern) u. erschien daher auch als Seelenführer; es wurde deshalb auch gelegentl. mit dem Verstorbenen zusammen begraben oder anläßlich seines Todes geopfert; *P.opfer* wurden vielfach als das vornehmste aller Opfer angesehen; das Kochen im kult. ↗Kessel u. das gemeinsame Essen des Tieropfers waren – zumindest bei Kelten u. Germanen – gesellschaftl. Ereignisse. – Negativer erscheint die dunkle Seite der P.esymbolik z.B. im Zoroastrismus, der den Widersachergeist Ahriman oft in P.egestalt verkörpert sah. Mit der dunklen Seite der P.esymbolik hängen auch die in der griechischen Mythologie begegnenden Mischwesen zwischen P. u. Mensch (↗Zentauren, Silene, Satyrn) zusammen, deren P.teil zumeist unkontrollierte Triebhaftigkeit repräsentiert. Anders zu beurteilen ist ↗Pegasus, das geflügelte P. der griechischen Mythologie, das mit der, dem Chthonischen komplementären, später sich entwickelnden Licht-Symbolik des P.es (z.B. in China, Indien u. in der Antike) zusammenhängt. Unter diesem lichten Aspekt wurde das P., vor allem als *weißes P.*, zum sonnenhaften Tier u. Himmelstier, zum Reittier der Götter, zum Sinnbild der durch Vernunft gebändigten Kraft (vgl. auch das bekannte Gleichnis von den beiden P.en in Platos „Phaidros") oder der Freude u. des Sieges (Darstellung auf Märtyrergräbern). In der christl. Symbolik kann das P. sowohl das *weiße P.* des „Christus triumphator" als auch die Reittiere der „Apokalyptischen Reiter" auftreten. – Als Symbol für Jugend, Kraft, Sexualität u. Männlichkeit partizipiert das P. sowohl an der dunklen wie an der hellen Seite der obenerwähnten Symbolik. – Das P. ist das 7. Zeichen des chin. ↗Tierkreises, es entspricht der ↗Waage. – ↗Reiter.

Pfingstrose, *Päonie,* in China Symbol des Reichtums u. der Ehre. Galt im Altertum als Schutz gg. den Schabernack v. Satyrn u. Faunen. – Im MA vielfach als Heil- u. Zauberpflanze verwendet; P.nsamen dienten als Amulett. – Als „Rose ohne Dorn" ist sie ein beliebtes Marien-Symbol auf ma. Tafelbildern.

Pfirsichbaum, wegen seiner frühen Blüte u.a. in China Symbol des Frühlings u. der Fruchtbarkeit. In Japan ist die Pfirsichblüte ein Symbol der Jungfräulichkeit. Das Holz des P.s, wie das des ↗Maulbeerbaums, galt in China als wirksames Mittel gg. böse Einflüsse; auch der Frucht wurden ähnl. Wirkungen zugeschrieben. Baum, Blüte u. Frucht galten außerdem als Symbole der Unsterblichkeit.

Pflanzen, als unterste u. damit zugleich grundlegende Stufe der organ. Welt Sym-

Pferd: *geflügeltes P., sassanid., 10. Jh.*
Phönix: *Darstellung des Phönix aus dem „Musterbuch" von Schmid*
Pflanzen: *Blattmaske*
Phallus: *Felszeichnung aus dem Val Camonica, Kombination aus Phallus- und Sonnen-Symbol*

bol für die Einheit alles Lebendigen; in den myth. Erzählungen der Völker findet man mehrere Beispiele v. vollständigen oder teilweisen Verwandlungen v. P. in Menschen u. Tiere oder umgekehrt. – Der ständige Wechsel der P. zw. Wachstum, Blüte, Reife u. Tod, zw. Saat u. Ernte, macht das Pflanzenreich insgesamt zum Sinnbild zykl. Erneuerung. – P. in fruchtbarer Fülle sind häufig der Inbegriff der „Mutter Erde".

Pflanzensymbolik, sinnbildl. Verbindung einzelner Pflanzen mit geistigen Bedeutungsgehalten in Sprache, Kunst, Volksbrauch u. Religion, oft anknüpfend an Gestalt, Jahreszeit, Heilkraft oder Name der Pflanze; ↗Entsprechung, ↗Signaturenlehre.

Pflaumenbaum, im Fernen Osten wegen seiner frühen Blüte, die am noch blattlosen Baum erscheint, Symbol des Frühlings, der Jugend, der Reinheit. – Die *Pflaume* wird in der psychoanalyt. Traumdeutung gelegentl. als weibl. Sexual-Symbol verstanden.

Pflug. Die Arbeit des Pfluges im Erdreich wird in vielen Kulturen mit der Befruchtung der Frau durch den Mann verglichen, der P. ist daher ein phallisches Symbol u. ein Symbol der Fruchtbarkeit.

Pflügen, galt nach weitverbreiteter Vorstellung als Befruchtung der Erde oder, damit zusammenhängend, als durch den Menschen bewirkte Verbindung v. ↗Himmel u. ↗Erde. ↗Pflug.

Pforte ↗Türe.

Pfropfen (v. Obstbäumen). Die Früchte v. gepfropften Bäumen galten bei den Juden als Produkt einer widernatürlichen, in die göttl. Ordnung eingreifenden Handlung u. durften daher nicht verzehrt werden. – In der christl. Kunst des MA bedeutet ein gepfropftes *Reis* gelegentl. Umkehr, Veredelung, durch Gnade bewirkten geistigen Neuanfang.

Phallus *m*, gr. *Phallos*, Bz. für Penis. Als machtvolle Gegenwart einer Gottheit oder Zeichen mag. Kraft, Sinnbild der Fruchtbarkeit u. besonderer, auch kosm. Kräfte u. als Quelle des Lebens (daher oft als ↗Amulett getragen; zuweilen mag. Trophäe), bes. in Agrarkulten verehrt. P.kulte im Altertum (Dionysos, Demeter, Osiris usw.), im Hinduismus, im Schintoglauben u. bei Naturvölkern. ↗Herme, ↗Linga.

Phönix *m*, bei den Ägyptern heiliger Vogel (Benu oder Boine), urspr. als Bachstelze, später als Reiher oder als goldener Falke mit Reiherkopf vorgestellt; galt als Verkörperung des Sonnengottes (der sich bei der Weltentstehung auf dem Urhügel niedergelassen haben soll), des tägl. Sonnenum-

laufs u. des jährl. Anschwellens des Nils. Dieser Bezug zu stets wiederkehrender Erneuerung wurde v. Griechen, Römern u. schließl. den christl. Kirchenvätern (vor allem mit Bezug auf den ↗Physiologus) umgedeutet zu dem weitverbreiteten Symbol des Vogels, der sich nach bestimmten Zeitabständen (alle 500, 1000 oder 1461 Jahre) selbst verbrennt u. erneuert aus der Asche aufsteigt. Er ist in dieser Form ein Symbol Christi sowie allg. der den Tod überwindenden Auferstehung u. der Unsterblichkeit.

Phosphorus, *Luzifer,* der Planet ↗Venus als Morgenstern.

Physiologus *m,* um 150 bis 200 n. Chr. wohl in Alexandria entstandene, griech. abgefaßte, in vielfachen Varianten existierende Schrift mit urspr. 48 Kapiteln mit Aussagen oder kurzen Berichten über die Eigenarten v. Tieren, Pflanzen u. Steinen; eingeleitet meist von dem Satz: „Der Physiologus sagt" u. abgeschlossen mit dem Satz: „Schön sagt der Physiologus vom ..." An diesen Teil schließt sich eine christl. Auslegung an, die durch Bibelzitate erhärtet wird. Charakteristisch ist, daß die „naturwissenschaftl." Auswahl der Eigenschaften mit Rücksicht auf die christl.-allegor. Auslegung erfolgt. Grundlage waren das (griech.) Neue Testament u. die griech. Übersetzung des Alten Testaments (die Septuaginta). Neben äthiop., syr., arab. u. anderen Übersetzungen seit dem 5. Jh. latein. Übersetzungen, auf denen die span., engl. u. frz. Fassungen, die sog. *Bestiaires,* beruhen. Auf den P. gehen zahlreiche Vorstellungen der christl. Tier- u. Bildsymbolik zurück. ↗Bestiarum.

Pi ↗Loch, ↗Scheibe.

Piktische Steine, Symbolsteine im kelt.-german. Raum; die Bedeutung der Symbole ist noch weitgehend rätselhaft, auch wenn eindeutig Tiere oder Gegenstände des tägl. Lebens – meist paarweise – dargestellt sind. Entstehungszeit ca. zw. 7. u. 9. nachchristl. Jh.

Pilger, in der Symbolik mehrerer Religionen Symbol für das Leben des Menschen auf dieser Erde, das nicht endgültig, vielmehr nur der Übergang zu einem anderen ist.

Pilgerhut, ein breitrandiger Schlapphut mit dem Pilgerzeichen ↗Muschel.

Pilz, vor allem in China Symbol des langen Lebens (möglicherweise, weil er sich getrocknet sehr lange aufbewahren läßt). Angebl. gedeiht er nur in friedl. u. geordneten Zeiten, daher auch Symbol der weisen Staatsführung. – In einigen Gegenden Afrikas u. Sibiriens deutete man den P.

Pinie: bronzener antiker Pinienzapfen v. einem Brunnen im Vatikan
Posaune: Lurenbläser auf einer nordischen Felszeichnung
Posaune: Die beiden silbernen Trompeten (Nm 10,1–2), italienischer Codex

auch als Sinnbild der (neugeborenen) Menschenseele.

Pinie, im Altertum Bz. für alle zapfentragenden Nadelbäume *(pinus)*. Die P. im engeren Sinne war ein Fruchtbarkeits-Symbol (vor allem wohl wegen der unablässigen Produktion neuer Zapfen). Der *Pinienzapfen* (gelegentl. auch der Zapfen der Aleppo-Kiefer, mit deren Harz der Wein haltbar gemacht wurde) schon in der assyr. Kunst Ornamentmotiv als Symbol der Fruchtbarkeit auf antiken Grabmälern u. als Wasserspeier, krönte den ↗Thyrsosstab des Dionysos u. seines Gefolges. In der christl. Symbolik stand er in engem symbolischem Zshg. mit dem Lebensbaum (↗Baum), dessen Krone er mehrfach auf Darstellungen bildet.

Pinienzapfen ↗Pinie.

Pirol, in China Symbol des Frühlings, der Hochzeit u. der Freude.

Pisces, das Sternbild ↗Fische.

Planeten ↗S. 229

Planetensiegel ↗Magische Quadrate.

Platonische Körper, die fünf regulären Polyeder: Tetraeder, Würfel (Kubus), Oktaeder, Dodekaeder, Ikosaeder. Die p.n K. sind konvex u. von regelmäßigen Vielecken gleicher Art begrenzt; sie spielten schon in der griech. Naturphilosophie eine große Rolle; Kepler stellte sich den Aufbau der Welt so vor, daß die Kugelschalen (Kreisbahnen), auf denen die Planeten umlaufen, von ineinandergeschachtelten p.n K.n getrennt werden. ↗Abb. S. 233

Polarstern, Stern, um den sich das Himmelsgewölbe zu drehen scheint; galt daher häufig als Zentrum des Kosmos, ↗Nabel der Welt, Himmelstor, kosm. Radnabe oder oberste Spitze des Weltgebirges.

Porzellanschnecke ↗Schnecke.

Posaune, in der christl. Symbolik steht sie für die Stimme Gottes, von Engeln geblasen als Ankündigung des Unheils bzw. Rufen zum Weltgericht; urspr. eintönige Signaltrompete, die sich aus dem altjüdischen ↗Schofar entwickelt hat. – Aus der nord. Bronzezeit sind die gebogenen großen Hörner, die *Luren*, von Felszeichnungen u. von Fundstücken bekannt.

Primel ↗Schlüsselblume.

Prinz, der ↗Königssohn.

Prinzessin, die ↗Königstochter.

Prostitution ↗Sakrale Prostitution.

Planeten

Der Planetenbaum; aus einer alchimistischen Schrift

Die Symbolik der Planeten ist eng mit Astrologie (Planetenastrologie im Gegensatz zur Tierkreisastrologie) und Alchimie innerhalb des Mikrokosmos-Makrokosmos-Denkens verknüpft und spielt eine ungleich größere Rolle als die Symbolik der Sterne. Astrologisch wurden die Positionen der Planeten im Augenblick der Geburt als fundamentale Größe betrachtet einschließlich der als Planeten angesehenen Sonne und Mond. Weiter wird bei der astrologischen Interpretation als wichtig erachtet die Stellung der Planeten im System des Tierkreises und die Wechselbeziehungen der Planeten untereinander (Aspekte) und die Stellung der Planeten im System der Felder („Örter"), einem mit dem Tierkreis konkurrierenden System.

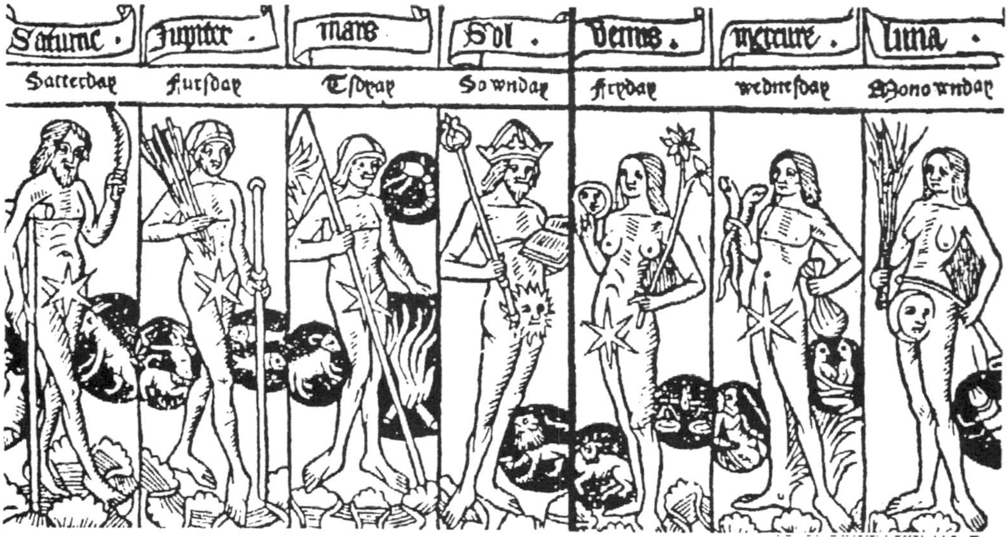

Die sieben Planeten als die Regenten der sieben Wochentage; neben den Symbolen der Planeten sind noch die Symbole der zugeordneten Häuser angegeben (aus Shephards Calender 1579).

Die Planeten werden ähnlich wie die Tierkreiszeichen allen möglichen „sublunaren“ Objekten zugeordnet, so beispielsweise in der islamischen Astrologie die Planeten den Propheten.

Die „alten“ Planeten (Merkur, Venus, Mars, Jupiter, Saturn und im alten geozentrischen System auch Sonne und Mond) und die „modernen“ Planeten (Uranus, Neptun, Pluto) tragen Götternamen aus der griechisch-römischen Mythologie und sollen Eigenschaften eben dieser Götter repräsentieren. Mit diesem Theomorphismus gewannen die Astrologen eine Basis unerschöpflicher Möglichkeiten: alle Eigenschaften und Fähigkeiten der babylonisch-griechisch-römischen Götter und der von ihnen überlieferten Mythen gingen auf die Planeten über und dienten zur Deutung jeder Konstellation; auf dieser Grundlage entstanden die Hypothese der *Planetenkinder*, auch zahlensymbolische Spekulationen wie Magische Quadrate oder Planetensiegel.

Das Planetensystem in seiner astrologischen Ausgestaltung. Im Zentrum das Zuordnungssystem Planeten – Wochentage mit den Aspekten und den Tierkreiszeichen, umgeben von den sieben Planeten mit ihren Häusern und vereinfachten Darstellungen der Planetenkinder und Merksprüchen zum Aderlassen, also zur Iatromathematik. Holzschnitt vom Ende des 15. Jh.

Die Planetenkinder in einer Holzschnittserie von Hans Sebald Behaim zeigen, wie antikes Gedankengut – die Namen der Planetengötter bestimmen das Los der unter ihnen Geborenen – noch bis in die neueste Zeit nachgewirkt hat.
Die Sonne auf einem einrädrigen Wagen, dessen Rad das einzige Domizil Löwe ist; Sonnenkinder lieben die Macht und Herrschaft.
Der Mond auf einem einrädrigen Wagen, dessen Rad das einzige Domizil Krebs ist; Mondkinder lieben Bereiche, die mit Wasser und Fruchtbarkeit zusammenhängen.
Merkur auf einem Wagen, dessen Räder die Domizile Jungfrau und Zwillinge sind; Merkurkinder zeichnen sich durch geistige Fähigkeiten, Geschick, Fingerfertigkeit aus. Ihr Lebensraum ist die Stadt.
Venus auf einem Wagen, dessen Räder die Domizile Stier und Waage sind; Venuskinder lieben die Liebe, die Lust, unkonventionelle Berufe. Ihr Lebensraum sind das offene Land, die Gärten, die Parks.
Mars auf einem Wagen, dessen Räder die Domizile Widder und Skorpion repräsentieren; Marskinder gehören zu den Kriegern, den Metzgern, aber auch zu den Erfindern und Forschern.
Jupiter auf einem Wagen, dessen Räder die Domizile Fische und Schütze sind; Jupiterkinder zeichnen sich durch Religiösität und Würde aus.
Saturn auf einem Wagen, dessen Räder die Domizile Wassermann und Steinbock repräsentieren; Saturnkinder findet man im Bauwesen, in der Landwirtschaft, sie stellen die Führungskräfte der Wirtschaft, des Rechts, der Politik.

Die platonischen Körper

	Körper	Element	begrenzt von	trennt nach Kepler die Bahnen von
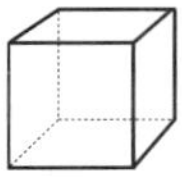	Hexaeder	Erde	6 x □	Saturn – Jupiter
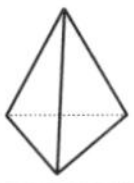	Tetraeder	Feuer	4 x △	Jupiter – Mars
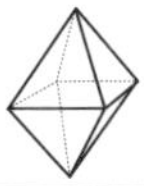	Oktaeder	Luft	8 x △	Mars – Erde
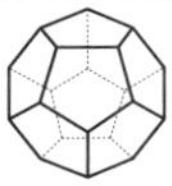	Dodekaeder	——	12 x ⬠	Erde – Venus
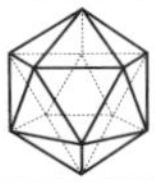	Ikosaeder	Wasser	20 x △	Venus – Merkur

Die 5 möglichen Gleichflächner (Isoeder) – nach dem Mathematiker Euler gibt es nur diese fünf Körper – und ihre spekulativen Zuordnungen

Prudentia *w*, Personifikation der *Klugheit*, einer der vier Kardinaltugenden; häufig dargestellt mit den Attributen ↗Schlange, ↗Spiegel, ↗Sieb, ↗Fackel.

Punkt, kann – vor allem in der Meditation – ein Symbol für das Zentrum (↗Mitte), das Zusammenfallen aller Realitäten, aller Potentialitäten oder beider sein. Meistens als *Mittel-P.* eines Kreises (↗Kreis) dargestellt.

Puppe. Die *Insekten-P.*, vor allem die *Schmetterlings-P.*, ist in verschiedenen Kulturen ein Symbol der Verwandlung, ein Sinnbild für die schutzbedürftige u. häufig zurückgezogene Verfassung des Menschen vor der Schwelle zu einer neuen Reifestufe.

Purpur *m*, partizipiert symbol. weitgehend an den Farben ↗Rot oder ↗Violett. Der echte, aus dem Farbstoff der *Purpurschnekken* gewonnene P. war wegen seiner Kostbarkeit früher der Kleidung v. Herrschern u. Priestern vorbehalten u. wurde deshalb zu einem Symbol der Macht u. Würde, später galt er, vor allem bei den Römern, allgemeiner als Zeichen des Luxus u. der Wohlhabenheit.

Pyramide, wie der ↗Obelisk ist die ägypt. P., der monumentale Grabbau der ägypt. Könige im Alten u. Mittleren Reich, Symbol (Kennzeichen) Ägyptens u. Afrikas. Im Zshg. mit der Geschichte Josephs v. Ägypten können P.n als Kornspeicher (Symbol des Reichtums) aufgefaßt werden. – In der Esoterik sind P.n Symbole des umfassenden geheimen, aber verlorengegangenen Wissens der alten Ägypter, eines Wissens, das in keiner Weise bestätigt werden kann.

Pythagoras, gr. Philosoph, Symbolgestalt der Wissenschaft im Zshg. mit den Sieben Freien Künsten, aber auch über die gnost. Schule der *Pythagoreer* Symbolfigur der Vertreter der Esoterik im weitesten Sinne (z. B. ↗Platonische Körper, ↗Zahlensymbolik).

Quadrat, eines der häufigsten symbolischen Zeichen; statisches, adynamisches Symbol, oft im Bezug u. im Ggs. zum ↗Kreis gesehen, Sinnbild der ↗Erde im Ggs. zum ↗Himmel oder des Begrenzten im Ggs. zum Unbegrenzten. Weiterhin Symbol der vier Himmelsrichtungen. – Häufig verwendet als Grundriß v. Tempeln, Altären, Städten oder als architekton. Einheit, z. B. im roman. gebundenen System. – In China galten der Kosmos wie die Erde als quadratisch. – Die Pythagoreer sahen im Q. ein Sinnbild für das vereinte Wirken der vier ↗Elemente u. damit der Kräfte der Aphrodite, der Demeter, der Hestia u. der Hera, als deren Synthese die Göttermutter Rhea aufgefaßt wurde. Nach Platon verkörpert das Q., neben dem Kreis, das absolut Schöne. – Im Islam spielt das Q. in verschiedenen Zusammenhängen eine Rolle; die Herzen der gewöhnl. Menschen beispielsweise galten als quadrat., weil sie vier möglichen Inspirationsquellen offenstehen: der göttl., der engl., der menschl. u. der teufl. (die Herzen der Propheten dagegen sind dreieckig, weil sie den Angriffen des Teufels nicht mehr ausgesetzt sind). – In der christl. Kunst ist das Q. verschiedentl. ein Symbol der Erde im Ggs. zum Himmel. Die quadrat. ↗Heiligenscheine (damals) noch lebender Personen zeigen daher an, daß die Gestalt noch dieser Erde angehört. – C. G. Jung sieht im Q. ein Symbol der Materie, des Leibes, der ird. Realität. ↗Kubus, ↗Magische Quadrate, ↗Vier.

Quadrat: *Verbindung von menschl. Figur und Q.; von einer Schale aus Westnorwegen, 9. Jh.*

Quadratur des Kreises: *Alle Ding stehn nur in den dreyen, In vieren thun sie sich erfrewen; nach einer Darstellung in: Jamsthales, Viatorium spagyricum, 1625*

Quelle: links und unten: Das Quellwunder erscheint häufig als Gegenstück zur Verleugnung Petri. Auf den ersten Blick denkt man bei beiden Darstellungen an das Quellwunder des Mose. Die Inschrift Petrus lehrt aber, daß Mose nur ein Vor-Bild des Apostelfürsten Petrus war; nach zwei Darstellungen auf Goldgläsern im Vatikan („Musterbuch" von Schmid)

Quadratur des Kreises, die unlösbare Aufgabe, nur mit Hilfe v. Lineal u. Zirkel einen gegebenen ↗Kreis in ein flächengleiches ↗Quadrat zu überführen. Symbol für die angestrebte Durchdringung des Symbolgehalts v. Kreis u. Quadrat.

Quadrivium, die vier letzten Wege des Lernens (Arithmetik, Geometrie, Musik und Astronomie), bilden zusammen mit dem ↗Trivium die 7 Freien ↗Künste.

Quecksilber ↗Mercurius.

Quelle, allg. als Ursprung lebenspendender Kräfte, als Sinnbild der Reinheit u. des fruchtbaren Überflusses verehrt; bei mehreren Völkern, z. B. den Griechen, personifiziert als weibl. Gottheit. – In der Bibel verschiedentl. Symbol des ewigen Lebens u. der Wiedergeburt, aber auch ein Mariensymbol. – C. G. Jung sieht in der Q. ein Sinnbild der unerschöpfl. geistig-seel. Energie.

Quendel, als Kranzlkraut Teil der Antlaßkranzerln, zus. mit Mauerpfeffer Himmelvaterbart, wurde in Altbayern bei Fronleichnamsprozessionen mitgetragen. Gilt als apotropäisches Kraut (Kudlkraut). In der christl. Tradition gilt der duftende Q. als Marienpflanze, regional als Marienbettstroh bezeichnet.

Quintessenz, ↗das fünfte Element, das v. der Alchimie neben Feuer, Wasser, Erde u. Luft in manchen Spekulationen gefordert wurde, um ein rein spirituelles Element (Weltgeist) den jeweiligen Elementarbereichen überzuordnen. Die graphische Ausformung ist das ↗Pentagramm. ↗Fünf.

Quitte, in der Antike Symbol für Glück, Liebe u. Fruchtbarkeit, der Aphrodite (Venus) heilig; wahrscheinl. war der „Apfel" in der Antike eine Q., ebenso waren die *Äpfel der Hesperiden* wahrscheinl. Q.n. In Griechenland brachte die Frau bei der Hochzeit eine Q. ins Haus des Ehemannes als Symbol der erhofften glückl. Ehe.

Rabe, wegen seiner Farbe, seines krächzenden Rufes u. seiner Zudringlichkeit bei vielen Völkern (des Orients u. des Abendlandes) als böses Vorzeichen gewertet, das Krankheit, Krieg u. Tod ankündigt. Die Bibel zählt ihn zu den unreinen Tieren. Im Symboldenken des MA symbolisiert er gelegentl. die Todsünde Völlerei. – Andererseits galt er aber in vielen Kulturen auch als göttl. u. sonnenhaft (möglicherweise u. a. wegen seiner Intelligenz). – In Japan war er Götterbote u., vor allem als roter R., Sonnen-Symbol. Nach chin. Vorstellung lebt in der Sonne ein dreifüßiger R. – In Persien waren R.n dem Gott des Lichts u. der Sonne heilig u. spielten daher im Mithraskult eine Rolle (Abbildungen auf zahlreichen Mithrassteinen). – Griechen u. Römer sahen weiße R.n in Verbindung mit dem Sonnengott Helios u. mit Apollo. – In der nord. Mythologie sind dem Gott Odin, dem obersten der Asen, zwei Raben, Hugin (Gedanke) u. Munin (Gedächtnis) zugeordnet. – Der intelligente R. spielt auch in verschiedenen Sintflutsagen eine Rolle: Noah ließ ihn ausfliegen, um Land zu erkunden; Entsprechendes wird in babylon. Sagen berichtet. – R.n galten verschiedentl. als grausame Eltern, die ihre Jungen vernachlässigen, daher noch heute die Bezeichnung „Rabenvater“ u. „Rabenmutter“. – Da der R. gerne allein lebt, ist er auch ein Sinnbild der selbstgewählten Einsamkeit; möglicherweise symbolisiert er daher im Christentum den Abtrünnigen u. Ungläubigen. – Der *Ruf* des R.n galt den Römern als Symbol der Hoffnung: cras, cras (morgen, morgen).

Rad: *Darstellung vom Sonnentempel in Konarak, Indien*

Rachen ↗Mund.

Rad, verbindet den Symbolgehalt des Kreises (↗Kreis) mit dem diesen modifizierenden Aspekt der Bewegung, des Werdens u. Vergehens; neben dem Bewegungsaspekt spielt auch die strahlenförmige Anordnung der Speichen eine symbolprägende Rolle. In den meisten Kulturen erscheint das R. als Sonnen-Symbol (z. B. noch heute an manchen Orten im Brauchtum der Wintersonnenwende übl.); in vielen vorgeschichtl. Kulturen Europas, zum ersten Mal in der Jungsteinzeit in Mitteldeutschland, begegnet das wohl auch als sonnenhaft zu verstehende R.-Zeichen mit

***Rad:** die Räder des Ezechiel; Ausschnitt nach einer Miniatur im Evangeliar der Bibliothek zu Aschaffenburg, 13. Jh.*
***Rahab:** Kampf mit der Chaosschlange (v. einem assyr. Rollsiegel)*

vier Speichen. – Auch die im Mittleren Osten in zahlreichen Dekors begegnenden Rosetten stehen möglicherweise in Zshg. mit dem R. als Sonnen-Symbol. – Das R. ist ein Haupt-Symbol des Buddhismus, es symbolisiert die verschiedenen Daseinsformen, die der Erlösung bedürfen, sowie die Lehre des Buddha („Rad des Lebens" u. „Rad der Lehre"). – Das R. kann auch ein Symbol des gesamten Kosmos, mit Bezug auf dessen ständige Erneuerungszyklen, sein (z. B. die Rota Mundi der Rosenkreuzer). – Auf frühchristl. Grabsteinen erscheint das R. als Symbol Gottes u. der Ewigkeit. Das Buch Daniel berichtet von der Vision flammender Räder um das Haupt Gottes, Ezechiel v. mit Augen besetzten Rädern, die laufen u. zugleich stillestehen, damit die Omnipotenz Gottes ausdrückend. – Der ↗Tierkreis wird häufig mit einem R. verglichen. – C. G. Jung sieht im „Rad" (mittlere Fensterrose der Fassade) mittelalterl. Kathedralen ein Symbol der Einheit in der Vielheit, eine bes. Form des ↗Mandala. ↗Glücksrad.

Radfenster, Rundfenster mit speichenförmiger Gliederung, bes. in Kirchen des 12. u. 13. Jh. ↗Maßwerk.

Radleuchter, kreisförmige große ↗Leuchter, oft mit reicher ornamentaler, oft figürl. Ausgestaltung, z. B. mit ↗Leuchterweibchen.

Rahab, d. h. „Ungestüm". Chaosuntier, Verkörperung der Urgewässer, vom Schöpfer besiegt, zugleich Symbolname Ägyptens.

Rainfarn, Korbblüter mit würzig duftendem äther. Öl; alte Zauber- u. Heilpflanze. Begegnet in der ma. Kunst gelegentl. als Marienattribut („Marienblatt"). An Mariä Himmelfahrt geweihter R. sollte Schutz gg. Zauberer, Hexen u. den Teufel verleihen.

Ratte, in Asien häufig glückbringendes Symbol-Tier; in Japan Begleiterin des Gottes des Reichtums; in China wie in Sibirien gilt das Fehlen v. R.n in Haus u. Hof als beunruhigendes Zeichen. – In der ind. Mythologie ist die R. das Reittier des elefantenköpfigen Gottes Ganesha (↗Elefant). – In Europa dagegen gilt die R. im Volksglauben als Personifikation v. Krankheiten, Hexen, Dämonen u. Kobolden. Wenn die R.n das Haus oder das Schiff verlassen, wertet man dies allerdings auch hier als unglückverheißend (meist freilich ganz rational als Indikator für zu Ende gehende Vorräte oder sich ankündigende Mißstände). – Die R. ist das 1. Zeichen des chin. ↗Tierkreises, sie entspricht dem ↗Widder.

Rauch, Symbol der Verbindung zw. Himmel u. Erde, Geist u. Materie. Die *R.säule* wird gelegentl. symbolisch zur ↗Welt-

achse in Beziehung gesetzt. ↗Friedenspfeife, ↗Weihrauch.

Raupe, als kriechende Larve (in Entsprechung zum ↗Wurm) gelegentlich Symbol für Niedrigkeit u. Häßlichkeit. – In Indien auch (weil sie über die Puppe zum Schmetterling wird) Symbol der Seelenwanderung.

Rausch, *Trunkenheit,* in manchen Kulturen eng verbunden mit Ernteriten u. Gebeten um Fruchtbarkeit. In verschiedenen Religionen gilt der durch Tanz, Musik, Alkohol oder Drogen erzeugte R. wegen seiner die Grenzen des alltäglichen Bewußtseins übersteigenden Gewalt als Ausdruck besonderer Gottverbundenheit.

Raute ↗Rhombus.

Raute, stark aromat. duftende Pflanze, Symbol- u. Zauberpflanze, die eine Braut vor bösem Zauber schützen soll, weil sie v. Maria beschützt wird; auch als „Totenkräutel" bezeichnet, weil man den Leichen aus der R. gewundene Kränze auf Brust oder Hals legte.

Rebe, der ↗Weinstock, besonders die edle Weinrebe; auch der abgestorbene, verholzte, einjährige Trieb des Weinstockes; die Fruchtstände heißen Trauben bzw. Weintrauben.

Rebhuhn, wegen seines tänzerischen Balzrituals der Aphrodite geweiht, genauso wie die ↗Taube; häufig in etrusk. Grabmalereien. – Der ↗Physiologus sagt vom R., daß es fremde Eier bebrütet u. die Jungen aufzieht, die aber später zu ihren wahren Eltern zurückkehren u. das R. „allein u. dumm dastehen" lassen. Das R. wird mit dem Teufel verglichen, der Menschen fangen will, diese aber folgen dem Ruf Christi.

Rebis (v. res bina = das Zweifache), in der Alchimie Bz. für den ↗Hermaphrodit.

Rebstock, der ↗Weinstock.

Rechts und links. Im Volksglauben u. in vielen Religionen gilt die rechte Seite als die bessere u. glückhafte (↗Melothesie). – Häufig, z. B. in der Antike, war der rechte Arm (der die Waffe trägt) u. damit allg. die rechte Seite Sinnbid v. Kraft u. Erfolg. – Der Platz zur Rechten Gottes, eines Herrschers oder Gastgebers gilt als bevorzugter Ehrenplatz. – Beim Jüngsten Gericht stehen die Auserwählten zur Rechten, die Verdammten zur Linken Gottes. – Die schwarze Magie setzt in der bewußten Umkehrung diese Bewertung v. r. u. l. voraus: rituelle Handlungen werden mit der linken Hand, auf der linken Seite usw. ausgeführt. – In China wird die – in der christl.-abendländ. Tradition als passiv

Rebe: Darstellung aus dem Hortus Deliciarum der Herrad von Landsberg
Reichsapfel
Regenbogenschüsselchen
Reiher: der ibisköpfige ägypt. Gott Thot beim Totengericht; Ausschnitt v. einem Totenpapyrus, Ptolemäerzeit

empfundene – linke Seite mit dem Himmel, dem aktiven, männl. Prinzip, also mit Yang (↗Yin und Yang), die rechte mit der Erde, der Fruchtbarkeit, der Ernte, dem weibl. Prinzip, also mit Yin in Verbindung gebracht. So gibt man in China beispielsweise mit der linken Hand u. empfängt mit der rechten. – Nach kabbalist. Tradition symbolisiert die rechte Hand Gottes die Barmherzigkeit, die linke die Gerechtigkeit; die rechte Hand ist daher die Segenshand, die Hand des Priestertums, die linke die des Königtums.

Regen, weltweit verstanden als Sinnbild himml. Einwirkungen auf die Erde, als Symbol der Fruchtbarkeit, häufig als Befruchtung der Erde durch den Himmel (*R.tropfen* als Sperma der Götter); in diesem Sinne auch anschaul. Sinnbild für den geistig-seel. Einfluß der Götter auf die Erde. ↗Einbeinigkeit.

Regenbogen, häufig Symbol der Verbindung zw. ↗Himmel u. ↗Erde. Nach talmud. Tradition am Abend des sechsten Schöpfungstages geschaffen. In der griech. Mythologie ist der R. die Verkörperung der Götterbotin Iris, in der german. Mythologie die Asgard u. Midgard verbindende Brücke *Bifröst*. – Nach der Sintflut setzte Gott einen R. an den Himmel als Zeichen seines Bundes mit den Menschen; Christus thront z. B. auf ma. Weltgerichtsdarstellungen auf einem R., der in diesem Sinne zu verstehen ist. Der R. wurde daher auch zum Symbol Marias, der Vermittlerin der Versöhnung. – Die symbol. Deutung der *R.farben* hängt davon ab, wie viele Farben unterschieden werden; in China etwa kennt man fünf R.farben (↗Fünf), deren Synthese die Vereinigung v. ↗Yin u. Yang symbolisiert. – Im Christentum werden auf Grund der Tradition der Dreiteilung nach Aristoteles häufig nur die drei Grundfarben unterschieden (ein Symbol der Dreifaltigkeit), oder aber die Farben Blau (Wasser der Sintflut oder himml. Herkunft Christi), Rot (künftiger Weltbrand oder Passion Christi) u. Grün (die neue Welt oder das Erdenwirken Christi). ↗Brücke. ↗S. 240

Regenbogenschüsselchen, keltische Münzen, die angebl. an den Auftreffpunkten eines Regenbogens gefunden wurden; in Wirklichkeit durch heftige Gewitterregen bloßgelegt. Die Münzen sind schriftlos, tragen aber Abb., die typ. für das kelt. Symboldenken sind.

Regenpfeifer, *Goldregenpfeifer*, der ↗Charadrius des ↗Physiologus.

Reichsapfel, eine der dt. Reichsinsignien, Kugel mit Kreuz als Symbol der christl. Weltherrschaft.

Reiher, in Ägypten gelegentl. heiliger Vogel; auch der Vogel Benu (↗Phönix) er-

Regenbogen

Der Regenbogen, ein auffallendes und zentrales Symbol und Zeichen, artikuliert die Hoffnung der Menschen auf eine bessere Welt. Wundert es da, daß der Regenbogen als eines der großartigsten Symbole zu einem Symbol wurde, das am meisten mißbraucht, seines Sinnes beraubt und kommerzialisiert wurde?
Verfolgt man die Geschichte des Symbols Regenbogen bis in die Anfänge literarischer Überlieferung, so begegnet uns der Regenbogen in der babylonischen Literatur als Zeichen des Zorns, des Schreckens und des Unheils, als Attribut der unglückbringenden Göttin Tir-an-na. Dieser Aspekt taucht auch noch im altjüdischen

Christus auf dem Regenbogen; aus einem Bild des Jüngsten Gerichts, 1543

Regenbogen mit Tierkreissymbolen aus der Schedelschen Weltchronik

Dürers Melencolia I verweist auf alte astrologisch-esoterische Vorstellungen, die den Regenbogen in Verbindung mit Prophetie und Schicksalsdeutung bringen. Die Deutung des Regenbogens hier ist immer noch rätselhaft.

Schrifttum auf, in einer apokryphen Schrift heißt es nämlich, daß Gott das Geschoß des Zornes vom Bogen in den Wolken entfernte, das heißt also, die vernichtenden Wasser der Sinflut, die aus den oberen Fenstern des Himmels kamen, von diesem Bogen die Sehne des Grimms löste und so den Bogen in den Wolken ausspannte: statt der Wasserfluten leuchtet nun der am Vorabend des 1. Sabbat geschaffene Regenbogen als der Friedensbogen. Der Regenbogen hat so einen völligen Bedeutungswandel erfahren: vom Symbol des Zorns und des Schreckens der Göttin Tir-an-na ist so der Bogen das Symbol des Friedens geworden, das Zeichen des Bundes zwischen Jahwe und den Menschen.
Alfons Rosenberg hat in diesem Zusammenhang einen interessanten Gedanken geäußert, er vermutete nämlich, daß in Gn 9,8–17 mit dem Bogen gar nicht der Regenbogen gemeint war, sondern der Bogen des Tierkreises. Dies wäre in der Tat eine noch viel stärkere Einbettung des irdischen Geschehens der Sintflut in einen größeren, umfassenderen kosmischen Zusammenhang, als dies mit dem Regenbogen-Bild möglich wäre.

scheint zeitweilig in R.gestalt. – Wegen seines langen Schnabels begegnet er verschiedentl. als Symbol der Ergründung verborgener Weisheit ↗Ibis wie andererseits auch der Neugier (die ihren Schnabel in alles steckt). – Im MA wie andere schlangenvertilgende (↗Schlange) Tiere Christus-Symbol. – Der *Graue R.* galt wegen seines aschfarbenen Gefieders als Symbol der Buße. R. mit weißem Stein im Schnabel symbolisiert die Schweigsamkeit. – Da der R. nach Plinius aus Schmerz Tränen vergießen kann, wird er auch symbol. mit Christus am Ölberg in Verbindung gebracht.

Reinigung ↗Bad, ↗Hand- u. Fußwaschung, ↗Taufe.

Reis *m*, entspricht in asiat. Ländern als wichtigstes Nahrungsmittel dem ↗Weizen in Europa u. hat mit diesem daher auch die wesentl. symbol. Bedeutungen gemeinsam. – In Japan ist der R. außerdem, vor allem die gefüllte R.kammer, ein Symbol des Überflusses u. auch geistigen Reichtums. – In China galt bes. der rote R. als Symbol der Unsterblichkeit. – Die mühselige Arbeit des *R.anbaus* wurde vielfach als Folge eines Bruchs zw. ↗Himmel u. ↗Erde verstanden.

Reis *s*, gepfropftes R., Symbol für Buße u. Umkehr, auch der Veredlung.

Reise, als zielgerichtetes Zurücklegen eines Weges, auf dem außerdem oft Hindernisse überwunden werden müssen, Symbol des Lebensweges oder im Spezielleren Symbol für die Suche nach geistig-seelischen Zielen, die oft verkörpert erscheinen als das Gelobte Land, als Inseln der Seligen, als Schlösser u. Heiligtümer (häufig auf Bergen). – Initiationsriten verliefen verschiedentl. in Form v. Prüfungsserien, die der Adept wie eine Art R. hinter sich bringen mußte (z. B. bei chin. Geheimgesellschaften, bei griech. Mysterien, bei den Freimaurern). – Viele Völker kennen die Vorstellung von einer R., die die Verstorbenen nach ihrem Tode unternehmen müssen; ausführl. berichten darüber z. B. die ägypt. u. tibetan. Totenbücher. Es handelt sich dabei offenbar um ein Symbol für eine Reinigung u. Weiterentwicklung der Seele. – Der Buddhismus vergleicht den Geburtenkreislauf, die Abfolge der Inkarnationen der geistigen Individualität bis zu ihrer Erlösung ins Nirwana mit einer R. – In psychoanalyt. Sicht kann die R. als Traum-Symbol u. a. als Wunsch nach Veränderung verstanden werden.

Reisigbündel, in China Symbol für Werden u. Vergehen der Menschheit: so wie ein R. zu- u. wieder aufgeschnürt wird, besteht die gesamte Menschheitsgeschichte aus stets neuen Formationen, die durch

den Tod immer wieder aufgelöst werden. – Als bevorzugtes Brennmaterial steht das R. auch gelegentl. symbolisch in Beziehung zum ↗Feuer (z. B. als Attribut v. Hexen).

Reißbrett, ein Meister-Symbol der Freimaurer, in mancher Hinsicht der Arbeitstafel (↗Arbeit) identisch.

Reiter, Symbol der Beherrschung wilder Kraft (auch die europ. Reiterstandbilder v. Herrschern partizipieren noch an dieser Symbolik). – In der Apokalypse erscheinen nach Öffnung der ersten vier Siegel nacheinander vier R. auf einem weißen, einem feuerroten, einem schwarzen u. einem fahlen Roß. Der R. auf dem weißen Roß symbolisiert wahrscheinl. Christus als Sieger, die anderen versinnbildlichen die Strafengel des Krieges, der Hungersnot u. des Todes.

Rentier, begegnet bereits auf ↗Felsbildern aus vorgeschichtl. Zeit u. diente dort vermutl. kult. Zwecken. – Das R. spielt in den nördl. Gebieten Eurasiens eine wichtige Rolle als mondhaftes Symbol-Tier, das als Seelenführer der Nacht u. dem Totenreich nahesteht.

Rettich, hatte im MA vorwiegend negative symbolische Bedeutung als Sinnbild für Zank u. Streit. Da man ihm wie der *Rübe* eine Verwandtschaft zu bösen Geistern nachsagte, wurden R.e u. Rüben verschiedentl. geweiht, d. h. unschädl. gemacht.

Rhombus *m, Raute,* wegen seiner an das weibl. Genital erinnernde Form weibl. Sexual-Symbol; daher gelegentl. allg. Symbol ird. u. chthon. Mächte.

Riesen, in den myth. Vorstellungen u. Märchen der meisten Völker begegnende übergroße, menschenähnl. Wesen (Titanen, Kyklopen usw.); urspr. wahrscheinl. oft als Verkörperungen der übermächtigen Naturgewalten geschaut; in den meisten Mythologien Gegner der Götter, aber auch Gegner u. Helfer der Menschen, als Einzelgestalten zuweilen mit großer Weisheit ausgestattet, im Märchen zumeist Menschenfresser; im Volksschwank oft ungeschickte Tölpel. – Gelegentl. begegnen aber auch positive Vorstellungen v. Ur-R., die an der Schaffung der Welt beteiligt waren oder sie stützen. – Der Kampf gg. die R. symbolisiert häufig wohl die Selbstbehauptung des Menschen gegenüber der Natur.

Rind ↗Kuh, ↗Ochse, ↗Stier.

Ring, infolge seiner Gestalt ohne Anfang u. Ende Symbol der Ewigkeit; ferner Symbol der Verbindung, der Treue, der Zugehörigkeit zu einer Gemeinschaft, daher

Reiter: *Statuette Karls des Großen; Statuette 9. Jh., Pferd 16. Jh.*
Rentier: *2 kämpfende R.e, Höhlenmalerei (Grotte Font-de-Gaume, Dordogne)*
Riese: *Ausschnitt v. Gundestrup-Kessel; Relief, Silber, kelt., 1. Jh. v. Chr.*
Rolandstatue: *Bremer Rolandssäule*
Rose: *R. als Rosenkreuz; aus: Roberto Fludd, Summum Bonum*

oft auch Auszeichnung, Amts- u. Würdezeichen (Amts-R. der röm. Senatoren, Beamten-, Ritter-, Doktor-R.). Zur Symbolik des R.es gehört auch die Vorstellung v. der mag. Kraft des ↗Kreises; dem R. wird deshalb neben der Eigenschaft als Zaubermittel oft eine apotropäische Wirkung zugeschrieben (z. B. gg. den bösen Blick), er wird darum auch als ↗Amulett getragen; Verlust oder Zerbrechen des R.es bedeuten im Volksaberglauben Unheil.

Ringelblume, Korbblüter mit goldgelben bis orangefarbenen, strahlenkranzähnl. Blüten, wird im Volksmund auch *Sonnenbraut* genannt; alte Heilpflanze; begegnet auf christl. Tafelbildern des MA als Marienattribut u. Symbol der Erlösung.

Rittersporn, Hahnenfußgewächs; im MA wegen seiner sporenähnl. Blüten mit dem ritterl. Adel in Zshg. gebracht u. deshalb als Symbol für ritterl. Tugenden empfunden; auf Marienbildern auch Sinnbild der Würde Marias als Gottesmutter.

Robinie ↗Akazie.

Rohr, das ↗Schilfrohr.

Rolandstatuen, Bz. für große Standbilder eines Ritters mit Schild u. Schwert, die auf öff. Plätzen u. Märkten Symbole der Freiheit u. Gerichtsbarkeit sind; wohl ben. nach dem Helden Roland des *Rolandliedes,* nach dem Roland Symbolgehalt des christl.-abendländ. Imperiums unter Karl dem Großen ist; typ. ist, daß das Schwert mit einem Reliquiar im Schwertknauf dargestellt ist u. daß der Ritter eine Rose als Symbol der Blutzeugenschaft auf seiner Kleidung hat. Bekannt sind 17 nicht mehr existierende, 3 in Fragmenten u. 20 vollständig erhaltene R., z. B. in Brandenburg, Bremen u. Halberstadt. R. fanden sich – grob gesagt – in einem breiten Streifen längs der Elbe u. Saale.

Rose, wegen ihres Duftes, ihrer Schönheit u. Anmut (trotz der ↗Dornen) eine der am häufigsten begegnenden Symbol-Pflanzen. Im Abendland spielt sie eine ähnl. bedeutende Rolle wie der ↗Lotos in Asien. – In der Antike war die R. der Aphrodite (Venus) geweiht. Die rote R. soll aus dem Blut des Adonis entstanden sein, sie war ein Symbol der Liebe u. Zuneigung, der Fruchtbarkeit u. auch der Verehrung gegenüber den Toten. R.n dienten zur Bekränzung des Dionysos (Bacchus) sowie der Festteilnehmer bei Trinkgelagen, u. a., weil man ihnen, wie dem ↗Veilchen, eine kühlende Wirkung auf das Gehirn zuschrieb. Sie sollten außerdem die Zechenden daran erinnern, im Rausche nichts auszuplaudern. Auch im frühen Christentum war die R., oft in Verbindung mit dem Kreuz, noch ein Symbol der Verschwie-

genheit. Daneben wurden ihr in der christl. Symbolik noch zahlreiche Bedeutungen zuteil: die rote R. weist auf das vergossene Blut u. die Wunden Christi, sie symbolisiert außerdem die Schale, die das heilige Blut auffing; wegen des symbol. Zusammenhangs mit dem Blut Christi ist sie zugleich auch ein Symbol der myst. Wiedergeburt. Da die R. im MA ein Attribut der Jungfrauen war, ist sie auch ein Marien-Symbol, die rote R. ist außerdem allg. ein Symbol göttl. Liebe. – Die *Fenster-R.n* der ma. Kirchen stehen in engem symbol. Zshg. mit dem ↗Kreis u. dem ↗Rad, daher wohl auch mit der ↗Sonne als Christus-Symbol. – In der Alchimie spielte die meist siebenblättrige R. eine Rolle als Sinnbild komplexer Zusammenhänge, sei es z. B. der 7 Planeten mit den entsprechenden Metallen, sei es verschiedener Schritte innerhalb alchimist. Operationen usw.

Rosenfenster, ↗Fensterrose, ↗Maßwerk; ↗S. 88/89, ↗S. 218

Rosenkranz, Gebetsketten (↗Gebetsschnur), deren einzelne Perlen Hilfe zu Meditation u. Gebet bedeuten. Im Mittelalter wurde aufgrund der Mariensymbolik der ↗Rose *Rosenkranz* oder *Rosarium* genannte Ketten für die Marienandacht üblich. 50 (oder 150) kleine Perlen bedeuten ebenso viele „Ave Maria"-Gebete (Gabriels Worte bei der Verkündigung an Maria), in 5 (15) Einheiten, geteilt durch jeweils eine größere Perle (Vaterunser-Gebet). Zu jeder Einheit gehört die Betrachtung eines Ereignisses aus dem Leben Jesu bzw. Mariens.
Den meisten *Handrosenkränzen* sind für gewöhnlich 1 + 3 + 1 Perlen und ein Kreuz vorangestellt.
Ein großer Rosenkranz, in den die Freuden u. Schmerzen Mariens eingefügt sind, umgibt die Gestalt der Gottesmutter an *Rosenkranzaltären*.

Rosette, ↗Rose, ↗Rosenfenster, ↗Fensterrose

Rosmarin, würziger, kleiner Strauch der Mittelmeerländer, v. den Römern wegen seines Duftes häufig bei Opfern verbrannt. Der R. galt im Volksbrauchtum als Mittel gg. Krankheiten u. böse Geister u. wurde in diesem Sinne vor allem bei Geburt, Hochzeit u. Tod verwendet. Als kräftige, immergrüne Pflanze ist der R. außerdem ein altes Liebes-, Treue- u. Fruchtbarkeits-Symbol sowie – als Totenpflanze – ein Sinnbild der Unsterblichkeit; der Brautkranz wurde früher, bevor man ihn aus Myrten flocht, oft aus R. gewunden.

Rot, Farbe des ↗Feuers u. des ↗Blutes u. ebenso wie diese symbolisch ambivalent; *positiv:* Farbe des Lebens, der Liebe, der Wärme, der begeisterten Leidenschaft, der Fruchtbarkeit; *negativ:* Farbe des Krieges,

Rosenkranz: *symbolische Darstellung des freudenreichen (links), des schmerzensreichen (Mitte) und des glorreichen (rechts) Rosenkranzes („Musterbuch" von Schmid)*
Rune: *Runenalphabet*
Rune: *Der Kleine Sigtrygg-Stein, 10. Jh.*
Rune: *Runenstecher mit ihrem Gerät, das mit runenartigen Schriftzeichen besetzt ist; nach Olaus Magnus*

der zerstörer. Macht des Feuers, des Blutvergießens, des Hasses. – Im Altertum war der Glaube weit verbreitet, daß R. vor Gefahren schütze. So bestrich man z. B. gelegentl. Tiere, Bäume u. Gegenstände mit R., um sie vor bösen Einflüssen zu schützen oder fruchtbar zu machen. In Ägypten galt R., die Farbe der glühenden Wüste, als Symbol für „böse" u. „zerstörer."; deshalb verwendete z. B. der Schreiber auf dem Papyrus für üble Wörter eigens rote Schreibflüssigkeit; als Farbe der Krone Unterägyptens hatte R. allerdings positive Bedeutung. – Bei den Römern trugen die Bräute einen feuerroten Schleier, das *Flammeum*, einen sinnbildl. Hinweis auf Liebe u. Fruchtbarkeit. R. war bei den Römern außerdem als Symbol der Macht die Farbe der Kaiser, des Adels u. der Generäle. – Auch die hohe Gerichtsbarkeit bediente sich gerne der Farbe R., z. B. trug der Scharfrichter im MA als Herr über Leben u. Tod ein rotes Gewand (heute noch in vielen Ländern Farbe der Richter, bes. der ranghohen). – Die Kardinäle tragen R. mit Bezug auf das Blut der Märtyrer. – Aber auch Satan, der Herr der Hölle, u. die Hure Babylon sind rot gekleidet: Ausdruck der verzehrenden Gewalt des Höllenfeuers oder unbezähmter Begierden u. Leidenschaften. – In der Alchimie galt R. häufig als Farbe des ↗Steins der Weisen, der als Stein, der das Signum des Sonnenlichts trägt, verstanden wurde. – R. als auffällige Signalfarbe, die Aufbruch, neues Leben u. Wärme verheißt, ist außerdem die Bannerfarbe der Revolution.

Rübe ↗Rettich.

Rubin *m*, entspricht wegen seiner intensiven Farbe häufig im Symbolgehalt dem ↗Rot; seit dem MA sagte man ihm heilende Wirkung nach.

Rührmichnichtan ↗Mimose.

Rune [Mz. *Runen*], got. *rūna*, mhd. *rûne* („Geheimnis"), früh ins Finn. entlehnt als *runo* („Lied"), möglicherweise aus dem Kelt., doch ist die Etymologie umstritten. R.n sind die ältesten Schriftzeichen der Germanen, die mit dem Aufkommen der christl. Kultur im german. Bereich nach u. nach v. der lat. Schrift zurückgedrängt wurden. Jede R. bezeichnet zugleich einen Buchstaben u. ein Wort, u. außer als Gebrauchsschrift hatten die R.n auch kult.-mag. Bedeutung *(Runenzauber)*. – In der german. Mythologie wurde manchen Göttern die Beherrschung der R.lehre u. R.magie in besonderem Maße zugeschrieben, bes. Odin, der vielfach als Schöpfer der R galt.

Ruten, Rutenbündel, das Liktorenbündel, die ↗Fasces.

Safran ↗Krokus.

Säge, ein im ↗Physiologus erwähntes unbekanntes Meerestier, wahrscheinl. handelt es sich um den ↗Delphin.

Sagittarius, das Sternbild ↗Schütze.

Sakrale Prostitution, zumeist im Tempelbezirk betrieben; u.a. im Alten Orient, Griechenland u. in Indien übl.; galt als Sinnbild der Vereinigung mit den Göttern u. als Fruchtbarkeitsritual.

Sal ↗Salz.

Salamander, nach dem Volksglauben des MA Elementargeist, der unbeschädigt im Feuer leben kann u. so Symbol der Flamme überhaupt; galt u.a. als Symbol des Gerechten, der sich die Seelenruhe trotz Anfechtung bewahrt. Der ↗Physiologus verknüpft die feuerlöschende Eigenschaft des S. mit der Aussage, daß der Gerechte keinen Schaden nimmt wie die drei Jünglinge im Feuerofen (Dn 3).

Salbei *m* oder *w*, Lippenblüter mit aromat. Blättern; vielseitige Heilpflanze u. deshalb auch Marienattribut in der christl. Kunst des MA.

Salbung ↗Öle, ↗Chrisam.

Salomonssiegel ↗Hexagramm.

Salz, wegen seiner lebenswichtigen Bedeutung u. wegen seiner Seltenheit in früheren Zeiten v. hohem Wert. Galt häufig als Symbol für Lebenskraft u. als unheilabwehrend. Da es oft durch Verdunstung aus ↗Wasser gewonnen wird, sah man in ihm gelegentl. auch das Sinnbild einer Verbindung v. Wasser u. ↗Feuer. Das im Ozean sich auflösende *S.korn* ist andererseits ein Symbol für das Aufgehen der Individualität im Absoluten. Wegen seiner Lebensnotwendigkeit, seiner Würz- u. Reinigungskraft, seiner Unverweslichkeit u. Konservierungskraft sowie wegen seines lichten, transparenten Aussehens ist es auch ein verbreitetes Symbol für moral. u. spirituelle Kräfte. In der Bergpredigt vergleicht Christus die Jünger mit dem S. der Erde. An anderer Stelle ist in der Bibel die Rede vom S. des Leides, durch das hindurch die Apostel u. Christen zum ewigen Leben gelangen müssen. – In Japan gebrauchte man das S. häufig rituell als Sinnbild der inneren Reinigung u. des Beschütztseins; in diesem Sinne streute man es z.B. auf Türschwellen, Brunnenränder, auf den Boden nach Bestattungszeremonien usw. Noch heute streuen manche Japaner im Hause S. aus, nachdem eine unangenehme Person es verlassen hat. – Mit besonderem Bezug auf seine Würzkraft gilt das S. auch als Sinnbild der geistreichen Rede u. des Wit-

Salamander: *S. im Feuer; nach einer Darstellung bei Charles Pesnot, Lyon, 1555*
Sanduhr: *Darstellung in einem Werk v. Joost Hartgers, Amsterdam 1651*

zes. – Bei den semit. Völkern u. den Griechen ist das S., oft in Verbindung mit dem ↗Brot, ein Symbol der Freundschaft u. Gastfreundschaft. Brot u. S. sind auch häufig der Inbegriff der einfachen, notwendigen Nahrung. – Im negativen Sinne erscheint das S., z. B. in der Bibel oder bei den Mystikern, als Sinnbild der Zerstörungskraft u., vor allem die *S.wüste*, als Symbol der Unfruchtbarkeit u. Verdammung. – In der Alchimie (wo es meist lat. *Sal* genannt wird) ist das S. neben ↗Schwefel u. Quecksilber (↗Mercurius) eines der philosophischen Elemente u. Weltprinzipien; es repräsentiert das Feste, Körperliche (corpus).

Samariter, Symbolgestalt des selbstlosen Helfers der Verletzten (Lk 10,29 ff.); wird v. den Kirchenvätern als Christus gedeutet.

Samenkorn, Sinnbild des Lebens, der Fülle noch nicht entwickelter Möglichkeiten. Das S., das in der Erde stirbt, um eine Pflanze entstehen zu lassen, ist ein Symbol des ständigen Wechsels zw. Tod u. Neubeginn in der Natur, aber auch ein Sinnbild des Opfers sowie ein Symbol für die geistige Neugeburt des Menschen.

Sand, wegen der unermeßl. Vielzahl seiner Körner Symbol der Unendlichkeit.

Sandbilder, speziell v. den Navajo-Indianern (noch im 20. Jh.) aus verschiedenfarbigem Sand geschaffene Darstellungen, die sich überwiegend mit ihren Schöpfungsmythen beschäftigen; betont wird die Dualität zw. Mann u. Frau, Vater Himmel u. Mutter Erde zus. mit den vier heiligen Pflanzen usw. ↗S. 219

Sanduhr, *Stundenglas,* Symbol der verrinnenden Zeit u. des Todes (↗Chronos). Weil sie nach Ablaufen des Sandes je wieder umgedreht werden muß, ist die S. auch gelegentl. ein Symbol für Ende u. Neuanfang v. Zyklen oder Epochen oder für die wechselnden Einflüsse des Himmels auf die Erde u. umgekehrt. – Unter den vier Kardinaltugenden symbolisiert die S. die Mäßigkeit.

Saphir *m,* galt in Antike u. MA (allerdings häufig mit dem ↗Lapislazuli gleichgestellt) als heilend; wegen seiner blauen Farbe Symbol des Himmels, des himml. Schutzes oder – bei den Alchimisten – der Luft. In der Apokalypse gehört der S. zu den Fundamenten des himml. Jerusalem. – Wie alle blauen Steine gilt der Saphir im Orient als besonders wirksames Mittel gegen den bösen Blick.

Satan, das hebräische Wort für ↗Teufel; andere häufig benutzte Namen sind Beelzebub oder Belial.

SATOR-AREPO-Formel

Ein den ↗mag. Quadraten nahestehendes Buchstabenquadrat, das in den ältesten nachgewiesenen Exemplaren (im röm. Pompeji u. im syr. Dura Europos) mit der Reihenfolge ROTAS – AREPO – TENET – AREPO – SATOR aufgebaut ist, erst seit dem 6. Jh. setzt sich die Form SATOR – AREPO – TENET – OPERA – ROTAS durch, die auch in griechischen, koptischen u. äthiopischen Buchstaben erhalten ist. Die 5 Wörter können sowohl senkrecht in beiden Richtungen als auch von links nach rechts oder von rechts nach links gelesen werden:

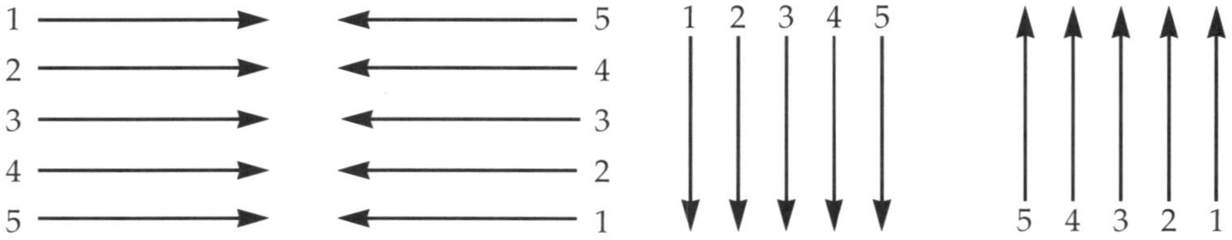

Die vier Möglichkeiten, die SATOR-AREPO-Formel zu lesen

In der SATOR-AREPO-Form wird als Übersetzung meist „Sämann Arepo hält mit Mühe die Räder“ angegeben, aber auch „Der Sämann hält den Pflug, der Arbeiter die Räder“, oder Satansbeschwörungen u. viele andere mehr oder weniger sinnvolle Überset-

Das mag. Buchstabenquadrat von einem Mosaikfußboden der Pfarrkirche von Pieve Terzagni bei Cremona, etwa 11. Jh. (nach J. B. Bauer)

Alchimistisches Sigill mit Symbolen der Tierkreiszeichen Stier, Löwe, Skorpion und Wassermann

zungen (Kombinationen) sind vorgeschlagen worden. Die S.-A.-Formel wurde auch mit Evangelistensymbolen bzw. alchimistisch mit Tierkreiszeichen verknüpft. Es sind noch viele sog. Palindrome bekannt, so z. B. das dem SATOR-AREPO äquivalente SATAN – ADAMA – TABAT – AMADA – NATAS, das mit dem 1314 zerschlagenen Templer-Orden in Zshg. gebracht wird. Die Deutung ist nicht einfach; es ist z. B. nicht zu unterscheiden, ob eine Bedeutung in das Quadrat „hineingelesen" oder „herausgelesen" wird. Die neuere Forschung hat plausibel gemacht, daß die S.-A.-Formel nicht jüdischen oder christlichen Ursprungs ist, sondern ihre Wurzel wohl im Gedankengut der Stoa hat; Ausgangspunkt für diese Ansicht ist die Bedeutung des „zentralen" Wortes TENET, um das wohl die anderen Wörter mit der geforderten Palindromform „gesucht" worden sind: TENET soll bedeuten, daß der Schöpfergott alle seine Werke „bindet", und führt so auf das Phänomen der ↗Sympathie im ↗Mikrokosmos-Makrokosmos-Denken.

Lit.: F. Focke, Sator arepo, Würzburger Jahrbücher für die Altertumswissenschaft 3, 1948, S. 366–401.

Saturn, gr. Kronos, in der antiken Mythologie der Vater des Jupiter (↗Chronos). – Astronom.-astrolog. der mildbläul.-weiß schimmernde, schon in der Antike bekannte Planet, der nicht sonderlich auffallend ist. S. in der Alchimie ↗Blei, ↗Metalle.

Demnach ist Saturn seinem Wesen nach; kalt, trokken. Planet des Tags; männlich; unfreundliches Gestirn; Herr des menschlichen Lebensalters von 69—98 Jahre; hauptsächlich sind seinem Einfluß unterworfen, das Ohr, die Blase, die Nieren, die Knochen. Das Uebel das er anrichtet entsteht langsam, dauert lange. Melancholischen Temperaments. Greise, Vätter, Vorfahren, Waisen, Erbschaften, tiefe Nachforschung, trefliches Gedächtniß; Armuth; Wanderungen; Finsterniß; Kerker; Einsamkeit; lange Vorsicht; Trauer; Leichen; Haß; Ackerbau; Maas und Gewicht. (Denn alles Geistige hat sein Bild im Leiblichen.)

Saturn: Charakterisierung nach J. W. Pfaff in seiner „Astrologie" von 1816

Satyr *m* [Mz. *Satyrn*], Mischwesen in menschl. Gestalt mit Tierohren, Hörnern, Schwanz u. Hufen; im Gefolge des Dionysos.

Sau ↗Schwein.

Saubohne, bereits im Altertum bekannte Nutzpflanze. Die schwarzfleckige Blüte galt verschiedentl. als Todes-Symbol. Der Samen wurde symbolisch mit der Fruchtbarkeit, mit Bereichen unter der Erde u. daher auch wiederum mit dem Tod in Verbindung gebracht. Die doppelte symbolische Zuordnung zu Tod u. Leben drückt sich z. B. aus in dem Umstand, daß man die Bohnen einerseits in Verbindung brachte mit den Seelen Verstorbener, andererseits mit embryonalen, vor allem männl. Kindern. – S.n-Opfer wurden entsprechend bei Feldarbeit u. Ernte, bei Hochzeiten u. Begräbnissen gebracht. ↗Bohnen.

Sauerteig, bereits im frühen Judentum verschiedentl. Symbol der Zersetzung, der geistigen Verderbnis, der Unreinheit. Opferbrote, die man den Göttern darbrachte, mußten deshalb fast stets ungesäuert sein. Beim Auszug des Volkes Israel aus Ägypten, der nachts u. überstürzt geschah, wurde der ungesäuerte Brotteig mitgenommen, da man keine Zeit mehr hatte, den Prozeß der Fermentation abzuwarten; auf der Flucht wurden daher *ungesäuerte Brote* gegessen; die alljährl. Feier des

Säule: Korenhalle des Erechtheion, Akropolis, Athen; um 420–405 v. Chr.
Schachspiel: Miniatur der Manessischen Liederhandschrift zu Heidelberg.
Schachspiel: Holzschnitt aus dem „Goldenen Spiel". Gedruckt 1472 zu Augsburg bei Günther Bainer

Paschafestes bei den Juden, das auch „Fest der ungesäuerten Brote" heißt, ist der sinnbildl. Nachvollzug der Situation des Auszugs aus Ägypten, der seinerseits ein Sinnbild der Verheißung ist.

Säule, Sinnbild der Verbindung zw. ↗Himmel u. ↗Erde (↗Pfahl); als Stütze des Gebäudes allg. Symbol der Festigkeit u. der tragenden Kraft, kann auch als pars pro toto Symbol für das „Gebäude" einer starken Gemeinschaft oder Institution sein. In ihrer vollständigen Gestalt, mit Basis u. Kapitell, steht sie dem Symbolgehalt des Lebensbaumes (↗Baum) nahe (Basis als Wurzel, Schaft als Stamm, Kapitell als Laub; vgl. z. B. ägypt., korinth., roman. u. got. S.n). – Gelegentl. kann sie auch als Verkörperung der menschl. Gestalt empfunden werden, worauf bereits die Bezeichnung Kapitell (von capitellum = Köpfchen) sowie die manchmal statt S.n verwendeten Atlanten u. Karyatiden hinweisen. – Die Bibel spricht v. den S.n, auf denen die Welt ruht u. die Gott am Jüngsten Tag einreißen wird. – Am Eingang zur Vorhalle des Salomonischen Tempels standen zwei symbolisch bedeutungsvolle S.n, benannt „Jachin" (Er läßt feststehen) u. „Booz" (In ihm ist Kraft); die Nachbildungen dieser S.n spielten später in den Tempeln der Freimaurer eine wichtige Rolle. – Neben architektonisch gebundenen S.n u. unabhängig v. diesen begegnen in vielen Kulturen auch einzelne, freistehende S.n oder Pfeiler, z. B. die sächsische Irminsul, wohl ein Sinnbild der den Himmel stützenden Weltsäule (↗Weltachse), oder die zahlreichen antiken, Siege symbolisierenden *Triumphsäulen* (z. B. die mit szenischen Reliefbändern geschmückte Trajanssäule in Rom) oder die die Herrschaft u. Rechtsmacht anzeigenden ↗Rolandstatuen oder Rolandssäulen. Im christl. Brauchtum können S.n als Erinnerungsmale an Gedenkstätten, u. a. als Bet-S., Sühne- u. Votiv-Denkmal (z. B. Bildstöcke, Bild-S.n bzw. Marterln), als Pest-, Passions-S.n usw. dienen. – Verschiedentl. kann die S., bes. bei Fruchtbarkeitskulten, auch phallische Bedeutung haben. – Die *Feuer-* u. *Wolkensäule,* als welche Gott das Volk Israel durch die Wüste führte, erscheint als mystisches Symbol mehrfach in der religiösen Literatur.

Saum ↗Gewandsaum.

Schachspiel, Symbol des Kampfes zweier gegensätzl. Parteien, zumeist mit den Grund-Gegensätzen Männlich – Weiblich, Tod – Leben, Hell – Dunkel, Gut – Böse, Himmel – Erde bzw. Hölle in Verbindung gebracht. Als Betätigungsfeld planender Intelligenz gilt das S., z. B. in Indien, auch als Sinnbild kosmischer Vernunft u. Ordnung. Das S. ist in Indien, China, Japan u. Europa den eigenen Kul-

turen entsprechend modifiziert: das ind. S. repräsentiert das ind. Ideal des Regierens, die Wahrung der Normen u. der Kastengesellschaft, es war wenig dynamisch. Das chines. S. hierarchisiert den Raum, es ist undynamisch, die Welt wird als geschlossenes Universum gedacht, im Mittelpunkt liegt das Gebet des Herrschers, der die Welt ordnet. Auch das japan. S. unterteilt wie das chin. das Brett in drei Territorien, die Spielfigur wird nicht autonom definiert, sondern ist bestimmt auch v. ihrer dezentralen u. mehrdeutigen Umgebung. Das europ. S. ist durch u. durch höfisch; neue Regeln (z. B. Vergrößerung des Aktionsradius etwa v. Turm, Dame u. Läufer, Möglichkeit der Rochade) dynamisieren Zeit u. Raum.

Schädel, *Totenschädel,* häufig symbolisch mit dem Himmelsgewölbe verglichen (Ausdruck der sinnbildl. Bedeutungsverknüpfung von menschl. Mikrokosmos u. universalem Makrokosmos). – Vor allem in der Kunst des Abendlandes Symbol der Vergänglichkeit. – Als materielles „Gefäß" des Geistes wurde der S. von Alchimisten gerne als Behälter bei Verwandlungsprozessen verwendet. Auch der aus verschiedenen Kulturen bezeugte S.kult hat seinen Grund wohl in der Vorstellung vom S. als „Sitz" des Geistes. – Der unter dem Kreuz Christi häufig dargestellte S. ist der S. Adams (↗Adam).

Schaf ↗Lamm.

Schakal *m,* galt oft als Tier, das um Friedhöfe streicht u. sich von Leichen ernährt, daher sah man in seinem Erscheinen häufig ein böses Omen. Gelegentl. verstand man ihn auch als Symbol der Gier u. des Zorns. – Der Tierkopf des ägyptischen Totengottes Anubis wird häufig als S.kopf gedeutet, es handelt sich allerdings wohl um einen schakalähnlichen Windhund.

Schale, *Kelch,* oft ein Symbol überströmender Fülle. – In der Bibel erscheint das Bild der S. in verschiedenen Zusammenhängen: die S. des Heils oder des Schicksals, das der Mensch aus der Hand Gottes wie eine S. oder wie den Inhalt einer S. empfängt oder auch die S. des Zornes Gottes usw. Christus spricht in der Ölbergszene v. dem Kelch der ihm bevorstehenden Leiden. – Als Nahrung spendendes Gefäß erscheint die S. gelegentl. als Sinnbild der mütterl., nährenden Brust (z. B. in Indien); als bergendes u. bewahrendes Behältnis ist sie auch ein Symbol des mütterl. Schoßes. – Wegen ihrer Form wurde sie mit der Mondsichel (↗Halbmond) in Verbindung gebracht (die, auch wegen ihrer milchweißen Farbe, wiederum auf die mütterl. Brust verweist). – S.n in ritueller Verwendung oder in der religiösen bildenden Kunst enthalten häufig den Trank der Unsterblichkeit. – Der Kelch, der das Blut Christi enthält, ver-

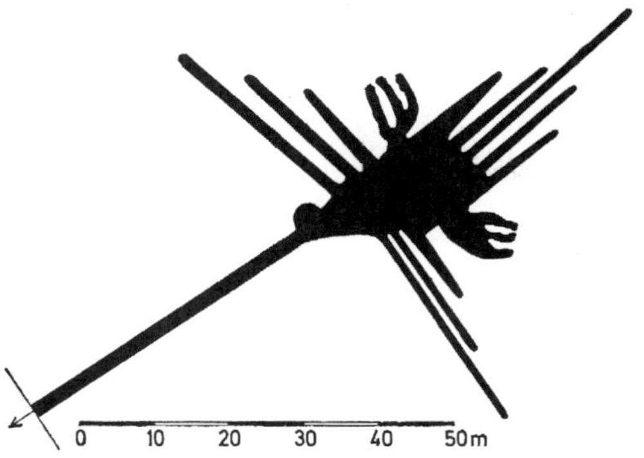

Schakal: der ägypt. Gott Anubis; Ausschnitt aus einer Wandmalerei im Grab des Ramses I., Tal der Könige; 19. Dyn.
Schale: der eucharist. Kelch; Ausschnitt, nach einem Gemälde v. J. D. de Heem; um 1650
Schale: Tassilokelch in Kremsmünster Ende des 8. Jh.
Scharrbilder: Ein Fabeltier fliegt dem Aufgangspunkt der Sonne am Sommersonnenwendtag entgegen (in Richtung des Pfeils)

weist auch außerhalb der Eucharistiefeier, in bildlichen Darstellungen, auf Christus u. das ewige Heil. – Das gemeinsame Trinken aus einer S. oder einem Kelch im Rahmen einer Gemeinschaft zum Zeichen der Zusammengehörigkeit u. der Zugehörigkeit zu einer gemeinsam anerkannten Idee, Religion usw., ist in verschiedenen Kulturen verbreitet. Das gegenseitige Austauschen der Trinkschalen symbolisiert Treue (z. B. in Japan, etwa im Rahmen der Hochzeitszeremonien). – In der islam. Literatur begegnet die S. als Symbol des Herzens; drei Schalen, gefüllt mit ↗Milch, ↗Wein u. ↗Wasser, symbolisieren den Islam (Milch als Symbol der natürlichen u. richtigen Religion), das Christentum (in dem der Wein sakrale Bedeutung erhält) u. das Judentum (in dem das Wasser eine zerstörende Rolle in der Sintflut u. eine hilfreiche beim Durchschreiten des Roten Meeres spielte). – Der Symbolgehalt der S. steht gelegentl. auch der kosm. Symbol-Bedeutung des ↗Schädels nahe. ↗Gral.

Schalensteine, meist im Zshg. mit bronzezeitl. ↗Steinsetzungen oder Felszeichnungen der Megalithkulturen gefundene napfartige Vertiefungen in ↗Menhiren oder markanten Felsen; die Bedeutung ist umstritten, es werden Abbildungen v. Sternbildern oder [meist] Teile von Visiermarkierungen vermutet, die zur Bestimmung v. Kalenderfixpunkten dienten.

Scharrbilder, um 1939, rund 400 km südl. Lima in der hochgelegenen Wüste entdeckte Netze v. Linienzügen, oft in Form geometr. Figuren oder riesiger Tier- u. Menschengestalten; die Liniengebilde entstanden dadurch, daß die oberen Erdschichten bis zu 30 cm Tiefe „fortgekehrt" wurden u. der hellere Mutterboden zum Vorschein kam. Die Deutung der S. ist umstritten, teilweise dürfte es sich um astronom. Peillinien v. bis zu 10 km Länge handeln, die als Richtungsweiser v. Auf- u. Untergängen v. Gestirnen dienten (Kalenderkonstruktion), teilweise könnte es sich auch um die Wiedergabe v. Sternkonstellationen handeln oder um kosmolog.-mytholog. Gestalten (bis zu 300 m Ausdehnung). Als Entstehungszeit wird der Zeitraum zw. 5. Jh. v. Chr. bis zum 13. Jh. n. Chr. (möglicherweise Angehörige der Paracas/Nazca-Kultur) angegeben.

Schatten, einerseits der Ggs. zum ↗Licht; in dieser Hinsicht z. B. Aspekt des Prinzips Yin (↗Yin u. Yang); andererseits eine Art Abbild jeder phys. Erscheinung u. insofern oft als bestimmte Wesensform der ird. Gestalten gedeutet; gilt z. B. in Afrika häufig als zweite, dem Tode verwandte Natur aller Dinge u. Wesen. – In mehreren Indianersprachen bezeichnet dasselbe Wort S., Bild u. Seele. – In verschiedenen Jenseitsvorstellungen werden die Toten als S. gedacht. – Oft wurden aber auch gerade

die Seele u. Lebenskraft als S. verstanden, entspr. haben Geister, die in Menschengestalt erscheinen, oder Menschen, die ihre Seele dem Teufel verkauft haben, keinen S. – Als „blutleere" u. nur scheinbar belebte Gestalt erscheint der S. in philosoph. Sicht auch als Symbol für die Scheinhaftigkeit der ird. Welt, so etwa im Buddhismus, oder für die im bloßen Meinen befangene, nicht an der Ideenwelt orientierte Erkenntnis, so in Platos Höhlengleichnis (↗Höhle). – C. G. Jung versteht unter dem Begriff S. die Gesamtheit der unterbewußten Persönlichkeitsschichten, die durch den Individuationsprozeß stufenweise bewußt angeeignet u. verwandelt werden.

Schatulle, auf mittelalterl. (Marien-)Bildern Symbol der Jungfräulichkeit.

Schatz, begegnet in den myth. Vorstellungen vieler Völker, vor allem als verborgener, oft v. ↗Ungeheuern bewachter S. Wird verschiedentl. als Sinnbild esoter. Wissens, unter psychoanalyt. Gesichtspunkt auch als Symbol für angestrebte Ziele der Individualentwicklung verstanden.

Schaukel, in Südostasien (wie auch teilweise in Griechenland u. Spanien) steht die S. in Zusammenhang mit Fruchtbarkeitsriten; die Bewegung des Schaukelns wird dabei offenbar in Verbindung gebracht mit dem Zu- u. Abnehmen des natürl. Wachstums; möglicherweise wird auch an den durch das Schaukeln entstehenden Wind gedacht, der den Boden befruchtet. Vor allem in Indien symbolisiert sie den Auf- u. Untergang der ↗Sonne, den Rhythmus der Jahreszeiten u. den ewigen Kreislauf von Tod u. Geburt, gelegentl. auch die harmon. Verbindung v. Himmel u. Erde u. damit zeitweilig auch den ↗Regenbogen u. den ↗Regen.

Scheibe, wie der ↗Kreis häufig Sonnen-Symbol (z. B. in Indien u. Ägypten); die Darstellung einer geflügelten S. repräsentiert den Lauf der ↗Sonne u. im übertragenen Sinn allg. den Aufschwung in höhere Sphären. – In China Symbol himmlischer Vollkommenheit; eine im Zentrum mit einem ↗Loch versehene Jade-S. (Pi) symbolisiert den Himmel.

Scheibenkreuz, Kreuz oder Kruzifix vor dem Hintergrund einer Scheibe mit ornamentalem oder figürl. Schmuck; bes. 11.–Ende 13. Jh. häufig.

Scheideweg, *Kreuzweg, Wegkreuzung,* in den meisten Kulturen bedeutsamer Ort der Begegnung mit transzendenten Mächten (Göttern, Geistern, Toten), häufig dem Symbolgehalt der ↗Türe nahestehend, da auch der S. den notwendigen Übergang zu Neuem (v. einer Lebensphase zur anderen,

Scheibenkreuz: (Holz, um 1230; St. Maria z. Höhe, Soest i. W.)
Scheideweg: Die Wahl des rechten Lebensweges Kupferstich mit dem Y-Symbol, um 1620.
Schiff: Das Schiff symbolisiert die Kirche als Stätte des Friedens („Musterbuch" von Schmid)
Schildkröte: nach einer hinduist. Darstellung der Erschaffung der Welt (Ausschnitt), bei der das uranfängl. Milchmeer durch period. Drehung der Weltachse in Butter verwandelt wird; die Weltachse steht auf einer S.

v. Leben zum Tod) symbolisieren kann. Um die Götter oder Geister des S.es günstig zu stimmen, wurden an S.en oft Obelisken, Altäre oder Steine aufgestellt oder Inschriften angebracht. Fast überall in Europa gilt der S. auch als Treffpunkt v. Hexen u. bösen Dämonen. Möglicherweise hat nicht zuletzt deshalb auch das Christentum gerne Kreuze, Madonnen- u. Heiligenstatuen u. Kapellen an S.en aufgestellt. – Bei vielen afrikan. Stämmen spielt die Symbolik des S.es eine bedeutsame Rolle bei rituellen Handlungen. – In der griech. Mythologie tötet Ödipus seinen Vater an einem S. Die Griechen opferten einer dreigestaltigen oder dreiköpfigen Göttin der dreifachen Weggabelung: Hekate, Herrin v. Spuk- u. Zauberwesen, die außerdem dem Totenreich nahestand. Auch die Statue des Seelenführers Hermes wachte an S.en u. Weggabelungen. Eine berühmte, v. Prodikos erfundene Geschichte berichtet v. Herakles, der sich am S. für die Tugend, gg. die Weichlichkeit entscheidet. Die Römer kannten einen Kult der Laren des S.es, mit dem sie das Schicksal günstig stimmen wollten. – Nach spätgerman. Recht wurden am S. auch Rechtshandlungen vorgenommen.

Schere, als Schneidinstrument Symbol des aktiven, männl. Prinzips. In der griech. Mythologie Attribut der Moire (↗Moiren) Atropos, die damit den Lebensfaden (↗Faden) durchschneidet: Symbol der Abhängigkeit des Menschen von den das Schicksal lenkenden Mächten u. Symbol für den plötzlichen Tod.

Schiff, Sinnbild für Reise u. Überfahrt, damit auch Symbol für das Leben, die Lebensfahrt, frühe Beispiele dafür schon in Mesopotamien. – Im Christentum ist das S., häufig mit zusätzl. Bezug auf die ↗Arche Noah, ein Symbol der durch die Wogen der weltl. Gefahren sicher steuernden Kirche (↗Kiste). Auch die architekton. Gestalt des Kirchenbaues (worauf bereits die Bz. Mittel-, Seiten- u. Querschiff deutet) wurde, häufig ins Detail gehend, mit einem S. verglichen; gelegentl. findet man auch Altäre in S.form. ↗Kahn.

Schiffsgrab, Bestattung der Toten in Schiffen (Wikinger, auch Ozeanien), schiffsförmigen Steinsetzungen (Bronzezeit: Nordeuropa) oder Bauten (u. a. Balearen); beruht auf der Vorstellung einer Fahrt ins Jenseits.

Schildbürger, sinnbildl. (symbol.) Figuren des Spießbürgertums, Symbolfiguren gemeinschaftl. Beschränktheit, bezieht sich urspr. auf die Bewohner v. Schilda (Schildau).

Schildkröte, spielte vor allem in der Mythologie Indiens, Chinas u. Japans eine

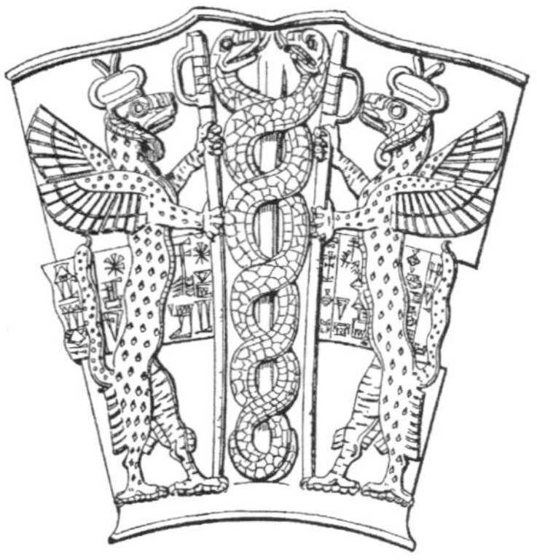

große Rolle. Die Zeichnungen auf ihrem Rückenpanzer wurden in verschiedenen Hinsichten als Muster kosm. Strukturen gedeutet. Häufig begegnet sie selbst oder ihre Füße als Stütze des Universums, des himml. Thrones, der Urgewässer oder auch z. B. der Inseln der Unsterblichen. In mongol. Mythen erscheint eine goldene S., die den zentralen ↗Berg des Universums trägt. Der gewölbte Rückenpanzer der S. wurde verschiedentl. als Abbild des Himmels gesehen, der sich über der nach früheren Vorstellungen flachen Scheibe der Erde in Gestalt des Bauchpanzers erhebt. Die S. selber erscheint so als Mittlerin zw. Himmel u. Erde oder auch insges. als Sinnbild des Universums. – Da sie sehr alt wird, begegnet sie auch häufig – z. B. auf chin. Gräbern – als Symbol der Unsterblichkeit; aus ihrem Panzer u. ihrem Gehirn bereitete man deshalb angebl. lebensverlängernde Elixiere. In Japan (wo man ihr eine Lebensdauer v. 12 000 Jahren nachsagte), wurde sie häufig zusammen mit der ↗Kiefer u. dem ↗Kranich, zwei weiteren Unsterblichkeits-Symbolen, abgebildet. Ihr hohes Alter sowie die geheimnisvollen, als Schrift gedeuteten Zeichen auf ihrem Rücken machten sie außerdem zu einem Symbol der Weisheit. Auch in Afrika, wo sie verschiedentl. mit schachbrettförmigem Rücken dargestellt wird, ist sie ein Symbol der Weisheit, Geschicklichkeit u. Macht, auch hier gilt im übrigen ihr Rückenpanzer als Sinnbild des Himmelsgewölbes. – Da sie sich in ihr Gehäuse wie in eine andere Welt zurückziehen kann, ist sie, bes. in Indien, ein Symbol der Konzentration u. Meditation. – In China verkörpert die S. außerdem den Winter, den Norden u. das Wasser. – In der Antike war sie wegen ihrer zahlreichen Nachkommen ein Fruchtbarkeits-Symbol u. der Aphrodite (Venus) heilig, mit Bezug auf die phallische Form ihres Kopfes war sie außerdem dem Pan geweiht. Wegen ihrer Zurückgezogenheit in den Panzer wurde sie auch als Sinnbild häusl. Tugenden verstanden. – Die S. galt aber auch – vor allem im Orient u. im oriental. beeinflußten Abendland – als dämon., mit dunklen Mächten im Bunde stehendes Tier; darauf gehen z. B. Darstellungen zurück, die die S. (Dunkelheit) im Kampf mit dem ↗Hahn (Licht) zeigen. Für die Kirchenväter ist die gerne im Schlamm lebende (Sumpf)-S. häufig ein Symbol für die Niedrigkeit der bloßen Sinneslust. Da man im Altertum aus ihrer Schale (Resonanzboden) die Leier herstellte, kann sie in der christl. Literatur, aber auch zugleich als Symbol für die moral. Verwandlung des sündigen Fleisches durch den Geist Erwähnung finden.

Schilfrohr, da es leicht im Winde schwankt, Sinnbild des Wankelmuts u. der Schwäche; wegen seiner Biegsamkeit aber auch ge-

Schlange: Schlangenstab auf einer sumerischen Vase
Schlange: die Uräusschlange mit der Sonnenscheibe; Bronze
Schlange: die Kundalini-S. mit den Hauptkanälen des Nâdîsystems als Schlangenstab
Schlange: die Eherne S. des Moses am Kreuz, alchimist. gedeutet als ‚serpens mercurialis'; aus: Eleazar, Uraltes chymisches Werk, 1760
Schlange: S. verschlingt einen Menschen (mexikanischer Codex).

legentl. Symbol der Flexibilität. – Nach den mytholog. Vorstellungen des Shintoismus begann die Weltschöpfung damit, daß überall S. aus den Urwassern hervorsproß. – Weil die röm. Soldaten Jesus verspotteten, indem sie ihm ein Zepter aus S. in die Hand gaben, ist es auch verschiedentl. ein Attribut auf Ecce-homo-Darstellungen.

Schirm, meist symbolisch als ↗Sonnenschirm.

Schiwa, *Shiva,* Hochgott des Hinduismus neben Wischnu u. Brahma, alter, wohl nichtarischer Gott, Urheber der kosm. Illusion u. Weltzerstörer. Oft dargestellt als Tanzkönig, vielarmig, mit Schlangen, einer Schädelkette u. einer Mondscheibe als Kopfschmuck; verehrt in der Gestalt des ↗Lingam. ↗Durga.

Schlange, spielt bei den meisten Völkern eine außerordentl. wichtige u. sehr vielgestaltige Rolle als Symbol-Tier; symbolprägend waren vor allem ihre Sonderstellung im Tierreich (Fortbewegung über der Erde ohne Beine, Leben in Erdlöchern, aber aus Eiern schlüpfend wie ein Vogel), ihr kaltes, glattes u. schillerndes Äußeres, ihr giftiger Biß u. ihr Gift, das sich auch zu Heilzwecken verwenden läßt, sowie ihre period. Häutungen. – Häufig begegnet sie als chthonisches Wesen, als Gegenspielerin des Menschen (aber auch als apotropäisches Tier), als Hüterin heiliger Bezirke oder der Unterwelt, als Seelentier, als Sexual-Symbol (männl. wegen ihrer phall. Form, weibl. wegen ihres verschlingenden Bauches) sowie (wegen ihrer Häutungen) als Sinnbild ständiger Erneuerungskraft. – In Afrika wurde die S. verschiedentl. kult. als Geist oder Gottheit verehrt. – In den alten mittelamerikan. Kulturen spielte bes. die *gefiederte* S. eine große Rolle; sie war urspr. ein Sinnbild des Regens u. der Vegetation, später wurde sie zur „mit grünen Quetzalfedern bedeckten Nachthimmelschlange", die der „Türkis-" oder „Taghimmelschlange" gegenüberstand u., vereinigt mit dieser, ein Symbol des Kosmos darstellte. – In China galt die S. als mit der Erde u. dem Wasser verbunden u. daher als Yin-Symbol (↗Yin und Yang). – Die ind. Mythologie kennt die *Nagas,* S.n, die als wohltätige oder unheilbringende Mittler zw. Göttern u. Menschen fungieren u. verschiedentl. (wie auch andere S.n in anderen Kulturen) mit dem ↗Regenbogen in Verbindung gebracht wurden. Die *Kundalini-S.,* die als zusammengerollt am unteren Ende der Wirbelsäule vorgestellt wird, gilt als Sitz kosm. Energie u. ist ein Lebens- u. (psychoanalyt. formuliert) ein Libido-Symbol. – Aus Mesopotamien stammt der älteste (Ende des 3. Jahrtausends v. Chr.) Beleg für einen ↗Äskulapstab. – Im Symboldenken der Ägypter spielt die S. eine

wesentl. u. sehr vielgestaltige Rolle; so kannte man z. B. mehrere S.ngöttinnen, etwa eine Kobra-Göttin, die das Wachstum der Pflanzen bewachte. Auch das (gute oder böse) Schicksal wurde – z. B. als „Hausgeist" – verschiedentl. in Gestalt einer S. verehrt. Daneben begegnen zahlreiche myth. S.n (geflügelt, mit Füßen, mehreren Köpfen usw.). Die *Uräus-S.* galt als Repräsentantin einer mit vielen Namen belegten Göttin; man sah in ihr die Verkörperung des Auges des Sonnengottes; nach mytholog. Vorstellungen bäumt sie sich an der Sonne oder der Stirn des Sonnengottes auf u. vernichtet durch ihren Feuerhauch die Feinde; als Schutz- u. Herrscher-Symbol erscheint ihre Darstellung auf der Stirn der ägypt. Könige. Aber auch der Hauptfeind des Sonnengottes u. der Weltordnung, *Apophis*, hat die Gestalt einer S. In Ägypten findet sich außerdem erstmals das Symbol des ↗*Ouroboros*, der sich in den Schwanz beißenden S. – Den Juden galt die S. vorwiegend als bedrohl. Wesen, das AT zählt sie zu den unreinen Tieren; sie erscheint als das Urbild der Sünde u. des Satans u. ist die Verführerin des ersten Menschenpaares im Paradies; andererseits begegnet sie aber auch als ein Symbol der Klugheit. Als Gott den Ungehorsam der Israeliten mit einer Plage v. giftigen, geflügelten S.n bestrafte, befahl er Mose, auf dessen Bitten, eine ↗Eherne S. zu fertigen; wer v. den Gift-S.n gebissen wurde u. auf jene blickte, sollte am Leben bleiben. Eine Eherne S. dieser Art war daher lange Zeit Kultgegenstand der Juden, dem Christentum galt sie wegen ihres heilbringenden Charakters als symbolisches Vorausbild Christi; die S.nformen an Bischofsstäben beziehen sich u. a. auf jene Eherne S. sowie auf die S. als Symbol der Klugheit. – Auch die Antike kannte zahlreiche myth. u. symbolische S.ngestalten, häufig in Form v. ungeheuerartigen Mischwesen (↗Chimäre, ↗Echidna, ↗Hydra). Im Kult des Heilgottes Asklepios (Äskulap) spielte die S. (mit Bezug auf ihre Häutung) als Symbol der ständigen Selbsterneuerung des Lebens eine wichtige Rolle (↗Äskulapstab). In röm. Häusern wurden häufig S.n als Sinnbilder der Haus- u. Familiengeister gehalten. – Die *Midgard-S.* der altnord. Mythologie ist eine riesige, verderbenbringende S., die die als Scheibe gedachte Erde (Midgard) umlagert; ein Symbol der ständigen Bedrohung der Weltordnung; im frühen Christentum wurde sie dem ↗Leviathan gleichgesetzt. – Die christl. Kunst des MA betont häufig den verführer. Aspekt der Paradieses-S. durch eine enge Beziehung zur Frau (z. B. S.ndarstellungen mit Frauenkopf u. Brüsten), wodurch eine innere Verwandtschaft zur verführten Eva nahegelegt wird. – Im ↗Physiologus wird die S. unter dem Text des Mt 10,16: „Seid klug wie die S.n und ohne Falsch wie die Tauben" abgehandelt. – Die S. ist das

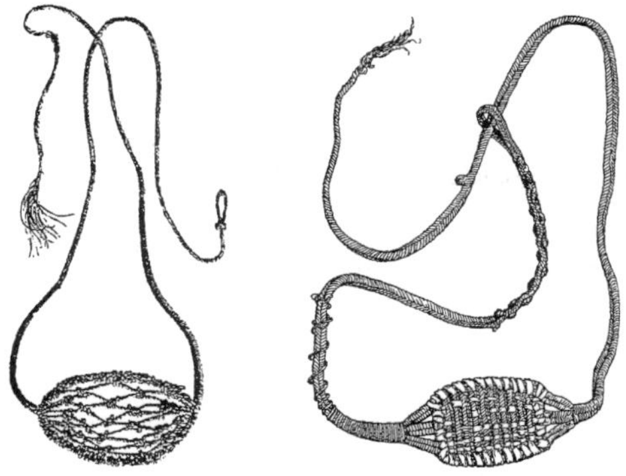

***Schlange:** S. als weibl. Versucherin am Paradiesbaum; Holzschnitt v. Steffen Arndes, aus: Hortus sanitatis, Lübeck, 1492*
***Schlange:** Paradiesschlange am Baum der Erkenntnis; nach einem Holzschnitt (Ausschnitt) v. H. Baldung gen. Grien; 1505*
***Schleier:** ‚Der Schleier fällt vom Antlitz des Uralten'; nach einer Miniatur; Tours-Bibel*
***Schleuder:** Schleudern aus Madagaskar (links) und Kenia*

6. Zeichen des chin. ↗Tierkreises, sie entspricht der ↗Jungfrau. – ↗Aspis.

Schleier, ähnl. wie der ↗Mantel, Symbol der Verhüllung, des Geheimnisses; die *Entschleierung* ist demgegenüber ein Sinnbild der Offenbarung, der Erkenntnis, der Initiation. Der Zugang zu spirituellen Geheimnissen wird verschiedentl. durch die Enthüllung des menschl. Körpers zum Ausdruck gebracht. Die rituelle Entschleierung der ägypt. Göttin Isis z. B. war ein Symbol für das Erscheinen des göttl. Lichtes. Die Nacktheit Christi am Kreuz wurde unter diesem Gesichtspunkt gelegentl. als Zeichen des Offenbarwerdens esoter. Geheimnisse interpretiert. – In der ind. Philosophie wird die *Maya*, die Bedingung der Möglichkeit aller vergängl. Erscheinungen, mit einem S. verglichen; wie dieser ver- u. enthüllt sie zugleich: sie verbirgt den wahren Grund alles Seins u. gibt dadurch erst der Fülle der Erscheinungswelt den scheinbar objektiven Charakter. – Im Islam gilt das Angesicht Gottes als v. 70000 Licht- u. Schatten-S.n verhüllt; sie dämpfen den göttl. Glanz, um ihn für die Menschen ertragbar zu machen; eigentl., so erläutern manche Interpreten, umgeben die S. aber nicht Gott, sondern seine Geschöpfe; nur den Heiligen ist es möglich, diese S. teilweise zu lüften. Der Koran spricht u. a. auch v. einem S., der die Verdammten u. die Auserwählten voneinander scheidet. – Im Kultus u. Volksbrauchtum dient der S. oft der Abwehr feindl. Dämonen. – Als Zeichen der Ehrfurcht oder der Angst vor dem Heiligen trugen Opfernde häufig einen S. vor dem Gesicht. – Der *Trauerschleier* symbolisiert die Zurückgezogenheit der Trauernden, der S. der Braut oder der Mohammedanerin ist ein Sinnbild der Schamhaftigkeit u. der *Brautschleier* zugleich ein Zeichen der Vermählung. Einen ähnl. Sinn hat der S. der Nonnen, die sich als Bräute Christi verstehen.

Schleifenkreuz ↗Ankh.

Schleuder, mit ↗Bogen u. ↗Pfeil eine der ältesten „Distanzwaffen", die noch heute z. B. bei Hirten mit größter Treffgenauigkeit verwendet wird; David – der Schafhüter – in seinem Kampf gg. den Riesen Goliath ist als der bekannteste „Schleuderer" zu einer Symbolfigur des [körperl.] unterlegenen Kämpfers, der einen [körperl.] überlegenen Riesen überwinden kann, geworden. – In einigen indian. Kulturen Attribut des Gewittergottes, wohl wegen des Geräuschs, das die S. beim Abschießen gibt.

Schloß, häufiges Märchenmotiv; steht oft inmitten verzauberter Wälder oder auf verwunschenen Bergen; symbolisiert meistens (vor allem, wenn es hell und leuchtend geschildert ist) die Summe u. Erfül-

lung aller auf das Positive gerichteten Wünsche. – Ein schwarzes u. leeres S. kann auch Symbol des Verlustes, der Hoffnungslosigkeit sein.

Schlüssel. Der Symbolgehalt des S.s hängt damit zusammen, daß er sowohl öffnet wie verschließt. Janus, der römische Gott der Türe (später allgemein des Anfangs), wurde meistens mit Pförtnerstab u. S. dargestellt. – In Japan gilt der S. als Glückssymbol, weil er die Reiskammer (auch die verborgenen Schätze im übertragenen, geistigen Sinne) aufschließt. – In der christlichen Kunst symbolisiert er – auch als Doppel-S. – die dem Apostel Petrus verliehene Vollmacht, zu lösen u. zu binden (vgl. auch die beiden S. des Papstwappens). – Im MA galt die S.-Übergabe als symbolische Rechtshandlung, die Vollmachten verlieh (z. B. die Übergabe des Stadt-S.s). – In esoterischen Symbol-Sprachen bedeutet der Besitz des S.s häufig: „eingeweiht sein". – Auch in Märchen u. Volkssagen erscheint der S., oft als Symbol des erschwerten Zuganges zu Geheimnissen oder (wie auch im Brauchtum u. im Volkslied) als erotisches Symbol.

Schlüsselblume, *Himmelsschlüssel, Primel,* Frühlingsblume vor allem der nördl. gemäßigten Zone mit meist gelben Blütendolden auf kräftigen Stielen, was der Pflanze ein gewisses schlüsselähnl. Aussehen verleiht; bei den Germanen der Muttergöttin Frija geweiht. Im MA Heil- u. Zauberpflanze, insbesondere galt sie als wirksam beim „Erschließen" verborgener Schätze. Frühlings-Symbol, da sie den Frühling „aufschließt" u. ihr Anblick trübe Wintergedanken vertreibt. Marien-Symbol, weil Maria durch ihren Sohn Jesus Christus den Menschen das Himmelstor aufschließt.

Schlußstein, im Scheitel eines Bogens oder Gewölbes keilförmig eingesetzter Stein, oft durch figürl. oder ornamentales Relief oder Wappen hervorgehoben; bes. in der Spätgotik auch als herabhängender Knauf *(Abhängling)* ausgebildet.

Schmetterling, wegen seiner Leichtigkeit u. bunten Schönheit in Japan Symbol der Frau; zwei S.e symbolisieren das eheliche Glück. – Die wesentl. Symbol-Bedeutung des S.s beruht jedoch auf seiner Metamorphose v. ↗Ei über die ↗Raupe u. die der Todesstarre verhaftete Puppe zum strahlend bunten, dem Sonnenlicht zugewandten Flügelinsekt. Er ist daher schon in der Antike ein Symbol für die durch den phys. Tod nicht zu zerstörende Seele (sein griech. Name ist „psyché"); in späterer Zeit wurde allerdings stärker das Gefällige, flatterhaft Schweifende des S.s u. seine Beziehung zu dem Liebesgott Eros betont. – In der christl. Symbolik ist der S. einerseits ein Auferste-

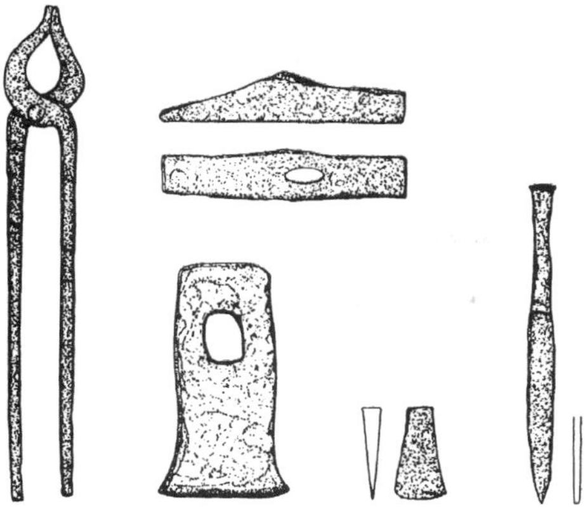

Schlußstein: Got. Schlußstein (mit Fischsymbol)
Schmetterling: Eros mit einem v. S.en gezogenen Pflug; Gemme, 18. Jh.
Schmied: Darstellung aus: Hortus sanitatis, 1509
Schmied: Keltisches Schmiedewerkzeug aus verschiedenen Grabfunden; 1. u. 2. Jh. v. Chr.

hungs- u. Unsterblichkeits-Symbol, andererseits, wegen seiner kurzen Lebensdauer u. vergängl. Schönheit, auch ein Sinnbild der leeren Eitelkeit u. Nichtigkeit. – In der psychoanalyt. Traumdeutung begegnet der S. verschiedentl. als Symbol für Befreiung u. Neuanfang. ↗Nachtfalter.

Schmetterlingspuppe ↗Puppe.

Schmied, als Bezwinger der ↗Metalle (bes. des ↗Eisens) u. als kraftvoller, schöpfer. Veränderer kosmogon. Symbol-Figur; in den religiösen Vorstellungen vieler Völker dem Hauptgott als Helfer zugeordnet (z. B. Zeus-Hephaistos); häufig mit ↗Blitz u. ↗Donner operierend. – Als Mensch erscheint der S. oft als Beherrscher des Feuers, als Heiler v. Krankheiten u. als Regenmacher; das negative Pendant hierzu ist die ebenfalls weitverbreitete Vorstellung vom S., der mit den Kräften des unterird. Feuers, mit schwarzer Magie u. der Hölle in Verbindung steht. – Handwerker, der vor allem als Waffenschmied in der german. u. kelt. Mythologie eine bedeutende Rolle spielt. In vielen Fällen wurden auch die Zwerge als bes. kunstfertige Schmiede gerühmt. – In den Vorstellungen afrikan. Völker spielt der S. – u. a. Hersteller v. Ahnen- u. anderen Kultbildern – eine wichtige, verschiedentl. auch gefürchtete Rolle u. nimmt sozial deshalb oft eine hohe Stellung ein; bei einigen Stämmen wird er allerdings auch verachtet.

Schmuck, Symbol des Ausgezeichnetseins, der Macht, des esoter. Wissens; aber auch einfach Symbol des materiellen Reichtums; schließl., im negativen Sinne, Symbol der Nichtigkeit, des bloß äußerl. Scheins alles Irdischen. – Bei vielen Völkern wurde dem Tragen v. S. eine apotropäische Wirkung (↗Amulett) beigemessen. Vielfach wurde S. den Toten als Grabbeigabe mitgegeben, damit sie für das Leben nach dem Tod geschmückt waren.

Schnecke, in zahlreichen Kulturen lunares Symbol, da sie ihre Fühler u. sich selbst wechselnd zeigt oder zurückzieht, insofern ein Bild des ständigen zu- oder abnehmenden Mondes; in dieser Hinsicht auch allg. Symbol stetiger Erneuerung. – Indian. Windgötter wurden oft zum Ausdruck ihrer Fähigkeit, bis in die letzten Winkel vorzudringen (so wie die S. sich in ihr Haus zurückzieht), schneckenförmig dargestellt. – Wie die ↗Muschel wurde die S. auch verschiedentl. mit dem weibl. Geschlechtsorgan verglichen; in einigen indian. Kulturen war sie deshalb u. wegen ihres schützenden Hauses ein geläufiges Symbol für Empfängnis, Schwangerschaft u. Geburt. – Im Christentum gilt sie, da sie im Frühjahr den Deckel ihres Gehäuses sprengt, als Auferstehungs-Symbol. – Wegen der Form ih-

Schnecke: Die Schnecke ist ein Sinnbild der Auferstehung und trägt z. B. deshalb in Nürnberg das Grab des hl. Sebaldus („Musterbuch" von Schmid)
Schnecke: sich aus einer S. erhebender Windgott der Maya

res Gehäuses steht die S. auch in symbol. Zshg. mit der ↗Spirale. – *Kauri-* oder *Porzellanschnecken* waren bei verschiedenen Naturvölkern nicht nur als Schmuck u. Geld, sondern auch als Amulette u. Fruchtbarkeits-Symbole beliebt.

Schnee, wegen seiner Farbe (↗Weiß), seiner Reinheit u. seiner Kälte Symbol der Keuschheit u. jungfräul. Unberührtheit; daher im christl. Symboldenken Marien-Symbol.

Schneeglöckchen, eine der ersten Frühlingsblumen, daher Sinnbild der Hoffnung; auf christl. Tafelbildern des MA Marien-Attribut, da wir Maria die „Geburt der Hoffnung" verdanken, auf diesen Darstellungen stehen die S. meist auf der linken Seite v. Maria bzw. des Christkindes.

Schnepfe, ein Christussymbol, da dieser Vogel als Schlangenvertilger gilt; ähnl. Bedeutung haben auch z. B. ↗Storch oder ↗Igel.

Schnur, wie die ↗Kette Symbol der Verbindung, häufig bes. derjenigen zw. Himmel u. Erde, auch im Sinne des Befruchtens der Erde durch den Himmel verstanden, daher gelegentlich Symbol für den ↗Regen. – Vorstellungen des Buddhismus u. Hinduismus, der Neuplatoniker u. anderer Weltanschauungen zufolge ist der Geist des Menschen mit der Seele oder dem Leib durch eine astrale goldene S. verbunden. – Für die Freimaurer symbolisiert eine S. mit Knoten die Gemeinschaft aller Freimaurer.

Schofar *m,* im altjüd. Kult das Widderhorn, das nur zu genau festgelegten Anlässen (z. B. am Neujahrsfest oder am Versöhnungstag) geblasen wurde; aus dem eintönigen S. entwickelte sich wohl die ↗Posaune.

Schöllkraut, Mohngewächs mit gelbl. Milchsaft; fr. als vielseitiges Heilmittel verwendet; aus dem goldgelben Saft versuchten die Alchimisten Gold zu machen. Der Name der Pflanze leitet sich v. dem griech. Wort für ↗Schwalbe (chelidon) her, da nach dem Volksglauben der Antike u. des MA die Schwalben ihre Jungen durch den Saft des S.s sehend machten. Das S. hat daher die symbolische Bedeutung: sehend zu machen, v. der geist. Blindheit zu heilen, Lichtbringer zu sein; es verweist deshalb in der ma. Kunst häufig auf Christus. – Der Volksglaube sah in der Pflanze, die angebl. jedem, der sie bei sich trug, die Macht verlieh, Streit zu schlichten, auch ein Symbol der Zufriedenheit.

Schornstein ↗Kamin.

Schoß ↗Gebärmutter, ↗Abraham.

Schöpfung

Die Frage, wie die Welt entstanden ist, ist so alt wie das Bewußtsein, durch das sich der Mensch von dem, was ihn umgibt, abhebt: Ehe sich das Kind nicht selbst entdeckt hat, ist es mit der Umwelt eins, wenn es aber zum ersten Mal „ich" sagt, hat es sich von der Umwelt abgehoben und es entdeckt die Umwelt mit sich selbst.
Die Welt entsteht, wenn der Mensch sie entdeckt; es gibt Schöpfungshymnen, in denen nicht das Bewußtsein aus der Existenz hervorgegangen ist, sondern die Existenz aus dem Bewußtsein (nach H. Adler).
Das Bewußtsein hebt sich aus dem unergründlichen Unbewußten empor, doch das Unbewußte war am Anfang, und in den Schöpfungsträumen der Völker erscheint es als Chaos, als Meer, als Nacht, als schwarzer Vogel . . .
Die Abbildung zeigt das sog. „Schöpfungsportal" an der Nordseite des Freiburger Münsters, dargestellt sind Episoden aus den beiden Schöpfungsberichten der Genesis.

Schrei, früher als *Kriegsschrei* in den meisten Kulturen üblich als Ausdruck u. Sinnbild der Angriffslust. Der S. verkörpert auch Lebenskraft u. -freude, z. B. bei bestimmten (meist mit Fruchtbarkeitsriten zusammenhängenden) Festen der Antike.

Schuh. In der Antike war das Tragen v. S.en Vorrecht u. Symbol des freien Mannes u. der Macht, die Sklaven gingen barfuß. Der S. steht außerdem (als gleichsam weibl. Pendant) in Beziehung zur phallischen Symbolbedeutung des Fußes (↗Fuß) u. war bei verschiedenen Ernte- u. Hochzeitsbräuchen ein Fruchtbarkeits-Symbol.

Schurz, rituelle Bekleidung der Freimaurer; meistens ↗weiß; Sinnbild der Arbeit u. der Unschuld.

Schütze. Der Schütze oder *Sagittarius* ist das neunte Zeichen des Tierkreises, es entspricht dem letzten Herbstmonat; die Sonne passiert es zwischen dem 22. November und dem 20. Dezember; Jupiter hat hier sein Haus; Merkur, Mond und Saturn sind seit der hellenistischen Astrologie die zugeordneten Dekane, Jupiter, Mars und Sonne jene in der indischen Astrologie. Der Schütze ist ein Feuerzeichen, männlich, positiv (aktiv) und ein bewegliches Zeichen. Name und Darstellung des Schützen als Sternbild (Sternzeichen) geht eindeutig auf babylonische Darstellungen eines Centauren (mit Flügeln) und Bogen zurück, wie er ursprünglich auf babylonischen Grenzsteinen (Kudurrus) zu finden ist.

Schutzmantelmadonna ↗Mantel.

Schwalbe, als regelmäßig wiederkehrender Zugvogel vielfach Sinnbild des Frühlings u. damit auch des Lichts u. der Fruchtbarkeit. Ihr Nisten am Haus gilt als glückbringend. – Im MA Auferstehungs-Symbol, weil sie nach Ablauf des Winters mit dem Licht wiederkehrt u. weil man ihr nachsagte, sie könne ihren Jungen durch den Saft des ↗Schöllkrauts (das deshalb auch *Schwalbenkraut* heißt) das Augenlicht geben, so wie Gott am Jüngsten Tage die Toten wieder sehend macht. Beim ↗Physiologus heißt es, daß die S. das Ende des Winters verkündet u. am Morgen den Schläfer weckt. Die S. zeugt nur einmal in ihrem Leben u. dann nicht mehr. Die Deutung ist: Mein Heiland wurde einmal im Mutterleib getragen, einmal geboren, einmal gekreuzigt, einmal begraben, einmal ist er von den Toten auferstanden! – Bei schwarzafrikan. Völkern gelegentl. Symbol der Reinheit, da sie sich nicht auf die Erde setzt u. daher nicht mit Schmutz in Berührung kommt.

Schwan. In Kleinasien wie in Europa ist der weiße S. Symbol des Lichtes, der Rein-

Schütze: Tierkreisbild Schütze (nach einem mittelalterlichen Holzschnitt) und das moderne Tierkreiszeichensymbol
Schwalbe: Zwei Schwalben im Flug. Detail einer Wandmalerei in einem Haus auf Thera-Santorin, mykenisch-kretisch
Schwan: S. als Symbol des Geistes; Ausschnitt aus: Mylius, Philosophia reformata, 1622

heit u. der Anmut (der schwarze S. dagegen tritt wie die schwarze ↗Sonne gelegentl. in okkulten symbol. Zusammenhängen auf); diese Symbolik ist ihrerseits z. T. aufgespalten in einen weiblichen u. einen männlichen Bedeutungskomplex. Vor allem bei slaw. u. skandinav. Völkern u. in Kleinasien herrscht der weibl. Aspekt vor: der S. als Symbol der Schönheit, der himmlischen Jungfrau (befruchtet vom Wasser oder der Erde). In Indien, China, Japan, Skandinavien, bei Arabern u. Persern begegnet der Typus der Schwanenjungfrau, einer märchenhaften Gestalt aus dem Jenseits. In der Antike dagegen herrschte der männl. Aspekt vor: als Symbol der zeugenden Kraft, weiße Schwäne ziehen den Wagen des Apollo, Zeus nähert sich Leda in Gestalt eines S.es (allerdings werden auch Aphrodite u. Artemis gelegentl. v. Schwänen begleitet). – Nach griech. Glauben besaß der S. außerdem die Fähigkeit, wahrzusagen u. den Tod anzukündigen. – Im Fernen Osten ist der S. sowohl ein Symbol der Anmut wie auch der Vornehmheit u. des Mutes. – Bei den Kelten galt der S. als Verkörperung überirdischer Wesenheiten; sie unterschieden, wie z. B. der Hinduismus, nicht immer zw. der symbol. Bedeutung von S. u. ↗Gans, während in vielen anderen Kulturen die Gans als eher negatives Gegenbild zum S. verstanden wird. – In der Alchimie wurde der S. häufig dem Merkur (↗Mercurius) zugeordnet, er galt als Sinnbild des Geistes u. der Vermittlung von ↗Wasser u. ↗Feuer. – Das S.enei begegnet gelegentl. auch als Weltenei (↗Ei). – Der Singschwan, der angebl. vor seinem Tod (vor allem, wenn er im Eis eingefroren ist) klagende Gesänge anstimmt, wurde zum Sinnbild der letzten Werke oder Worte eines Menschen; in diesem Sinne gelegentl. auch Symbol Christi mit Bezug auf seine letzten Worte am Kreuz.

Schwanz, begegnet gelegentl. als verschleiertes Sexual-Symbol, z. B. in der roman. Kunst der oft mit ornamentalen Formen verbundene S. des Löwen.

Schwarz, steht als nicht-bunte Farbe symbolisch in Analogie zur Farbe ↗Weiß; es entspricht wie diese dem Absoluten u. kann daher sowohl die Fülle des Lebens wie den totalen Mangel daran ausdrükken. Häufig erscheint es unter dem Aspekt des Undifferenzierten, Abgründigen, zur Bezeichnung der Dunkelheit, des Urchaos, des Todes. Als Trauerfarbe steht es – anders als die Lichtfarbe Weiß, die Hoffnung signalisiert – dem resignierenden Schmerz nahe. – Als Farbe der Nacht partizipiert es an dem Symbol-Komplex Mutter – Fruchtbarkeit – Geheimnis – Tod, so ist S. auch häufig die Farbe v. Fruchtbarkeits- u. Muttergöttinnen u. ihren Priesterinnen; in die-

sem Zshg. ist es symbolisch gelegentl. der Farbe des Blutes, ↗Rot, verwandt. In China ist S. die Farbe des weibl. Prinzipes Yin (↗Yin u. Yang) u. steht, nicht wie bei uns dem Weiß, sondern dem ↗Gelb (gelegentl. auch dem ↗Rot) gegenüber. – Als Farbe des Bösen begegnet S. z. B. in der *Schwarzen Magie*. – Am spanischen Hof war S. lange Zeit die Farbe ernster Würde. – Unter psychoanalyt. Gesichtspunkt drükken schwarze Tiere u. Menschen als Traumgestalten häufig triebhafte Tendenzen des Unterbewußtseins aus.

Schwarze Sonne ↗Sonne.

Schwefel, in der Alchimie (meist lat. *Sulphur* oder *Sulfur*) neben ↗Salz u. Quecksilber (↗Mercurius) eines der philosophischen Elemente u. Weltprinzipien; repräsentiert „das Brennende" oder die Energie u. Seele (anima) der Natur; wurde verschiedentl. auch mit der ↗Sonne verglichen. – Der Volksglaube des MA wendete die Symbol-Bedeutung des S.s ins Infernalische u. sah in ihm, seiner Flamme u. seinem Geruch ein Attribut des Teufels.

Schwein, Symbol-Tier mit verschiedenen Bedeutungen; wegen seiner reichen Nachkommenschaft vor allem als *Sau* oder Muttersau Fruchtbarkeits-Symbol, z. B. bei Ägyptern, Griechen u. Kelten; daher auch in Darstellungen als Glück u. Fruchtbarkeit bringendes ↗Amulett verwendet; (die redensartl. Wendung „S. haben" für „unverdient Glück haben" war allerdings urspr. wohl eher spöttisch gemeint u. geht auf ma. Wettspiele zurück, deren letzter, d. h. eigentl. unverdienter Preis häufig ein S. war). – In der griech.-röm. Antike gehörte das S. zu den bevorzugten Opfertieren. – Daneben wurde das S. jedoch bei vielen Völkern verachtet; bei Juden, Mohammedanern u. anderen galt es als unreines Tier. Wegen seiner Gefräßigkeit u. seines Wühlens im Unrat ist es auch ein verbreitetes Symbol für Niedrigkeit u. Verrohung, in der ma. Kunst vor allem für Maßlosigkeit – bes. Völlerei u. Unkeuschheit – oder auch für Unwissen. – Eine besondere Rolle spielt gelegentl. das *Wildschwein*; vor allem der *Eber* wurde, z. B. bei den Griechen oder in Japan, als Sinnbild der Kraft u. des Kampfesmutes verehrt. Bei den Kelten war das Wildschwein ein Symbol-Tier der Krieger- u. der Priesterklasse u. wurde bei sakralen Festen verzehrt. – In der ma. Kunst war es ein Symbol des Dämonischen. – Auf die falsche Deutung des Namens Eber (v. hebr. ibri, Stammvater der Ebräer) geht die merkwürdige Tatsache zurück, daß der Eber in der christl. Kunst des MA gelegentl. als Christus-Symbol erscheint. – Das S. ist das 12. u. letzte Zeichen des chin. ↗Tierkreises; es entspricht den Fischen (↗Fisch).

Schwefel: Ausschnitt aus einer Darstellung in: Musaeum Hermeticum, Frankfurt, 1677
Schwein: Opferung eines S.s an die Fruchtbarkeitsgöttin Demeter; nach einer Darstellung auf einem att. Gefäß
Schwert: Vertreibung aus dem Paradies mit dem Flammenschwert; aus: Speculum Humanae Salvationis, niederländ. Blockbuch
Schwert: Christus als Weltenrichter mit dem S. im Mund; nach einer Miniatur um 1260

Schweiß, galt im Volksglauben verschiedentl. als Träger der Kräfte der ausscheidenden Person, er wurde daher sowohl zu Schadens- wie zu Heilzauber verwendet. – In einigen indian. Kulturen wurde die S.abgabe des Körpers als Opfer an den Sonnengott u. damit zugleich als Sühne u. Reinigung gedeutet.

Schwelle, *Türschwelle,* wie die ↗Türe selber Symbol des Übergangs v. einem Ort, Zustand usw. zum anderen oder auch der Trennung zw. diesen. – „Jemanden v. der S. weisen" heißt, mit ihm nichts zu tun haben wollen, während „sich auf der S. eines anderen niederlassen" bedeutet, sich unter dessen Schutz stellen. – Die S. des Tempels gilt in vielen Kulturen als heilig, so bedarf es oft einer gewissen Reinigung, bevor sie betreten wird (z. B. des Ausziehens der Schuhe an der S. der Moscheen); bei verschiedenen Völkern darf sie auch selbst nicht betreten werden.

Schwert, zunächst oft einfach Symbol militär. Tugenden, bes. männl. Kraft u. Tapferkeit; damit auch Symbol der Macht u. zugleich der ↗Sonne (unter dem Gesichtspunkt des aktiven, männl. Prinzips sowie mit Bezug auf die schwertähnl. blitzenden Sonnenstrahlen); ins Negative gedeutet, symbolisiert es die Schrecken des Krieges; viele Kriegs- u. Gewittergötter haben das S. als Attribut. – Verschiedentl. auch phall. Symbol. – Als scharf schneidendes Instrument Symbol der Entscheidung, der Trennung in Gut u. Böse u. damit auch Symbol der Gerechtigkeit; auf vielen Darstellungen des Jüngsten Gerichts geht aus dem ↗Mund Christi ein oft zweischneidiges S. hervor. – Nach der ma. Zwei-Schwerter-Theorie, die die kuriale (Primat der Kirche über den Staat) u. die kaiserl. (Gleichberechtigung beider Instanzen) Machtauffassung formulierte, symbolisiert je ein S. die weltl. u. die geistl. Macht. – Gleichermaßen Symbol der Macht wie der Gerechtigkeit ist das *Flammenschwert,* mit dem ↗Adam u. Eva aus dem Paradies vertrieben wurden. – Das S. kann auch als Symbol des ↗Blitzes gelten, so etwa in Japan u. in Indien, wo es beispielsweise als S. des wed. Opferpriesters Blitz des Indra genannt wird. – Ein fest in der Scheide steckendes S. symbolisiert die Kardinaltugend Mäßigkeit bzw. Besonnenheit.

Schwertlilie, *Iris,* Pflanze der nördl. gemäßigten Zone mit schwertförmigen Blättern; alte Heilpflanze, daher im MA Marien-Symbol. Der griech. Name (Iris ist in der griech. Mythologie die Verkörperung des Regenbogens) weist auch auf den ↗Regenbogen als Sinnbild einer Versöhnung zw. Gott u. den Menschen.

Schwindeschema, ein in der Magie benutztes Verfahren, wobei ein bestimmtes

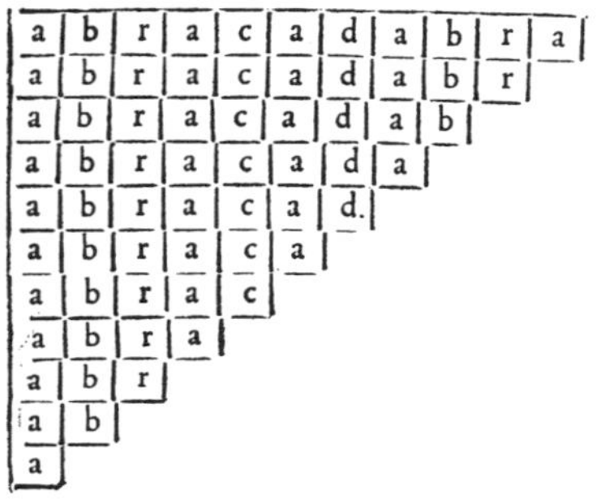

Schwindeschema: *S. nach Agrippa von Nettesheim*
Schwirrholz

Wort (z. B. ↗Abracadabra) immer untereinander geschrieben wird, wobei der erste oder letzte Buchstabe weggelassen wurde, bis nur das „A" übrigbleibt; dieses Verfahren soll z. B. bestimmte Krankheiten vertreiben, die Krankheit „zum Schwinden" bringen. S.ta wurden oft auf ↗Amulette geschrieben.

Schwirrholz, vor allem in Australien, Afrika, bei Indianern u. Eskimos nur v. Männern verwendetes Kultgerät (bereits sein Anblick ist den Frauen meistens verboten): ein lanzettförmiges Holz mit einem Loch an einem Ende, durch das eine Schnur gezogen wird; das S. wird damit im Kreis geschwungen u. erzeugt einen summenden Ton, der meist als Stimme v. Geistern, als Stimme des ↗Donners oder als Ausdruck männl. Zeugungskraft verstanden wird. Es findet u. a. Verwendung bei Regen- u. Fruchtbarkeitsriten u. bei anderen Handlungen wie ↗Initiationen. In Griechenland stand es gelegentl. in Zshg. mit betont sexuellen Riten.

Scorpius, das Sternbild ↗Skorpion.

See, *Teich,* oft anschaul. gedeutet als aufgeschlagenes ↗Auge der Erde. – Verschiedentl. verstanden als Aufenthaltsort v. unterird. Wesenheiten, Feen, Nymphen, Wassermännern usw., die den Menschen anlocken, um ihn in ihr Reich hinabzuziehen. – In der Traumsymbolik oft Sinnbild des Weibl. oder des Unbewußten.

Seeigel, Stachelhäuter, die vor allem in den Küstengebieten der Weltmeere leben. Versteinerte S. spielten bei den Kelten eine Rolle als Symbole für das Weltenei (↗Ei).

Seele, bei Völkern aller Kulturstufen findet sich die Vorstellung v. einem geistigen, lebenspendenden Prinzip im Menschen. Oft werden mehrere, mindestens zwei S.n angenommen. *Typologie: Vital-S.,* ident. mit Hauch, Atem; in Herz, Blut, Leber, Knochen lokalisiert. *Ego-S.* (Ich-S.), Zentrum des Denkens, Wollens, Fühlens, lebt nach dem Tod im Jenseits weiter. *Frei-S.,* kann sich vom Körper trennen, im Traum umherwandern, sich in Tieren *(Seelentier)* u. a. objektivieren. *Bisexuelle S.,* jeder Mensch hat eine männl. u. eine weibl. S. Menschenähnl. S.n können auch Tieren u. Dingen zugeschrieben werden.

Seelenloch, in manchen ↗Ganggräben u. Steinkisten (↗Steinsetzungen) verwendete Steinplatte mit einer runden Öffnung; wird als symbol. Öffnung gedeutet, durch die die Seele aus- u. eingehen kann.

Seelenwanderung, auch *Metempsychose, Palingenesis, Reinkarnation, Wiedergeburt, Wiederverkörperung,* Glaube, daß sich die

Sechs

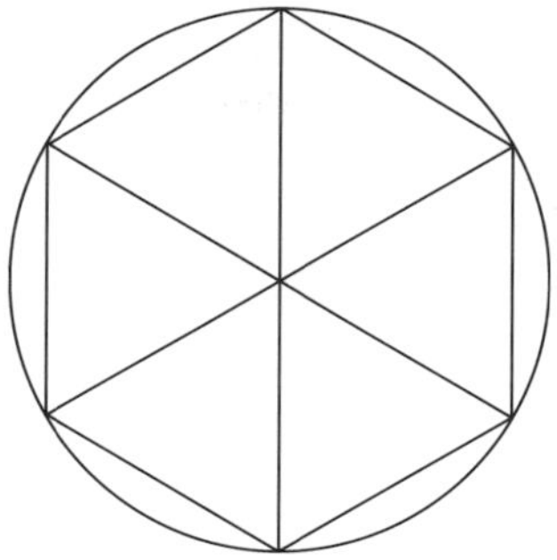

6 Die Zahl 6 galt in der Antike u. im MA als die vollkommenste Zahl, weil sie sowohl als Summe ihrer Teiler als auch als deren Produkt darstellbar ist, nämlich 1+2+3 = 6 und 1 x 2 x 3 = 6. Auch als Produkt der ersten männl. u. ersten weibl. Zahl aufzufassen, nämlich 3 x 2 = 6. – In China stand die 6 in Zshg. mit den Einflüssen des Himmels. – Im christl. Symboldenken begegnet die 6 ambivalent: heilig als Zahl der 6 Schöpfungstage; bedeutsam auch als Zahl der Werke der Barmherzigkeit; in der Apokalypse jedoch erscheint die 6 als Zahl des Bösen; 666 ist die Zahl des apokalypt. Tieres. ↗Hexagramm.

16 Die Zahl 16 ist Symbolzahl der Ganzheit und Vollkommenheit und hängt wahrscheinl. mit den 4 Elementen in ihrer quadratischen Form zusammen, nämlich $4^2 = 4 \times 4 = 16$.

36 Das Produkt der 3 ersten Quadratzahlen: $1^2 \times 2^2 \times 3^2 = 1 \times 4 \times 9 = 36$, aber auch die Summe der 3 ersten Kubikzahlen: $1^3+2^3+3^3 = 1+8+27 = 36$; da 36 zugleich auch die 2. Potenz von 6 ist, verstärkt sie deren Bedeutung: $6^2 = 6 \times 6 = 36$. Andererseits ist 36 als Produkt der kosmischen Zahlen 12 (Tierkreiszeichen) u. 3 (Zahl der Dekane pro Tierkreiszeichen im altägypt. Tierkreis), also 12 x 3 = 36, mit astrolog. Spekulationen verbunden.

46 In der Buchstaben-Zahlen-Symbolik ergibt ADAM (im Griechischen) 1+4+1+40 = 46; diese Zahl ist auch die Zahl der Jahre des Tempelbaues (Jo 2,20).

60 Die Basiszahl des Sexagesimalsystems in Mesopotamien (↗Zahlensymbolik) u. damit eine der Grundlagen aller Zahlenspekulationen im Alten Orient. Aufgefaßt auch als Produkt der wichtigen Zahlen: 3x4x5 = 60.

66 Wichtige Symbolzahl in der islam. Tradition, stellt in der Buchstaben-Zahlen-Symbolik den Namen Allāhs dar.

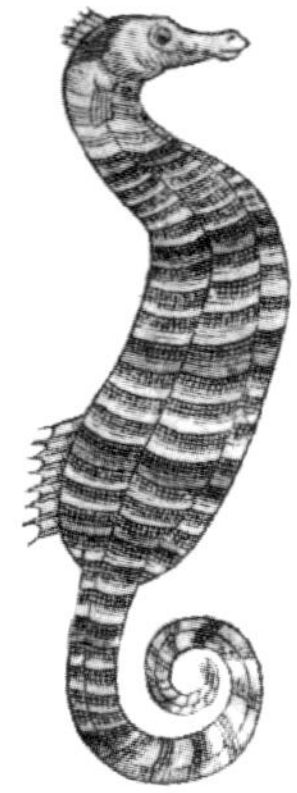

Seele wechselnd in Menschen, Tiere, auch leblose Gegenstände einkörpert. S.sglaube kommt bei Naturvölkern ohne Heilsbedeutung vor, meist wird jedoch die einzelne Wiedergeburt als Folge v. Taten eines vorhergehenden Lebens aufgefaßt. Dann ist S. ein Läuterungsweg.

Seepferdchen, Glücksbringer für die Fischer am Mittelmeer, auch als ↗Amulett gg. Fieber; als Gespanntiere für die Wagen mittelmeer. Gottheiten, assoziiert mit den kosm. Kräften u. dem „Anschwellen der schäumenden See"; für die Chinesen waren die S. Bastard-Söhne des Drachens. Im Altertum waren sie Geleiter der Seelen zum anderen Leben.

Seerose ↗Lotos.

Segen, eine mit symbol. Gesten (z. B. Handauflegen, Kreuz-Schlagen) verbundene, als real wirksam verstandene Kraftübertragung oder Heranwünschung göttl. Gnade. ↗Hand, ↗Rechts und links.

Sempervivum ↗Hauswurz.

Senkblei, Symbol der Freimaurer, gehört zu den „bewegl. Kleinodien" zus. mit Winkel u. Setzwaage, um die „richtige Vertikale" zu bestimmen (Vorstellung v. der Weltachse). ↗Lot.

Sense, wie die ↗Sichel Symbol der alles zerstörenden Zeit (↗Chronos) u. des Todes: seit der Renaissance bes. Attribut der als Gerippe (Sensenmann, ↗Skelett) dargestellten Personifikationen v. Zeit u. Tod.

Seraph *m* [Mz. Seraphim; hebr.], in der Bibel erwähntes, vier- oder sechsflügliges Wesen (ähnl. den Cherubim) der höheren Hierarchie, dessen Name „Der Brennende" bedeutet; begegnet auch als „Feuerschlange"; der Symbolbedeutung v. ↗Licht, ↗Feuer u. Vogel (↗Vögel) nahestehende Verkörperung geistiger Gewalt.

Sesam *m*, alte, verbreitete Kulturpflanze mit fingerhutähnl. Blüten u. Kapselfrüchten, die den ölhaltigen Samen bergen. Die Samen galten in China u. im Alten Orient als lebenverlängernde u. den Geist stärkende Nahrung. – Die Formel aus 1001 Nacht „S., öffne dich", die bewirken sollte, daß die Schatzhöhle sich auftue u. ihren Schatz preisgebe, hängt möglicherweise auch mit der S.pflanze zusammen; der Bezugspunkt wäre die Tatsache, daß man erst nach Aufbrechen der Samenkapsel zu den geschätzten Samen gelangt.

Sichel, wegen ihrer Form häufig mit der Mondsichel in Verbindung gebracht (↗Halbmond). Symbol der jedes Jahr sich erneuernden Ernte, insofern zugleich

Seepferdchen: Abb. nach einem frz. Bestiarium
Sense: Tod als Gerippe mit S. u. Stundenglas; nach einem Stich v. Anders Trost (Ausschnitt)
Seraph: S. v. der Kathedrale in Reims; 1. Hälfte 13. Jh.
Sichel: Darstellung im Hortus Deliciarum der Herrad von Landsberg
Sichel: der Herr mit der S.; nach einer Miniatur in der Bamberger Apokalypse
Siegel: Öffnung des Buches mit den 7 Siegeln; nach einer Miniatur aus der 2. Hälfte des 13. Jh.

Symbol der Zeit u. des Todes (als Schnitters) wie der Hoffnung auf Erneuerung u. Wiedergeburt. ↗Sense.

Sieb, Symbol des Aussonderns, des krit. Trennens u. Unterscheidens, bes. Symbol der Scheidung v. Gutem u. Schlechtem bzw. Bösem; in diesem Sinne häufig in symbol. Zshg. mit der göttl. Gerechtigkeit oder dem Jüngsten Gericht erwähnt, vor allem in Verbindung mit Metaphern, die sich auf das Aussieben von Getreide beziehen. – In Zshg. mit den vier Kardinaltugenden symbolisiert das S. die Klugheit.

Sieben ↗S.272/273

Siegel, vor allem im Alten Orient sehr gebräuchl. als Repräsentant für Eigentumsrecht, Macht usw. der Persönlichkeit. In der Bibel u. in der christl. Literatur wird das S. wie die Münze (↗Geld) verschiedentl. erwähnt als Symbol der Gottgehörigkeit. *Versiegelt* sind auch göttl. Geheimnisse, z. B. in der Apokalypse, in der das ↗Lamm das Buch mit den sieben S.n öffnet.

Signaturenlehre, durch ein Kennzeichen, eine Signatur, eine (magische) Verwandtschaft zw. Teilen der belebten u. unbelebten Natur; mit den ↗Entsprechungen wichtige Grundlage des ↗Mikrokosmos-Makrokosmos-Denkens.

Silber, als weißleuchtendes Metall Reinheits-Symbol; bei den Sumerern, in der Antike u. bis zur spät-ma. Alchimie mit dem ↗Mond u. damit auch mit dem weibl. Prinzip in Verbindung gebracht (in Opposition zum männl., sonnenhaften ↗Gold). – Für die ägypt. Mythologie bestanden die Knochen der Götter aus S., ihr Fleisch aus Gold. – In der christl. Symbolsprache versinnbildlicht das durch Läuterung gewonnene S. die Läuterung der Seele. In den Psalmen wird das Wort Gottes mit S. verglichen. Auch Maria wird, als reine Jungfrau, mit dem S. in Verbindung gebracht.

Silberbaum ↗Arbor philosophica.

Silbernes Zeitalter ↗Zeitalter.

Sinau ↗Frauenmantel.

Sirenen, [Mz.], in der griech. Mythologie Dämonen mit Vogelleib u. Frauenkopf, oft auch mit Brüsten; hausen auf Meeresklippen u. sind mit übernatürlichem Wissen u. die Sinne verwirrenden Gesang begabt, mit dem sie Seefahrer anlocken, die sie dann töten u. fressen. Häufig als Symbol der Gefahren der Seefahrt oder allg. verführerischer todbringender Gefahren gedeutet. Psychoanalyt. können sie auch als

Sieben

7

Aus den Grundzahlen des Männlichen 3 u. des Weiblichen 4 durch Addition 3+4 = 7 gewonnene heilige Zahl. Zahl der Planeten (in der Antike) und Zahl der Wochentage, die die Planetennamen in ihren Namen tragen, auch Zahl der Tage einer einzelnen Mondphase. – Der Buddhismus kennt 7 verschiedene Himmel. – Die Chinesen sahen die 7 Sterne des Großen Bären in Zshg. mit 7 Körperöffnungen u. 7 Öffnungen des menschl. Herzens. – Bei den Babyloniern begegnen auch die „bösen Sieben", eine Gruppe v. 7 meist zus. auftretenden Dämonen. – In Griechenland spielte die 7, u. a. dem Apollo heilig, eine wichtige Rolle; bekannt sind die 7 (oder 3) Hesperiden, die 7 Tore Thebens, die 7 Söhne des Helios, die 7 Söhne u. 7 Töchter der Niobe, die Sieben Weisen, die Sieben gg. Theben usw. Berühmt sind die „Sieben Weltwunder", eine Zusammenstellung der prächtigsten Bau- u. Kunstwerke des Altertums. – Die 7 ist im Judentum eine bes. ausgezeichnete Zahl. In der Bibel begegnet die 7 mehrfach, sowohl unter positivem wie negativem Vorzeichen, jedoch stets als Ausdruck einer Totalität: 7 Gemeinden, Buch mit 7 Siegeln, 7 Himmel, in denen die engl. Hierarchien wohnen,

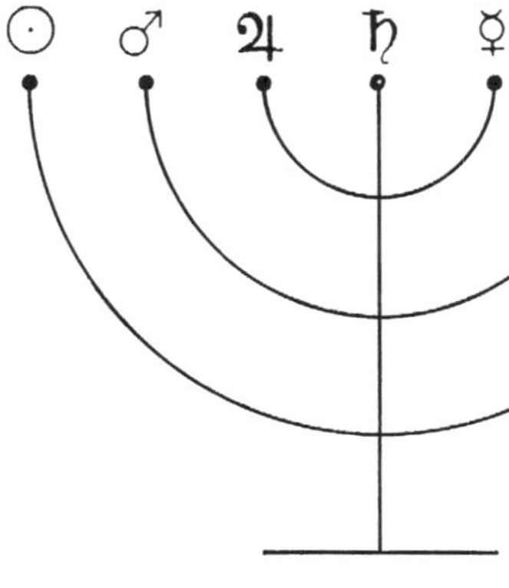

Die Planetenordnung im siebenarmigen Leuchter

7 Jahre, in denen Salomon den Tempel erbaute usw., aber auch: 7 Köpfe des apokalypt. Tieres, 7 Schalen des göttl. Zorns usw. – Eine wichtige Rolle spielt die 7 als Totalitäts-Zahl auch in Märchen u. Volksbrauchtum: 7 Brüder, 7 Raben, 7 Geißlein, 7 verschiedene Speisen an besonderen Tagen usw. Im Mithraskult sind sämtliche Mithräen auf die 7 zugeordnet: 7 Götter, 7 Planeten, 7 Bögen, 7 Weihestufen, 7 Farben (den Planeten zugeordnet) usw. Im alten Judentum spielen die ↗Sieben Arten eine wichtige Rolle, aber auch der ↗siebenarmige Leuchter; in der Antike u. im MA die 7 freien ↗Künste Grundlage der Bildung.

17 In der Alchimie als Summe von 1+3+5+8 = 17 als Fundament aller anderen Zahlen aufgefaßt. In der mittelalterl. theolog. Interpretation die Summe der 10 (Gebote) u. der 7 Gaben des Heiligen Geistes, also 10+7 = 17. Hängt eng mit der Zahl 153 zusammen, da 153 die Polygonzahl (Dreieckszahl) von 17 ist (↗Zahlensymbolik); 153 ist z. B. die Zahl der Fische im Johannes-Evangelium 21,11. – In der Antike u. im Alten Orient weitverbreitete Symbolzahl, z. B. begann die Sintflut am 17. Tag des 2. Monats u. endete am 17. Tag des 7. Monats, Odysseus trieb 17 Tage mit seinem Floß umher; das griechische Alphabet hat 17 Konsonanten, was ebenfalls Anlaß zu vielfältigen Spekulationen gab.

27 Als dritte Potenz 3^3 = 27 Verstärkung u. Vervollkommnung der 3; Zahl des Elementes Feuer (↗Acht). Der Mond ist unter günstigsten Bedingungen 3 x 9 = 3 x 3 x 3 Nächte sichtbar.

70 Verstärkung der heiligen Zahl 7 als Produkt aus 7 x 10 = 70; Zahl des erfüllten Lebens nach dem Psalmisten, Zahl der Jahre der Babylonischen Gefangenschaft. Gelegentl. wird die 70 mit der 72 in ihrem Symbolgehalt gleichgesetzt; 70 bzw. 72 Sprachen nach der babylon. Sprachverwirrung; Zahl der Gelehrten, die das AT ins Griechische (Septuaginta) übersetzt haben sollen. 70 x 1000 = 70 000 Schleier trennen Gott nach islam. Vorstellung von seinen Geschöpfen.

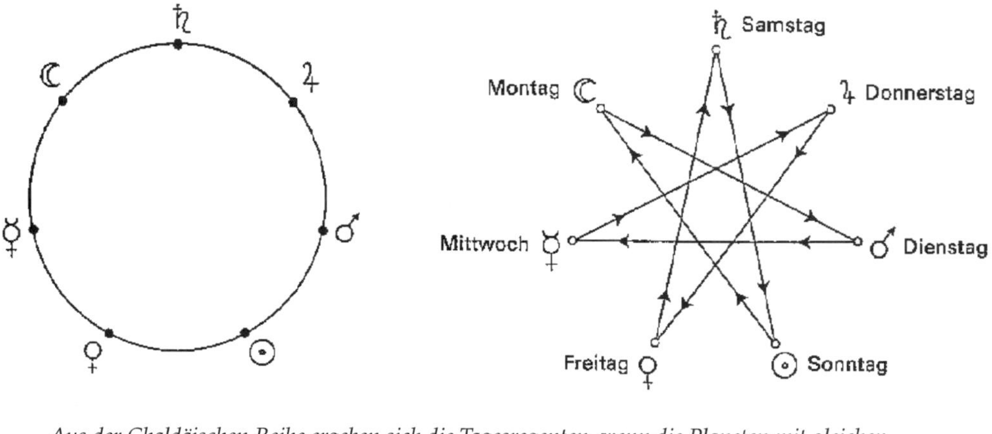

Aus der Chaldäischen Reihe ergeben sich die Tagesregenten, wenn die Planeten mit gleichen Abständen auf einen Kreis verteilt werden und in einem Zug gezeichneten Heptagramm miteinander verbunden werden

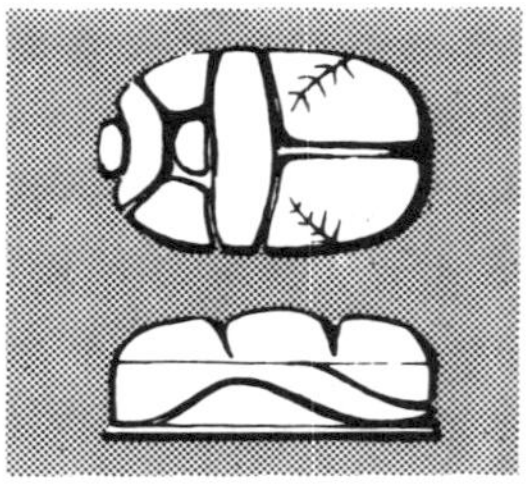

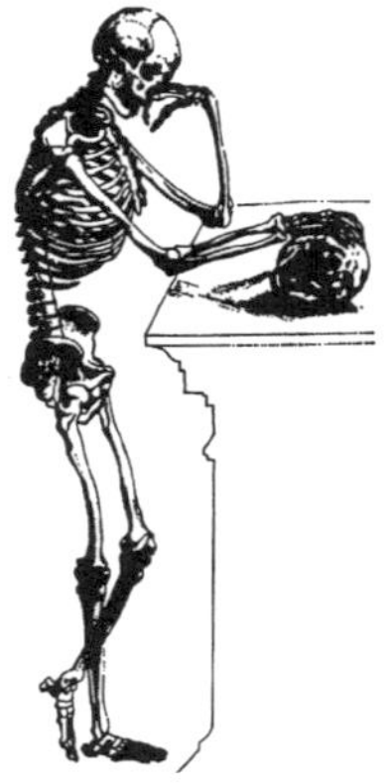

Sinnbild zwanghafter selbstzerstörerischer Tendenzen verstanden werden. – Spätere Deutungen der Antike sahen die S. positiver als Sänger des Elysiums, die mit der Sphärenharmonie in Verbindung standen. Wegen dieser Beziehung zum Jenseits wurden sie auch häufig auf Sarkophagen abgebildet. – Das MA, das die S. oft auch fischschwänzig darstellt, sah in ihnen ein Sinnbild weltlicher u. teuflischer Verlokkung, so schon im ↗Physiologus, wo sie mit ↗Zentauren gedeutet werden. – Die am Rhein hausende *Lorelei* kann als eine deutsche Fluß-Sirene verstanden werden.

Sirona, eine gewöhnl. als Begleiterin des Apollon Grannus dargestellte gall. Göttin, deren Attribute (Symbole) Früchte u. Ähren, auf eine Fruchtbarkeitsgottheit hindeuten; gelegentl. wird sie auch mit einer Mondsichel auf dem Haupt gezeigt.

Sisyphos ↗Felsen, ↗Tantalos.

Skarabäus *m, Mistkäfer, heiliger Pillendreher,* formt aus Dung „Pillen“, die in die Erde versenkt werden u. in die das Weibchen Eier legt. Die scheinbare Entstehung des S. aus diesen Kugeln machte ihn in Ägypten zum heiligen, sonnenhaften Tier (Übereinstimmung des Namens mit dem Wort für „aufgehende Sonne“) u. zum Symbol der Auferstehung, weitverbreitet in Form v. Siegelsteinen oder als Amulette. Größere Exemplare wurden der Mumie auf das Herz gelegt; sie tragen einen Totenbuchtext, in dem das Herz aufgefordert wird, beim Totengericht nicht gg. den Verstorbenen auszusagen.

Skelett, Personifikation des Todes, oft in nachdenkl. Haltung oder mit der ↗Sense u. dem Stundenglas (↗Sanduhr) dargestellt; begegnet bereits in der späten Antike (die Griechen verkörperten den Tod noch als jünglingshaften Bruder des Schlafes oder als Genius mit gesenkter Fackel). – Das spät-ma. *Totentanz*motiv zeigt Menschen jeden Alters, Geschlechts u. Standes, die einen Reigen mit S.en tanzen, v. denen sie hinweggerafft werden; in späteren Darstellungen tritt das S. auch an Menschen als unerwartete Bedrohung mitten im Leben heran. ↗S. 309

Skorpion, in Ägypten als gefährl. u. gefürchtetes zugleich heiliges Tier, dem man göttl. Ehren erwies; eine ägypt. Fruchtbarkeitsgöttin u. Beschützerin der Verstorbenen wurde mit einem S. auf dem Kopf dargestellt; auch Darstellungen v. S.en mit dem Kopf der Isis begegnen verschiedentl. – In Afrika war der S. vielfach als Verkörperung gefährl. Mächte so sehr gefürchtet, daß man es nicht wagte, seinen Namen auszusprechen. – In der Bibel erscheinen S.e als Gottesstrafen, als Symbol für die abtrünnigen Israeliten oder als Symbol für

Sirenen: Odysseus u. die Sirenen; die Szene zeigt Odysseus, der seinen Gefährten die Ohren mit Wachs verstopft hatte, am Schiffsmast angebunden, um sich in den Bann des süßen Gesangs der Sirenen gezogen zu werden; Stamnos des Sirenenmalers, um 475 v. Chr.
Skarabäus: ägyptisch (Aufsicht u. Seitenansicht)
Skelett: „Meditierendes S." aus der „Anatomia" des Vesalius
Skorpion: Tierkreisbild Skorpion (nach einem mittelalterlichen Holzschnitt) und das moderne Tierkreiszeichensymbol

den Teufel. – In der ma. Kunst symbolisiert der S. den Satan, den Häretiker, den Tod oder den Neid. – Der Skorpion oder *Scorpius* ist das achte Zeichen des Tierkreises, es entspricht dem mittleren Herbstmonat, die Sonne passiert es zwischen dem 23. Oktober und dem 21. November; Mars (Pluto) hat hier sein Haus; Mars, Sonne (Uranus) und Venus sind seit der hellenistischen Astrologie die zugeordneten Dekane, Mars, Jupiter und Mond jene in der indischen Astrologie. Der Skorpion ist Wasserzeichen, weiblich, negativ (passiv) und ein festes Zeichen. Der Name Skorpion als Sternbild (Sternzeichen) ist schon aus babylonischen Quellen bekannt.

Sleipnir, das graue, achtbeinige (↗Acht) Pferd des Odin, dem kein Hindernis zu hoch war; es galt bei den Germanen als das schnellste aller Pferde.

Smaragd *m*, partizipiert allg. an der Symbolbedeutung der Farbe ↗Grün. – Die Indianer Mittelamerikas brachten ihn in Verbindung mit dem ↗Blut (die Farben Grün u. ↗Rot gelten bei Indianern häufig gleichermaßen als Ausdruck der Lebenskraft), dem ↗Regen u. ↗dem Mond. Auch in Europa steht der S. wegen seiner grünen Farbe in Zshg. mit der Fruchtbarkeit u. v. daher mit dem Feuchten, dem Mond u. dem Frühling. – In Rom war der S. Attribut der Venus. – Nach der Offenbarung des Johannes gehört der S. zu den Steinen des himmlischen Jerusalem. – Der Symbolgehalt des S.s im MA war vielschichtig; er galt als hochgradig wirksamer Talisman, da er sich, angebl. selbst urspr. der Hölle entstammend, bes. gut gg. die infernal. Kräfte verwenden ließ. Zugleich glaubte man aber mit einem S. auf der Zunge könne man böse Geister herbeirufen u. mit ihnen Zwiesprache halten. Dem geweihten, d.h. seiner bösen Kräfte beraubten S. sprach man die Fähigkeit zu, Gefangene befreien zu können. Im Symboldenken der christl. Kirche bedeutet der S. Reinheit, Glaube u. Unsterblichkeit.

Sodom u. Gomorrha, bibl. Städte, v. Jahwe wegen ihrer Gottlosigkeit u. ihres Sittenverfalls zerstört; bereits im AT und bis heute sprichwörtl. Symbol für Lasterhaftigkeit u. Verfall. ↗Feuer.

Sol invictus ↗Sonne.

Soma *m*, berauschender Saft einer gleichnamigen Pflanze, aus dem man in Indien ein rituelles Trankopfer bereitete; wurde häufig symbolisch mit dem ↗Mond identifiziert.

Sonne, im geozentrischen System der alten Astrologie u. der Astronomie wird die S. als normaler Planet betrachtet; im heliozentrischen System der modernen Astro-

Sonne

Als Teil des Astralkultes wird die Sonne bei vielen Völkern in einem Sonnenkult (Solarismus) verehrt. Diese Verehrung der Sonne kann auf vierfache Weise geschehen.
Die Sonne wird bevorzugt verehrt als physisches Phänomen oder Personifikation eines von Gott gelenkten Wesens. Hier gehören die mit Gottkönigtum verbundenen Reichskulte der Sonne, so im Alten Ägypten, Iran, dem späten Rom *(Sol invictus)* oder im Schintoismus.
In polytheistischen Systemen wird die Sonne neben anderen Göttern, unter dem Himmelsgott stehend, verehrt, so z. B. bei den meisten indogermanischen Völkern (Helios, Sol, Swarog).

links: Die Sonne durchwandelt, wenn sie am Horizont verschwunden ist, ein unterirdisches Reich, ehe sie auf der anderen Seite am nächsten Tag wiedergeboren wird: jeden Abend steigt sie aus ihrer Tagesbarke in die Barke der Nacht um. Und jeden Morgen taucht sie wieder in ihrem goldenen Schiff auf. Auf dem Sarkophag von Taho (3. Jahrh. v. Chr.) ist der Übergang der Sonne aus ihrer Nachtbarke (rechts) in die Morgenbarke (links) dargestellt.
unten: Sonnen- oder Gottessymbol; Jakobuskirche, Tübingen

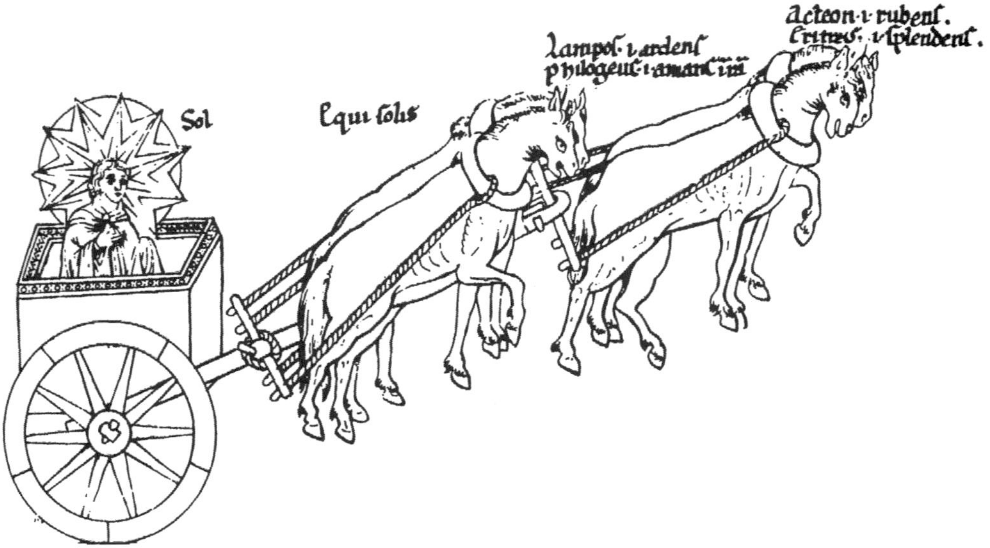

Christus als der Sol invictus in einem von vier Pferden gezogenen Sonnenwagen. Eine Darstellung aus dem Hortus Deliciarum der Herrad von Landsberg. 12. Jahrhundert

Die Sonne kann auch nur die Erscheinungsform (bzw. Hypostase) des Hochgottes im Himmel sein.
Die Sonne kann schließlich nur eine mythisch vorgestellte Realität sein, die nur beiläufig, manchmal sogar überhaupt nicht verehrt wird.
Bei vielen Völkern gibt es aber auch Sonnenmythen ohne einen echten Sonnenkult mit Sonnengottheiten.
Die Sonnensymbolik im Christentum ist wesentlich bedingt durch das Vorhandensein eines Sonnenkultes bei Griechen und Römern, auch im Mithraskult: Plato nannte die Sonne den Sohn Gottes, der römische Sol invictus wurde zum „Vor-Bild" Christi. Die großartigste symbolische Darstellung der Sonne erkennen wir in den großen Rundfenstern (Fensterrosen, Rosenfenster) der gotischen Kirchengebäude und in den Sonnenmonstranzen. Auch die Ostersymbolik ist eng mit der Sonnensymbolik verbunden.

Lit.: J. Jobé (Hrsg.), Die Sonne, Licht und Leben, Freiburg – Basel – Wien 1975; H. R. Engler, Die Sonne als Symbol, Küsnacht 1962.

Flachrelief mit einer antiken Sonnendarstellung (Sol) aus der Kirche Santa Maria de Quintanilla de las Viñas, Burgos (Spanien), 2. Hälfte des 7. Jahrhunderts

Sonne: *der Pharao opfert der S.; ägypt. Darstellung; 18. Dyn.*

nomie ist die S. der der Erde nächste Fixstern u. der Mittelpunkt des Planetensystems. Der [scheinbare] Umlauf der S. um die Erde ist schon seit den Anfängen der Himmelsbeobachtungen eine der Grundlagen des Kalenders, nämlich des Jahres. – In der Astrologie heißt die S., wie auch der Mond, einfach *Licht.* – Bei allen Völkern eines der wichtigsten Symbole, viele Naturvölker u. frühe Hochkulturen verehrten sie als Gott; oft wird sie dargestellt als anschaul. Verkörperung des Lichtes (↗Licht) u. damit zugleich der höchsten kosm. Intelligenz, der Wärme, des ↗Feuers, des lebenspendenden Prinzips; ihr tägl. neuer Auf- u. Untergang ließ sie auch zu einem symbolischen Vorausbild der Auferstehung sowie allg. jeden Neuanfangs werden. Weil die S. alle Dinge mit demselben Licht bescheint u. dadurch erst erkennbar macht, ist sie auch ein Symbol der Gerechtigkeit. – Eine besondere Verehrung genoß die S. in Ägypten, man sah in ihr die Verkörperung des Sonnengottes Rê (zuzeiten in Verbindung oder Identifikation mit anderen Göttern, z. B. Amun, Chnum usw.); dieser hatte zwei *S.nschiffe,* mit denen er über den Himmel fuhr. Sehr häufige S.ndarstellungen sind der ↗Skarabäus mit der S.nkugel oder die (oft geflügelte) S.nscheibe (↗Scheibe) mit der Uräusschlange (↗Schlange). – Weitere Sonnengötter sind z. B. der babylon. Schamasch, der griech. Helios (mit ↗Pferden u.

Die Sonne ist nebst dem Mond Hauptquelle des Lebens, heiß, männlich, Gestirn des Tages. Vorzüglich herrscht sie über das Gesicht, das Gehirn, Herz und Nerven, und allen was rechts ist. Sie bezieht sich auf Könige; Würden; Ruhm; Sieg; Goldgier; Gesez; Verfassung; Väter, Brüder.

Sonne: *Charakterisierung nach J. W. Pfaff in seiner „Astrologie" von 1816*

S.nwagen), der röm. Sol bzw. der spätröm. *Sol invictus* („die unbesiegte S."). Häufig, so z. B. bei den Inkas, in Ägypten u. Japan war der Sonnenkult eng mit dem Herrscherkult verbunden. Auch andere Götter, nicht eigentl. S.ngötter, stehen der S. oft sehr nahe, so z. B. Osiris oder Apollo. – Der ind. Weda vergleicht Brahma, das Absolute, mit der geistigen S. – In China galt die S. (im Ggs. zum ↗Mond) als Ausdruck des Prinzips Yang (↗Yin und Yang). – Plato sah in der S. die anschaubare Repräsentation des Guten. – Im Christentum wird Christus mit der S. verglichen (z. B. als *S. der Gerechtigkeit,* in frühchristl. Zeit auch mit dem spätröm. Sol invictus in Beziehung gesetzt). – Der Ggs. S. – Mond entspricht bei den meisten Völkern dem Gegensatzpaar männl. – weibl., es sind je-

doch auch mehrere Beispiele (z. B. in Zentralasien oder im dt. Sprachbereich) mit umgekehrter Bedeutungsverteilung (die S. als wärmendes, nährendes, mütterl. Prinzip) bekannt. – In der Alchimie entspricht der S. das ↗Gold, das auch „S. der Erde" genannt wird. – Die S. kann jedoch, bes. in heißen Ländern, auch negativ erscheinen als Prinzip der Trockenheit u. Dürre u. damit als Gegenspielerin des fruchtbarmachenden Regens (↗Regen). – Einige indian. Kulturen kennen auch die Vorstellung einer *schwarzen S.*, das ist die S., die während der Nacht diese Welt verläßt, um in einer anderen zu leuchten; sie ist ein Symbol des Todes u. des Unheils u. erscheint auf Darstellungen z. B. auf dem Rücken des Todesgottes oder auch in Gestalt des ↗Jaguars. – In der Alchimie ist die schwarze S. ein Symbol für die prima materia. – Auch in der bildenden Kunst u. Literatur der neueren Zeit begegnet gelegentl. eine schwarze S., meist als Symbol für metaphys. Angst oder Melancholie.

Sonnenblume, wegen ihrer strahlig angeordneten Blütenblätter u. ihrer goldgelben Farbe sowie wegen ihrer Eigenschaft, sich stets nach der Sonne zu wenden, in verschiedenen Kulturen Sonnen- u. Hoheits-Symbol. – Im Christentum Symbol der Gottesliebe, Symbol der Seele, die Gedanken u. Gefühle unablässig auf Gott richtet; insofern auch Symbol des Gebets. Da die S. erst durch Cortez nach Europa kam, ist ein Teil der Symbolik noch sehr jung.

Sonnenbraut ↗Ringelblume.

Sonneneidechse, *Sonnen-Echse,* im ↗Physiologus Bz. für die ↗Eidechse.

Sonnenfinsternis, bes. die *totale* S., hat als selten eintretendes, das gesamte Leben lähmendes Ereignis die Menschen zu allen Zeiten erschreckt u. gab oft Anlaß zu bösen Vorahnungen u. Katastrophen-Prophezeiungen. – Im Islam u. Buddhismus, aber auch in anderen Kulturkreisen, wird die S. (u. die Mondfinsternis) häufig mit dem Tod des Gestirns in Verbindung gebracht, den man sich als Verschlungenwerden durch ein Monstrum vorstellte; das Chinesische verwendet für die Finsternis eines Gestirns u. für „essen, fressen" dasselbe Wort. Die Sonnen- oder Mondfinsternis wurde in China als Störung der makrokosm. Ordnung gedeutet, die auf einer Störung der mikrokosm. Ordnung, namentl. durch Herrscher oder deren Frauen verursacht, beruht. – Das Neuerscheinen des Gestirns nach einer Finsternis wurde häufig als Beginn eines neuen Zyklus, einer neuen Ära verstanden.

Sonnenschirm, gelegentl. Sinnbild des Himmelszeltes; im Altertum v. Diener über

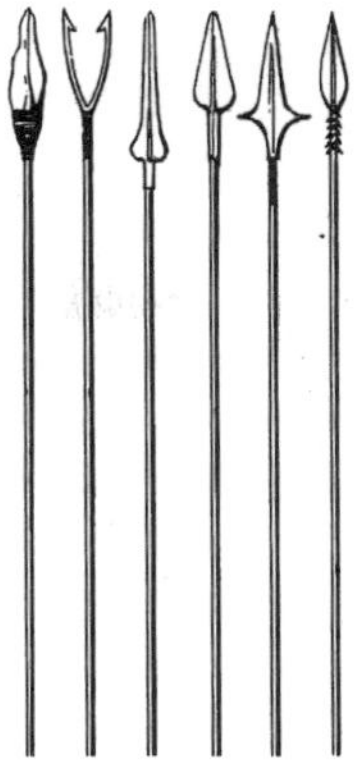

Sonne: der falkenköpfige Rê-Harachte mit der aufgehenden Sonne; aus dem Grab des Senudjem; 20. Dyn.
Sonne: S. als Kraft- u. Fruchtbarkeitssymbol; Felszeichnung aus dem Val Camonica
Sonnenblume: Die Sonnenblume wird im „Musterbuch" von Schmid zur Symbolisierung des klösterlichen Gehorsams aufgeführt
Sonnenschirm: der königl. S.; sassanid. Relief; 5. Jh.
Specht: Der Specht gilt als Bild des Teufels („Musterbuch" von Schmid)
Speer: Speer-Formen bei verschiedenen Naturvölkern

den Herrscher gehalten; Symbol für Macht u. Würde. In China u. Indien oft mehrstökkig als Symbol der himml. Hierarchien.

Sonnentor ↗Türe.

Sonnenwende, im christl. Symbol-Denken gelegentl. mit Johannes dem Täufer u. Christus in Zshg. gebracht: die Sommer-S. (abnehmende Dauer des „hellen" Tages) als Symbol für Johannes den Täufer („Jener muß wachsen, ich aber abnehmen"), die Winter-S. (zunehmende Dauer des „hellen" Tages) als Symbol für Christus oder Christi Geburt.

Specht, vor allem der *Grünspecht*, gilt bei vielen Völkern als schutz- u. glückbringend, verschiedentl. auch als weissagend u. wetterkündend. Bei den Germanen wurde er auch als Sinnbild des Blitzes (möglicherweise, weil er mit seinem spitzen, langen Schnabel durch die Baumrinde dringt) u. des Donners (wegen seines Klopfens) verstanden. – Im Christentum wurde der S. wegen seines ständigen Klopfens gelegentl. auch zum Symbol des unablässigen Gebets. Da er die Würmer (↗Wurm) vertilgt, galt er zugleich als Feind des Teufels u. damit zeitweilig als Symbol Christi. – Der *Schwarzspecht* kann als Symbol des Teufels gelten, weil er „an die Herzen der Menschen anschlägt u. forscht, ob nicht moralisches Ungeziefer sich findet, u. wenn mögl., nistet er sich auch ein" (nach einer Version des ↗Physiologus).

Speer, *Spieß*, eine der ältesten Stoß- u. Wurfwaffen; zunächst roh zugespitzte Holzstange, später mit Spitze aus Stein, Bambus, Knochen oder Metall, z.T. mit Widerhaken (bes. Fisch-, Vogelspeer). Eine frühe Weiterentwicklung die *Harpune* (Spitze lose auf dem Schaft). ↗Lanze.

Speerschleuder, stabförmiges Gerät bzw. langes, flaches Brett mit am Ende vertieftem Lager oder Dorn, z.T. Führungsrille, auch Bast-, Lederschlingen zum Schleudern v. Speeren, Harpunen. Dazu gehört auch das Wurfseil, ein um den Schaft gewickeltes Seil, das das Projektil beim Abwurf in rotierende Bewegung versetzt. Die S. früher weit verbreitet (u.a. im vorgeschichtl. Europa), heute z.T. u.a. noch in Australien, Südsee, bei den Eskimos bei Kajakjagd.

Speichel, bei schwarzafrikan. Völkern häufig in engem symbol. Zshg. mit dem Wort u. dem Sperma, also mit schöpfer. Kräften, gesehen. – In der german. Mythologie dient Odins S. zum Bierbrauen. S. wird tatsächl. noch heute bei Naturvölkern zur Anregung des Gärvorgangs benutzt.

Spinnrocken u. Spindel: Eine Frau hält in der Hand eine Spindel (links: hethitisches Flachrelief), rechts hält eine Frau in der einen Hand einen Spinnrocken (Vorläufer des Spinnrades) u. zieht einen Faden aus der vollen Kunkel, mit der anderen Hand dreht sie eine frei hängende Spindel (attische Vasenmalerei, 6. Jh.)

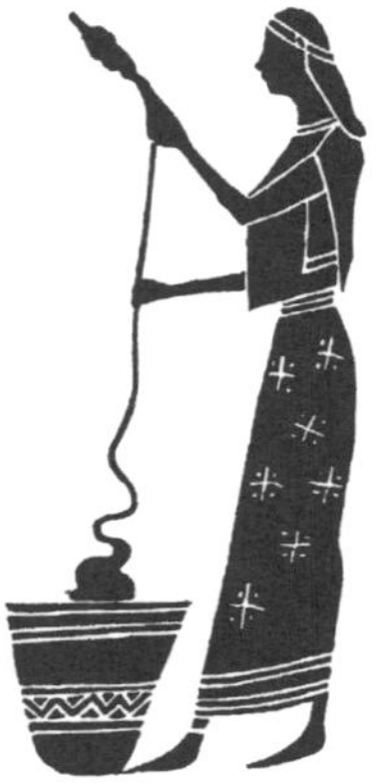

Speisetabu, *Nahrungstabu,* Verbot, bestimmte Nahrungsmittel zu berühren oder zu konsumieren. Manche Personengruppen innerhalb einer Gesellschaft unterliegen besonders strengen Vorschriften; z. B. Schamanen, Häuptlinge. Im AT u. im Judentum war das S. besonders stark ausgeprägt, es wurden z. B. reine, d. h. opferfähige u. nicht-opferfähige Tiere von unreinen, zum Genuß verbotenen Tieren streng unterschieden.

Sperber, in Äypten Vogel des Horus, insofern Sonnen-Symbol; auch bei Griechen u. Römern mit der ↗Sonne in Verbindung gebracht. – Die Tatsache, daß das Weibchen größer u. kräftiger als das Männchen ist, machte den S. auch gelegentl. zum Symbol der Dominanz der Frau in der Ehe.

Spes, Symbolgestalt der theolog. Tugend *Hoffnung*; Attribute sind ↗Anker, ↗Krone u. ↗Fahne.

Sphinx *m, w* [gr.; Mz. *Sphingen*], tiermenschl. Mischgestalt (↗Mischwesen) mit dem Körper eines Löwen u. dem Kopf eines Königs oder (selten) einer Königin; uraltes Herrscher-Symbol. Bei den Ägyptern zumeist Darstellung des Pharao oder gelegentl. des Sonnengottes als unerschütterl., gewaltiger Schutzmacht. Bei Phönikern, Hethitern u. Assyrern als geflügelter Löwe oder Stier mit Menschenkopf dargestellt. – Bei den Griechen ist der (oder die) S., meist weibl. u. mit Flügeln, urspr. ein rätselhaftes, oft grausames Wesen, auf das sich auch heute noch unser redensartl. Wortgebrauch bezieht. – In neuerer Zeit, z. B. in der symbolist. Kunst der Wende des 19. zum 20. Jh., sah man die S. häufig als Symbol für die Rätselhaftigkeit der Frau.

Spiegel, mit Bezug auf die abbildende u. „reflektierende" Funktion des Denkens Symbol der Erkenntnis, Selbsterkenntnis, des Bewußtseins sowie der Wahrheit u. Klarheit. Auch Symbol für die Schöpfung, die die göttl. Intelligenz „widerspiegelt"; Symbol für das reine menschl. Herz, das z. B. Gott (in der christl. Mystik) oder das Wesen Buddhas in sich aufnimmt. Redensartl. begegnet auch häufig der Vergleich: Auge oder Gesicht als S. der Seele. – Wegen seiner Klarheit ist der S. ein Sonnen-Symbol als indirekte Lichtquelle, aber auch ein Mond-Symbol; wegen seiner Passivität ist er ein Sinnbild des Weiblichen, in China auch ein Symbol des kontemplativen, nicht-handelnden Weisen. – In Japan, wo der S. ein Symbol der vollkommenen Reinheit der Seele sowie der Sonnengöttin ist, findet sich ein heiliger S. in zahlreichen shintoistischen Tempeln. – Wegen seiner opt. Verwandtschaft mit der Wasseroberfläche wird er bei einigen

Spiegel: Darstellung der Eitelkeit in Sebastian Brants Narrenschiff; Basel, 1494

schwarzafrikan. Völkern als Symbol des Wassers bei Regenzauber verwendet. – In der bildenden Kunst des MA u. der Renaissance begegnet der S. sowohl als Symbol der Eitelkeit u. der Wollust wie auch der Klugheit u. Wahrheit. In der ma. Kunst begegnet er außerdem als Symbol für die Jungfräulichkeit Marias, in der Gott sein Ebenbild in Gestalt seines Sohnes „spiegelte". – Im Volksglauben verschiedener Völker wurde dem S. apotropäische Wirkung beigemessen.

Spiel, die freie, lustbetonte Betätigung der Kräfte ohne unmittelbar zweckhafte Ausrichtung. Das S. ist dem Menschen als urspr. Lebensäußerung eigen. Von der einfachsten bis zur höchstentwickelten geistigen u. körperlichen Form möglich, durchwirkt es Sprache, Kult, Kultur, soziales u. politisches Leben; häufig Sinnbild eines Kampfes, sei es gg. andere Menschen oder gg. nach Regeln zu überwindende Hindernisse. – S.e standen ursprüngl. zumeist mit sakralen Handlungen in Zusammenhang. – Verschiedentl. wurde dem Ausgang v. S.en mag. oder zukunftweisende Bedeutung beigemessen. – Im Anschluß an lebenswichtige Ereignisse, z. B. die Ernte, können S.e auch Ausdruck des Dankes an die Götter sein (z. B. als symbolische Darstellung des Kampfes der Elemente oder des Sieges der Vegetation über die Elemente). ↗S. 284

Spindel, wegen ihrer gleichmäßig drehenden Bewegung Symbol unabänderl. Gesetzmäßigkeit, des unerbittl. Schicksals oder auch der ewigen Wiederkehr; verschiedentl. auch Sexual-Symbol.

Spinne, Symbol-Tier mit gegensätzl. Bedeutungen. Wegen ihres kunstvollen, radial angelegten Netzes u. ihrer zentralen Position darin gilt sie in Indien als Symbol der kosm. Ordnung u. als „Weberin" der Sinnenwelt. Da sie die Fäden ihres Netzes aus sich selbst hervorbringt wie die Sonne ihre Strahlen, ist sie auch ein Sonnen-Symbol, das Netz kann unter diesem Gesichtspunkt auch die Emanation des göttlichen Geistes symbolisieren. Weil sie an dem von ihr selbst gesponnenen Faden emporläuft, erscheint sie in den Upanischaden auch als Symbol der geistigen Selbstbefreiung. – Im Islam gelten weiße S.n als gut, schwarze als böse. – In der Bibel erscheint die S. wegen ihres leicht zerreißbaren Netzes als Symbol des Hinfälligen, des eitlen Hoffens u. des „bösen Triebes". – Volkstüml. Vorstellungen stellten gelegentl. die todbringende S. der ↗Biene gegenüber; dem Aberglauben gilt ihr Erscheinen je nach Tageszeit als glück- oder unheilverheißend.

Spinnrocken, Vorläufer des Spinnrades, oft mit der ↗Spindel in der Symbolik gleichgesetzt.

Spiele

Das Spiel ist ein Urphänomen des Lebens, in der unendlichen Vielfalt sind die *Brettspiele* im weitesten Sinn die wichtigsten, von ihnen hat man wohl die ältesten Belege des Spieltriebs des *homo ludens*.
Schon früh kristallisierten sich 2 Haupttypen heraus: die vom Schicksal – Zufall – bestimmten Spiele und die auf Übung, Erfahrung und auf taktischen Fähigkeiten beruhenden Spiele.
Es ist naheliegend anzunehmen, daß die erste Gruppe von Spielen in Gesellschaften, in denen die Beherrschung durch übernatürliche Kräfte, später im Mikrokosmos- Makrokosmos-Denken artikuliert, eine besondere Rolle spielt, erfunden wurde. Das Wesentliche für Spiele dieser Art ist die Anwendung – modern gesprochen – eines „Zufallsgenerators" – eines würfelähnlichen, den Spielausgang vom Zufall abhängig machenden Bestandteils des Spieles; hierher gehören wohl das „Königspiel von Ur" und davon abgeleitete Spiele.
Die andere Gruppe von Brettspielen basiert allein auf den taktischen Fähigkeiten der Spieler von denen keiner einen Vorteil erhält, wohl aber jeder Spieler durch Trainieren und überlegendes Denken zur Beherrschung des Spieles gelangen kann. Das klassische Beispiel dieses Spieltyps ist das Schachspiel in allen seinen lokalen u. zeitlichen Varianten.
Verhältnismäßig jung scheinen Spiele zu sein, in denen Zufall und taktisches Können miteinander kombiniert sind; das bekannteste Beispiel ist das Backgammon, bei dem ein geübter Spieler ein Würfelresultat so verwenden kann, daß eine aussichtslose in eine erfolgsversprechende Position verwandelt wird.
Auffallend ist, daß es offensichtlich mehrere Kulturkreise gibt, die keine Spiele der oben genannten Arten kennen, so z.B. die Eskimos oder die australischen Ureinwohner.

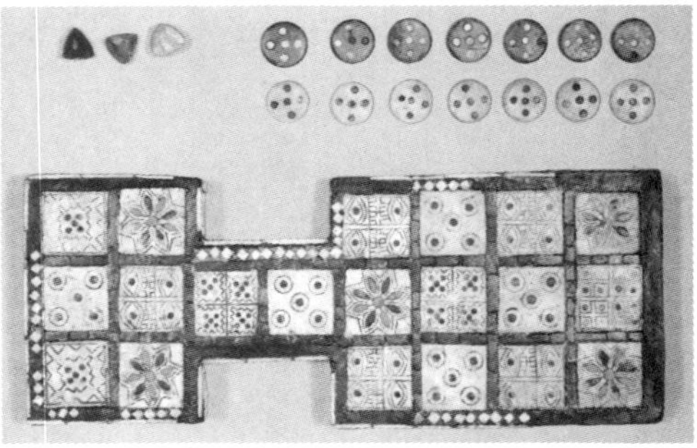

oben: Brettspiel mit Spielsteinen und Würfeln aus den Königsgräbern von Ur (ca. 2500 v. Chr.); die Spielregeln sind noch unbekannt

unten: Achill und Ajax spielen in einer Kampfpause vor Troja ein Brettspiel. Detail von einer etruskischen Vase

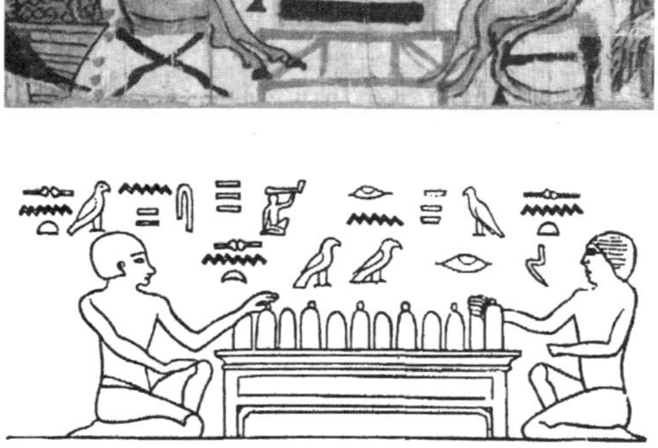

Ein typisches Spiel der Ägypter seit der Pharaonenzeit ist Senat, der ägyptische Vorläufer der Wettlaufspiele von der Art des Backgammons; nachzuweisen ist dieser Spieltyp auf Wandmalereien in Gräbern der 3. Dynastie (ca. 2600 v. Chr.)

Lit.: R. C. Bell, Das große Buch der Brettspiele, Bochum 1980; A. Borst, Das mittelalterliche Zahlenkampfspiel, Heidelberg 1987 (jeweils mit umfangreicher Literatur).

Spirale: *S., vermutl. als Lebens- u. Fruchtbarkeitssymbol; Bacha, Schweden; jüngere Steinzeit*
Stab: *Aaron vor dem grünenden Stab; Bronzetür v. S. Zeno, Verona; um 1100*
Stab: *Herrschaftsstäbe mit (apotropäischen) Abwehrsymbolen.* ***a*** *Königszepter (9.–11. Jh.),* ***b*** *Bischofsstäbe (12.–14. Jh.)*

Spirale, bereits in vorgeschichtl. Zeit beliebtes ornamentales Motiv mit umstrittenem Symbol-Gehalt, der jedoch wahrscheinl. mit den Komplexen „zykl. Entwicklung", „Mondphasen u. ihr Einfluß auf Wasser, Fruchtbarkeit usw.", allg. (bes. die Doppelspirale) mit der „Bewegung v. Involution u. Evolution im gesamten Kosmos", mit „Wiederkehr u. Erneuerung", eventuell auch mit dem ↗Labyrinth zusammenhängt.

Sprache, abgesehen v. zahlreichen symbolischen Einzelbedeutungen, die mit Lauten u. Zeichen (↗Alpha, ↗Alpha u. Omega, ↗Buchstaben, ↗Omega, ↗Taw) verbunden wurden, insgesamt Sinnbild für Gottes Schöpfertum; das *Wort* oder die S. Gottes stand nach Auffassung vieler Religionen am Anfang der Welt; es ist nunmehr Ausdruck der ordnenden Vernunft, die immanent allen Dingen zugrunde liegt.

Stab, Symbol für Macht, für (mag.) Wissen, z. B. der Zauberstab; oft als wirkkräftig durch Berührung vorgestellt, so etwa der S. des Mose beim Wunder des aus dem Fels springenden Wassers. – In Griechenland galt der S. des Hermes als zauberwirksam u. segenbringend. – Ind. Gottheiten, namentl. der Todesgott, tragen einen S. zum Zeichen der Macht, zu richten u. zu strafen. – Häufig wurden dem S. apotropäische Wirkungen zugeschrieben; im alten China z. B. wurden mit einem S. – meistens aus Pfirsichbaum- oder Maulbeerbaumholz – böse Mächte vertrieben. – Gelegentl. wird in der Bibel oder der apokryphen Überlieferung ein S. erwähnt, der sich in Lebendiges verwandelt (↗Schlange, grünender ↗Zweig) als Ausdruck des göttl. Willens (S. des Aaron, S. des Joseph vor dem Verlöbnis mit Maria). – Engel tragen zum Zeichen ihrer Botenfunktion in der bildenden, namentl. in der byzantin. Kunst häufig einen langen Botenstab. – Aus dem Hirtenstab, der in der christl. Kunst auch Christus, Propheten u. Heiligen zugeordnet ist, entwickelte sich der *Krummstab* der Bischöfe u. Äbte. – Herrschaftsstäbe, wie der Marschallstab u. das ↗Zepter, sind Symbole der rechtl. u. häufig zugleich richterl. Macht. – In psychoanalyt. Sicht kann der S. auch phall. Bedeutung haben. – Gelegentl. wurde auch die *Weltachse* mit einem S. verglichen. – Das *Stabbrechen* war eine uralte fränk. Sitte zum Zeichen des Bruchs der Rechtsgemeinschaft; verschiedentl. auch bei Hinrichtungen üblich. ↗Äskulapstab, ↗Kerykeion.

Stachel ↗Dorn.

Stadt, als befestigte, geordnet angelegte Wohnstätte zugleich Symbol göttl. Ordnung. – Da die S. ihre Bürger beschützt u. birgt wie eine Mutter ihre Kinder, wurde sie häufig als mütterl. S.göttin, oft mit ei-

ner Mauerkrone auf dem Kopf, personifiziert. – In der christl. Kunst des MA begegnet die S. z. B. als das himmlische Jerusalem (↗Jerusalem, himmlisches) oder etwa in der Gegenüberstellung zweier Städte, von denen die eine, Jerusalem, die Kirche der Juden, die andere, Bethlehem, die aus der Heidenkirche hervorgegangene christl. Kirche repräsentiert. Im späteren MA kann die S., als umfriedeter Bezirk, auch ein Symbol der Jungfrau Maria sein.

Starkmut, *Tapferkeit*, die Kardinaltugend ↗Fortitudo.

Staub, verschiedentl., z. B. in der Bibel u. in der christl. Literatur, Symbol für die Vergänglichkeit des Menschen; in der Genesis auch Symbol für die unzählbar große Nachkommenschaft Adams.

Steatopygie *w* [gr.], der Fettsteiß, eines der Rassenmerkmale der Hottentotten-Frauen. In der Älteren Steinzeit ist die S. charakterist. für Frauenstatuetten.

Stein, spielt in den meisten Kulturen symbolisch eine bedeutende Rolle. Weltweit verbreitet ist vor allem die Verehrung der *Meteoriten* als „vom Himmel gefallener S.e"; sie wurden verstanden als sinnbildl. Ausdruck einer Verbindung zw. ↗Himmel u. ↗Erde. – Wegen seiner Härte u. Unveränderlichkeit wird der S. häufig mit ewigen, unveränderl., göttl. Mächten in Verbindung gebracht u. oft als Ausdruck konzentrierter Kraft verstanden. Trotz seiner Härte wird der S. aber oft nicht als etwas Starres, Totes, sondern als lebenspendend gesehen; im griech. Mythos z. B. entstehen die Menschen nach der Sintflut aus S.en, die Deukalion ausgesät hatte. Viele S.e, vor allem Meteoriten, galten als Fruchtbarkeit bringend u. Regen spendend; sie wurden z. B. v. unfruchtbaren Frauen, die sich Kindersegen wünschten, berührt; im Frühling oder bei Trockenheit opferte man ihnen, um Regen u. reiche Ernte zu erlangen. – Ein unbehauener S. galt z. B. in der frühen Antike vor der Darstellung v. Göttern in Menschengestalt als Symbol des Hermes oder des Apollo. – Aufgerichtete S.e als *Grabsteine* (↗Steinkreuze) bedeuteten Schutz der Toten vor feindl. Mächten, verschiedentl. verstand man sie auch als Ort, an dem die Kraft oder die Seele des Toten weiterlebt. Zum Kult der Muttergöttin Kybele gehörte ein heiliger schwarzer S. – Das Kernstück im kult. Leben des Islam ist ein schwarzer Meteorit, der *Hadschar al-aswad* in der Ka'aba zu Mekka. – Die Bibel kennt den ↗Felsen u. den S. als Sinnbilder der Stärke des schützenden Gottes. – ↗Edelsteine, ↗Feuerstein, ↗Menhir, ↗Nabel, ↗Stein der Weisen.

Steinbock, über Eurasien u. Nordafrika verbreitete Wildziege; auffallend die Horn-

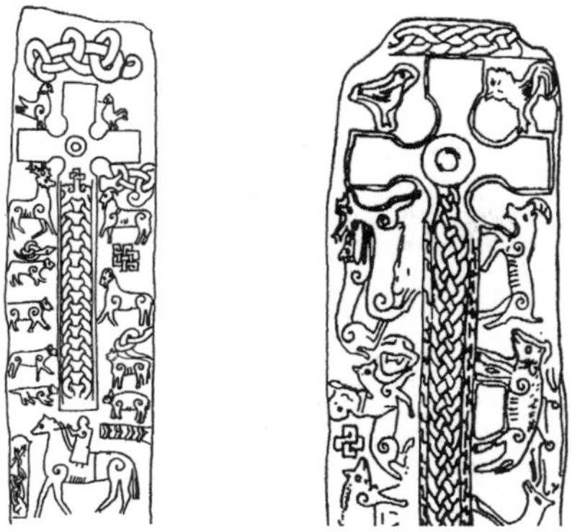

Steatopygie: altsteinzeitliche Frauenstatuette von Savignano (Modena)
Steinbock: Tierkreisbild Steinbock (nach einem mittelalterlichen Holzschnitt) und das moderne Tierkreiszeichensymbol
Steinkreuze: Normannische Steinkreuze v. der Insel Man (10. Jh.); sie zeigen das Fortleben des Motivs des Lebensbaumes im Kreuz Christi; charakterist. sind die zahlr. Tiere, die die Kreuzesbalken umgeben

form, die nach hinten gebogen oder gedreht ist u. gelegentl. als Mond-Symbol auftritt, z. B. in steinzeitl. Felsbildern; auch in Mesopotamien, z. B. im Gilgamesch-Epos, bekannt. – Der Steinbock oder *Capricornus* ist das zehnte Zeichen des Tierkreises, es entspricht dem ersten Wintermonat, die Sonne passiert das Zeichen zwischen dem 21. Dezember und 19. Januar; Mars ist im Steinbock erhöht, Saturn hat hier sein Haus; Jupiter, Mars und Sonne (Uranus) sind seit der hellenistischen Astrologie die zugeordneten Dekane, Saturn, Venus und Merkur jene in der indischen Astrologie. Der Steinbock ist ein Erdzeichen, weiblich, negativ (passiv) und ein kardinales Zeichen. Das Sternbild (Sternzeichen) Steinbock ist eindeutig mit dem schon in babylonischen Quellen erwähnten Mischwesen ↗*Ziegenfisch* zu identifizieren.

Steinbrech *m*, niedrige, meist auf Steinen wachsende Staude, die auch in Spalten u. Ritzen eindringt, weshalb man ihr früher nachsagte, Felsen sprengen zu können. Mit Bezug darauf erscheint er als Symbol für den auferstandenen Christus, vor dem „die Felsen zerspringen".

Stein der Weisen, *Lapis philosophorum*, in der Alchimie eine aus der *materia prima* aufgrund langwieriger Prozesse angebl. herstellbare Substanz, die unedle Metalle in edle verwandeln u. verjüngend u. heilend wirken sollte. Eine wichtige Rolle spielte bei diesen Prozessen die Trennung u. Wiedervereinigung gegensätzl. Prinzipien, vor allem des Weibl. u. des Männl., weshalb der S. d. W. auch häufig als ↗Hermaphrodit dargestellt wird. Urspr. müssen wohl alle Versuche, den S. d. W. zu finden, auch als symbol. Handlungen gedeutet werden, die im Grunde psych. u. religiös motivierte Bestrebungen anschaul. begleiten: die urspr. formlose *materia prima* zerfällt durch eine Art Tod in ihre Grundelemente u. erlebt im S. d. W. eine Wiederauferstehung auf höherer Ebene. – C. G. Jung interpretiert diese Vorgänge als Individuationsprozeß.

Steinkistengräber, in den Boden eingetiefte rechteckige Megalithgräber unterschiedl. Größe, mit Steinplatten ausgekleidet. In der Jungsteinzeit u. nordwesteurop. Bronzezeit für mehrere, später auch für Einzelbestattungen.

Steinkreis, kelt. *Cromlech, Kromlech*, kreisförmige Anordnung v. Steinblöcken in jungsteinzeitl. u. späteren urgeschichtl. Kulturen; z. B. Stonehenge.

Steinkreuze, vor allem auf den Brit. Inseln reich belegte Kreuze, oft mit wikingerzeitl. Ornamentik, die heidn. Elemente ins Christliche umdeutet, z. B. den ↗Lebens-

Steinsetzungen

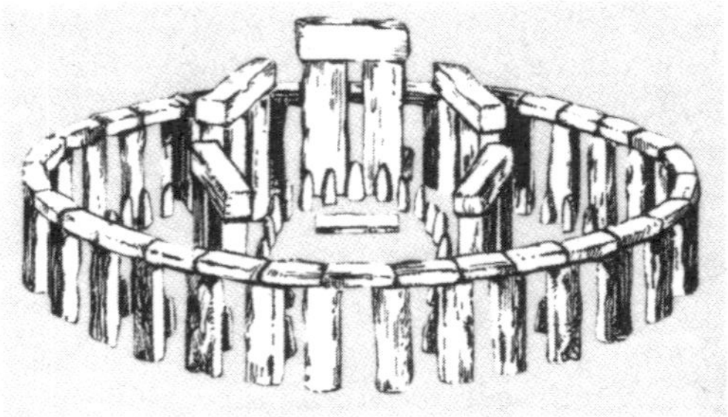

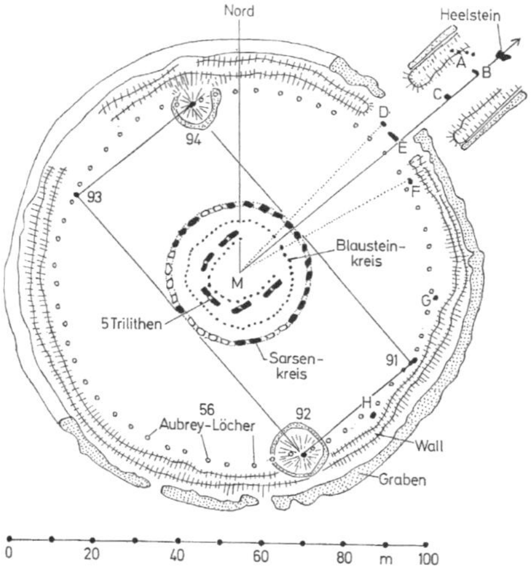

Der Steinkreis von Stonehenge. Ansicht der erhaltenen Anlage u. Rekonstruktionszeichnung der Gesamtanlage, darunter schematischer Grundriß

Steinsetzungen ist die Sammelbezeichnung der von Angehörigen der ↗Megalithkulturen aus großen, oft von weither transportierten Steinen (↗Dolmen, ↗Menhire) aufgebauten kreis-, ellipsen- oder reihenförmigen Gebilden, sie geben bis heute Anlaß zu vielfältigsten Spekulationen, die sich von Zentren und Symbolen des Druidenkultes bis hin zu prähistorischen Sonne-, Mond- und Sternbeobachtungsanlagen mit ausgeklügelten Systemen zu Finsternisvorhersagen und Kalenderkonstruktionen erstrecken. Diese Ergebnisse der Archäoastronomie haben von allen bisher vorgeschlagenen Möglichkeiten die größte Wahrscheinlichkeit, wenn auch manche Fragen noch offen sind, so z. B. die Frage, wie *heutiges* Wissen in die Theorie dieser Anlagen *hinein*interpretiert wird (↗Stonehenge). Zu den Steinsetzungen zählt man auch die nach Gestirnen orientierten ↗Ganggräber der gleichen Zeit, die besonders im nordeuropäischen Raum vorkommen, aber auch – wie alle anderen Steinsetzungen – in den meisten Randgebieten des Mittelmeerraumes (z. B. auf Malta).

Lit.: S. von Reden, Die Megalith-Kulturen, Köln 1978. R. Müller, Der Himmel über dem Menschen der Steinzeit, Berlin – Heidelberg – New York 1970.

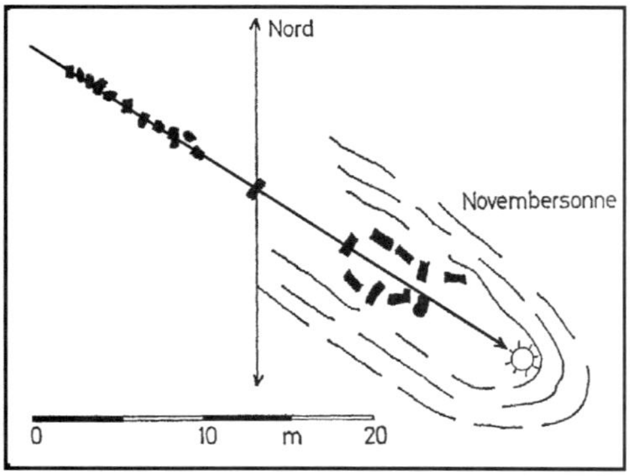

oben: Hügelgrab bei Rhives (Hebriden). Die Ortung gilt dem Kalenderdatum Lammas- oder Samhaintag
rechts: Dolmen bei Penzance in Cornwall (England)

Stern: die Hl. Jungfrau mit dem Sternenkranz; aus: Speculum humanae salvationis; 15. Jh.
Stern: Erschaffung v. Sonne, Mond u. gestirntem Himmel; nach der Darstellung einer Genesis-Szene, Mosaik der Cappella Palatina in Palermo; 2. Hälfte 12. Jh.

baum als Kreuzbalken, um den sich die Tiere scharen; so auf dem Kreuz des 10. Jh. von der Insel Man.

Stelzen. In China diente der Gebrauch v. S. (beispielsweise bei rituellen Tänzen) zur Identifikation mit dem ↗Kranich, einem Symbol der Unsterblichkeit.

Sterne, als Lichter am dunklen Nachthimmel Symbol für das die Finsternis durchdringende geistige Licht; sie können auch Symbol hoher oder allzu hoher Ideale sein („nach den S.n greifen"). – Die Bewegung der S. in regelmäßigen Bahnen symbolisieren harmon. Zusammenwirken göttl. Mächte. – In den mytholog. Vorstellungen mancher Völker werden die S. allg. oder bestimmte S. als an den Himmel versetzte Verstorbene gedeutet; einige indian. Kulturen gingen sogar so weit, zu jedem Lebewesen auf der Erde ein Pendant unter den S.n anzunehmen. – Nach spätjüd. Vorstellung wurde jeder Stern v. einem Engel behütet; ein Stern oder ein Engel geleitet auch die Drei Weisen aus dem Morgenland nach Bethlehem *(Stern v. Bethlehem).* – Unter dem Gesichtspunkt der *Vielzahl* symbolisiert der S.nhimmel im AT die verheißene zahlreiche Nachkommenschaft Abrahams, die nach Auffassung ma. Theologen zugleich wiederum ein Symbol der geistl., in der Kirche verbundenen verschiedenen Völker u. Rassen ist. – Maria als unbefleckte Jungfrau wird gelegentl. mit einer *S.nkrone* auf dem Haupt dargestellt. ↗S. 290

Steuerrad, Symbol der Verantwortung, der Autorität, der höheren Weisheit.

Stiefmütterchen, Veilchenart; der botan. Name *Viola tricolor* weist auf die häufig vorkommende Dreifarbigkeit des S.s, derentwegen die Pflanze mehrfach als Dreieinigkeits-Symbol begegnet. – Daneben wurden dem S. noch sehr unterschiedl. Symbol-Bedeutungen beigemessen; so gilt es als Sinnbild der Schüchternheit junger Mädchen, der Treue von Liebenden sowie des Neides, den man vor allem Stiefmüttern nachsagte.

Stieglitz, *Distelfink,* stand in dem Ruf, v. ↗Disteln zu leben; weil er dennoch so schön singt, war er im MA ein Symbol Christi (vor allem des Christkindes) u. ein Sinnbild der durch Leiden geläuterten gläubigen Seele.

Stier, Symbol der Kraft, des männl. Kampfesmutes, der Wildheit; steht wegen seiner Aktivität mit der ↗Sonne, wegen seiner Fruchtbarkeit auch mit dem ↗Mond in symbolischem Zshg. (auch die Hörner des S.s u. der ↗Kuh waren wegen ihrer an den Sichelmond erinnernden Form ein Mond-Symbol). – Der S. war bei vielen Völkern

Stern

Einzelne Sterne spielen in der Symbolik meist keine so große Rolle wie die Planeten, meist sind Planeten, auch Kometen, gemeint, wenn von Sternen die Rede ist. Sternkult und Sterndienst meinen deshalb hauptsächlich *Astralkult*, Sternmythologie meint *Astralmythologie*.

Die verhältnismäßig geringe Häufigkeit von Sternsymbolen äußert sich auch darin, daß in der Astrologie einzelne Sterne kaum eine Rolle spielen ganz im Gegensatz zu den zu Sternbildern, speziell Tierkreisbildern, vereinten Gruppierungen von Sternen.

Die frühesten Stern-Darstellungen aus der Akkad-Zeit stellen Göttersymbole dar: der achtstrahlige Stern ist das Symbol der Göttin Ištar (Astarte), der mit einer Scheibe umgebene Stern ist das Symbol des Gottes Šamaš (= Sonne).

Stern des Šamaš

Stern der Ištar

Sternenmantel Kaiser Heinrichs II.
1 *Der Herr der Welt*, **2** *Cherubim*, **3** *Seraphim*, **4** *Maria*, **5** *Johannes der Täufer*, **6** *Lamm Gottes*, **7** *Symbol der Jungfräulichkeit*, **8** *[Bischöfe]*, **9** *[Apokalyptische Greise]*, **10** *Sonne*, **11** *Mond*, **12** *„Weltmodelle"*, **13** *„Weltmodelle"*, **14** *Pegasus*, **15** *Widder*, **16** *Fuhrmann*, **17** *Skorpion und Schlangenträger*, **18** *Jungfrau und Waage*, **19** *Adler*, **20** *Walfisch*, **21** *Perseus*, **22** *Wasserschlange und Rabe*, **23** *Kleiner Hund*, **24** *Steinbock*, **25** *Stier*, **26** *Zwillinge*, **27** *Cepheus*, **28** *Drache*, **29** *Andromeda*, **30** *Herkules*, **31** *Fische*, **32** *Becher (?)*, **33** *Cassiopeia*, **34** *Schütze*, **35** *Bootes*, **36** *Schwan*, **37** *Krebs*, **38** *Skorpion und Dreieck*, **39** *Löwe*, **40** *Wassermann*, **41** *Skorpion*, **42** *Großer Bär*, **43** *Kleiner Bär*

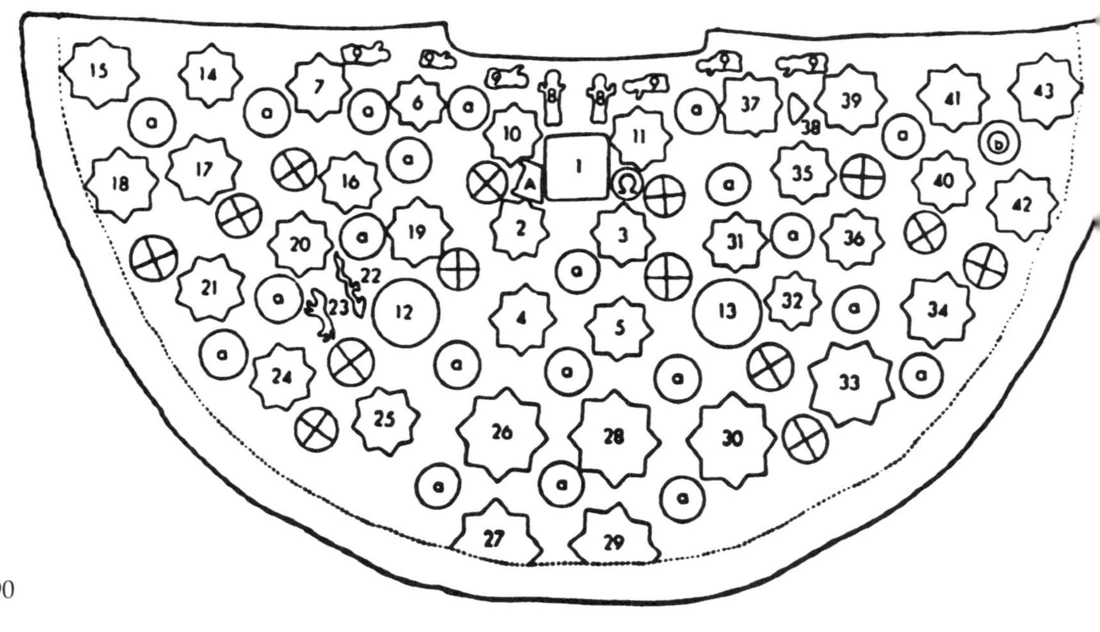

Sternenmantel Kaiser Heinrichs II., im Diözesanmuseum Bamberg aufbewahrter Mantel des Kaisers Heinrich II. (1024, wahrscheinlich Krönungsmantel) mit aufgestickten Sternbildern und anderen Darstellungen, die in gewissem Sinne eine astrologische Deutung wahrscheinlich machen: 21 Medaillons erinnern an 3x7 Planeten, 2x7 = 14 kreuzförmig geteilte Felder, die Evangelistensymbole, ein weiteres in Wirbelform, zusammen also 36 Medaillons, die an die 36 Dekane als Unterteilung des Tierkreises, der auch in seiner Anordnung vollständig vertreten ist, erinnern. Möglicherweise entsprechen Schmuck und Farbe (dunkelblau analog zum Blau des Himmelsgewölbes) im Sinne der Makro-Mikro-Kosmos-Vorstellung der Entsprechung Schöpfergott – Kosmos/Kaiser – irdischer Herr: „Die ganze Welt, auf den weiten Himmelsbogen verteilt, handelt nach dem Gesetz notwendiger gegenseitiger Anziehung, ohne die das Weltall nicht zu bestehen vermöchte". (Sigmund Freiherr von Pölnitz)

ein bes. wertvolles Opfertier. – Bereits jungsteinzeitl. Felsbilder in Nordafrika zeigen Darstellungen v. S.en, die das Bild der Sonne zw. den Hörnern tragen. – In Ägypten wurde der Fruchtbarkeitsgott Apis in Gestalt eines S.es, häufig mit der Sonnenscheibe zw. den Hörnern, verehrt; da er auch mit Osiris gleichgesetzt wurde, war er zugleich ein Totengott. Tod u. Begräbnis des jeweils zum heiligen Apis-S. erklärten S.es wurden stets feierlich begangen u. mündeten in eine „Auferstehung" (d. h. Auswahl eines neuen S.kalbs). – Eine bes. wichtige Rolle spielte der S. als Macht- u. Fruchtbarkeits-Symbol in der minoischen Kultur. – Die iran. Mythologie kennt u. a. die Verkörperung kosm. Fruchtbarkeit in Gestalt eines Ur-S.es, der v. Mithra getötet wurde, worauf aus seinem Körper alle Pflanzen u. Tiere hervorwuchsen. Das S.opfer u. die Taufe mit S.blut im Mithras-Kult (↗Opfer), v. dem Frauen ausgeschlossen waren, stellen die ständig wiederholte Auseinandersetzung mit den Fruchtbarkeits-, Todes- u. Auferstehungskräften des S.es dar. – In Indien stand der Gott Shiva in Zshg. mit einem weißen S., dem Symbol gebändigter Fruchtbarkeitskräfte. – Bei verschiedenen Völkern steht der S. wegen seiner Fruchtbarkeit auch in Bezug zum Gewitter, zum ↗Regen u. zum ↗Wasser. – Unter psychoanalyt. Gesichtspunkt entspricht der S. den animal. Kräften u. der Sexualität des Menschen; in dieser Sicht stellen wohl auch die S.kämpfe noch heute u. a. den stets erneuerten Versuch dar, durch anschaul. Darbietungen den inneren Sieg über jene Kräfte zu antizipieren. – Der Stier oder *Taurus* ist das zweite Zeichen des Tierkreises, es entspricht dem zweiten Frühlingsmonat, die Sonne passiert das Zeichen zwischen dem 21. April und dem 21. Mai; der Mond ist im Stier erhöht, Venus hat hier ihr Haus; Merkur, Mond und Saturn sind seit der hellenistischen Astrologie die zugeordneten Dekane, Venus, Merkur und Saturn jene in der indischen Astrologie. Der Stier ist ein Erdzeichen, weiblich, negativ (passiv) und ein festes Zeichen. Der Name Stier als Sternbild (Sternzeichen) ist schon aus babylonischen Quellen bekannt. – ↗Minotaurus, ↗Ochse.

Stockrose ↗Malve.

Stonehenge, bei Salisbury (Wiltshire, England) befindl. prachtvolles Beispiel einer vorhistor., steinzeitl. ↗Steinsetzung in Kreisform in der Art einer Reihung v. ↗Menhiren. Ein Zshg. mit der Gestirnsymbolik, den Sonnenwenden u. Mondläufen ist sehr wahrscheinlich. In den letzten Jahren Zentrum esoterischer Zirkel, die S. zur „Kultstätte" machen. ↗S. 288

Storch, in der Bibel zu den unreinen Tieren gezählt, aber sonst allg. als Glücks-

Stier: Tierkreisbild Stier (nach einem mittelalterlichen Holzschnitt) und das moderne Tierkreiszeichensymbol
Stier: Stierkampfszene, nach F. de Goya
Stier: Aspis, dem hl. S. der Ägypter, wird vor der Göttin Isis eine Lotosblüte dargeboten; Kleinplastik aus Bronze
Strauß: die Sonne brütet Straußeneier aus; nach einer Marientafel aus Ottobeuren (Ausschnitt), um 1450/60
Strauß: nach einer ägypt. Darstellung; 20. Dyn.

Symbol verehrt. Im Fernen Osten Symbol des langen Lebens, da man annahm, er selber werde sehr alt. Häufig (z.B. in Ägypten, in der Antike, bei den Kirchenvätern) galt er als Symbol der kindlichen Dankbarkeit, da man den flüggen Störchen nachsagte, sie ernährten ihre Eltern. – Als Schlangenvertilger (↗Schlangen) galt er im Christentum auch als Feind des Teufels u. damit als Symbol Christi. – Da er sich von im Boden lebenden Tieren (die angebl. die Seelen Verstorbener in sich aufnehmen) ernährt, sah man ihn gelegentl. auch als Seelenträger. – Als alljährlich wiederkehrender Zugvogel ist er ein Symbol der Auferstehung; auch als Kinderbringer gilt er wahrscheinlich u.a. deshalb, weil er zur Zeit der erwachenden Natur zurückkehrt. – Sein ruhiges, nachdenklich wirkendes Stehen auf einem Bein machte ihn (u. bes. die S.engattung *Marabu*) zu einem Symbol der philosophischen Kontemplation.

Strauß, *Blumenstrauß*, als Verbindung vieler, oft auch verschiedener u. verschiedenfarbiger Blumen, Symbol der Einheit in der Vielheit.

Strauß (Vogel). Den Ägyptern galten die Straußenfedern als Symbole der Gerechtigkeit u. Wahrheit (Verkörperung der Göttin Maat, der Weltordnung). – Nach ma. Naturauffassung (↗Physiologus) brütet der S. seine Eier nicht selbst aus, sondern blickt sie nur unablässig so lange an, bis die Jungen ausschlüpfen. Das Straußenei galt daher als Meditations-Symbol. Nach anderen Vorstellungen läßt der S. seine Eier durch die ↗Sonne ausbrüten; er ist daher auch ein Symbol Christi, der durch Gott auferweckt wurde. Das Straußenei gilt auch als Symbol für die jungfräul. Mutterschaft Marias. Der S., der seine Eier verläßt, ist im negativen Sinne ein Symbol für den gottvergessenen Menschen. Außerdem erscheint gelegentl. die Synagoge, die geistig blind bleibt, unter dem Bild des Vogels S., der angebl. seinen Kopf in den Sand steckt (gelegentl. auch Symbol für die Todsünde Trägheit). Diese symbolische Bedeutung hat sich bis heute erhalten in bezug auf Menschen, die vor unangenehmen Tatsachen die Augen verschließen.

Stufen, als Teil einer ↗Leiter oder ↗Treppe nehmen die S. Teil an der Symbolik des Aufstieges zur höheren Erkenntnis, z.B. die S. des Aufstieges zum Stein der Weisen.

Stundenbuch, lat. *Horarium*, frz. *Livre d'heures*, das im Hoch-MA aufgekommene Gebetbuch für vornehme Laien mit Texten für die einzelnen Horen; seit Anfang des 15. Jh. im niederländ.-frz. Kunstbereich mit Miniaturen reich ausgeschmückt, so z.B. die *„Très riches Heures"* der Brüder v. Lim-

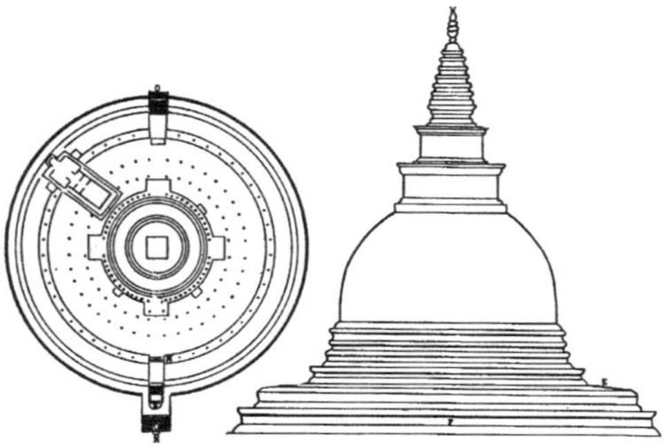

burg für den Hzg. v. Berry u. das *Breviarium frimani.* – Den Beginn bildet stets der Kalender, der die Tage der hohen Feste u. der Heiligen vermerkt u. dessen Illustrationen meist ↗Monatsbilder sind. Oft erscheinen sie mit dem entsprechenden Sternzeichen des ↗Tierkreises u. zeigen so die Verflechtung zw. kosmischem u. irdischem Geschehen an.

***Stundenbuch:** Aufbau eines typ. Stundenbuchs*
Kalendarium
Sequenzen
Gebet: Obsecro te
Gebet: O intermerata
Stundengebete zu Ehren der Jungfrau Maria
Stundengebet zur Verehrung des Kreuzes
Stundengebet zum Heiligen Geist
Buß-Psalme
Litanei
Totengedächtnis
Fürbittgebete zu den Heiligen

***Stundenbuch:** Typ. Monatsbilder in einem Stundenbuch*
Januar Festtafel
[Wassermann/Steinbock]
Februar Wärmen am Feuer
[Fische/Wassermann]
März Baumpflege, Feldarbeiten
[Widder/Fische]
April Szenen im Garten
[Stier/Widder]
Mai Falkenjagd, Musikanten
[Zwillinge, Stier]
Juni Heuernte
[Krebs/Zwillinge]
Juli Getreideernte
[Löwe/Krebs]
August Getreideernte, Dreschen
[Jungfrau/Löwe]
September Weinlese, Keltern
[Waage/Jungfrau]
Oktober Pflügen, Säen
[Skorpion/Waage]
November Schweinemast
[Schütze/Skorpion]
Dezember Schweineschlachten, Brotbacken, Wildschweinjagd
[Steinbock/Schütze]

Stundenglas ↗Sanduhr.

Stupa *m* [Sanskrit = Schädel], aus dem altind. Begräbnishügel entstandener Sakralbau, freistehend oder innerhalb einer Tschaityahalle; kanon. Form: eine kreisrunde Plattform, darüber ein halbkugelförmiger Schrein (*Anda* = Ei), ein kastenförmiger Aufbau *(Harmika)* für Reliquien, ein oder mehrere (immer kleiner werdende) Schirme *(Tschattra)*. Die Anlage ist umgeben v. einem (urspr. hölzernen) steinernen Zaun *(Vedika)* mit 4 Toren *(Torana)*. Die berühmtesten älteren S.s sind die v. Sarnath u. Santschi.

Sturm ↗Wind, ↗Unwetter.

Stupa: *Grundriß eines alten und Aufriß eines modernen Stupa*
Sucellos: *Der kelt. Gott Sucellos mit der Göttin Nantosuelta. Im unteren Feld ist ein großer Adler, das Symbol beider, abgebildet. – Darstellung v. einem gallo-röm. Altar aus der Nähe v. Saarburg*
Swastika: *Tonziegel aus Samarra (Mesopotamische Kunst, 5. Jt. v. Chr.)*
Swastika: *Steinrelief mit glückverheißenden Symbolen (Ausschnitt); Nordindien, 1./2. Jh.*

Sucellos, gall. Gott, mit einem Hammer dargestellt, der stets traf. S. galt als Herr über Leben u. Tod u. als Gott der Fülle und der Beschützer der einfachen Leute, die ihn in bes. Maße um Segen anriefen.

Suebenknoten, männl. Haarknoten, nicht nur als Schmuck, sondern wahrscheinl. mit magischer Bedeutung. ↗Haar

Sulfur ↗Schwefel.

Sulphur ↗Schwefel.

Sumpf, *Moor,* in Asien verschiedentl. Symbol der Ruhe u. Zufriedenheit. – Bei den Sumerern Sinnbild der ungegliederten Materie, der Passivität, der Frau. – Im antiken Griechenland stand die symbolische Bedeutung des Sumpfes der des ↗Labyrinths nahe. – In der psychoanalyt. Traumdeutung begegnet der S. verschiedentl. als Sinnbild des Unbewußten.

Superbia (Hochmut), weibl. Personifikation einer der 7 Todsünden, reitet auf einem Löwen oder einem Pferd; symbolisiert u. a.: Adler, Pfau, Zentaur.

Swastika *w, Svastika, Hakenkreuz,* ein ↗Kreuz mit vier gleich langen Balken, deren Enden rechtwinklig geradlinig oder bogenförmig verlängert sind, so daß der Eindruck einer in sich kreisenden Bewegung entsteht; es wird auch *crux gammata* genannt, weil es aus vier (meist umgekehrten) griech. Gamma-Γ-Zeichen besteht. Begegnet als weitverbreitetes Symbol in Asien u. Europa, seltener auch in Afrika u. Mittelamerika. Es wird meistens gedeutet als Sonnenrad, als sich kreuzende Blitze oder (in nord. Ländern) als ↗Hammer Thors; häufig wurde es als Glücks- u. Heils-Symbol verstanden; bei den Buddhisten symbolisiert es den „Paradiesschlüssel", in der roman. Kunst des MA hat es wohl häufig apotropäische Bedeutung.

Sykomore *w,* Bz. für verschiedene Bäume, in Ägypten bes. für die *Maulbeer-* oder *Eselsfeige,* die als Erscheinungsform der Himmelsgöttin betrachtet wurde. Ihr Laub u. ihr Schatten galten als Sinnbild für Ruhe u. Frieden im jenseitigen Leben; die Seelen der Verstorbenen stellte man sich gelegentl. als ↗Vögel vor, die im Gezweig der S. leben. Abb. S. 296

Symbol *s* [v. gr. *symballein* = zusammenwerfen], *Sinnbild,* in der Informationstheorie meist Synonym für Zeichen; in der Psychoanalyse wird das Erleben u. Verhalten auf Symbolgehalte hin untersucht.

Symbolik *w* [gr.], **1)** der in einem ↗Symbol dargestellt bzw. gemeinte, transzendierende Inhalt. **2)** prakt. Gebrauch oder

Sykomore: *die ägypt. Himmelsgöttin Nut in der S.; Mitte 2. Jahrtausend v. Chr.*

systemat. Darstellung geltender oder hist. Symbole (z. B. *Farben-S., Typologie, Bau-S.*).

Sympathie, zusammen mit ↗Entsprechung nach C. G. Jung vorwissenschaftliche Begriffe, die er in dem Terminus *Synchronizität* zusammenfassen will. In übertragener Bedeutung wird Sympathie in der Astrologie gebraucht im Sinne einer hypothetischen Ursache für Doppelwirkungen, und so bereits in der Antike benutzt; der Begriff *Entsprechung* will nur auf eine Parallelität ohne Kausalzusammenhang und ohne Willen zur Erklärung hinweisen. Sympathie und Magie hängen ebenso eng miteinander zusammen; in der Renaissance wurde eine umfangreiche Literatur über Sympathien und Antipathien zwischen Sternen, Mineralien, Fauna, Flora usw. zusammengestellt. Ein Beispiel ist der „Garten der Sympathien" in J. Ferne, Blazon of Gentry (1624).

Synagoge *w* [gr. = Versammlung], **1)** das dem jüd. Gebets- u. Lesegottesdienst dienende Gebäude, wegen der Gebetsrichtung meist nach O (Jerusalem) angelegt; gegenüber dem Eingang der Hl. Schrein mit den Thora-Rollen; davor das ↗*Ner Tamid* u. das Vorbeterpult, in vielen orth. S.n in der Mitte ein erhöhter Platz für die Thora-Vorlesung. **2)** In der *christl. Kunst* des MA weibl. Personifikation der jüd. Religionsgemeinschaft. ↗Augenbinde, ↗Ecclesia.

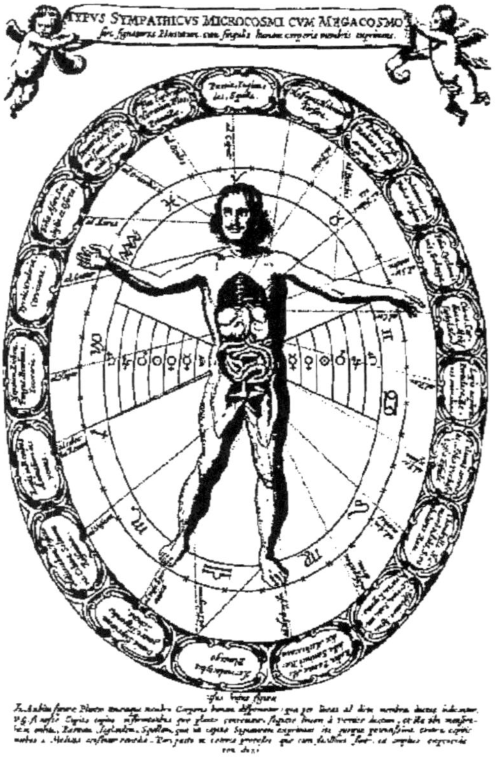

Sympathie: *Heilmittel und Krankheiten hängen nach der Vorstellung der Entsprechungslehre zusammen, wobei noch im Sinne der Mikrokosmos-Makrokosmos-Vorstellung kosmische Einflüsse (Planeten, Tierkreiszeichen) hinzukommmen. Kupferstich aus A. Kircher „Mundus Subterraneus", 1688*

Tabu [v. polynes. *tapu* = das „stark Gezeichnete"], **1)** mag.-rel. Verbot, mit dem Heiligen (positiv u. höherer Macht u. Kraft geladen) u. dem ↗Mana zusammenhängend, das sich auf Personen (Priester, Häuptlinge, Wöchnerinnen), Namen (v. Göttern, Raubtieren), Handlungen (z. B. Berührung v. Königen), Gegenstände, Zeiten, Orte usw. beziehen kann. T.befleckung gilt als ansteckend, verlangt rituelle Reinigung. Bei Naturvölkern vielfach zur rechtl. Sicherung v. Eigentum (Tabuisierung v. Feldern usw.); oft Grundlage der gesamten soz. Ordnung. **2)** *allg.*: Unantastbares; etwas, v. dem man nicht spricht. ↗Speisetabu.

Tabula smaragdina, die Smaragdtafel der Alchimisten u. Astrologen; das geheimnisvolle Manuskript, das wohl nur der Legende nach zu existieren scheint, gilt als eine der ersten schriftl. niedergelegten Grundlagen des ↗Mikrokosmos-Makrokosmos-Denkens.

Tag, im Ggs. zur ↗Nacht Symbol der Klarheit, der Vernunft, der Unverstelltheit („die Sonne bringt es an den T."). – Die vier T.eszeiten wurden symbol. häufig mit den vier Jahreszeiten gleichgesetzt: der Frühling mit dem Morgen; der Sommer mit dem Mittag; der Herbst mit dem Nachmittag oder dem Sonnenuntergang; der Winter mit der Nacht. Diese Identifikationen spielen auch in der Astrologie eine Rolle. ↗Mittag.

Tal, im Ggs. zum ↗Berg Symbol für Abstieg u. Tiefe, im negativen Sinne als geistig-seel. Verlustsituation, positiv als Vertiefung des Erlebens u. Wissens; außerdem im Ggs. zum männl. sich erhebenden Berg Symbol des weibl. Schoßes. – Im Islam Symbol für den Weg der spirituellen Entwicklung. – Häufig anzutreffen ist das T. als Sinnbild in der Literatur des Taoismus: das weite, offene T. symbolisiert die Offenheit gegenüber himml. Einflüssen; als Sammelort für alle v. den Bergen strömenden Wasser ist es zugleich Sinnbild der geistigen Konzentration. – Das grüne, fruchtbare T. ist außerdem bei verschiedenen

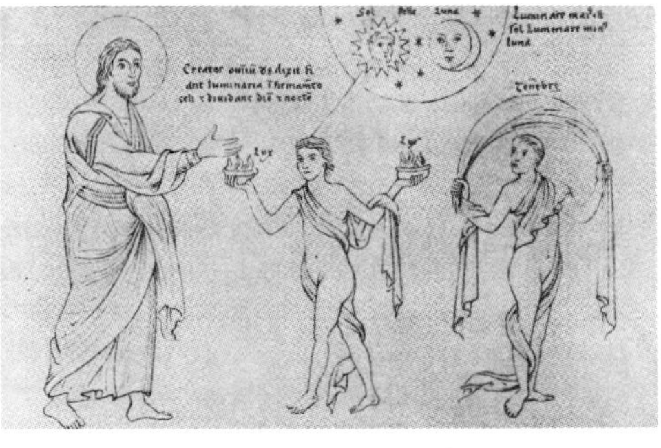

Tag: *Tag und Nacht in einer Miniatur aus dem Hortus Deliciarum der Herrad von Landsberg, 12. Jh.*

Völkern im Ggs. zu den kargen Bergen ein Symbol der Fülle u. des Wohllebens.

Talisman *m* [v. arab. *tilasm* = Zauberbild], umgangssprachl. weitgehend ident. mit dem ↗Amulett; gelegentl. v. diesem, dem eher apotropäische Eigenschaften zugeschrieben wurden, als aktiver Glücksbringer unterschieden. Astrolog. wurde der T. gedeutet als Verbindungsglied zu astralen Strahlungs-Kräften, die er in sich akkumulieren soll.

Tamariske *w*, Baum oder Strauch mit schuppenähnl. Blättern u. häufig ährenähnl. Blütenständen. Galt in China als Unsterblichkeits-Symbol, sein Harz daher als lebensverlängernde Droge.

Tantalos, im griech. Mythos König, der den Göttern, um ihre Allwissenheit zu prüfen, seinen geschlachteten Sohn Pelops als Speise vorsetzte. Zur Strafe wurde er in die Unterwelt gestürzt u. litt dort ewigen Hunger u. Durst: über ihm hingen Zweige, die zurückwichen, wenn er danach griff, mit den Beinen stand er in einem See, der entschwand, wenn er trinken wollte. Neben Sisyphos (↗Felsen) gilt T. u.a. als Personifikation der Unerfüllbarkeit aller menschl. Wünsche.

Tanz. Als rhythmisch strukturierte u. zugleich ekstatische Bewegung wurde der T. in vielen Kulturen sowohl mit Schöpfer- wie mit Ordnungskräften in Verbindung gebracht. Daher erscheinen in vielen Mythen Götter u. Heroen, die tanzend die Welt hervorbringen u. zugleich ordnen (häufig mit Bezug auf zyklische Veränderungen der Planeten, Jahres- u. Tageszeiten usw.). Rituelle Tänze galten in vielen Kulturen als Mittel, eine Verbindung zw. Himmel u. Erde herzustellen, also Regen, Fruchtbarkeit, Gnade usw. herabzuflehen oder (vor allem bei Tänzen v. Schamanen u. Medizinmännern) Einblick in die Zukunft zu eröffnen. – Verbreitet sind auch gestische Symbol-Bewegungen beim Tanzen, vor allem mit den Händen (↗Hand), deren Sinn meistens nur Eingeweihten verständlich ist. – In China stand die T.kunst als Ausdruck kosmischer Harmonie in engem Zshg. mit der Symbolik u. Rhythmik der Zahlen. – Bei schwarzafrikan. Völkern war der T. ursprünglich mit fast allen Aktionen des tägl. Lebens u. des Ritus als transzendente Komponente verbunden. – Die Ägypter kannten eine Vielzahl verschiedener kult. Tänze, an denen mehrfach, wie auch in vielen anderen Kulturen, Personifikationen der Gottheiten teilnahmen. – Das AT berichtet von T.szenen als dem Ausdruck geistiger Freude (der Festtanz der Frauen nach Davids Sieg über Goliath, Davids T. vor der Bundeslade) sowie vom verführerisch-todbringenden T. der Salome.

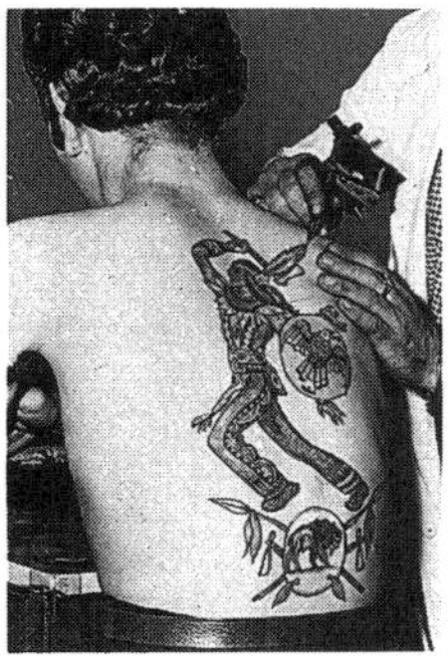

Tanz: akrobat. Tänzerin; Zeichnung auf einem Ostrakon aus dem Neuen Reich, Ägypten
Tanz: tanzende Bajadere; nach einer ind. Radschput-Miniatur; 18. Jh.
Tanz: 2 Tänzer, etruskisches Fresko, 520 v. Chr. (Tarquinia)
Tatauierung: Stich-T. bei einem Matrosen
Taube: sog. Aphrodite mit T.; Goldblech, Mykene

Tarock, *s* oder *m, Tarot,* seit dem MA, zunächst in Frankreich, gebräuchl. Kartenspiel mit 78 Blättern, die immer wieder Anlaß zu spekulativen symbol. Deutungen gaben; häufig wurde vor allem die Folge der Trumpfkarten als Sinnbild eines Initiationsweges gesehen.

Tatauierung [samoan. *tat(a)u* = richtig schlagen], fälschl. *Tätowierung;* oft in Verbindung mit ↗Initiation; mag. oder symbol. Motive, Clan- oder Rangabzeichen, auch bloßer Schmuck; beständigere Art der Körperbemalung. Uralt die *Narben-T.* (schon bei Tasmaniern), z.T. durch Einbrennen, meist erhöhte Narbenstreifen (Wucherungen) durch wiederholte Hautritzungen u. Einreiben der Wunden u.a. mit Asche, Lehm; bes. bei dunkelhäutigeren Naturvölkern. Hellhäutigere (Indonesien, Ozeanien, Amerika) pflegen die *Stich-T. (echte T.),* bei der Farbstoffe durch Stechen, Schneiden u.a. mit Dornen oder kleinen gezähnten Hämmern (siehe Worterklärung!) unter die Haut geführt werden. Damit verwandt das Durchziehen rußiger Fäden unter (jünger; Sibirien, NW u. hoher N Amerikas) oder Einlassen v. Amuletten in die Haut (Buschmänner, Hinterindien). Stich-T. schon im alten Europa (bes. ägäischer Kulturkreis); nach Cooks Rückkehr v. seiner Weltreise u. Vorführung eines Polynesiers mit T. Beginn der modischen T. in der engl. Gesellschaft u. von da in weiteste Gesellschaftskreise; heute auch Erkennungszeichen v. Mitgliedern v. Subkulturen.

Tätowierung, fälschl. oft für ↗Tatauierung.

Tau, *Tautropfen,* steht der Symbol-Bedeutung des Regens (↗Regen) nahe als Ausdruck eines Einflusses des ↗Himmels auf die ↗Erde; da er jedoch nachts u. unhörbar ausfällt u. im übrigen in der frühen Morgensonne glitzert oder wie Perlen (↗Perle) aussieht, ist seine Symbol-Bedeutung geheimnisvoller u. stärker seel.-geistig betont. Gelegentl., z.B. in der Kabbala, erscheint er (vom ↗Baum des Lebens ausgehend) als Sinnbild der Erlösung u. der Erneuerung des Lebens; für die Germanen war der T. ein übernatürl. Element, das vom Weltenbaum ↗Yggdrasil tropft, u. ist die Nahrung des überlebenden Menschenpaares nach dem Weltuntergang. – In China galt der T. als v. ↗Mond kommend u. als Unsterblichkeit verleihend. – Der Buddhismus allerdings sieht im T. ein Sinnbild der Vergänglichkeit u. Nichtigkeit unserer Welt. – Die Griechen deuteten den T. als Sinnbild der Befruchtung u. Fruchtbarkeit.

Taube, 1) stand in Vorderasien in Zshg. mit der Fruchtbarkeitsgöttin Ischtar bzw. in Phönikien mit dem Astarte-Kult. In Griechenland war die T. der Aphrodite heilig.

↗Rebhuhn. – In Indien, z. T. auch in Germanien, galt eine dunkle T. als Seelen-, aber auch als Todes- u. Unglücksvogel. – Der Islam sieht in ihr einen heiligen Vogel, weil sie angebl. Mohammed auf der Flucht beschützte. – In der Bibel läßt Noah nach der Sintflut drei T.n ausfliegen, von denen eine mit einem Ölzweig zurückkehrt; Zeichen der Versöhnung mit Gott u. seither Symbol des Friedens. Die weiße T. ist außerdem ein Symbol der Einfalt u. Reinheit u. vor allem, in der christlichen Kunst, ein Symbol des Heiligen Geistes; sie kann aber auch gelegentlich ein Symbol des getauften Christen sein oder des Märtyrers (mit dem ↗Lorbeer oder der Märtyrerkrone im Schnabel) oder der Seele im Zustand des himml. Friedens (z. B. auf dem Baum des Lebens oder auf dem Gefäß mit Lebenswasser sitzend). – In Zshg. mit den vier Kardinaltugenden symbolisiert die T. die Mäßigkeit. – Ein weißes T.npaar ist ein populäres Liebes-Symbol. **2)** *eucharist. T.*, Hängetabernakel über dem Altar in Form einer T. mit Mulde für die konsekrierten Hostien; erstmals im 7. Jh. erwähnt.

Taubnessel, Lippenblüter; als Heilpflanze verschiedentl. Marienattribut in der christl. Kunst des MA.

Taufe, rituelle Waschung, das Eintauchen in oder Besprengen mit ↗Wasser im Sinne der geistigen *Reinigung;* ist in vielen Kulturen verbreitet, hauptsächl. in Verbindung mit Geburts- u. Todesriten oder bei ↗Initiationen. Oriental. Religionen kennen häufig das spirituell reinigende Baden in heiligen Flüssen (z. B. Euphrat oder Ganges). – Im Attis- u. Mithras-Kult war die Bluttaufe mit Stierblut üblich. – Im Ggs. zu den sich wiederholenden Waschungen v. Reinigungsriten ist die *christl. T.*, urspr. eine Art Bad, ein einmaliger Akt, der die Aufnahme in die christl. Kirche besiegelt. Die T. Christi bedeutet zugleich spirituelle Reinigung u. Herabkunft des Heiligen Geistes. Nach Paulus ist das Tauchbad der christl. T. Symbol für Sterben u. Auferstehen in Christus. ↗Hand- u. Fußwaschung.

Taufkapelle, *Taufkirche*, ↗Baptisterium.

Taufstein, *Taufbecken*, Holz-, Stein- oder Metallbehälter zur Spendung der Taufe u. Aufbewahrung des geweihten Taufwassers; seit dem 8. Jh. zunehmend anstelle des noch bis zum 15. Jh. für die Immersionstaufe gebräuchl. Taufbrunnen, meist in Form eines Kessels, Pokals, einer Schale oder Kufe mit figürl. u. ornamentalem Schmuck. ↗Baptisterium.

Taurus, das Sternbild ↗Stier.

Tausend ↗Hundert.

Taube: *T. als Hl. Geist; nach einer Miniatur der Hl. Dreifaltigkeit; sog. Landgrafenpsalter; um 1212*
Taufe: *T. Jesu, Relief v. Taufbecken des Domes zu Hildesheim, um 1220*
Taufe: *T. Christi; Miniatur aus dem Hortus Deliciarum der Herrad von Landsberg, 12. Jh.*
Tetramorph: *T. auf zwei Rädern (Symbole des Alten u. des Neuen Testaments); Darstellung aus dem Athos-Kloster Watopädi; 1213*

Taw, der letzte Buchstabe des hebr. Alphabets, galt wie das griech. ↗Omega als Symbol des Endes oder der Vollendung.

Tee, in Ostasien ein Symbol der Kultiviertheit, oft in einer rituellen Tee-Zeremonie als zentraler Teil einer Kulthandlung, z. B. in der Lebenshaltung des japan. Zen-Weges.

Teich ↗See.

Teig, Symbol für die ungeformte Materie oder auch für die Verbindung v. ↗Wasser u. ↗Erde. Das Bearbeiten u. Formen v. T. wird gelegentl. auch mit der männl. Sexualität u. Schöpferkraft verglichen.

Tempel [gr.-lat. = abgegrenzter hl. Bezirk], ↗Haus einer Gottheit u. in weiterem Sinne Stätte des Kultes, ein geweihter Bezirk, eingehegter Wald, einzelstehende Bäume, Säulen usw.

Temperamente, in der Antike entwickelte Vorstellung v. den vier T.n, die den vier Körpersäften zugeordnet wurden: Blut – Sanguiniker, Galle – Choleriker, Schwarze Galle – Melancholiker, Schleim – Phlegmatiker; diese vier T. sind oft Bestandteil der ↗Bildprogramme u. werden oft mit anderen Vierergruppen (z. B. Elemente, Lebensalter, Jahreszeiten) in Verbindung gebracht.

Temperantia *w*, Personifikation der *Mäßigkeit* bzw. *Besonnenheit*, einer der vier Kardinaltugenden; häufig dargestellt mit ↗Löwe, ↗Kamel, ↗Taube, ↗Elefant, Totenschädel (↗Schädel), ↗Sanduhr, ↗Zirkel oder einem fest in der Scheide steckenden ↗Schwert.

Tetraktys *w*, Summe der Zahlen 1, 2, 3, 4 = 10, bei den Pythagoreern heilige Zahl, Inbegriff der Vollkommenheit; wurde personifiziert als Gott der Harmonie. ↗Zehn.

Tetramorph *m* (Viergestalt), bis zum SpätMA zusammenfassende Bz. für die Cherubim (↗Cherub) u. die Evangelistensymbole in einer Gestalt mit 4 Gesichtern u. 4 oder 6 Flügeln; die Vorstellung geht zurück auf eine in der Offenbarung Johannes' u. bei Ezechiel beschriebene Vision v. vier geflügelten Lebewesen, die einem ↗Menschen, einem ↗Löwen, einem ↗Stier u. einem ↗Adler glichen (bei Ezechiel je ein Wesen mit einem Löwen-, Menschen-, Stier- u. Adlergesicht). Es handelte sich dabei wohl urspr. um ein Sinnbild für die geistige Allgegenwart Gottes.

Teufel *m* [gr. *diabolos* = Verleumder, Entzweier, hebr. *Satan*]; nach *christl. Lehre* jene ↗Engel, die sich gg. Gott auflehnten, bes. der höchste unter ihnen, *Lucifer*, der das 1. Menschenpaar zur Sünde verführte u. seither der „Fürst der Welt" ist. – In frühchristl. Zeit symbol. Darstellungen als

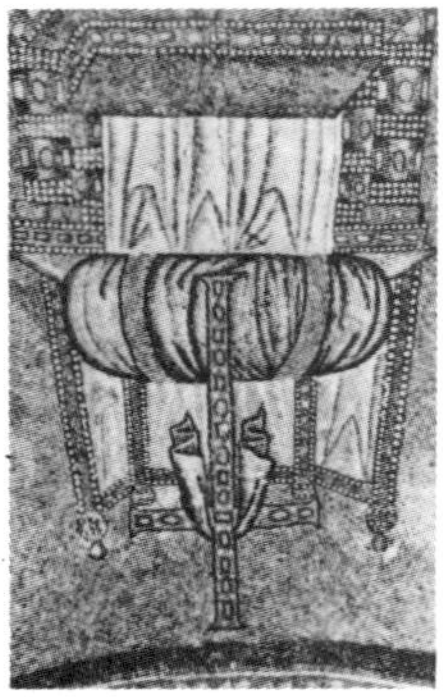  

Schlange, Drachen, Löwe, Basilisk, Aspis; im 9. Jh. als nackter dunkler Engel, seit dem 11. Jh. als Dämon u. phantast.-fratzenhaftes, satyrähnl. Zwitterwesen, bis ins 16. Jh. vielfältig abgewandelt. Höchste Eindringlichkeit der Gestaltung in der Reformationszeit (Dürer, J. Ammann, H. Bosch, P. Bruegel). Häufigste Themenkreise: Versuchung Christi oder Heiliger (bes. Antonius), Engelsturz, Sündenfall, Weltgericht. In der it. Renaissance u. im Barock Vorherrschen, der menschl. T.gestalt, seit dem 19. Jh. zunehmende Psychologisierung.

Thanatos, in der griech. Mythologie Symbol u. Personifikaton des Todes; mit Hypnos dargestellt als geflügelte Jünglinge mit Mohnköpfen u. kleinem Horn, auch mit umgestürzter Fackel in der Hand.

Thema Mundi, *Horoskop der Welt*, eine schon in der babylon. u. altägyptischen Astrologie angenommene Verteilung der ↗Planeten im Moment der Weltschöpfung; Grundlage der Spekulationen über den großen Weltbrand u. die Sintflut in der griech. Tradition. Sowohl das babylon. als auch das ägypt. T. M. können (aus astronom. Gründen) nie die Wirklichkeit widerspiegeln. – Nach dem 4. Laterankonzil von 1215 war dogmatisch entschieden, wie der erste Zustand der Welt samt Engeln ausgesehen hatte; rund ein Jh. später fand das T. M. in der Kunst großen Anklang als Symbol göttl. Welteinheit, so z. B. bei dem Sieneser Maler Giovanni di Paolo (1403–1482).

Thron, Symbol für Herrschaft u. Ruhm im weltl. u. sakralen Bereich, oft durch einen Sockel erhöht u. mit einem ↗Baldachin versehen. Form u. Material des T.es sind häufig zusätzl. symbolisch bedeutsam, so kennt z. B. der Buddhismus die Vorstellung v. einem diamantenen (↗Diamant) T. Buddhas, der am Fuße des Bodhibaumes (↗Feigenbaum) stehen soll. – Die ägypt. Göttin Isis wurde urspr. möglicherweise als Verkörperung des Herrscherthrones verstanden, den man sich als göttl. Wesenheit vorstellte; sie trägt häufig die Schriftzeichen für T. auf dem Kopf. – Der T. Gottes oder einzelner Gottheiten gilt in verschiedenen Religionen als v. Engeln oder heiligen Symbol-Tieren getragen. – Der Koran spricht v. Allah häufig unter dem Namen „Herr des T.es" oder „Meister des T.es"; der T. symbolisiert hier die Summe der göttl. Weisheit, er wird beschrieben als aus einem unfaßbar hell leuchtenden, grünen Material geschaffen u. als mit 70 000 Zungen ausgestattet, die Gott in allen Sprachen loben; er soll jeden Tag 70 000mal die Farbe wechseln u. in sich die Urbilder alles Seienden enthalten; die Entfernung der ihn stützenden Pfeiler voneinander beträgt jeweils eine Strecke, die ein rasch fliegender Vogel in 80 000 Jahren

Thron *(Etimasie oder Hetoimasía): Baptisterium der Orthodoxen, Ravenna, 5. Jh.*
Thron: *T. des Herrschers; aus der Bibel v. Viviano; 840*
Thyrsosstab: *Dionysos-Priester mit T.*
Tierkreis: *Darstellung der Beziehungen zw. Mensch u. Tierkreis; Holzschnitt aus einem dt. Kalender, Augsburg, 1490*

zurücklegen könnte. – Im Judentum vertrat der T. des Königs oder aber die ganze Stadt Jerusalem symbolisch den T. u. die Herrschaft Jahwes über sein Volk. Im AT erscheint der T. vor allem als Symbol der richterl. Gewalt Gottes. – Die frühe christl. Kirche übernahm v. den Römern die *Kathedra,* einen Sessel mit gewölbter Lehne, auf dem höhergestellte Persönlichkeiten Platz nahmen, während die anderen standen. Die Kirche machte daraus ein Symbol des geistl. Lehramtes u. gab ihm liturg. Bedeutung als Sitz des Kirchengründers oder Bischofs. – Die frühchristl. Kunst entwickelte das Motiv der symbolischen Thronbesteigung für die Wiederkunft Christi am Jüngsten Tag (↗Etimasie).

Thyrsosstab, vor allem in der Antike gebräuchlicher Stab mit Pinienzweigen (↗Pinie), v. einem Pinienzapfen bekrönt, mit ↗Efeu u. Weinlaub (↗Wein, ↗Weinstock) umwunden; Symbol für Fruchtbarkeit u. Unsterblichkeit; wurde bei kultischen Feiern v. Muttergottheiten oder zu Ehren des Hermes (Merkur) u. bei den Dionysosmysterien v. Eleusis verwendet. Auch Attribut des Dionysos u. der Mänaden. – In der christl. Kunst begegnet der T. als Symbol vegetativer Lebenskraft oder aber des Heidentums.

Tiefe, als sinnbildl. Vorstellung Bereich des Dunkeln, auch des Wesentlichen, jedoch auch des Bösen, des Triebhaften u. des Materiellen im negativen Sinne.

Tiere, repräsentieren häufig sinnbildl. übermächtige göttl. u. kosm. Kräfte sowie die Mächte des Unterbewußten u. des Instinkts. Die Tierdarstellungen der ↗Felsenbilder stehen wahrscheinl. in engem Zshg. mit myth. religiösen Vorstellungen u. Zeremonien. – Götter wurden bei vielen Völkern in Tiergestalt oder mit Tierköpfen usw. dargestellt (z. B. in Ägypten u. Indien), selbst im Christentum wird der Heilige Geist durch ein Tier, die ↗Taube, repräsentiert. Bei Naturvölkern spielte das Tier häufig eine Rolle als „alter ego" des Menschen. In der Symbolsprache vieler Kulturen erscheinen T., auch Fabel-T., als Sinnbilder menschl. Eigenschaften. Tier-menschl. Mischwesen symbolisieren häufig die geistig-körperl. Doppelnatur des Menschen. ↗Evangelistensymbole, ↗Minotaurus, ↗Opfer, ↗Tierkreis, ↗Zentaur.

Tierkreis, *Zodiakus,* die im Jahr einmal v. der Sonne (scheinbar) durchlaufene Zone beiderseits der Ekliptik (ca. 18° breit, in ihr bewegen sich auch die Planeten u. der Mond), nach den Sternen in 12 Sternbilder bzw. entsprechende *T.zeichen* eingeteilt; erscheint v. allen Orten auf der Erde aus gleich, wurde jedoch v. verschiedenen Völkern entweder zu verschiedenen (jedoch fast stets zwölf) Bildern zusammengefaßt

Tierkreis

Die Bezeichnung „Tierkreis“ ist eigentlich eine falsche Übersetzung des griechisch-lateinischen Wortes Zodiakus, er hat nämlich nichts zu tun mit dem griechischen Wortstamm für „Tier“, sondern leitet sich von dem griechischen Wortstamm für „beseelte Wesen“ ab. Der Zodiakus führt also in sehr frühe Phasen der Entwicklung der Zivilisationen zurück, als man Himmelskörper von einem Astralgeist, einem verständigen Geist oder einer Seele bewohnt dachte; besonders die Wirkung der innerhalb des Zodiakus sich bewegenden und ihn *nie* verlassenden Planeten und den in ihnen wirkend gedachten Astralgeistern sah man als bei allen organischen (Menschen, Tiere, Pflanzen) und anorganischen (Metalle, Mineralien, Edelsteine usw.) Substanzen als gegeben an: „Alles ist in der Welt den Astralgeistern unterworfen gemäß nach seiner jedesmaligen planetarischen Würde und Oberherrschaft.“ Diese

Deutung der Tierkreissymbole nach Agrippa von Nettesheim und J. J. Scaliger.

Name	Symbol	Deutung
Widder	♈	Widderkopf
Stier	♉	Ochsenkopf
Zwillinge	♊	2 Menschen, Arme und Beine miteinander verbunden
Krebs	♋	Scheren eines Krebses (oder Symbol der Vorwärts- und Rückwärtsbewegung des Krebses)
Löwe	♌	Schwanz eines Löwen
Jungfrau	♍	Flügel der Jungfrau
Waage	♎	2 Waagebalken
Skorpion	♏	Skorpion mit aufgerichtetem Schwanz
Schütze	♐	Pfeil stehend auf einer Bogensehne
Steinbock	♑	der gewundene Schwanz eines Ziegenfisches
Wassermann	♒	Wasserguß
Fische	♓	2 Fische, mit dem Rücken gegeneinander und mit einem Band verbunden.

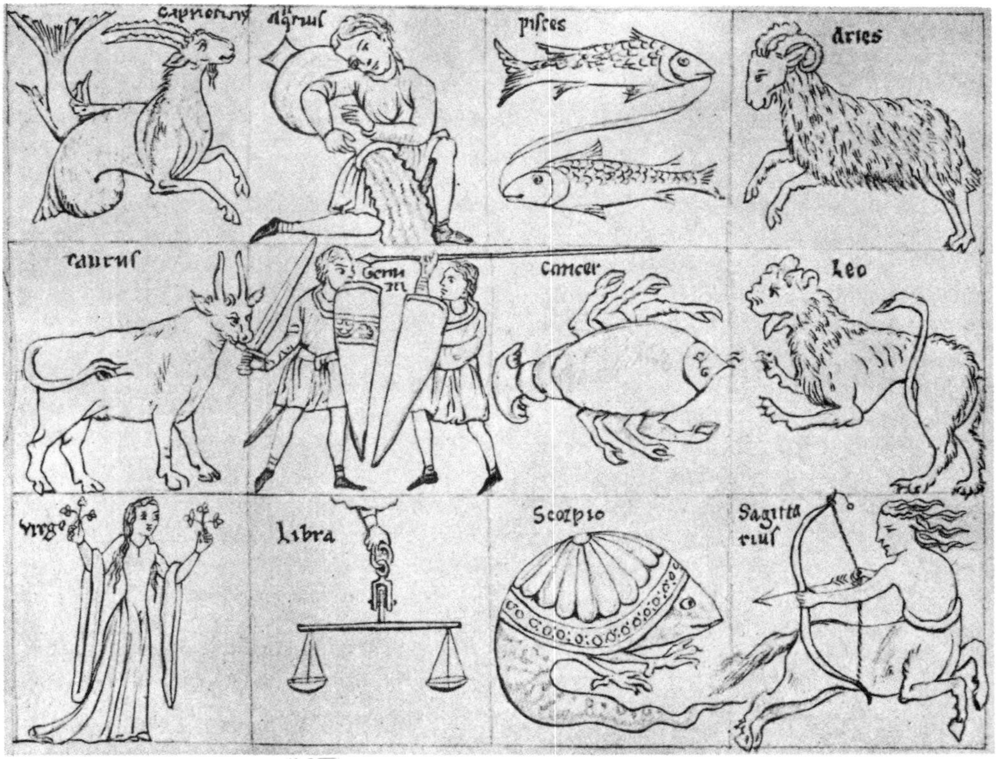

Darstellung der Tierkreisbilder im Hortus Deliciarum der Herrad von Landsberg, 12. Jh.

rechts: Die Verknüpfung von Tierkreis und den jahreszeitlich bedingten Arbeiten der Bauern. Die konsequente Durchführung dieses Gedankens führte zu den Monatsbildern (französischer Holzschnitt von 1504)

Mitte: Eine alte indische Darstellung des Tierkreises: die zwölf Tierkreiszeichen entsprechen weitgehend den uns bekannten; im Innern ist die Sonne mit ihren Planeten dargestellt

unten: Der 12teilige Tierkreis nach chinesischer Auffassung; die äußeren Figuren stellen den „Tier"-Kreis dar, die Schriftzeichen im Inneren bezeichnen die „12 irdischen Stämme", denen eine starre Unterteilung in 30 Tage zu Grunde lag

Vorstellung ist eines der entscheidenden Bindeglieder des Mikrokosmos-Makrokosmos-Denkens und fand seinen Höhepunkt und Abschluß in den magischen Spekulationen des späten Mittelalters und am Beginn der Neuzeit.

Der Kanon der Tierkreisbilder liegt seit mehr als 3000 Jahren mehr oder weniger fest, möglicherweise war er schon in Mesopotamien vorhanden und hat sich dann im Rahmen eines „Wissenstransfers" und stetiger Anpassung an regionale Gegebenheiten immer weiter ausgedehnt (Ägypten, China, Griechenland, Islam usw.). Die Zahl der Tierkreisbilder ist nicht notwendig 12, sie kann – entwicklungsgeschichtlich bedingt – zwischen 8 und 15 schwanken, eine Rückwirkung bzw. eine wechselseitige Beeinflussung mit einem primitiven, vom Landbau geprägten Kalender, ist sehr wahrscheinlich; es ist sogar möglich, daß die Unterteilung des Tierkreises zunächst durch das antike System der Winde mitbestimmt wurde.

Die Entwicklung und die Geschichte der Tierkreiszeichen-Symbole ist weitgehend unbekannt, es scheint, daß sie zuerst in griechischen Manuskripten des späten Mittelalters erscheinen; andererseits handelt es sich um eine Weiterbildung der Anfangs- und Endbuchstaben der jeweiligen griechischen Bezeichnungen, bei einigen anderen ist eine Verwandtschaft zu ägyptischen Hieroglyphen oder einfach als Deutzeichen anzunehmen. Die auf der Zahl 12 (oder 4 x 3) beruhenden zahlreichen Spekulationen im Zusammenhang mit dem Tierkreis sind in der alten Astrologie kaum bekannt bzw. gebräuchlich, sie sind fast alle Ergebnisse der neueren Zeit. Andererseits ist die Vorstellung von einer Kraft, die in den einzelnen Tierkreiszeichen – das heißt nach heutiger Vorstellung der jeweils von 30° zu 30° fortschreitenden Abschnitte der Ekliptik – wirkt, seit der Antike bis heute kaum verändert weitergeführt worden. Es gibt nahezu kein Phänomen der sublunaren Welt, das nicht in Korrelation zum Tierkreis gesetzt worden wäre, etwa von Tieren, Pflanzen über Speisen, Parfüms, Städte und Länder bis hin zu den Stämmen Israels und den Aposteln. Das Schema dieser Entsprechungen ist immer nach dem folgenden System aufgebaut: ein Objekt (Pflanzen, Steine usw.) wird durch ein Zeichen dann beherrscht, wenn in der astrologischen Tradition sich bestimmte Verbindungen herstellen lassen (siehe auch Planetenkinder). Diese Korrespondenzen zum Tierkreis sind schon bei Ptolemäus zu finden.

Lit.: H. G. Gundel u. R. Böker, Zodiakos, München 1972. J. Schwabe, Archetyp und Tierkreis, Basel 1951; W. Hübner, Zodiacus und Christianus, Königstein 1983.

oben: In A. Kirchers „Oedipus Aegyptiacus" von 1653 wird die komplizierte Geschichte des Tierkreises deutlich: ägyptische, römische und griechische Einflüsse werden in den Darstellungen sichtbar. Umgrenzt wird das System von den 36 Dekanen

unten: Archimedes steht auf der flachen Erde, umgeben von Wasser, Luft und Feuer und den Himmelssphären; die Tierkreiszeichen sind als eine Art Prozession dargestellt, angeführt vom Zeichen der Fische

Tierkreis: in christlicher Deutung: Gott als Sonne, die 12 Tierkreiszeichen als die 12 Apostel und 12 Kleinen Propheten („Musterbuch" von Schmid)

oder aber – bei gleicher Bildeinteilung – verschieden benannt, so entsprach etwa dem uns bekannten Steinbock bei den Babyloniern der Ziegenfisch, unserem Krebs bei den Chinesen die Katze usw. Wegen der Präzession (Vorrücken der Tag- u. Nacht-Gleichen) verschiebt sich der Nullpunkt der Zählung ständig, so daß unterschieden wird zw. dem T.zeichen u. dem Sternbild. Für die Astrologie entsprechen die einzelnen T.zeichen verschiedenen Lebensformen. Über die Motive der Zuordnung v. Sternanordnungen zu bestimmten Charakteren u. Typen (wie z. B. Jungfrau-Typ, Wassermann-Typ) bestehen zahlreiche Spekulationen, beispielsweise wird angenommen, daß der Charakter einer durch ein bestimmtes T.zeichen geprägten Jahreszeit für das Erleben der Menschen sinnbildhaft mit dem Charakter des Tieres oder ähnl. zusammenhing, nach dem man die Sternanordnung benannte. – Die Verknüpfung v. Astrologie u. Alchimie erfolgte in vielen Details über die T.zeichen; in der Medizin des MA bis ins 18. Jh. wurde der T. als makrokosm. Zeichensystem im Mikrokosmos gespiegelt, so daß die kosm. T.zeichen ihre Entsprechung im menschl. Organismus, bildl. als *Aderlaßmännchen*, zugeordnet erhielten. – Der T. ist in der Vorstellung des *kosm. ↗Rades* mit dem Symbol des ↗Kreises verknüpft. – In der christl. Kunst des MA begegnen Darstellungen des T.es (oft verbunden mit Monatsarbeiten) häufig als Symbole der ablaufenden Zeit, zugleich aber als Sinnbilder der göttl. Unwandelbarkeit jenseits allen Wechsels, weiterhin als Symbol der Himmelssphären. Im einzelnen bezog man die T.zeichen verschiedentl. auf die 12 Apostel oder aber auf verschiedene christl. Inhalte, häufig allerdings mit variierender Bedeutungszuordnung; beispielsweise deutete man den Widder als Sinnbild des Christuslammes, die Zwillinge als AT u. NT, den Löwen als Symbol der Auferstehung, der den Skorpion (das Sinnbild der Schlange) besiegt, die Fische

***Tierkreis-Sternbilder** und die zugeordneten Planeten*
Frühlingszeichen
Widder (Mars)
Stier (Venus)
Zwillinge (Merkur)
Sommerzeichen
Krebs (Mond)
Löwe (Sonne)*
Jungfrau (Merkur)*
Herbstzeichen
Waage (Venus)*
Skorpion (Mars)*
Schütze (Jupiter)*
Winterzeichen
Steinbock (Saturn)*
Wassermann (Saturn bzw. Uranus)
Fische (Jupiter bzw. Neptun)
** „Taghäuser" der Planeten, die restlichen „Nachthäuser"*

Tiger: chin. Darstellung, Ming-Zeit
Tintenfisch: Dekor auf einem Porphyr-Gewicht aus Knossos, Kreta

als Juden u. Heiden, die durch das Taufwasser gerettet werden, das durch Christus, den Wassermann, ausgegossen wird, usw.

Tiger, Symbol der Kraft u. Wildheit mit sowohl negativer wie positiver Bedeutung. In China zunächst Schutzgeist der Jagd, später des Ackerbaus. Verschiedentl. begegnet der im dunklen Dickicht lebende, vor allem durch das Prinzip Yin (↗Yin und Yang) geprägte T. als guter oder böser Gegenspieler des ↗Drachen. Der weiße T. ist ein Symbol königl. Tugenden. – Im Buddhismus ist der T., der seinen Weg durch den Dschungel findet, ein Sinnbild der geistigen Anstrengung. Da er sich auch in der Dunkelheit u. bei Neumond orientieren kann, ist der T. zudem ein Symbol des inneren Lichts oder auch der Zunahme v. Licht u. Leben nach dunklen u. schweren Zeiten. – Als reißendes Raubtier symbolisiert der T. oft die gefährl. Gewalt unkontrollierter Triebkräfte. – Der T. ist das 3. Zeichen des chin. ↗Tierkreises, er entspricht den ↗Zwillingen.

Tintenfisch, findet sich sowohl in der ornamentalen Kunst der Kelten wie der Kreter; steht wegen seiner häufig gewundenen Fangarme in sinnbildl. Zshg. mit der ↗Spinne u. der ↗Spirale; als Meerbewohner, der gegenüber Feinden Wolken einer dunklen Flüssigkeit ausstößt, möglicherweise auch als Symbol unterird. Mächte zu verstehen.

Tisch, als Zentrum, um das herum man sich versammeln kann, Symbol gemeinsamer Mahlzeit, aber auch einer auserwählten Gemeinschaft (z. B. der Tafelrunde des Königs Artus). – Der Islam kennt die Vorstellung v. einem großen T., auf den Gott die Schicksale der Menschen einzeichnet.

Tod, in der griech. Kunst als schöner, nackter Jüngling (↗Thanatos) oder alter, bärtiger Mann mit Flügeln dargestellt, aber bereits in der Spätantike als Skelett (Pompeji); im frühen Mittelalter selten, dann als häßlicher Greis oder häßliches Weib. Vom 14. Jh. an herrschen Skelettdarstellungen vor, am häufigsten in den ↗Totentänzen.

Todsünden ↗Acedia (Trägheit), ↗Avaritia (Geiz), ↗Gula (Völlerei), ↗Invidia (Neid), ↗Ira (Zorn), ↗Luxuria (Wollust), ↗Superbia (Hochmut).

Tomahawk *m* [-mähåk; Algonkinsprache; urspr. Bz. für einen Hammer als Werkzeug], bezeichnet unterschiedl. Arten v. Keulen, i. e. S. die v. den Europäern ab 16. Jh. unter die nordam. Indianer gebrachte Metallaxt (aus Eisen, Messing), zunächst als Werkzeug, deren Verwendung aber schnell

Tod

Mors (Tod) und Vita (Leben) haben je 4 Buchstaben, die oft den Enden eines Kreuzes beigefügt wurden („Musterbuch" von Schmid)

Totentanz: Holzschnitt aus: La danse macabre des femmes, Paris, 1485

Die christlich-abendländische Symbolik des Todes entwickelte sich erst relativ spät im hohen Mittelalter, vorher wurden meist Auferstandene, nicht Tote dargestellt; bei Grabmälern ist dabei noch zu unterscheiden, ob es sich um „den Tod" oder den Gestorbenen handelt, der im Grabmal verewigt sein soll.

Als Personifikation bzw. als Symbol kommt der Tod in der Gegenüberstellung der Wörter Mors (Tod) und Vita (Leben) vor.

Erst im Spätmittelalter erscheinen in zunehmender Anzahl die uns geläufigen Symbole wie der Tod als Gerippe, oft mit Sanduhr und/oder Sense, aber noch eindringlicher in den Totentanz-Zyklen (Danse macabre), die wohl unter dem Eindruck der Pestepidemien, die Arm und Reich, Jung und Alt, Frau und Mann dahinrafften, entstanden sind.

Tod als Gerippe mit Sense und Stundenglas; nach einem Stich von Anders Trost (Ausschnitt)

Eine von den sieben Todsünden besessene Frau; engl. Bibelillustration, 13. Jh.

Klein-Baseler (Klingentaler) Totentanz, 1440

Totentanz: Der Tod und der Krämer aus dem Totentanz von H. Holbein d.J.

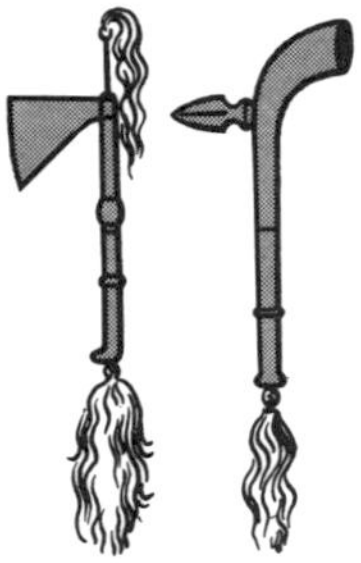

als Waffe (auch zum Wurfe) erkannt wurde. Durch den Mehrzweck als Werkzeug, Waffe – im 18. Jh. noch mit der Tabakspfeife kombiniert – u. als Symbol des Krieges (beim Kampfbeschluß erhoben) nahm er eine bedeutende Stellung in der indian. Kultur ein; später einfach Bz. für Streitaxt.

Tomate, wegen ihres roten Saftes, aber auch wegen der zahlreichen Kerne bei schwarzafrikan. Völkern gelegentl. symbolisch mit dem Blut u. der Fruchtbarkeit in Zshg. gebracht. – In Europa früher verschiedentl., wie der rote ↗Apfel, Liebes-Symbol.

Topf, verbreitetes Symbol für die ↗Gebärmutter u. damit oft zugleich für die Frau. ↗Gefäß.

Tor ↗Türe.

Torques *m,* ein metallener Halsring, seit der La-Tène-Zeit belegt, bei den Kelten Abzeichen u. Symbol des Helden.

Totem ↗Totemismus, ↗Totempfahl.

Totemismus *m* [Algonkinsprache: *dodaim, ndodem* = Familienemblem, Schutzgeist], der Glaube an myst.-verwandtschaftl. u. kultähnl. Dauerbeziehungen mit einem bzw. Abstammung eines Menschen *(Individual-T.),* einer sozialen Gruppe, z. B. Sippe, Clan u. a. *(Gruppen-T.),* v. einem *Totem,* (Tier, Pflanze, anderer Gegenstand, Naturerscheinung). Der Individual-T. (bes. im N Asiens u. Amerikas) hat enge Beziehungen mit dem Schamanismus. In Australien haben z. T. die Männer u. Frauen eines Stammes für sich je ein bestimmtes Totem (Geschlechts-T.). Erste Ansätze zum T. liegen in der mag., myst. u. religiösen Bindung an die Tiere bei Jägervölkern. Geradezu verpflichtend sind ↗Exogamie (Heiratsverbot innerhalb der Totemgruppe), Schonung, Tötungs-, Speise- u. Berührungsverbot des Totems (Schützer, Helfer, Verwandter). Totemist. Züge bei fast allen Naturvölkern u. in alten Hochkulturen, auch im alten Europa. ↗Mana, ↗Tabu.

Totempfahl, meist hoher Pfosten mit Schnitzereien, übereinandergetürmter Tier- u. Menschenfiguren, z. T. bemalt, das Totem oder die Ahnenlegende einer Sippe darstellend *(Ahnenpfahl).* T. bei den Indianern der am. NW-Küste, auch in der Südsee; in der Regel vor den Häusern als Zeichen der Zugehörigkeit der jeweiligen Familie.

Totenschädel ↗Schädel.

Totentanz ma. Darstellung v. Menschen jeden Alters u. Standes, die mit Toten einen Reigen tanzen, zu dem oft der ↗Tod musiziert. Versbeischriften sind häufig.

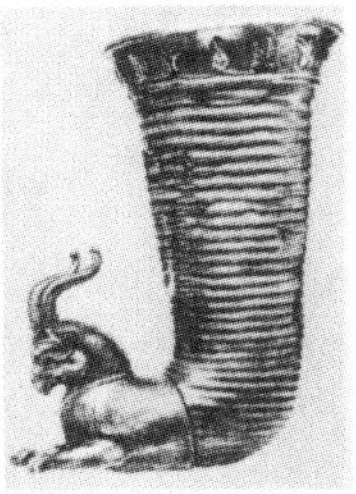
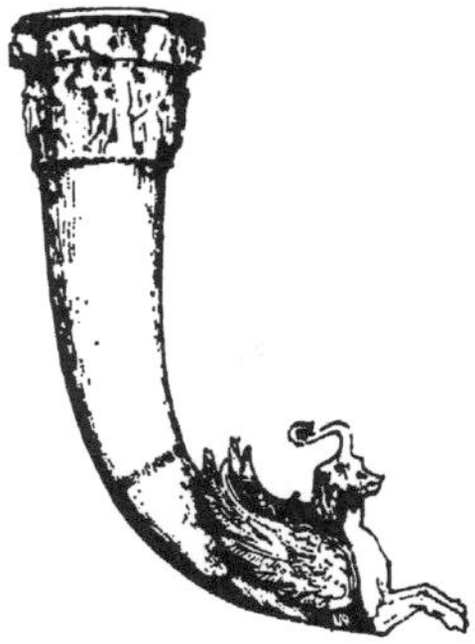

Tomahawk: Tomahawks nordamerikanischer Indianer
Totempfahl: links Ahnenfigur (Bakota), rechts Totempfahl (Haida)
Trinkhorn aus Elfenbein mit einem Greif an der Spitze (2. Jh. v. Chr., Turkmenistan)
Trinkhorn: Rhyton aus dem Oxusschatz

Der urspr. fortlaufende Reigen in einem Bild später in Paare aufgelöst, das Tanzmotiv entfällt, u. der Tod als Skelett steht dem einzelnen gegenüber. Herkunft des Motivs wohl aus einer Legende des MA u. der volkstüml. Vorstellung, daß die Toten ihre Gräber zu mitternächtl. Tanz auf dem Kirchhof verließen. Früheste Darstellungen auf Fresken aus der 1. Hälfte 15. Jh. In der Graphik bes. bekannt die Holzschnittfolge der *Danse macabre* (1485 in Paris erschienen); der T. Holbeins d. J. – 1848 schuf A. Rethel mit der Folge *Auch ein Totentanz* eine ikonograph. Neubildung.

Trank, *Elixier*, als *T. der Unsterblichkeit* Sinnbild einer Steigerung des Bewußtseins, die mit dem Wissen der ewigen Fortdauer verbunden ist. Das negative Gegenbild hierzu ist der *T. des Vergessens*.

Transmutation ↗V.I.T.R.I.O.L.

Trappe *w*, Kranichvogel, der sich häufig laufend fortbewegt. Das Männchen ist oft v. mehreren Weibchen begleitet, die T. gilt daher bei schwarzafrikan. Völkern als Symbol der polygamen Ehe. Wegen seiner Erdverhaftetheit wird der Vogel auch als Symbol für Kinder gesehen, die sich nicht v. der Mutter lösen wollen.

Traube ↗Weinstock.

Trauerschleier ↗Schleier.

Trauerweide ↗Weide.

Traum, ↗S. 312

Treppe, in der symbol. Bedeutung im wesentl. deckungsgleich mit der ↗Leiter: Symbol seel. u. geistiger Entwicklung, der stufenweisen Zunahme an Weisheit u. Wissen. Im Ggs. zur Leiter, die in der Regel als von unten nach oben, also in Richtung des Himmels verlaufend, verstanden wurde, begegnet die T. gelegentl. auch als absteigende, unter die Erde, in dunkle Bereiche führend u. symbolisiert insofern entweder den Abstieg ins Totenreich oder den Zugang zu okkultem Wissen oder zum Unterbewußtsein. – Eine *weiße* T. kann symbolisch auf Klarheit u. Weisheit, eine *schwarze* auf schwarze Magie weisen. – Die Sonnenreligion der Ägypter verstand die Stufenpyramide als T., auf der die Seele zum Himmel aufsteigt; es finden sich auch Darstellungen v. Barken, in deren Mitte eine Treppe errichtet ist, auf der die Seelen zum Licht steigen. – Auch die babylon. Zikkurat muß wohl in ähnl. Sinne verstanden werden. – Die *Wendeltreppe* partizipiert auch an der Symbolik der ↗Spirale.

Trinität ↗Dreifaltigkeit.

Trinkhorn, *Rhyton*, altgriech., aus dem Orient übernommenes Spendegefäß oder Trinkgefäß in ↗Horn-Form; besitzt unten

Traum

Der Traum ist eine im Grunde noch nicht befriedigend definierte und an den Schlaf gebundene Form der Erfahrung, vielleicht mit der Phantasie verwandt.
Von den frühesten literarischen Quellen bis in die Gegenwart, in allen Religionen, spielen Träume eine wichtige Rolle, wobei die Frage, ob Träume innen- oder außengesteuert sind, immer nocht nicht überzeugend gelöst ist.
Unabhängig davon ist die Rolle des *Traumdeuters*, eines „Berufes", den es schon früh in allen Hochkulturen gab; bekannt ist die Rolle Josephs bei der Deutung des Traumes des Pharao (Gn 41, 25-27) oder die Bedeutung des Traums des Mordechai im Buch Esther.
Bei griechischen Traumdeutern, z. B. bei Artemidoros (2. Jahrhundert nach Christi) findet sich bereits die Basis der heugigen weitverbreiteten tiefenpsychologischen Deutung der Traumsymbole, die *eine* Möglichkeit der Interpretation bietet, wobei sich auch die Trennung, die sich seit der Antike aufgedrängt hat, ergibt, nämlich jene in Träume, die die Zukunft vorhersagen, und solche Träume, die einer Ausdeutung bedürfen, weil eine Mehrdeutigkeit der Traumsymbole immer gegeben ist.
Träume sind zu unterscheiden von Visionen, wie etwa die Vision von der Jakobsleiter, obwohl Überschneidungen häufig sind; Visionen sind ihrerseits wie die Schlafträume möglicherweise mit Tagträumen verknüpft.

Der Traum des Pharao von den sieben fetten und den sieben mageren Kühen und den sieben volltragenden und den sieben leeren Getreideähren. Miniatur aus einem italienischen Codex

Triumphkreuz in der Schloßkirche zu Wechselburg (um 1230)

eine feine Öffnung, aus der ein dünner Strahl herausfließt.

Triskelis, *Triquetra,* die Dreiteilung eines Kreises, schon als Ornament auf prähistor. Tongefäßen, auch als Wappen- bzw. Münzensymbol (z.B. des antiken Agrigent); daraus entwickelte sich wohl das christl. Dreifaltigkeitssymbol.

Triumphkreuz, plast., in It. auch gemalte Darstellung der Kreuzigung Christi, oft mit Maria u. Johannes; bes. in roman. Kirchen vom Triumphbogen herabhängend oder am Lettner.

Trivium, die 3 Wege des Lernens (Grammatik, Rhetorik u. Logik), bilden zus. mit dem ↗Quadrivium die 7 Freien ↗Künste.

Trojaburgen, in humanist. Umdeutung einer falsch verstandenen Etymologie des Wortes „Trälleborg" (schwed.) bzw. „Trøjborg" (dän.), spekulativ verbunden mit Hüpfspielen in labyrinthförmigen Steinsetzungen (↗Labyrinth), Schwerttänzen, rel. Spielen, Namensgebungen (Hagen von Tronje!) u. verknüpft mit vielen späteren Sagenbildungen.

Trommel, häufig verwendetes Kultinstrument; ihr rhythm. erzeugter Klang wird verschiedentl., z.B. im Buddhismus, verborgenen Klängen u. Kräften des Kosmos gleichgesetzt. Häufig, so z.b. bei schwarzafrikan. Völkern, diente die T. zum mag. Herabrufen himml. Kräfte, die Kriegstrommel insbesondere stand meist in engem symbol. Zshg. mit ↗Blitz u. ↗Donner. – In China wurde der Klang der T. mit dem Umlauf der ↗Sonne u. bes. mit der Wintersonnenwende in Verbindung gebracht, d.h. mit dem Zeitpunkt des größten Einflusses des Prinzips Yin (↗Yin und Yang), zugleich aber des erneuten Steigens der Sonne u. damit des wiederum zunehmenden Einflusses des Prinzips Yang.

Trunkenheit ↗Rausch.

Truthahn, bei den Indianern Nord- u. Mittelamerikas Symbol weibl. Fruchtbarkeit u. männl. Zeugungskraft; häufig als Opfertier bei Fruchtbarkeitszeremonien verwendet.

Tugenden und Laster, symbolisiert in der christl. Kunst durch weibl. Gestalten (T.) oder männl. bzw. weibl. Gestalten (L.), die an ihren Attributen zu erkennen sind. Zu den vier Kardinal-T. (↗Fortitudo, ↗Justitia, ↗Prudentia, ↗Temperantia) kommen noch die drei theolog. T. ↗Fides, ↗Spes, ↗Caritas hinzu, die noch gelegentl. durch die ↗Humilitas ergänzt werden. – Diesen sieben (acht) T. werden die sieben Todsünden (L.) gegenübergestellt: ↗Superbia, ↗Invidia, ↗Gula, ↗Avaritia, ↗Acedia, ↗Ira u. ↗Luxuria. Darstellungen der T. u. L. sind häufig Teil eines ↗Bildprogramms.

Turban, die aus Stoffstreifen gewundene Kopfbedeckung der Hindus u. Muslime; begegnet in verschiedenen, auch sehr prächtigen Aufmachungen u. ist insofern oft zugleich ein Symbol für Würde u. Macht. Die Muslime unterscheiden sich durch den T. v. den Ungläubigen.

Türe, *Pforte, Tor,* ähnl. der ↗Brücke Sinnbild des Übergangs v. einem Bereich in den anderen, z. B. vom Diesseits ins Jenseits, vom profanen in den heiligen Bereich usw. Verbreitet ist die Vorstellung v. einer *Himmelstür* oder einem *Sonnentor,* die den Übergang in außerird., göttl. Bereiche markieren. Auch die Unterwelt oder das Totenreich liegen nach den Vorstellungen vieler Völker jenseits großer Tore. – Die verschlossene T. weist häufig auf ein verborgenes Geheimnis, aber auch auf Verbot u. Vergeblichkeit, die geöffnete T. stellt eine Aufforderung zum Durchschreiten dar oder bedeutet ein offenbares Geheimnis. – Die Darstellungen Christi an ma T.n (z. B. im Tympanon) beziehen sich auf das bekannte Christuswort: „Ich bin die T.", Mariendarstellungen an T.n dagegen nehmen häufig Bezug auf die symbol. Deutung Marias als *Himmelspforte,* durch die Gottes Sohn in die Welt trat. – ↗Janus.

Türkis *m,* Schmuckstein, in mehreren indian. Kulturen symbolisch mit der ↗Sonne u. dem ↗Feuer verbunden. – Im Orient als ↗Amulett verwendet.

Turm, Symbol für Macht oder für das Übersteigen des alltägl. Niveaus. Wegen seiner Form auch Phallus-Symbol, zugleich jedoch – als meist fensterloser, verschlossener Raum – auch Symbol für Jungfräulichkeit (so wird Maria z. B. mit einem elfenbeinernen T. verglichen). Als befestigter, weltabgeschiedener Raum kann der T. auch ein Symbol für philosoph. Denken u. Meditation sein (negativ ↗Elfenbeinturm). – In Darstellungen der christl. Kunst des MA ist ein T. häufig ein Symbol der Wachsamkeit; in frühchristl. Zeit symbolisiert ein T. auch oft die gesamte „heilige Stadt". Ein *Leuchtturm* ist, vor allem z. Z. des frühen Christentums, ein Symbol für das ewige Ziel, das das Lebensschiff (↗Schiff) auf den Wogen des diesseitigen Lebens ansteuert. – Der babylon. Stufenturm (Zikkurat) war wahrscheinlich ein Symbol des Weltenbergs (↗Berg); die einzelnen Stufen symbolisieren den stufenweisen geistigen Aufstieg des Menschen zum Himmel. Der Turmbau von ↗Babel war eine Zikkurat.

Türschwelle ↗Schwelle.

Turteltaube, der ↗Physiologus hebt ihr zurückgezogenes Leben u. ihre Einehigkeit hervor u. vergleicht sie mit Christus,

***Turban:** nach einer Darstellung des Sultans Selim III.*

***Türe:** Tabernakeltüre*

***Turm:** die bibl. Bilder des Hohenliedes (Anrufungen der Lauretan. Litanei), u. a. der Turm Davids, umgeben als Mariensymbole die hl. Jungfrau; Darstellung in P. Canisius, De Maria Virgine, Ingolstadt 1577*

der auf den Ölberg stieg, wo ihm Moses u. Elias erschienen; die edelsten Diener Christi sollen es lieben, in die Einsamkeit zu gehen. ↗Taube.

Tyche, griech. (blinde) Schicksalsgöttin, entspricht der lat. ↗Fortuna.

***Turm:** Ziqqurat, (Turm v. Babel), Rekonstruktion von Hansjörg Schmid*

Typologie *w* [gr.], die Lehre vom typ. Schriftsinn der Bibel, deckt die Beziehungen der *Typen* (Vorbilder) des AT zu ihrer Erfüllung *(Antitypen)* im NT (Christus, Kirche u. a.) auf u. stellt so den *typ. Sinn* (im Ggs. zum geschichtl. Sinn) der Bibel fest. Die christl. Kunst des MA nahm in zahlr. Bildzyklen diese typolog. Zusammenhänge zum Gegenstand, bes. in der Kleinkunst, Buchmalerei u. Glasmalerei.

***Turm:** In der Lauretanischen Litanei heißt Maria Turm Davids („Musterbuch" von Schmid)*

Udjat-Auge ↗Auge.

Ulme, ein hohes Alter erreichender Baum mit hartem u. zähem Holz; im alten Griechenland war die U. Symbol des Todes.

Umschreiten. Das U. heiliger Stätten, z. B. des Altars im Judentum, der Ka'aba im Islam, des Stupa im Buddhismus, der Kirche im Christentum (Prozessionen) usw. ist im religiösen Brauchtum weit verbreitet. Möglicherweise hängt es, als Nachahmung der Bewegungen von Sonne u. Gestirnen, mit kosmischer Symbolik sowie mit der symbol. Bedeutung des ↗Kreises zusammen. Die Anzahl der Umschreitungen richtet sich meistens nach hl. Symbol-Zahlen.

Unfehlbare Lanze, eine ↗Lanze, die im Besitz des ir. Helden Celtchar war. Die Vorstellung v. Waffen, die ihr Ziel niemals verfehlten, war nicht nur der Antike u. den Germanen, sondern auch den Kelten geläufig.

Ungeheuer, *Monstrum,* häufig wohl Personifizierung v. Angstvorstellungen (z. B. ↗Zerberus), die sowohl auf die Außenwelt wie auf bedrohliche Aspekte der eigenen Seele bezogen sein können. – In der Bibel (↗Leviathan) Verkörperung der Gott entgegengesetzten Ordnung. – Begegnet in Sagen u. Märchen häufig als Schatzhüter oder Räuber u. Bewacher einer Jungfrau, der bekämpft u. überwunden werden muß, was unter psychoanalyt. Gesichtspunkt als Sinnbild für Schwierigkeiten u. Prüfungen auf dem Weg der Persönlichkeitsentwicklung gedeutet werden kann. ↗Mischwesen.

Ungesäuerte Brote ↗Sauerteig.

Unten ↗Tiefe.

Unwetter, *Sturm, Gewitter,* in den religiösen Vorstellungen vieler Völker als Symbol oder realer Ausdruck des Handelns göttl. Mächte verstanden; auch Zeitenwenden werden oft als Unwetterkatastrophen vorgestellt. ↗Blitz, ↗Donner.

Uräusschlange ↗Schlange.

Urne ↗Grab.

Urobos ↗Ouroboros.

Vanitas, die Eitelkeit, Nichtigkeit u. Vergänglichkeit alles Irdischen; Symbole, bes. im MA, ↗Frau Welt u. ↗Fürst der Welt, aber auch die ↗Sanduhr (u. die Räderuhr), der Totenkopf.

Vegetationsbräuche, rituelle symbol. Handlungen, durch die das Wachstum der Pflanzen beeinflußt werden sollte. Die unerwünschte Höhe des Getreides z. B. wurde durch ebenso hohe Sprünge versinnbildlicht, die Fruchtbarkeit bzw. Befruchtung der Erde durch rituelles Begießen einer Jungfrau mit Wasser usw.

Veilchen, wohlriechende, niedrigwachsende, meist blaublühende Frühlingspflanze. In der Antike wurden bei Festen Thyrsosstäbe, aber auch die Teilnehmer mit V. bekränzt, u. a. weil man glaubte, sie bewahrten vor Rausch u. Kopfweh. – Im MA Sinnbild der bescheiden auftretenden Tugendhaftigkeit u. der Demut, damit zugleich Marien-Symbol. Wegen seiner Farbe (↗Violett) auch Symbol der Passion Christi.

Venus, altitalische Göttin des Frühlings u. der Gärten; später der griech. Liebesgöttin Aphrodite gleichgesetzt, übernimmt sie deren Eigenschaften.

Venus, gr. *Aphrodite,* in der antiken Mythologie überwiegend Symbol der Liebesgöttin u. der Liebe. – Astronom.-astrolog. der zur Zeit seiner größten Helligkeit alle andern Planeten u. Fixsterne um ein Vielfaches überstrahlende Planet; als Abendstern (Hesperos) oder als Morgenstern (Phosphorus) zu beobachten. – V. in der Alchimie: ↗Kupfer, in der Astrologie ↗Metalle.

Venus kalt und feucht: milde und gemäßigt: Planet der Nacht; weiblich: Herr des menschlichen Lebens 15—22. Ihrem Einfluß sind vornämlich unterworfen der Geruch; die Leber und das Fleisch. Sie lößt die Verunglimpfungen des Mars, wenn sie mehr beglükt ist als er, auf. Bezieht sich auf Weiber, Schwester, Weiberliebe, natürliches Zutrauen und Mitgefühl der Menschen: Ehre; Music; Freude; künstliche Triebe; Sinn für Genuß; Billigkeit; beweglichen Sinn für Wissenschaft; Schwänke; unwahrhaftes Streben; sinnlicher Genuß im Uebermaas; Wohlredenheit; alle Verzierungen des Lebens.

Venus: Charakterisierung nach J. W. Pfaff in seiner „Astrologie" von 1816.

Verbrennung: der personifizierte Geist entweicht beim Verbrennungsvorgang aus der prima materia; Darstellung aus. Tractatus qui dicitur Thomae Aquinatis de alchimia, 1520

Venusstatuetten, altsteinzeitl. weibl. Statuetten, v. Westeuropa bis Sibirien verbreitet, stark naturalist. (↗Steatopygie) oder vereinfacht stilisiert; dienten wohl dem Fruchtbarkeitskult.

Verbrennung, Sinnbild der vollkommenen Läuterung, der Verwandlung v. Materie in nach oben (↗Höhe, ↗Rauch) aufsteigende, geistige Substanz; spielt z. B. bei Begräbniszeremonien (bes. als Leichenverbrennung) u. in der Alchimie eine Rolle. ↗Feuer.

Veronica ↗Ehrenpreis.

Verpackung, folgt in China von alters her häufig bestimmten Regeln, die nicht v. der Form des zu verpackenden Gegenstandes abhängen, vielmehr mit der Symbolik der in China heiligen Zahl ↗Fünf in Zshg. stehen; der Gegenstand repräsentiert dabei jeweils, v. den 4 Ecken u. Seiten eines Papiers, Tuches usw. flankiert, die Zahl Fünf u. damit für den Augenblick eine Analogie zum Zentrum der Welt.

Vesper, *Hesperos,* der Planet ↗Venus als Abendstern.

Viola tricolor ↗Stiefmütterchen.

Violett, zw. ↗Rot u. ↗Blau stehend, häufig Symbol der Vermittlung, des Gleichgewichts (zw. ↗Himmel u. ↗Erde, Geist u. Körper, Liebe u. Weisheit), des Maßes u. der Mäßigung. – In der christl. Kunst ist V. oft die Farbe der Passion Christi (als sinnbildl. Hinweis auf die vollständige Verbindung Gottes mit den Menschen durch Christi Leiden u. Tod); in der kath. Liturgie symbolisiert V. Ernst u. Bußgesinnung u. ist daher die Farbe der Advents- u. Passionszeit. – Im Symboldenken des Volkslieds u. -brauchtums symbolisiert V. verschiedentl. die Treue.

Virgo, das Sternbild ↗Jungfrau.

V.I.T.R.I.O.L., mehrdeutige Symbol-Formel der Alchimisten, häufig für den Prozeß der *Transmutation* (Verwandlung unedler Metalle in edle, d. h. vor allem ↗Gold) gebracht. Die Buchstaben werden meist gedeutet als Anfangsbuchstaben der Formel „Visita Inferiora Terrae Rectificando Invenies Occultum Lapidem" (suche die unteren Bereiche der Erde auf, vervollkommne sie u. du wirst den verborgenen Stein – d. h. den ↗Stein der Weisen – finden), aber auch die Deutung „Visita Inferiorem Terrae Rectificando Invenies Operae Lapidem" war verbreitet. Als esoter. Initiationsformel muß V.I.T.R.I.O.L. wohl verstanden werden in Zshg. mit dem Hinabstieg in die eigene Seele u. der Suche nach dem tiefsten Wesenskern.

Vier

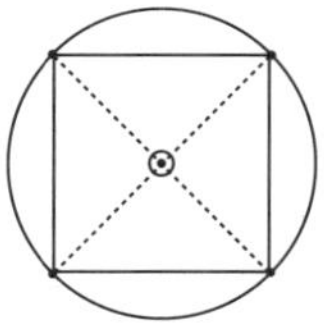 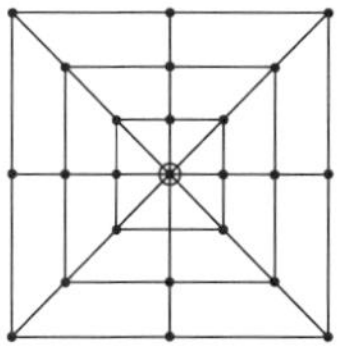 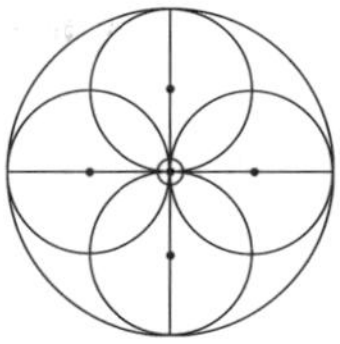

4 Die Grundzahl des Weiblichen, auch als kosmische Zahl u. Zahl der Harmonie angesehen, basiert auf der zweiten Potenz der 2, also $2^2 = 2 \times 2 = 4$, mit den 4 Jahreszeiten der Ausdruck der Mutter Erde = 4; die 2 mit ihrem mütterl. Prinzip weitet sich so zum vierfach begrenzten Kosmos. Die 4 steht als Symbol-Zahl in engem Zshg. mit dem ↗Quadrat u. dem ↗Kreuz. Sie ist die Zahl der 4 Himmelsrichtungen u. damit der 4 Hauptwinde, der 4 Elemente (↗Feuer, ↗Wasser, ↗Luft u. ↗Erde), der 4 Temperamente, der 4 Paradiesflüsse, der 4 Evangelisten, der 4 Lebensalter (Kindheit, Jugend, Reife, Alter) usw.

14 Wichtige Mondzahl, weil die Hälfte des Mondzyklus v. 28 Tagen: 28:2 = 14; aber auch als 7 x 2 = 14, also Verdoppelung der symbolträchtigen 7 aufgefaßt. Im christl. Symboldenken Zahl des Guten u. der Barmherzigkeit, der Hilfe aus der Not (14 Nothelfer) u. des Schutzes (14 Schutzengel).

24 Zahlensymbolisch als Produkte der symbolträchtigen 3, 4, 6 u. 8 aufzufassen, nämlich 4 x 6 = 24 bzw. 3 x 8 = 24, auch interpretierbar als 2 x 12 = 24 u. als Zahl der Stunden des Tages u. der Nacht, so Zahl der Totalität u. der Harmonie zw. Himmel u. Erde; auch Zahl der Buchstaben des griech. Alphabets u. Zahl der musikalischen Töne.

40 Ursprüngl. eine Zahl, die schon im alten Mesopotamien mit der Plejaden-Schaltregel – nach dem 40tägigen Verschwinden unter dem Horizont u. dem Wiederauftauchen wurde das Neujahrsfest gefeiert – zusammenhängt. Möglicherweise hat 40 auch als Summe aus 28 (Mondstationen) +12 (Tierkreiszeichen) einen anderen kosmischen Ursprung. In der Bibel Zahl der Erwartung, der Vorbereitung, der Buße, des Fastens oder der Strafe; die Wasser der Sintflut strömten 40 Tage u. 40 Nächte auf die Erde; Moses wartete auf dem Berg Sinai 40 Tage u. 40 Nächte, bevor er die Gesetzestafeln empfing; die Stadt Ninive tat 40 Tage lang Buße, um der Strafe Gottes zu entgehen; die Wüstenwanderung der Israeliten dauerte 40 Jahre; Jesus fastete 40 Tage lang in der Wüste, nach seiner Auferstehung erschien er seinen Jüngern während einer Zeit v. 40 Tagen. Im Islam im Zshg. mit Buchstaben-Zahlen-Spekulationen v. großer Bedeutung, so etwa in der 40fachen Wiederholung v. religiösen Formeln.

64 Die zweite Potenz von 8, also $8^2 = 8 \times 8 = 64$ gilt als bes. glücksträchtig; Zahl der Möglichkeiten (64 Hexagramme) beim I-Ging u. Zahl der Felder beim Schachspiel.

84 Besonders im ind. Raum auftretende Zahl, meist 1000fach: 84000 Stupas für Buddhas Reliquien, der Weltberg ist 84000 Einheiten hoch, manche Könige regieren 84000 Jahre.

***Vögel:** geflügelter Eros; Myrina, hellenist. Epoche*

***Vögel:** die Seele des Verstorbenen verläßt den Körper in Gestalt eines Vogels mit Menschenkopf; nach einem ägypt. Totenpapyrus*

Vögel, gelten seit alters her wegen ihres Fluges als dem ↗Himmel verwandt, als Mittler zw. Himmel u. Erde, als Verkörperungen des Immateriellen, namentl. der Seele. – Im Taoismus z. B. stellte man sich die Unsterblichen in Gestalt v. V.n vor. – Verbreitet war die Auffassung, die Seele verlasse nach dem Tod den phys. Körper als Vogel. – Sehr viele Religionen kennen himml. Wesen mit *Flügeln* oder in Vogelgestalt, z. B. Engel (↗Cherub, ↗Seraph) oder Eroten. – Der Koran spricht v. V.n im sinnbildl. Zshg. sowohl mit dem Schicksal wie mit der Unsterblichkeit. – V. bevölkern in verschiedenen Mythologien des Abendlandes, aber auch Indiens, als geistig-seel. Zwischenwesen oder als Seelen Verstorbener den Weltenbaum (↗Baum); die Upanischaden z. B. sprechen in diesem Zshg. v. zwei V.n: einem, der die Früchte des Weltenbaumes frißt – Symbol der aktiven Individual-Seele, u. einem Vogel, der nicht frißt, sondern nur schaut – Symbol des absoluten Geistes u. der reinen Erkenntnis. – Die Vorstellung v. einer engen Verbindung der V. zu göttl. Mächten liegt auch der Bedeutung zugrunde, die man der Weissagungskraft des Vogelfluges, z. B. in Rom, beimaß. – In Afrika begegnen V. häufig als Symbole der Lebenskraft, verschiedentl. im Kampf mit der ↗Schlange, die dann den Tod oder verderbenbringende Mächte symbolisiert. – In der Kunst des frühen Christentums erscheinen V. als Symbole der geretteten Seelen. – Die psychoanalyt. Traumdeutung sieht im Vogel oft ein Symbol für die Person des Träumenden. ↗Adler, ↗Eisvogel, ↗Elster, ↗Ente, ↗Fasan, ↗Hahn, ↗Henne, ↗Huhn, ↗Milan, ↗Nachtigall, ↗Pfau, ↗Pelikan, ↗Phönix, ↗Pirol, ↗Rabe, ↗Schwalbe, ↗Schwan, ↗Specht, ↗Sperber, ↗Storch, ↗Taube, ↗Wachtel.

Voodoo ↗Wudu.

Waage, Symbol des maßvollen Gleichgewichts, der Gerechtigkeit u. damit des Richtens u. der öffentl. Rechtsprechung. Auch Symbol des Totengerichts; in ägypt. Totenbüchern wiegen Horus u. Anubis das Herz der Toten vor Osiris gegen eine Feder (↗Strauß), eine Darstellung, die man mehrfach in der ägypt. Kunst antrifft. – In der Antike begegnet die W. z. B. als Macht- u. Gerechtigkeits-Symbol in Gestalt der goldenen W. des Zeus bei Homer. – Weit verbreitet ist in der christl. Kunst die Darstellung des Erzengels Michael als Seelenwäger mit einer W., bes. bei Weltgerichtsdarstellungen. – Die Waage oder *Libra* ist das siebte Zeichen des Tierkreises, es entspricht dem ersten Herbstmonat, die Sonne passiert das Zeichen zwischen dem 23. September und dem 22. Oktober; Saturn ist in der Waage erhöht. Venus hat hier ihr Haus; Mond, Saturn und Jupiter sind seit der hellenistischen Astrologie die zugeordneten Dekane, Venus, Saturn und Merkur jene in der indischen Astrologie. Die Waage ist ein Luftzeichen, männlich, positiv (aktiv) und ein kardinales Zeichen. Die ursprüngliche Herkunft des Sternbildes (Sternzeichen) Waage ist noch weitgehend unklar.

Wachtel, in China Symbol des Frühlings, weil sie ein Zugvogel ist, der im Frühling wiederkehrt. Steht dem Feuer, dem Licht u. damit dem Prinzip Yang nahe. Ihr alljährl. Kommen u. Gehen macht die W. auch zu einem Symbol des wechselnden Einflusses der gegensätzl. Mächte ↗Yin und Yang. ↗Frosch.

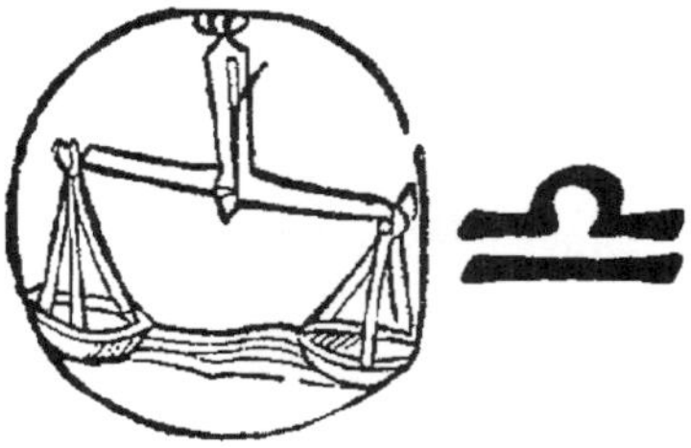

Waage: *Tierkreisbild Waage (nach einem mittelalterlichen Holzschnitt) und das moderne Tierkreiszeichensymbol*

Waage: *Schöpfungsszene; die W. als Symbol der göttl. Gerechtigkeit; nach einer Darstellung im Cotton-Psalter, 11. Jh.*

Waage: *Der Erzengel Michael wiegt die Seelen. 13. Jh., Meister v. Soriguerola*

Waffen, Sinnbild der Macht; symbolisch mehrdeutig, da sie sowohl dem Angriff wie der Verteidigung u. dem Schutz dienen; Attribute der Helden u. krieger. Götter. In der Symbolsprache der Bibel hat sowohl Satan wie auch Jahwe *Rüstung u. Waffen.* – Als *geistige W.* können auch andere Symbole, z. B. ein vorgehaltenes Kreuz, dienen.

Wagen, hängt eng mit der Symbolbedeutung des Rades (↗Rad) u. daher mit der ↗Sonne zusammen; steht deshalb auch in Zusammenhang mit dem Kult von Sonnen- oder Vegetations-Gottheiten (Mithras, Kybele, Attis, Apollo). – Der mit Getöse über den Himmel fahrende W. ist ein Sinnbild für Zeus, den „Blitzeliebenden" u. „Hochdonnernden". Gute u. böse Gottheiten wurden in vielen Religionen als auf W. zur Erde kommend vorgestellt. Die Zugtiere der verschiedenen Götter-W. modifizierten den Symbol-Gehalt des W.s, so die ↗Adler des W.s des Zeus, die Schwäne (↗Schwan) oder Tauben (↗Taube) des Wagens der Aphrodite usw. Der feurige W., der zum Himmel fährt, symbolisiert gelegentlich die spirituelle Erhöhung eines Menschen (Elias, Franz v. Assisi). – Der W. kann auch die verschiedenen Komponenten der menschlichen Persönlichkeit repräsentieren, die durch den ↗Wagenlenker beherrscht werden. – Von bes. Bedeutung ist der Sonnenwagen des Sol invictus (↗Sonne).

Wagenlenker, in der Antike Symbol der Beherrschung, der Leidenschaften u. Triebe u. damit Symbol der Vernunft. ↗Wagen.

Wakonda [Sioux], Bz. der Sioux-Indianer für Lebenskraft, ungewöhnl. Macht. W. gleicht dem ↗Mana der ozean. Kulturen.

Wal, gelegentl. Symbol des abgründigen, vieldeutigen Dunkels; begegnet z. B. in der bibl. Geschichte des Propheten Jonas, der sich dem göttl. Auftrag, in Ninive zu predigen, entzieht, über Bord geworfen, v. einem großen Fisch, meist als W. dargestellt, verschluckt u. v. diesem wieder an Land gespien wird (symbol. u. a. gedeutet auf Christi Tod, Begräbnis u. Auferstehung). Der ↗Physiologus hebt bes. seine ungewöhnliche Größe – „gleich einer Insel" – hervor. – Wie andere Tiere (↗Elefant, ↗Krokodil, ↗Schildkröte) wird auch der W. in den myth. Vorstellungen mancher Völker als ein Träger des Weltalls vorgestellt.

Wald, spielt in den religiösen Vorstellungen u. im Volksaberglauben zahlreicher Völker eine bedeutende Rolle als heiliger u. geheimnisvoller Bereich, in dem gute u. böse Götter, Geister u. Dämonen, Wilde Männer, Holz-, Moos- u. Waldweiblein, Feen usw. wohnen. *Heilige Haine,* die Asylschutz gewähren, finden sich in vielen Kulturen. Darstellungen des W.es oder der W. als Schauplatz dramat. Handlungen wei-

Wagen: *die Himmelfahrt des Elias auf dem Feuerwagen; nach einer frühchristl. Wandmalerei im Friedhof der Lucina, Rom*
Wagenlenker: *griech. Rennwagen mit W. u. Apobate; Weihrelief für einen olymp. Sieg; Ende 5. Jh.*
Wal: *Jona entsteigt dem Rachen des Wals; nach einer Darstellung in: Speculum humanae salvationis, 15. Jh.*
Wasser: *W. als Element der Vereinigung v. Gegensätzen; nach einer Darstellung in: Trésor des trésors, 17. Jh.*
Wassermann: *Der sumerische Gott Enki in seinem Wasserhaus*

sen daher häufig symbolisch auf Irrationales, aber auch auf Geborgenheit. – Als Ort der Abgeschiedenheit vom Treiben der Welt ist der W. wie die ↗Wüste bevorzugter Aufenthaltsort v. Asketen u. Eremiten u. insofern auch ein Symbol für geistige Konzentration u. Innerlichkeit. – Bes. im dt. Sprachbereich begegnet der geheimnisbergende, dunkle W. häufig in Märchen, Sagen, in der Dichtung u. im Lied. – Die Psychoanalyse sieht im W. oft ein Sinnbild des Unbewußten, eine Symbol-Beziehung, die sowohl in Traumbildern wie in realer Angst vor dem dunklen W. manifest werden kann; verschiedentl. wird er auch als Symbol der Frau gedeutet (bes. der bewaldete Hügel).

Walnuß ↗Nuß.

Waschung, rituelle ↗Taufe.

Wasser, Symbol mit sehr komplexem Bedeutungshorizont. Als ungeformte, undifferenzierte Masse (gleichgültig ob als Fluß-, Quell-, See- oder Meeres-W.) symbolisiert es die Fülle aller Möglichkeiten oder den Uranfang alles Seienden, die *materia prima*. In diesem Sinne erscheint es in zahlreichen Schöpfungsmythen: in der ind. Mythologie beispielsweise trägt es das Weltenei (↗Ei). Die Genesis spricht vom Geist Gottes, der im Uranfang über den Wassern schwebte. Bei verschiedenen Völkern tritt zu dieser Vorstellung noch die symbolische Tat eines Tieres hinzu, das in die Tiefen hinabtaucht u. den unendl. Wassern ein Stück Land abgewinnt. – Das W. ist auch ein Symbol der körperl., seel. u. geistigen Reinigungs- u. Erneuerungskraft sowohl im Islam, im Hinduismus u. Buddhismus wie im Christentum (↗Bad, ↗Hand- u. Fußwaschung, ↗Taufe). In diesen Zshg. gehören auch die Vorstellungen vom W. als Jungbrunnen (↗Brunnen). – In China ist das W. dem Prinzip Yin (↗Yin und Yang) zugeordnet, auch in anderen Kulturen wird das W. zumeist mit dem Weiblichen, der dunklen Tiefe u. mit dem ↗Mond in Verbindung gebracht. Weltweit verbreitet ist die mit Fruchtbarkeit u. Leben zusammenhängende Symbolik des W.s (↗Meer, ↗Regen), das unter diesem Aspekt gelegentl. der Wüste gegenübergestellt wird. Auch die geistige Fruchtbarkeit u. das geistige Leben werden häufig durch das W. symbolisiert (↗Quelle), z. B. die Bibel spricht vom W. des Lebens im spirituellen Sinne; auch als Ewigkeitssymbol (W. des ewigen Lebens) begegnet das innerhalb keiner Grenzen einfangbare W. in verschiedenen Zusammenhängen. – Das W. kann aber auch, als zerstörerische Macht, negativen Symbol-Charakter haben, z. B. als Sintflut. – Die Psychoanalyse sieht im W. vorwiegend ein Symbol des Weiblichen u. der Kräfte des Unbewußten. – In der Alchimie wird das W. durch das Zei-

Wasser

Drei Viertel des Erdballs sind von Wasser bedeckt, drei Viertel jedes Pflanzen- oder Tierkörpers sind von Wasser erfüllt. Wasser ist die bei weitem häufigste Flüssigkeit auf der Erde, es ist die einzige Flüssigkeit, die Ozeane bilden kann. Keine andere Substanz auf der Erde könnte das Wasser ersetzen. Wasser ist ein Geschenk der frühesten Stadien der Entwicklung der Erde; Wasser ist mit Erde, Luft und Feuer eines der vier Urelemente.

Der gelehrte Jesuitenpater Athanasius Kircher (1601–1680) war noch der Meinung (Abbildung links), daß das Meerwasser in tiefe Erdhöhlen versinkt: Wirbel im Meer zeigen diese Stellen an, der Druck des Meeres führte das Meer in unterirdische Adern (dunkel dargestellt) bis hoch unter die Bergkuppen hinaus. Außerdem glaubte man, daß Dämpfe, die aus dem tiefsten Erdinnern emporstiegen, durch Abkühlung in den Bergen mächtige unter-

Das Wasser ist von Gott gesegnet
Durst zu löschen
Fische zu hegen
die Erde zu netzen.

Paracelsus

Alle Flüsse laufen ins Meer,
doch wird das Meer nicht voll.
Zum Ort, wohin die Flüsse gehen,
dahin geht ihr Lauf immer wieder

Das Buch Prediger 1,7

Der Kreislauf des Wassers nach Athanasius Kircher (1664)

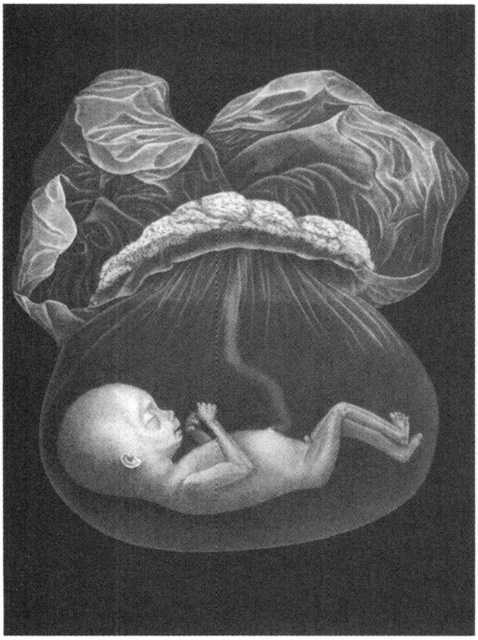

Der menschliche Foetus im 4. Monat Zeichnung von M.P. Erdl, 1845.

irdische Wasserlager bildeten – so ließen sich die gelegentlich vorkommenden heißen Quellen erklären. Der Kreislauf des Wassers ist also: Quellen, Flüsse, Meer, Versickern unter Wirbelbildung in den Meeresboden, unterirdische Adern zu den Bergen, Quellen! Noch fehlt hier die Bedeutung des Niederschlags, aber war nicht eine Erklärung für den Text aus dem Buch Prediger gefunden?

Alles ist aus dem Wasser entsprungen!
Alles wird durch das Wasser erhalten!
Ozean gönn uns Dein ewiges Walten!
Wenn Du nicht Wolken sendetest,
nicht reiche Bäche spendetest,
hin und her nicht Flüsse wendetest,
die Ströme nicht vollendetest,
was wären Gebirge, was Ebnen und Welt!
Du bist's, der das frischeste Leben erhält!
Du bist's dem das frischeste Leben entquellt!

Thales von Milet zu Nereus im «Faust II» von J.W. von Goethe

Das noch ungeborene Kind schwimmt im Frucht-Wasser der Fruchtblase im Mutterleib; es heißt in vielen Kulturen, daß das Kind einen Teil dieses Wassers vor und bei der Geburt trinken muß, um wirklich Mensch zu werden. Erinnert dies nicht an die Vorstellungen vom Lebenswasser?

Die Dualität in der Symbolik des Wassers ist wohl in allen Kulturkreisen und zu allen Zeiten zu beobachten: Wasser kann Quelle des Lebens aber auch Vernichter des Lebens sein, es kann sowohl Wasser vom Himmel-«Süß»-Wasser – als auch Wasser der Tiefe – «Bitter»-Wasser – sein; aber auch der Antagonismus von Wasser und Feuer begegnet immer wieder, aber auch die Gegenüberstellung von Wasser und Blut, wobei auch dem Blut ein analoger Doppelcharakter unterlegt wird; auch als Medium des rituellen Bades und der Taufe und der Wiedergeburt bzw. Wiedererneuerung begegnet uns das Wasser.

Detail aus einer Wandmalerei (19./20. Dynastie) des Grabes des Amen-Nacht.

Hokusai «Die Woge» (1760–1849)

Ehrfurcht vor dem Wasserfall, der Mensch umgeben von Baum und Berg. Ma Yüan-Kung, Ming-Zeit

„Nichts Weicheres, Wankeres in der Welt als

Wasser.

Nichts Mächtigeres auch zur Beugung
des Starken und Starren:

Unbezwingbar,

weil all-anpassend.

So auch:

Alle Welt weiß:
Schwaches zwingt Starkes,
Weiches zwingt Starres,
doch niemand handelt danach."

Laotse im 78. Wort seiner Folgerungen
für das richtige Verhalten des Menschen.

Wassermann: *Tierkreisbild Wassermann (nach einem mittelalterlichen Holzschnitt) und das moderne Tierkreiszeichensymbol*

chen ▽ versinnbildlicht. – Die Astrologie verknüpft das W. mit den Tierkreiszeichen (↗Tierkreis) Krebs, Skorpion u. Fische.

Wasserfall, wichtiges Motiv der chin. Landschaftsmalerei. Sein Herabstürzen wird im Ggs. zum nach oben strebenden ↗Felsen, seine Dynamik im Ggs. zur Ruhe des Felsens gesehen u. in Verbindung mit dem Gegensatzpaar ↗Yin u. Yang gebracht. Seine scheinbar gleichbleibende Form bei in Wirklichkeit ständigem Wechsel der Wassertropfen gilt dem Buddhismus auch als Symbol der Flüchtigkeit u. Scheinhaftigkeit alles Irdischen.

Wassermann, der Wassermann oder *Aquarius* ist das elfte Zeichen des Tierkreises, es entspricht dem zweiten Wintermonat, die Sonne passiert das Zeichen zwischen dem 20. Januar und dem 18. Februar; Saturn (Uranus) hat hier sein Haus; Venus, Merkur und Mond (Neptun) sind seit der hellenistischen Astrologie die zugeordneten Dekane, Saturn, Merkur und Venus jene in der indischen Astrologie. Der Wassermann ist ein Luftzeichen, männlich, positiv (aktiv) und ein festes Zeichen. Das Bild des Wassermanns findet sich auf babylonischen Darstellungen. Das *Wassermannzeitalter* ist das an das Fischezeitalter anschließende Zeitalter, das vom Wassermann beherrscht wird. Der „Anbruch" dieses Zeitalters mit seiner erwarteten „leidenschaftlichen Intellektualität" wurde mit Vehemenz zum Beispiel in dem Hippie-Musical „Hair" beschworen.

Wasserspeier, über die Mauerflucht vorspringendes Ablaufrohr oder Rinne am Dachansatz zur Ableitung des Regenwassers; seit der Antike oft plast. ausgestaltet, bes. in der Gotik. Das MA stellte den Teufel oft als W. in den Dienst der Kirche, auch gelten sie als Symbole der Laster; die symbol. Grundidee der W. an den mittelalterl. Kirchen war, daß das abfließende Wasser die Macht des Teufels v. eben dieser Kirche wegspülen soll.

Wasserwesen, ↗Mischwesen aller Art, die meist fischschwänzig dargestellt sind; bekanntes Beispiel ↗Melusine oder die W. an der Decke der roman. Kirche v. Zillis (Graubünden).

Weben, häufig Symbol für das Wirken der Schicksalsmächte; im Islam z. B. werden Struktur u. Bewegungen des gesamten Universums mit einem *Gewebe* verglichen. Auch die ihr Netz „webende" ↗Spinne wird verschiedentl. in diesem Zshg. gesehen.

Wedel ↗Fächer.

Weg, ein vielschichtiges Symbol in den verschiedensten Kulturen u. Religionen; es

Weg

Der Weg ist ein uraltes Symbol des menschlichen Lebens: der Mensch ist ein Wanderer, sein Weg ist charakterisiert durch Ziellosigkeit und Zeitlosigkeit, und, was ganz wesentlich ist, der Weg führt zurück zum Ursprung. So ist auch zu verstehen, daß Religionen sich oft in gewissem Sinn als Wege betrachten, etwa als Reinigungsweg, Erleuchtungsweg in der christlich-mystischen Frömmigkeit und ihren Gebeten.
Von besonderer Symbolik ist das Zwei-Wege-Motiv, allen bekannt aus dem ersten Psalm, der vom „Weg der Gerechten" und dem „Weg der Frevler" spricht, oder Psalm 139, der dem „Weg des Verderbens" den „ewigen Weg" gegenüberstellt.
Die Pythagoreer betrachteten den Buchstaben Y als Symbol des gegabelten Weges; im Abendland geriet diese Bedeutung Ende des 18. Jahrhunderts in Vergessenheit.

Das Y-Zeichen des Scheideweges, in eine Landschaft verlegt
Aus Johannes David, Verdidicus Christianus, Antwerpen 1606.

Wasserspeier
***Weihrauch:** Opferszene, Darbietung v. W.; Relief am Osiristempel v. Abydos, Ägypten*

spielen immer die Probleme des Suchens, der Flucht, der Nachfolge, der Reisen nach Innen u. Außen eine Rolle; ↗Königsweg, ↗Labyrinth, ↗Reise, ↗Scheideweg.

Wegerich *m,* in China wegen der Vielzahl seiner Blüten bzw. Samen ein Symbol der Fruchtbarkeit.

Wegkreuzung ↗Scheideweg.

Weiberlisten ↗Minnesklaven.

Weide, Baum oder Strauch, galt in der Antike als unfruchtbar u. begegnet mit Bezug darauf, auch noch im MA, manchmal als Symbol der Keuschheit. Da man ihr unerschöpfl. stets neue Zweige abschneiden kann, wurde sie mit der Bibel als nie versiegender Weisheitsquelle verglichen. – Dem Volksglauben nach kann die W. durch Zauber stellvertretend Krankheiten aufnehmen; sie soll ein bevorzugter Aufenthaltsort v. Geistern u. Hexen sein; am Palmsonntag geweihte W.nzweige galten als Schutz vor Blitz, Unwetter u. bösen Einflüssen. – Die *Trauerweide* ist wegen ihrer an rinnende Tränenströme erinnernden erdwärts geneigten Gestalt oft ein Symbol der Totenklage.

Weidenfessel, im germanischen Kultraum Fessel des zum Opfertod Bestimmten.

Weihnachtsbaum, *Christbaum,* der zu Weihnachten fast überall in der christl. Welt mit Lichtern besetzte u. geschmückte Nadelbaum; er wurde erst im 19. Jahrhundert allg. üblich, geht aber wohl bereits auf den heidn. Brauch zurück, in den sogen. *Rauhnächten* (25. Dezember–6. Januar), in denen man die Umtriebe böser Geister fürchtete, als Abwehrmittel grüne Zweige in den Häusern aufzuhängen u. Kerzen anzuzünden. Im Christentum ist der W. ein Symbol Christi als des wahren Lebensbaumes (↗Baum), die Lichter symbolisieren das in Bethlehem geborene „Licht der Welt", die häufig als Schmuck verwendeten Äpfel stellen einen Symbol-Bezug zum paradies. ↗Apfel der Erkenntnis u. damit zur Erbsünde her, die durch Christi Tat aufgehoben wurde, so daß der Menschheit die Rückkehr ins Paradies – symbolisiert durch den W. – wieder offensteht.

Weihrauch, findet im Kult zahlreicher Völker Verwendung. Die mit dem W. verbundenen symbol. Vorstellungen basieren auf dem Duft, dem ↗Rauch u. der Zusammensetzung aus unverderblichen Harzen: der aufsteigende Rauch versinnbildlicht die zum Himmel aufsteigenden Gebete, der Duft soll böse Geister u. Einflüsse vertreiben, das ↗Harz symbolisiert die Unvergänglichkeit. – Im Christentum wurde der W. zunächst bei Bestattungen verwendet, später allg. bei liturg. Handlungen.

Wein, wegen seiner Farbe u. mit Bezug auf die Tatsache, daß er aus dem „Lebenssaft" des Weinstocks gemacht ist, häufig ein Symbol des Blutes (den Griechen galt er als Blut des Dionysos), galt oft als Lebenselixier u. Unsterblichkeitstrank (so z. B. bei den semit. Völkern, bei den Griechen, im Taoismus). In Griechenland waren *W.opfer* an Götter der Unterwelt verboten, da W. der Trank der Lebenden ist. Wegen seiner rauscherzeugenden Wirkung sah man in ihm auch verschiedentl. ein Instrument zur Erlangung esoter. Wissens. – Im Islam ist der W. u. a. ein Getränk der göttl. Liebe, ein Symbol spiritueller Erkenntnis u. der Seinsfülle der Ewigkeit; so stellte man sich im Sufismus die Existenz der Seele vor Erschaffung der Welt als v. dem W. der Unsterblichkeit umgeben vor. – Nach bibl. Tradition ist er ein Symbol der Freude u. der Fülle der v. Gott kommenden Gaben. Im Christentum erhält der W. in der eucharist. Verwandlung seine heiligste u. tiefste Bedeutung als Blut Christi.

Weinberg ↗Weinstock.

Weinstock, *Rebstock,* Symbol der Fülle u. des Lebens. In Griechenland dem Dionysos geweiht; mit Bezug auf die Dionysos-Mysterien, die den Gott der Ekstase zugleich als Herrn des Todes u. der Erneuerung alles Lebens feierten, war der W. auch ein Symbol der Wiedergeburt. – Im jüd. u. christl. Symboldenken ist der W. ein heiliger Strauch mit vielfältiger symbol. Bedeutung; er galt als Sinnbild des Volkes Israel (für das Gott ebenso Sorge trägt wie der Mensch für seinen W.) u. als Baum des Messias; auch der Messias selbst wurde bereits im AT mit einem W. verglichen. Christus setzte sich dem wahren W. gleich, der als lebenskräftiger Stamm die Gläubigen wie die Rebzweige trägt, das heißt: nur wer aus ihm seine Kraft erhält, kann wahrhaft Früchte tragen. – Auch der umfriedete u. behütete *Weinberg* ist ein Symbol des auserwählten Volkes; später wurde er auch gleichnishaft auf die heilige Kirche bezogen. – Die *Traube,* die die Kundschafter aus dem Gelobten Land mitbrachten, ist ein Symbol der Verheißung; auf frühchristl. Sarkophagen ist sie ein Sinnbild des verheißenen jenseitigen Reiches, in das der Verstorbene eingegangen ist. Die einzelne Traube in der Hand Jesu ist Symbol für seinen Opfertod u. das Abendmahl. ↗Wein.

Weiß, Farbe des ↗Lichtes, der Reinheit u. der Vollkommenheit. Als nicht-bunte Farbe hat W. wie sein Pendant ↗Schwarz eine Sonderstellung unter allen übrigen Farben (die sich additiv zu Weiß zusammensetzen); es steht dem Absoluten, dem Anfang wie dem Ende sowie deren Vereinigung nahe u. wird daher häufig bei Geburts-, Hochzeits-, Initiations- u. Todesriten ver-

Wein: Weinernte, Malerei im Grab des Nacht, Ägypten, 18. Dynastie
Weinstock: die Rückkehr der Kundschafter aus dem gelobten Land; aus einer Kinderbibel, vermutl. letztes Jh.
Weizen: antike Münze mit Ährengarbe, die hier Fruchtbarkeit u. Wohlstand symbolisiert
Weizen: Madonna im Ährenkleid; Holzschnitt, 15. Jh.

wendet; Farbe der Trauer z. B. in slaw. Ländern u. in Asien, zeitweilig auch am franz. Königshof. – W. war die bevorzugte Farbe bes. auserwählter Opfertiere. – Priester tragen häufig weiße Gewänder mit Bezug auf die Geist- u. Lichtsymbolik dieser Farbe, die Engel u. die Seligen werden aus demselben Grund im Christentum oft als weiß gekleidet vorgestellt, die neugetauften Christen trugen weiße Kleider, bei der Verklärung Christi wurden seine Gewänder „weiß wie Schnee“; die weißen Festkleider der Bräute, Klosterkandidatinnen u. Erstkommunikantinnen bedeuten Unschuld u. Jungfräulichkeit. – W. ist jedoch, im Gegensatz zur Lebensfarbe ↗Rot, auch die Farbe der Geister u. Gespenster; verschiedentl. findet sich auch die Gegenüberstellung Rot = Mann, Weiß = Frau.

Weißdorn. Die Dornenkrone Christi soll aus W. bestanden haben. Im MA Symbol der Vorsicht (die man braucht, um ihn unverletzt zu pflücken) u. der Hoffnung.

Weizen. Aussaat, Wachstum u. Ernte des Getreides, namentl. des Weizens, gelten als Symbol für Geburt u. Tod oder auch Tod u. Wiedergeburt. Im antiken Griechenland symbolisiert die *Ähre* als Frucht des mütterl. Schoßes der Erde auch die Frucht des menschl. Leibes; sie war ein Symbol der Demeter u. spielte eine zentrale Rolle in den Eleusinischen Mysterien. – In Ägypten galt der wachsende W. als Symbol des vom Tode auferstandenen Osiris. – Im MA sah man im *Weizenkorn* ein Symbol für den in die Unterwelt hinabgestiegenen u. wiederauferstandenen Christus. Die Eucharistie wird bis heute auf Altargerät sinnbildl. durch eine *Ähre* u. eine Traube angedeutet. Die *W.ähre* ist außerdem ein Symbol für Maria, denn sie enthält die Körner, aus denen das Mehl für die Hostie gewonnen wird. Maria wird auch mit dem Acker verglichen, auf dem Christus, als W., wachsen konnte (dargestellt als *Ährenkleidmadonna*).

Wellen, müssen symbolisch in engem Zshg. mit dem ↗Wasser verstanden werden, im Vordergrund steht jedoch dessen Charakter der Bewegung, die vor allem in Gestalt der *Wogen* einen unpersönl. bedrohl. Charakter annehmen kann. W. u. Wogen sind daher nicht nur ein Sinnbild für Bewegtheit u. Lebhaftigkeit, sondern häufig auch ein Symbol für nicht mehr zu beherrschende Kräfte.

Weltachse, bei vielen Völkern anzutreffende Vorstellung v. einer ↗Himmel u. ↗Erde oder die Unterwelt, Erde u. Himmel verbindenden Achse: Symbol dafür, daß alle dem Menschen bekannten Ebenen oder Bereiche des Kosmos untereinander in Beziehung stehen u. um ein Zentrum angeordnet sind. Die W. hat man sich unter

vielerlei Gestalten vorgestellt, zu den geläufigsten gehören die ↗Säule, der Pfeiler, die aufsteigende Rauchsäule, der ↗Baum, der hohe ↗Berg, der ↗Stab, die ↗Lanze; auch der ind. ↗Linga wird häufig in Zshg. mit der W. gebracht. – Verschiedentl. wurde die W. auch mit der Symbolik des ↗Lichts verbunden, so besteht sie z. B. nach Platon aus selbstleuchtendem Diamant. – Die christl. Literatur vergleicht gelegentl. auch das Kreuz Christi mit der W. – Der Tantrismus sieht in der *Wirbelsäule* ein Sinnbild der W.

Weltalter ↗Zeitalter.

Weltenei ↗Ei.

Wermut, Beifuß-Art, bis 1 m hoher Korbblüter, Gewürz- u. Heilpflanze aus den wärmeren Gebieten Eurasiens; sein bitterer Geschmack machte ihn zum Symbol des Schmerzes u. der Bitternis.

Werwolf [v. althochdeutsch *wer* = Mann; also: Mann in Wolfsgestalt], nach Volkssagen u. dem Volksglauben Symbolgestalt, die durch Anlegen eines Wolfsgürtels oder -hemdes in einen Wolf verwandelt wird u. dessen Stärke u. Mordlust annehmen kann.

Wetterhahn ↗Hahn.

Wicke, im alten Ägypten Sinnbild der Zartheit junger Mädchen. – In der christl. Kunst des MA Marien-Symbol.

Widder, Symbol der Kraft. Im Altertum eines der beliebtesten Opfertiere. – Der ägypt. Schöpfergott Chnum wurde mit einem W.kopf dargestellt. – Griechen u. Römer verehrten den urspr. ägypt. Windgott Amun als Erscheinungsform des höchsten Gottes in Gestalt des widderköpfigen Jupiter-(Zeus-)Ammon. – Attribut des Indra u. des Hermes. – Im Christentum bezieht sich die Darstellung eines W.s verschiedentl. auf die „Opferung" Isaaks als symbol. Vorausbild des Opfertodes Christi. – Der Widder oder *Aries* ist das erste Zeichen des Tierkreises, es entspricht dem ersten Frühlingsmonat, die Sonne passiert das Zeichen zwischen dem 21. März und dem 20. April; die Sonne ist im Widder erhöht, Mars hat hier sein Haus; Mars (Pluto), Sonne und Venus sind seit der hellenistischen Astrologie die zugeordneten Dekane, Mars, Sonne und Jupiter jene in der indischen Astrologie. Der Widder ist ein Feuerzeichen, männlich, positiv (aktiv) und ein kardinales Zeichen. Über die Herkunft des Namens als Sternbild (Sternzeichen) ist nichts Genaueres auszusagen.

Wiedehopf, in der arab. Dichtung Liebesbote. – Im MA wegen seines an Hörner erinnernden Schopfes u. wegen der stinken-

Widder: Tierkreisbild Widder (nach einem mittelalterlichen Holzschnitt) und das moderne Tierkreiszeichensymbol
Windköpfe: der Westwind und der Ostwind von der Weltkarte in Gregor Reischs Margarita Philosophica

den Flüssigkeit, die er gg. Feinde verspritzt, gelegentl. Teufels-Symbol; spielte daher auch bei Zauberern u. Hexen eine Rolle. Im ↗Physiologus ein Symbol der Fürsorge der Kinder für ihre gebrechlichen Eltern; auch anderen Vögeln (z. B. Eisvogel, Storch u. Haubenlerche) wird diese Eigenschaft zugeschrieben.

Wiege, Symbol des mütterl. Schoßes u. der Geborgenheit der frühen Kindheit.

Wiesel, nach dem ↗Physiologus ein unreines Tier, das durch die Schnauze empfängt u., trächtig geworden, durch die Ohren gebiert; „es gibt nun Leute, die essen das geistl. Brot in der Kirche, wenn sie aber herauskommen, werfen sie Gottes Wort aus den Ohren heraus", das ist die Deutung des W. durch den Physiologus. ↗Hermelin.

Wilde Leute, ↗Mischwesen der mittelalterl. Kunst u. Dichtung, oft riesige, haarige, mit Moos oder Flechten bekleidete Gestalten; z. T. noch in der alamann. Fastnacht erhalten; W. L. sind häufig in den oberrhein. Bildteppichen des 15. Jh. dargestellt.

Wildesel, im ↗Physiologus als Symbol u. Belehrung für die unterschiedl. Haltung v. AT u. NT zur geschlechtl. Enthaltung u. zur Kinderzeugung.

Wildschwein ↗Schwein.

Wind, wegen seiner Ungreifbarkeit u. seines oft raschen Richtungswechsels Symbol der Flüchtigkeit, Unbeständigkeit u. Nichtigkeit; als *Sturm* auch Symbol göttl. Mächte oder menschl. Leidenschaften; als *Hauch* Symbol der Wirkungen oder des Ausdrucks göttl. Geistes; W.e können daher, wie Engel, auch als Götterboten aufgefaßt werden. – In Persien spielte die Vorstellung vom W. als Stützer der Welt u. als Garant des kosm. u. moral. Gleichgewichts eine Rolle. – Im Islam trägt der W. die Urwasser, die ihrerseits den göttl. ↗Thron tragen.

Windköpfe, Symbole der schon seit der Antike personifizierten Winde.

Windhund, *Windspiel,* auf mittelalterl. Bildern ein Symbol der Wahrnehmung, denn bes. der W. kennt seinen Herrn.

Winkelmaß, Instrument, das zum Quadratzeichen (↗Quadrat) verwendet wird, häufig Symbol der Erde (mit Bezug auf die Zahl ↗Vier); da mit dem W. nur rechte Winkel gezeichnet werden können, ist es auch Symbol der Gradheit, Aufrichtigkeit, Gesetzlichkeit; im Symboldenken der Freimaurer spielt es eine besondere Rolle. Es steht in symbol. Zshg. mit dem ↗Zirkel.

Wirbelsäule ↗Weltachse.

Wischnu [Sanskrit *Visnu*], wohl vorarischer ind. Gott, im Hinduismus neben *Brahma* u. *Schiwa* Hochgott (Welterhalter), wirkt in der Welt durch seine Herabsteigungen, bes. in Krischna; dargestellt als junger Mann mit blauem Körper, hoher Mitra u. gelbem Gewand, auf einem Lotus oder auf dem halbmenschl. Vogel ↗Garuda sitzend.

Wodu [in Benin = Genius, Schutzgeist], *Wudu, Voodoo, Vaudou*, aus Benin stammender, mit Geister- u. Dämonenglauben verbundener Geheimkult der Neger v. Haiti (Mischung mit kath. Elementen) u. der Nachkommen v. dort nach Nordamerika gebrachter Sklaven (Aufnahme indian. Elemente). Zum Ritual gehören Trommeln, Gesänge, bis zur Ekstase gesteigerter Tanz; kult. Tiere: Schlangen, Hühner.

Wogen ↗Wellen.

Wolf, begegnet als ambivalentes Symbol-Tier unter einem negativen, wilden teuflischen u. einem positiven, geistverwandten Aspekt. Da er in der Dunkelheit gut sieht, kannte man ihn, bes. in Nordeuropa u. Griechenland, als lichthaftes Symbol, so kann er z. B. gelegentl. als Begleiter des Apollo (Apollon Lykios) erscheinen. – In China u. der Mongolei kannte man auch einen himmlischen W., der bei den Mongolen als Ahnvater des Dschingis-Chan, bei den Chinesen als Wächter des Himmelspalastes galt. Unter positivem Aspekt erscheint auch die legendäre Wölfin, die die ausgesetzten Zwillinge Romulus u. Remus säugte u. zum Wahrzeichen Roms wurde: ein Sinnbild hilfreicher animal. oder chthonischer Mächte. – Wie der ↗Hund begegnet auch der W. gelegentl. als Seelenführer. – Der reißende, alles verschlingende W. erscheint in der german. Mythologie als gefährlicher Dämon, der u. a. durch sein Geheul den Weltuntergang ankündigt. – Im Hinduismus ist der W. ein Begleiter schrecklicher Gottheiten. – In vielen Völkern begegnet er als Sinnbild des Krieges oder der Aggression. – Die Antike brachte den W. auch in Beziehung zur Unterwelt, so trägt beispielsweise Hades einen Mantel aus W.spelz. – Die christl. Symbolik bezieht sich vor allem auf das Verhältnis W.–Lamm, wobei das ↗Lamm die Gläubigen, der W. die den Glauben bedrohenden Mächte symbolisiert. Ein W., der einem Lamm die Kehle durchbeißt, kann auch ein Symbol für den Tod Christi sein. Unter den sieben Todsünden symbolisiert der W. die Völlerei sowie den Geiz. – Der ma. Volksglaube sah den W. als bedrohl. dämon. Tier; Zauberer, Hexen oder der Teufel erschienen in W.sgestalt; auch in vielen Sagen u. Märchen begegnet der W. unter ähnl. negativem Aspekt. – Der

Wolf: die kapitolin. Wölfin
Wurzel Jesse: nach einer Darstellung auf der Bronzetür v. S. Zeno, Verona; um 1000
Wurzel Jesse

sprichwörtl. *W. im Schafspelz* ist ein Symbol für geheuchelte Harmlosigkeit.

Wolken, wegen ihres geheimnisvoll verschleiernden Charakters u. weil sie Teil des ↗Himmels sind, häufig als Wohnstätte der Götter gedeutet, oft als Umhüllung hoher Bergesgipfel (z. B. des Olymp). – Auch Gotteserscheinungen sind (z. B. in der Bibel) verschiedentl. v. W. begleitet. – Im Islam gelten W. als Sinnbild der vollständigen Unerkennbarkeit Allahs vor der Schöpfung. – In China ist die Wolke, die sich im Himmel auflöst, ein Symbol für die notwendige Verwandlung, der sich der Weise unterwerfen muß, um seine ird. Persönlichkeit verlöschen u. im Unendlichen aufgehen lassen zu können. – Als Regenbringer kann die Wolke auch gelegentl. Fruchtbarkeits-Symbol sein.

Wort ↗Sprache.

Würfel ↗Kubus.

Wurm, als im Schmutz u. oft unter der Erde lebendes Tier bei einigen Völkern Symbol des aus Dunkelheit u. Tod neu erwachenden Lebens. – Im MA auch gelegentl. mit der ↗Schlange u. daher mit dem Teufel identifiziert.

Wurzel Jesse, aus der Vorform des Bildes der Ahnen Christi u. Marias im 12. Jh. entstandene Darstellung des Stammbaumes Christi nach Is 11,1, der als stilisierter Baum aus der Gestalt des im Schlaf liegenden Isai herauswächst u. in den Ästen Bilder der Vorfahren (David, Salomon u. a.) trägt, zuoberst Christus, ab 13. Jh. meist Maria mit dem Kinde.

Wüste, ambivalentes Symbol mit negativen u. positiven Aspekten. Im Islam erscheint sie zumeist im negativen Sinne als Ort der Verirrung. – In den Upanischaden begegnet die W. gelegentl. als Sinnbild für die undifferenzierte Ureinheit jenseits der Scheinwelt alles Seienden. – Die Bibel erwähnt die W. einerseits im Zshg. mit Verlassenheit u. Gottferne sowie als Ort, an dem die Dämonen wohnen; andererseits jedoch ist sie auch der Ort, an dem sich Gott in besonderer Intensität zeigen kann (z. B. die Feuer- u. Wolkensäule, die dem Volk Israel in der W. voranzieht; Johannes der Täufer kündigt den bevorstehenden Messias in der W. an). Auch in Zshg. mit Eremitenlegenden taucht die W. oft zugleich in doppeltem Sinne auf: einmal als Ort der Versuchung durch Dämonen usw. (z. B. hl. Antonius), andererseits als Ort der Meditation u. Gottnähe.

Yantra *s*, im Hinduismus übl. zeichenhafte Veranschaulichung einer Gottheit oder göttl. Kraft, insbesondere der Göttin Shri als Shakti; es visualisiert symbolisch die urspr., undifferenzierte Einheit mit Brahma, die sich zur Vielheit der empir. Welt entfaltet; es ist gebräuchl. als Meditationszeichen, aber auch als Amulett.

Yantra

Yggdrasil, Ygdrasil, die immergrüne Weltesche, der heiligste Baum der Germanen. Seine Zweige breiteten sich nach german. Vorstellung über Himmel u. Erde aus; seine Wurzeln, aus denen drei Quellen entsprangen, verbanden Midgard, Utgard u. Niflheim miteinander (PTau). Auf der Spitze v. Y. saß ein Adler, der die Welt beobachtete, u. zw. seinen Augen thronte ein Habicht als Wettermacher. Die Nornen lebten bei Y. u. bewachten sie; auch wurde bei der Weltesche Gericht gesprochen. Das endgültige Welken des Baumes, der ansonsten immer wieder erneut ergrünte, sollte den Beginn der Götterdämmerung ankündigen. – Im Zshg. mit christl. Vorstellungen vermischt mit dem „himmelshohen Lebensbaum", um den sich die Tiere scharen, z. B. auf engl. ↗Steinkreuzen.

Ymir, in der german. Mythologie ein Urzeitriese, der sich ungeschlechtl. fortpflanzte. So kamen die Frost- oder Reifriesen zustande.

Yin und Yang, die zwei konträren, kosmolog. Grundprinzipien der chin. Philosophie, denen alle Dinge, Wesenheiten, Ereignisse u. Zeitabschnitte zugeordnet wurden. Dem Prinzip Yin entspricht das Negative, Weibl., Dunkle, die Erde, die Passivität, das Feuchte, die unterbrochene Linie, dem Prinzip Yang das Positive, Männl., Helle, der Himmel, die Aktivität, das Trockene, die ununterbrochene Linie. Die beiden Prinzipien stellen die Polarisation dar, in die die Einheit des Uranfangs auseinandergebrochen ist. Sie werden anschaul. dargestellt als Kreis, der durch eine geschlängelte Linie symmetr. aufgeteilt wird; von den beiden entstehenden Feldern ist das eine dunkel, das andere hell, trägt jedoch in der Mitte einen Punkt in

Yoni
***Ysop:** die älteste griech. Darstellung aus dem 6. Jh.*

der Farbe des jeweils anderen Feldes zum Zeichen der gegenseitigen Abhängigkeit beider Prinzipien; die Einflüsse v. Yin u. Yang stehen sich nie als grundsätzl. feindl. gegenüber, sie befinden sich vielmehr in ständiger Einflußnahme aufeinander u. period. wechselnder Zu- oder Abnahme in best. Zeitabschnitten.

Yoni *w*, weibl. Entsprechung zum ↗Linga; Symbol des mütterl. Schoßes u. der Gebärkraft. Meist zusammen mit dem Linga als dessen Sockel dargestellt. Das graph. Zeichen für die Y. ist ein auf der Spitze stehendes ↗Dreieck.

Ysop *m*, kleiner, weiß oder blau blühender Lippenblüter mit würzigen Blättern; diente im Judentum u. im christl. Ritus als Wedel für Besprengungen mit dem Blut der Opfertiere oder geweihtem Wasser, dem gelegentl. auch Y. beigemischt war. Da die unscheinbare Pflanze auf steinigem Boden wächst, galt sie auch als Sinnbild der Demut; als häufig verwendetes Heilmittel war sie außerdem ein Marienattribut in der ma. Kunst.

***Yin und Yang:** chinesisch, Tempel des Lama*

Zahlen, in den meisten Kulturen u. Religionen Symbol-Träger mit reichhaltiger, oft komplizierter u. heute keineswegs immer durchschaubarer Bedeutung. Die Z. galten oft als Ausdruck kosm. u. menschl. Ordnungen oder der Sphärenharmonie (Pythagoreer). Die *geraden Z.* wurden häufig als männl., hell oder gut, die *ungeraden* als weibl., dunkel oder böse verstanden. Verschiedentl. spielte die Austauschbarkeit v. Z. u. ↗Buchstaben eine Rolle (z. B. in der Kabbala). Bestimmte *Z.verhältnisse* wurden mehrfach in der Baukunst, der Plastik, der Malerei, der Musik, der Literatur u. im sakralen u. profanen Brauchtum beachtet, z. B. beim *Goldenen Schnitt.* – Bei der Zuordnung v. Symbol-Bedeutungen u. bestimmten Z. spielten häufig auch zahlentheoretische Überlegungen eine Rolle, die ihrerseits jeweils mit dem Zahlensystem zusammenhingen, in dem gezählt wurde.

Zähne, Symbol für Kraft u. Vitalität, auch Aggressivität. Die Psychoanalyse versteht den *Verlust* der Z. (z. B. im Traum) vor allem im Zshg. mit dem männl. Sexualorgan u. deutet ihn als Zeichen v. Frustration, Schwäche oder Konzentrationsangst. Die Vorstellung v. der *vagina dentata* (mit Zähnen besetzte V.) beruht auf einer Vermischung der Genitalsphäre mit dem oralen Bereich u. wird meist als Projektion einer männl. Kastrationsangst verstanden.

Zauber [v. ahd. *zaubar = Zauberei, Z.mittel, Z.spruch*], bei frühgeschichtlichen u. Naturvölkern sowie im Volksglauben verbreitete Praktiken, mit geheimen Kräften u. durch Nötigung v. Geistern u. höheren Mächten günstige Wirkungen *(weißer Z.)* zu erzielen oder Schaden herbeizuführen *(schwarzer Z.).* Die Zauberer (Hexer, Medizinmann, Schamane) führen ihre Fähigkeiten auf Tiere, Naturobjekte u. Geister zurück, ihre manchmal außergewöhnl. Macht liegt auch in besonderen unterbewußten Seelenkräften im Sinne der Tiefen- u. Parapsychologie begründet. Zu unterscheiden sind Abwehr-, Fruchtbarkeits-, Heil-, Schaden-, Wetter-Z. usw., bei denen man sich der Gedankenkonzentration, Z.formeln u. Z.sprüche, Gesten, Gesänge, Tänze, Trance, Ekstase, imitator. Handlungen (↗Analogiezauber), krafthaltiger Gegenstände (↗Bildzauber) u. bestimmter Geräte (Lärmgeräte, Stäbe, Figuren, Masken) usw. bedient; bei Schadenzauber werden auch Haare, Nägel usw. eines Menschen „pars pro toto“ verwendet.

Zeder. Die Libanon-Z. wird in der Bibel häufig erwähnt, sie galt wegen ihrer Größe als Symbol des Hohen, Erhabenen u. wegen ihres dauerhaften Holzes als Symbol der Kraft u. der Ausdauer. Wie alle Koniferen ist sie auch ein Symbol der Unsterblichkeit. – Im MA wurde sie mit Maria in Verbindung gebracht.

Zahlensymbolik

Die Vorstellung, daß Zahlen eine symbolische (magische) Bedeutung zukommt, ist sehr alt, wahrscheinlich war sie schon in Mesopotamien bekannt u. hängt eng mit Entwicklung u. Ausbildung des ↗Mikrokosmos-Makrokosmos-Denkens zusammen. Möglicherweise spielten periodische kosmische Vorgänge (Tag-Nacht-Wechsel, Mondwechsel, Jahres- u. Planetenperioden usw.) ebenso eine Rolle wie auch das babylon. Sexagesimalsystem mit seiner großen Anzahl v. Teilern der Zahl 60; auffallend ist auch, daß viele Symbolzahlen durch Multiplikation gewonnen wurden, aber kaum durch Division; das ist ebenfalls ein möglicher Hinweis auf einen babylon. Ursprung, weil die Babylonier nicht dividierten, sondern mit der reziproken Zahl multiplizierten.

Ihre erste Hochblüte erlebte die Z. bei den Pythagoreern u. ihren Nachfolgern; weitere Hochblüten sind zur Zeit der Kabbalistik u. der mittelalterlichen magischen Spekulationen zu beobachten.

Ungerade Zahlen werden in der Z. als aktiv, männlich, „hochstrebend", als das Begrenzte darstellend aufgefaßt; in der modernen Schreibweise als 2n +1 (wobei n jede Zahl größer oder gleich Null) notiert.

Gerade Zahlen werden in der Z. als passiv, weiblich (weil in 2 gleiche Teile spaltbar), „empfänglich", als das Unbegrenzte darstellend aufgefaßt; in der modernen Schreibweise als 2n (wobei n jede Zahl größer als Null) notiert.

Primzahlen sind nicht ohne Rest durch ungerade oder gerade Zahlen teilbar, sie sind nur durch 1 oder sich selbst teilbare Zahlen, sie spielen nur bis zur Zahl 19 eine wichtigere Rolle, wie etwa 2, 3, 5 oder 7, darüber nur eine geringe; allgemein gilt, daß ihre Symbolik um so komplexer ist, je größer sie ist. 1 gilt nicht als Primzahl. Auffallend ist, daß gerade die 2, 3 und 5 die Hauptfaktoren sind, aus denen die Zahlen des Sexagesimalsystems aufgebaut sind.

Die „Null" spielt in der Z. eine untergeordnete Rolle, ein Hinweis dafür, daß die Null als Zahl relativ spät (mit dem Positionssystem der Zahlen) in die Zahlenfolge eingefügt wurde.

Multiplikation verstärkt die „Wirkung" einer Zahl, wenn man sie mit einer anderen symbolträchtigen Zahl multipliziert; besonders wichtig ist dieser Aspekt bei 2, 3 und 5 und ihren Potenzen: $2^2 = 2 \times 2 = 4$, $2^3 = 2 \times 2 \times 2 = 8$, $3^2 = 3 \times 3 = 9$, $3^3 = 3 \times 3 \times 3 = 27$, $5^2 = 5 \times 5 = 25$.

Quersummenbildung, mystische Addition, ist ebenfalls in der Z. wichtig, z. B. 374 wird als Summe von 3+7+4 = 14 aufgefaßt, 14 seinerseits ergibt die Quersumme 1+4 = 5 und 5 ist eine Symbolzahl.

Zahlen-Buchstaben-Symbolik, eine wichtige Operation, die darauf beruht, daß hebräische u. griechische Buchstaben auch Zahlenwerte haben; aus der wechselweisen Zuordnung ergibt sich in der griechisch-römischen Antike, in der Kabbalistik u. in der mittelalterl. Magie *(Gematrie),* oft zus. mit der Quersummenbildung, eine nahezu unüberschaubare Zahl von zahlensymbol. Interpretationen.

Ein Beispiel für Zahlen- Buchstaben-Symbolik

Das griechische Wort für Taube = peristerá und Alpha und Omega haben den gleichen Zahlenwert 801, sie können folglich wechselweise durch den Zahlenwert repräsentiert werden.

Schon seit den Anfängen der Z. spielt die Verknüpfung von (arithmetischen) Zahlen mit (geometrischen) Figuren eine große Rolle, so z. B. als figurierte oder Polygonalzahlen. In diesem Zhsg. müssen auch ↗magische Quadrate gesehen werden.

Die Z. hat sich in der Neuzeit, bes. in der Esoterik, als *Numerologie* mit meist völlig haltlosen Spekulationen erhalten.

Lit.: F. C. Endres u. A. Schimmel, Das Mysterium der Zahl, Köln 1984.

Zahlensymbolik in der Mystik des Islam

Zahl	geometrische Entsprechung statisch	 dynamisch	Makrokosmos	Mikrokosmos
1			***Schöpfer*** *der Eine* *der Ewige*	***Schöpfer*** *der Eine* *der Ewige*
2			***Intellekt*** *angeboren* *erworben*	***zweigeteilter Körper*** *links* *rechts*
3			***Seele*** *pflanzlich* *tierisch* *vernunftgemäß*	***Aufbau der Lebewesen*** *2 Extremitäten* *1 Mitte*
4	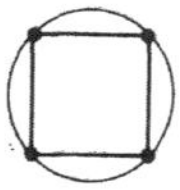		***Materie*** *Urform* *physikalische Form* *universelle Form* *künstliche Form*	***Vier Säfte*** *Phlegma, Blut,* *Gelbe Galle,* *Schwarze Galle*
5			***Elemente*** *Äther, Feuer* *Luft, Wasser* *Erde*	***Fünf Sinne*** *Sehen, Hören,* *Fühlen, Schmecken,* *Riechen*
6			***Körper*** *oben, unten,* *vorne, hinten,* *rechts, links*	***Sechs Bewegungen*** *Auf, Ab,* *Vorwärts, Rückwärts,* *nach rechts, nach links*
7			***Universum*** *7 sichtbare Planeten* *7 Tage der Woche*	***Aktive Tätigkeiten*** *Anziehung, Abstoßung,* *Nahrung, Verdauung,* *Wachstum, Lebenserhal-* *tung, Ausformung*
8			***Qualitäten*** *kalt, trocken* *kalt, feucht* *warm, feucht* *warm, trocken*	***Qualitäten*** *kalt. trocken* *kalt, feucht* *warm, feucht* *warm, trocken*
9			***Zusammensetzung*** ***dieser Welt*** *Mineralien, Pflanzen* *Tier zu je drei Haupt-* *teilen*	***Neun Elemente des*** ***Körpers*** *Knochen, Gehirn, Nerven,* *Adern, Blut, Fleisch,* *Haut, Nägel, Haare*
10			***Die Heilige*** ***Tetraktys*** *Die ersten vier* *universellen Eigen-* *schaften*	***Hauptdispositionen des*** ***Körpers*** *Kopf, Hals, Brust, Bauch,* *Leib, Brusthöhle, Becken, je* *2 Ober-, Unterschenkel, Füße*
12	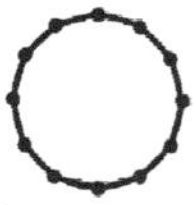	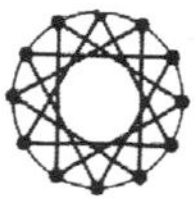	***Tierkreis*** *Feuer, Wärme, Trockenheit, Ost* *Erde, Kälte, Trockenheit, Süd* *Luft, Wärme, Feuchtigkeit, West* *Wasser, Kälte, Feuchtigkeit, Nord*	***Zwölf Öffnungen des*** ***Körpers*** *2 Augen, 2 Ohren, 2 Nasen-* *löcher, 2 Brustwarzen, 1 Mund,* *1 Nabel, 2 Exkretionsöffnungen*

Beispiele von figurierten Zahlen

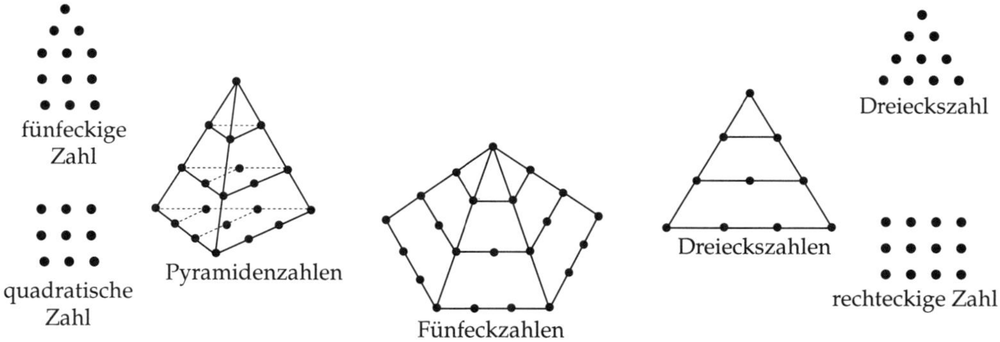

Zahlen-Buchstaben-Symbolik

A	alpha	1	Ξ	xi	60
B	beta	2	O	omikron	70
Γ	gamma	3	Π	pi	80
Δ	delta	4	ϙ	koppa	90
E	epsilon	5	P	rho	100
F	digamma	6	Σ	sigma	200
Z	zeta	7	T	tau	300
H	eta	8	Y	ypsilon	400
Θ	theta	9	Φ	phi	500
I	jota	10	X	chi	600
K	kappa	20	Ψ	psi	700
Λ	Lambda	30	Ω	omega	800
M	my	40	ϡ	san	900
N	ny	50			

א	aleph	1	ל	lamed	30
ב	beth	2	מ	mem	40
ג	gimel	3	נ	nun	50
ד	daleth	4	ס	samekh	60
ה	he	5	ע	ajin	70
ו	waw	6	פ	pe	80
ז	zajin	7	צ	zade	90
ח	cheth	8	ק	qoph	100
ט	teth	9	ר	resch	200
י	jod	10	ש	schin	300
כ	kaph	20	ת	taw	400

Wo ist die Symbolik einer Zahl erklärt?

1↗Eins 11↗Eins 21↗Eins 31- 41- 51- 61- 71- 81- 91-
2↗Zwei 12↗Zwei 22↗Zwei 32↗Zwei 42↗Zwei 52↗Zwei 62- 72↗Zwei 82- 92-
3↗Drei 13↗Drei 23- 33↗Drei 43- 53- 63- 73- 83- 93-
4↗Vier 14↗Vier 24↗Vier 34- 44- 65- 64↗Vier 74- 84↗Vier 94-
5↗Fünf 15↗Fünf 25↗Fünf 35- 45- 55↗Fünf 65- 75- 85- 95-
6↗Sechs 16↗Sechs 26- 36↗Sechs 46↗Sechs 56- 66↗Sechs 76- 86- 96-
7↗Sieben 17↗Sieben 27↗Sieben 37- 47- 57- 67- 77- 87- 97-
8↗Acht 18↗Acht 28↗Acht 38- 48- 58- 68- 78- 88- 98-
9↗Neun 19↗Neun 29- 39↗Neun 49↗Neun 59- 69- 79- 89- 99↗Neun
10↗Zehn 20↗Zwei 30↗Drei 40↗Vier 50↗Fünf 60↗Sechs 70↗Sieben 80- 90- 100↗Zehn

Zehn

Die Zahl 10 ist die Grundlage des Dezimalsystems u. wohl auf die Anzahl der Finger an beiden Händen zurückzuführen. Sie galt schon in der Antike als eine Art vollkommener Zahl, weil sie alle Zahlen von 1 bis 9 in sich einschließt (Schema). Die Tetraktys 1+2+3+4 = 10 machte die 10 schon bei den Pythagoreern zur göttlichen u. geheimnisvollen Zahl, die auch als figurierte Zahl (Schema) darstellbar war.
Die mit 10 multiplizierten Grundzahlen haben einen ähnlichen Symbolgehalt wie die entsprechende Grundzahl, gleiches gilt verstärkt für die zweiten bzw. dritten Potenzen von 10, also $10^2 = 10 \times 10 = 100$ bzw. $10^3 = 10 \times 10 \times 10 = 1000$; die 4. Potenz, also $10^4 = 10 \times 10 \times 10 \times 10 = 10\,000$ gilt als Symbol der Unzählbarkeit.

$$
\begin{aligned}
10 &= 1 + 9\\
&= 2 + 8\\
&= 3 + 7\\
&= 4 + 6\\
&= 5 + 5
\end{aligned}
$$

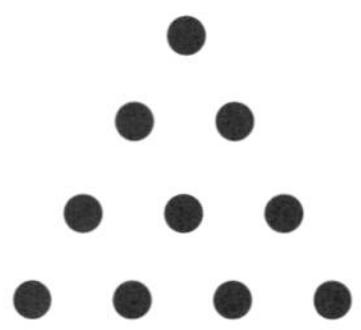

Tetraktys

Die zehn Lebensstufen des Menschen. Einblattdruck des Abraham Bach

Zentaur: Z. u. Krieger, Metope v. Parthenon-Tempel, Akropolis, Athen
Zerberus: Herakles holt den Z. aus der Unterwelt; Darstellung auf einer att. Amphora

Zedrat-Zitronenbaum, im Fernen Osten die „Hand des Buddha" genannt; Symbol des langen Lebens. Wegen der zahlreichen Kerne ist die Zedrat-Zitrone auch ein Fruchtbarkeitssymbol.

Zeitalter, *Weltalter,* weite Zeiträume umfassende Einteilungskategorie der frühen Menschheitsgeschichte, häufig als Abfolge typisierend-symbolischer Zustandsbilder gedacht. Die Vorstellung v. meist vier oder fünf aufeinanderfolgenden Z.n, bes. v. einem urspr. *Goldenen Z.*, findet sich in vielen Kulturen, beispielsweise in der Antike, belegt seit Hesiod: im *Goldenen Z.* lebten die Menschen sehr lange, sorglos, ohne Not, Arbeit u. Gesetze. Die Menschen des *Silbernen Z.s* waren gottlos u. wurden v. Zeus vernichtet, im darauffolgenden *Bronzenen Z.* töteten die Menschen sich gegenseitig u. lebten nach ihrem Tod nicht mehr weiter; das *Heroische Z.*, in dem die Kriege um Troja u. Theben stattfanden, brachte einen neuen Aufschwung der menschl. Tugenden, führte jedoch das *Eiserne Z.* herbei, das als bis zur (damaligen) Gegenwart andauernd gedacht wurde u. den völligen Niedergang brachte.

Zelt, im Gegensatz zur festen ↗Stadt die Wohnstätte der Wanderer u. Hirten; wurde wegen der leichten Zerlegbarkeit ein Symbol ird. Vergangenheit u. menschl. Hinfälligkeit; als Symbol der Offenbarung des göttl. Heils ist die Darstellung des geöffneten Zeltes, in dem Maria allein oder mit dem Jesuskind steht. – Im *Bundes-Z.* steht bei den Israeliten die ↗Bundeslade.

Zentaur *m,* wildes Fabelwesen des griech. Mythos mit menschl. Oberkörper u. Pferdeleib. Die Z.en (außer Chiron) galten als roh u. unvernünftig u. werden meistens als Sinnbild der animal. Seite des Menschen gedeutet (im Ggs. dazu steht der die animal. Kräfte beherrschende ↗Reiter); auch Symbol der leibl.-geistigen Doppelnatur des Menschen. – In der Kunst des MA wurden Z.en, oft mit ↗Pfeil u. Bogen, vor allem auf Friesen u. Kapitellen dargestellt; sie galten zumeist als Symbole des Lasters u. der Sünde, des Ketzers oder des Teufels, so auch im ↗Physiologus, wo der Z. (speziell der *Esel-Z.*) mit den ↗Sirenen gedeutet wird. Der fliehende, nach rückwärts schießende Z. kann allerdings auch ein Sinnbild des Menschen im Kampf mit dem Bösen sein. In der Kunst des 19. u. 20. Jh. hat der Z. oft erot. Bedeutung. ↗Minotaurus.

Zepter, Symbol für höchste Macht u. Würde, galt häufig als Träger göttl. Kräfte; oft auch Götterattribut; entwickelte sich aus dem ↗Stab.

Zerberus *m,* in der griech. Mythologie der Höllenhund, der den Eingang zur Unter-

welt bewacht; er empfing jeden Verstorbenen freundl. schweifwedelnd, ließ jedoch normalerweise keinen Lebenden hinein u. keinen Toten mehr heraus. Zumeist zwei- oder dreiköpfig u. mit Schlangenschweif dargestellt; symbolisiert die Schrecken des Todes u. die Unwiederbringlichkeit des Lebens; heute meist umgangssprachl. als Personifikation im übertragenen Sinne gebrauchte Bezeichnung.

Ziege, als nutzbringendes Haustier seit alter Zeit verschiedentl. in Zshg. mit Fruchtbarkeitskulten stehend, wurde aber auch mit dämon. Mächten in Verbindung gebracht. In der altjüd. Tradition wird verlangt, daß die Decke der Stiftshütte aus Z.nhaar hergestellt werden muß. In der griech. Mythologie wurde Zeus als Kind v. der Z. Amaltheia genährt (↗Horn, ↗Aigis). – In Indien, u. a. wohl auch wegen der Homonymie des Wortes für Z. u. des Wortes für „ungeboren", Symbol für die Urmaterie, Verkörperung der Urmutter.

Ziegenfisch, antiker Name eines Tierkreiszeichens, das offensichtl. von Babylon nach Griechenland u. Ägypten gekommen ist, es entspricht in der Gestalt dem ↗Steinbock der mittelalterlichen Tradition; der griech. Name ist *Aigokeros* = Ziegenhorn oder latein. *Capricornus.* ↗Mischwesen.

Zikade ↗Grille.

Zikkurat *w,* ↗Treppe, ↗Turm.

Zimmer, *Kammer.* Viele Initiationsriten kannten das Einschließen des Einzuweihenden in ein *geheimes Z.*, eine Kammer, ein unterirdisches Gelaß (↗Höhle) usw. – ein Symbol des mütterl. Schoßes oder des Grabes –, wo er häufig die Nacht zubrachte u. wo ihm spirituelle Erfahrungen u. Erkenntnisse zuteil wurden. – Das *geheime Z.*, das verbotenes Wissen birgt u. nur bei Strafe betreten werden darf, ist auch ein geläufiges Märchenmotiv; es begegnet z. B. als dreizehntes (↗Dreizehn) Z., das in Ggs. zu zwölf anderen Z.n tabu ist.

Zinn, in der Alchimie des MA mit *Jupiter* gleichgesetzt, der als wohltätiger Planet beschrieben wird, als Vermittler zw. Hitze u. Kälte, zw. Mars (↗Eisen) u. Saturn (↗Blei), als Klugheit u. Lebhaftigkeit bewirkend. ↗Metalle.

Zinnober, wegen seiner Farbe (↗Rot) Symbol des Lebens oder gelegentlich auch der Unsterblichkeit.

Zirkel, als Instrument der planend entwerfenden Intelligenz Symbol aktiver Schöpfungskraft u. abwägender Geistestätigkeit, der Klugheit, Gerechtigkeit, Mä-

Ziegenfisch: Darstellung auf einem babylon. Grenzstein (Kudurru).
Zirkel: der Schöpfer, die Welt mit einem Z. ausmessend; nach einer Miniatur in einer Bibel moralisée, Fkr., Mitte 13. Jh.
Zweig: der Erzengel Gabriel erscheint Maria mit einem Z.

ßigkeit u. Wahrheit; Attribut verschiedener Wissenschaften u. deren Personifikationen, wie Geometrie, Astronomie, Architektur, Geographie. Die Kombination des Z.s mit dem ↗Winkelmaß galt in esoter. Symbolsprachen (sowohl des alten China wie des Abendlandes) als Sinnbild für die Verbindung von ↗Kreis bzw. ↗Himmel (Zirkel) u. ↗Quadrat bzw. ↗Erde (Winkelmaß), d.h. für die Vollkommenheit. – Die Symbol-Tradition der Freimaurer kennt die Zuordnung verschiedener Öffnungswinkel der Z.schenkel zu verschiedenen geistigen Entwicklungsstufen: 90 ° (Entsprechung z. Winkelmaß) bedeutete beispielsweise das Gleichgewicht der geistigen u. materiellen Kräfte. Auch verschiedene Kombinationen von Winkelmaß u. Z. können das Verhältnis v. Geist u. Materie symbolisieren, so bedeutet ein Winkelmaß auf einem Z. die Beherrschung des Geistes durch die Materie, eine gekreuzte Anordnung beider Instrumente das Gleichgewicht v. Materie u. Geist u. ein Z. auf einem Winkelmaß die Beherrschung der Materie durch den Geist.

Zitrone, im Judentum Symbol des menschl. Herzens. Galt im MA als Symbol des Lebens u. als Schutz gg. lebensfeindl. Kräfte, z.B. gg. Verzauberung, Gift, Pest usw., wurde als Grabbeigabe verwendet u. spielte auch im Brauchtum bei Taufen, Hochzeiten, Konfirmation, Kommunion usw. eine Rolle. Im späten MA, als Symbol der Reinheit, Marienattribut.

Zitterpappel ↗Pappel.

Zodiakus ↗Tierkreis.

Zugvögel, auf mittelalterl. Darstellungen selten benutztes Symbol der Auferstehung.

Zunge, verschiedentl. wegen ihrer Form u. schnellen Beweglichkeit sinnbildl. mit der ↗Flamme gleichgesetzt. – Bei schwarzafrikan. Völkern gelegentl. als Organ, das das Wort erzeugt, allg. unter dem Gesichtspunkt der Fruchtbarkeit gedeutet u. daher mit Regen, Blut u. Sperma in Verbindung gebracht.

Zwei ↗S. 346

Zweige, vor allem grüne Z. (seltener auch ein goldener Zweig), symbolisieren Ehre, Ruhm u. Unsterblichkeit. Im Volksbrauchtum galten Z. verschiedener Bäume u. Sträucher als Glück u. Schutz verleihend. ↗Kirschblüte, ↗Olivenbaum, ↗Palme, ↗Weide.

Zwerge, kleine, alte, oft enten-, gänse- oder vogelfüßige, verschiedentl. wechselnd sichtbare u. unsichtbare, hilfreiche oder neckend boshafte menschenähnl.

Zwei

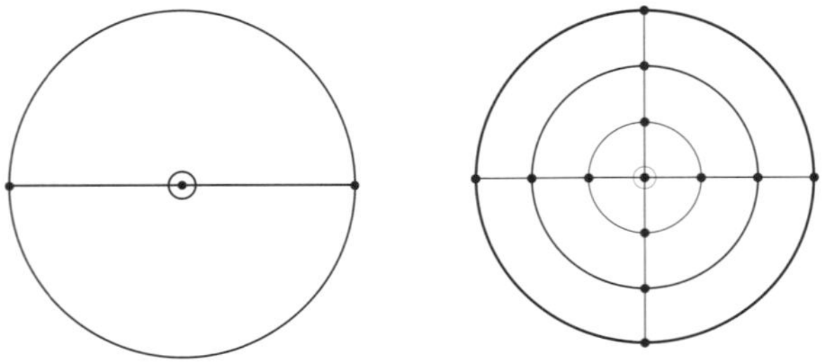

2 Die mütterlich-weibl. Grundzahl, dem Element Erde zugeordnet; die Potenzzahlen $2^2 = 4$ und $2^3 = 8$ weiten sich vom mütterlichen Prinzip zum vierfach begrenzten Kosmos (↗Vier, ↗Acht). – Die 2 ist das Symbol der Verdoppelung, der Trennung, der Zwietracht, des Gegensatzes, des Konflikts, aber auch des Gleichgewichts; sie symbolisiert die Bewegung, die alle Entwicklungen erst in Gang setzt. – Zahlreiche Phänomene stützen eine *dualist.* Weltsicht, so die Gegensätze v. Schöpfer u. Geschöpf, ↗Licht u. ↗Schatten, Männl. u. Weibl., Geist u. Materie, Gut u. Böse, Leben u. Tod, ↗Tag u. ↗Nacht, ↗Himmel u. ↗Erde, Land u. ↗Wasser, aktiv u. passiv, ↗rechts u. links usw.; bes. ausgeprägte dualist. Weltdeutungen stellen die beiden Prinzipien der chin. Philosophie ↗Yin und Yang oder der pers. Zoroastrismus mit den Prinzipien des Guten (Ahura Masda) u. des Bösen (Ahriman) dar.

12 Aus der weibl. 4 durch Multiplikation mit der männl. 3 gewonnene *kosmische* Zahl (3 Tierkreiszeichen in 4 Tierkreisquadraten!); als Produkt aus 2 (Erde) x 2 (Erde) x 3 (Feuer) = 12 dem Element Feuer zugeordnet. – In der Bibel u. im christl. Symboldenken spielt die 12 eine große Rolle als Symbol der Vollkommenheit u. Vollständigkeit, sie ist u. a. die Zahl der 12 Söhne Jakobs u. damit der 12 Stämme Israels, der 12 Edelsteine auf dem Brustschild des jüd. Hohenpriesters, der 12 Apostel, der 12 Tore des himml. Jerusalem (↗Jerusalem, himmlisches); das Weib der Apokalypse trägt eine Krone mit 12 Sternen, die Zahl der Auserwählten beträgt 12 mal 12 000, eine Zahl, die die Gesamtheit aller Heiligen symbolisiert.

20 Wenig symbolträchtig, gelegentl. als Produkt von 4 (Evangelien) x 5 (Bücher Moses) = 20 aufgefaßt.

22 Zahl der hebräischen Buchstaben, von daher in der Kabbalistik u. von da im Tarot-Spiel weiterlebend: 22 Wege verbinden die 10 Sefiroth, das Tarot-Spiel hat 22 Karten.

32 Zahl des Glückes, z. B. wird Buddha an 32 Haupt- u. 80 Nebenzeichen erkannt; in der Kabbalistik die Summe der 10 Sefiroth u. der 22 Verbindungswege; das Schachspiel hat 32 Figuren, es gibt 32 Spielkarten.

42 Im ägypt. Totenbuch richten 42 Totenrichter, die über 42 Sünden urteilen; im MA Produkt aus 6 (Tage des Schöpfungswerkes) mit der 7 (Tag der Ruhe am Sabbat).

52 Die Summe aus den wichtigen Symbolzahlen 40+12, ergibt die Zahl der 52 Wochen des Jahres; möglicherweise spielt auch eine 52jährige Periode in der präkolumbianischen Astronomie eine

Rolle, die sich aus einem 13er- und 20er-System (260 Tage!) ergibt, weil erst nach 52 Jahren die Anfänge der 13er- und 20er-Periode wieder zusammenfallen.

72

Als Zahl partizipiert sie an den wichtigen Symbolzahlen 5 (nämlich 360:5 = 72), 6 und 12 (nämlich 6 x 12 = 72) und 8 (nämlich 2^3) x 9 (nämlich 3^2) = 72; das Obergewand des Hohenpriesters hat 72 Glöckchen, nach der babylon. Sprachverwirrung gab es 72 Sprachen u. 72 Länder. In China u. Zentralasien ist die 72 das Produkt aus 9 (Provinzen) x 8 (Himmelsrichtungen) = 72. Dieser Zusammenhang mit dem Produkt von 9 x 8 ist auch im keltisch-german. Raum erkennbar.

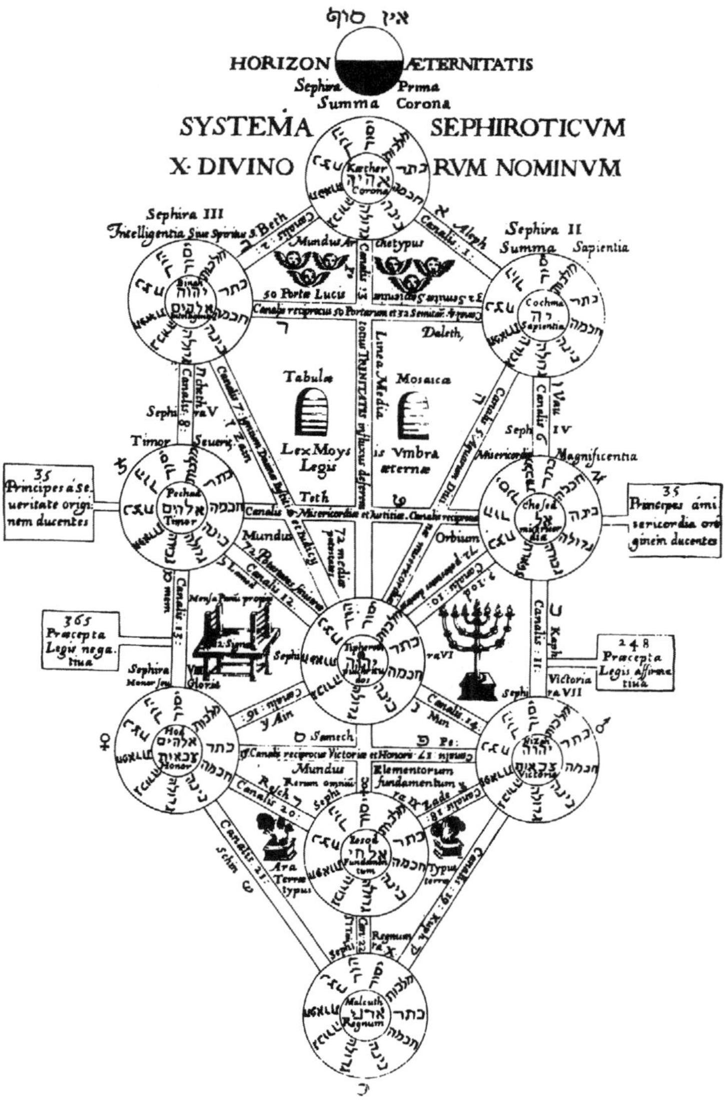

Das Sefiroth-System als die zentrale Glyphe der Kabbala: 10 Sefiroth als Manifestationen Gottes, 22 „wahre“ Wege und 32 Pfade der Weisheit insgesamt. Diagramm aus Athanasius Kircher, Oedipus Aegyptiacus, Rom 1652

Zwillinge: Tierkreisbild Zwillinge (nach einem mittlalterlichen Holzschnitt) und das moderne Tierkreiszeichensymbol

Zwillinge: Personifizierung des Tierkreiszeichens; nach einem Relief v. Agostino de Duccio Rimini, Templo Malatestiano; 15. Jh.

Wesen des Volksglaubens, die u.a. gedeutet werden können als sinnbildl. Verkörperungen nützl., aber letzten Endes unkontrollierbarer Naturkräfte sowie der nur dunkel oder gar nicht durchschauten Erlebnisse u. Handlungen des Unterbewußtseins. Neben mancherlei Fertigkeiten, die sie besaßen, u. der Gabe der Weisheit, die ihnen zugesprochen wurde, galten die Z. als hervorragende Schmiede, die ihr Handwerk in der Erde ausübten. Viele der Attribute, die für die einzelnen Götter charakteristisch waren, gaben Zeugnis v. ihrer Kunstfertigkeit. Auch galten sie als Schatzhüter.

Zwillinge, begegnen in verschiedenen Ausprägungen: entweder gleichgestaltig u. gleichfarbig oder der eine hell, der andere dunkel, der eine rot, der andere blau, der eine mit dem Kopf zum Himmel, der andere mit dem Kopf zur Erde usw. Symbol der Dualität in der Identität, der inneren Gegensätze des Menschen, der v. einem höheren Standpunkt aus gesehenen Einheit von Tag u. Nacht, von Licht u. Dunkelheit, des Gleichgewichts u. der Harmonie. – In den kosmogonischen Vorstellungen verschiedener Völker, z.B. bei Indianern, begegnen auch Z., von denen der eine gut, der andere böse, der eine hilfreich bei der Zivilisation, der andere zerstörerisch ist. – Die Zwillinge oder *Gemini* sind das dritte Zeichen des Tierkreises, es entspricht dem letzten Frühlingsmonat, die Sonne passiert das Zeichen zwischen dem 21. Mai und dem 21. Juni; Merkur hat hier sein Haus; Jupiter (Neptun), Mars und Sonne sind seit der hellenistischen Astrologie die zugeordneten Dekane, Merkur, Venus und Saturn jene in der indischen Astrologie. Die Zwillinge sind ein Luftzeichen, männlich, positiv (aktiv) und ein bewegliches Zeichen. Der Name Zwillinge als Sternbild (Sternzeichen) ist schon aus babylonischen Quellen bekannt.

Zwitter, der ↗Hermaphrodit.

Zypresse, gilt bei vielen Völkern als heiliger Baum. Als immergrüne, langlebige Pflanze wird sie wie alle Koniferen als Symbol des langen Lebens u. der Unsterblichkeit verehrt. In der Antike galt sie dagegen als Todes-Symbol, weil sie, nachdem sie abgehauen ist, nicht mehr nachwächst; sie wurde daher mit Pluto u. dem Bereich der Unterwelt in Verbindung gebracht. – In China brachte man den Samen der Z. mit dem Prinzip Yang (↗Yin und Yang) in Zshg., sein Verzehr sollte langes Leben bewirken.

Finis coronat
Schlußseite von Jacob Cats (1577–1660, niederländischer Staatsmann und Dichter) autobiographischem Werk über sein 82jähriges Leben; der Holzschnitt findet sich in dem Druck von Jan van der Deyster in Leyden (1732). „Finis coronat" meint: das Ende krönt das Werk.

Literaturhinweise

Aurenhammer, H., Lexikon der christlichen Ikonographie 1969-1977
Becker, U. (Bearbeiter), Lexikon der Astrologie, 1981
Behling, L., Die Pflanzenwelt der mittelalterlichen Kathedralen, 1964
Beigbeder, O., La symbolique, ²1961
Beigbeder, O., Lexique des symboles (La nuit des temps), 1969
Biedermann, H., Knaurs Lexikon der Symbole, 1989
Biedermann, H., Bildsymbole der Vorzeit, 1977
Biedermann, H., Handlexikon der magischen Künste, 1976
Cairo, G., Dizionario ragionato dei simboli, 1967
Chevalier, J. / Gheerbrant, A., Dictionario des symboles, 1974
Clébert, J. P., Bestiaire Fabuleux, 1971
Dieckmann, H., Märchen und Symbole, ⁵1990
Endres, F. C. / Schimmel, A., Das Mysterium der Zahl, 1984
Ferguson, G., Signs and Symbols in Christian Art, 1961
Forstner, D., Die Welt der Symbole, 1977
Forstner, D. / Becker, R., Neues Lexikon christlicher Symbole, 1991
Grotjahn, M., Die Sprache des Symbols, 1977
Heinz-Mohr, G., Lexikon der Symbole, Bilder und Zeichen der christlichen Kunst, ⁴1991
Herder Lexikon Biblische Gestalten. Bearb. v. Ohler, A., 1981
Herder Lexikon Ethnologie. Bearb. v. Grohs-Paul, W./Paul, M., 1981
Herder Lexikon Germanische und keltische Mythologie. Bearb. v. Coenen, D./Holzapfel, O., ⁴1990
Herder Lexikon Griechische und römische Mythologie. Bearb. v. Coenen, D., ⁵1990
Herder Lexikon Kunst. Bearb. v. Böing-Häusgen, U., ³1977
Herder Lexikon Symbole. Bearb. v. Oesterreicher-Mollwo, M., ¹⁰1990
Jung, C. G., Der Mensch und seine Symbole, ⁹1986
Kirchgässner, A., Welt als Symbol, ⁹1968
Lauf, D.-I., Symbole, Verschiedenheit und Einheit in der östlichen und westlichen Kultur, 1976
Lexikon der christlichen Ikonographie (hg. von E. Kirschbaum), 8 Bde., 1968-1976
Lipffert, K., Symbol-Fibel, ⁵1975
Lurker, M., Bibliographie zur Symbolkunde, 3 Bde., 1964-1968
Lurker, M., Bibliographie der Symbolik, Ikonographie und Mythologie, 1968ff.
Lurker, M., Wörterbuch biblischer Bilder und Symbole, ⁴1990
Maier, J./Schäfer, P., Kleines Lexikon des Judentums, 1981
Mode, H., Fabeltiere und Dämonen, Die phantastische Welt der Mischwesen. ²1977

De Osa, V., Das Tier als Symbol, 1968
Von Rabbow, A., Lexikon politischer Symbole, 1970
Randall, R. A., A Cloister Bestiary, 1960
Rech, Ph., Inbild des Kosmos, 1960
Sachs, H. / Badstübner, E. / Neumann, H., Christliche Ikonographie in Stichworten, 1973
Sauer, J., Symbolik des Kirchengebäudes, [2]1924, Nachdruck 1964,
Schiller, G., Lexikon der christlichen Ikonographie, 1966–1976
Schmid, A., Christliche Symbole, [2]1909 (als „Musterbuch" von Schmid zitiert)
Schwarz-Winklhofer, I. / Biedermann, H., Das Buch der Zeichen und Symbole, 1975
Seel, O., Der Physiologus, 1960
Seibert, J. (Bearbeiter), Lexikon christlicher Kunst, [2]1989
Spitzing, G., Lexikon byzantinisch christlicher Symbole, 1989
Symbolik der Religionen, eine religionswissenschaftliche Reihe, 25 Bde., 1958ff.
Treu, U., Physiologus, 1981
Urech, E., Lexikon christlicher Symbole, 1976
De Vries, A., Dictionary of Symbols and Imagery, 1976